KURT HONOLKA

Hugo Wolf

KURT HONOLKA

Hugo Wolf

(1860 - 1903)

Sein Leben,
sein Werk, seine Zeit

Mit einem Vorwort
von
Dietrich Fischer-Dieskau

Deutsche Verlags-Anstalt
Stuttgart

CIP-Titelaufnahme der Deutschen Bibliothek

HONOLKA, KURT:
Hugo Wolf: sein Leben, sein Werk, seine Zeit
Kurt Honolka.
Mit einem Vorwort von Dietrich Fischer-Dieskau.
Stuttgart: Deutsche Verlags-Anstalt, 1988
ISBN 3-421-06477-6

Lektorat: Ulla Küster
Typographische Gestaltung: Brigitte Müller
Gesamtherstellung: Hieronymus Mühlberger, Augsburg
Printed in Germany

INHALT

Vorwort von Dietrich Fischer-Dieskau
Seite 9

FIN DE SIÈCLE IN WIEN

Ringstraßenwelt   Die andere Seite: Bassena-Mietskasernen   Fortwursteln
Makart-Zeit   Blühendes Volkstheater   Das süße Mädel
Antisemitismus auf kakanisch   Jung-Wien im Café Griensteidl
Fortschrittliche Wissenschaft und Literatur   Hugo Wolf, der Außenseiter
Das Goldene Krauthappel der Secession   1897: ein Scheidejahr
Seite 11

KINDHEIT UND JUGEND

Die ungeliebte Heimat Windischgraz   Slowenische Ahnenschaft
Hausmusik im Elternhaus   Gymnasium: ganz ungenügend
Mir ist die Musik wie Essen und Trinken
Seite 39

WIEN UND DAS ERLEBNIS WAGNER

Fünfzehnjährig am Wiener Konservatorium   *... ich bin Wagnerianer geworden*
Neudeutsche gegen Brahminen   Vorzeitiger Abgang vom Konservatorium
Frühe Kompositionen
Seite 50

DIE KRANKHEIT

Verdrängte Syphilis   Falsche Pietät der Spurenverwischung
Schicksals- und Einfalls-Legenden   Der Dämon   Präpsychotisches Verhalten
Krankheitsbedingte Schaffensphasen
Seite 63

BOHEMIEN-JAHRE

Mit Gustav Mahler in der Künstlerbude Unglücksbegegnung mit Brahms
Erste Opernpläne *Mein Lodi:* die Heine-Lieder
Erste Liebe: Vally Franck Geistliche Eichendorff-Chöre Idylle in Mayerling
Mordgesellen verstümmeln das Streichquartett in d-Moll
Die Lebensfreundin Melanie Köchert *... wäre ich nicht so Antisemit*
Kapellmeister-Debakel in Salzburg Erstes Bayreuth-Erlebnis
Jugendfreund Hermann Bahr
Seite 74

DER MUSIKKRITIKER

Das Wiener Salonblatt, ein *Schmutzblättchen*
Kämpferischer Musik-Feuilletonismus Hanslick, die übermächtige Autorität
Hauptzielscheibe Brahms Persönliche Racheakte Die göttliche Dreieinigkeit
Antisemitische Töne
Seite 98

PENTHESILEA UND ITALIENISCHE SERENADE

... weil ich mir so ekelig vorkomme Faszination Kleist
Die Philharmoniker verhöhnen *Penthesilea*
Programm-Musik aus Sturm und Drang Erste Eichendorff-Meisterlieder
Die Serenade in G-Dur Am Sterbebett des Vaters
Die ersten gedruckten Liederhefte
Seite 108

SCHAFFENSRAUSCH MIT MÖRIKE

Perchtoldsdorf, Brunnergasse Nr. 26 Ein Lied-Vulkan bricht aus
Ein Götterlied! ... das weitaus Beste! Entdeckung des *ganzen* Mörike
Monothematik und Jubelnachspiele Über Schubert und Schumann hinaus
Religiöse Lyrik Liebeslieder Balladen
Humor und Spott zum Ausklang Ferdinand Jäger, der Liedherold
Seite 123

DER ANDERE EICHENDORFF

Unwiderstehlichkeit von Einfällen Neuer Liedfrühling am Attersee
Käuze, Abenteurer, Taugenichtse Das Meister-Ständchen
Aspekte der Liebe Großdeutscher Skandal beim Wagner-Verein
Seite 151

NEU ENTDECKTER GOETHE-KOSMOS

Fast jeden Tag ein Lied Schubert und Schumann als Herausforderung: die Wilhelm-Meister-Lieder Mignon II und das Atonale Balladen, Sinnsprüche, Humor Neu erschlossener West-östlicher Divan Lob des Trinkens Hatem und Suleika Die krönende Trias: *Prometheus, Ganymed, Grenzen der Menschheit* *Elfenlied* und *Christnacht*
Seite 159

ALT-SPANIEN, MYSTISCH UND EROTISCH

... von einer ganz neuen Seite kennenlernen Gefestigtes Lebensgefühl Marien-Verehrung und Jesus-Mystik Strawinsky als Wolf-Bewunderer Der Mann als Opfer des Eros Carmen-Varianten Die liebende Frau hat das letzte Wort
Seite 180

OPERNPLÄNE, REISEN, DEPRESSIONEN

Alte Weisen nach Gottfried Keller Ein *angenehmes Plätzchen,* keine Erlösungsoper *Ein junger Germanenkönig kommt!* Bei neuen Freunden in Schwaben Autor beim Schott-Verlag Bühnenmusik zu Ibsens *Fest auf Solhaug* *Ich bin am Ende ...* Unvermittelter Vulkanausbruch
Seite 194

ITALIENISCHES LIEDERBUCH I UND II

Nur ein Thema: Liebe zwischen Mann und Frau Hohe Schule der Miniatur: *Auch kleine Dinge können uns entzücken* Freiheiten gegenüber korrekter Deklamation Groteske und Lyrisierung Nach vier Jahren: nahtlos der zweite Teil *Mehr absolute Musik* Satyrspiel zum Ausklang Ein Meister-Zyklus, spät entdeckt
Seite 207

DREI JAHRE SCHAFFENSLÄHMUNG

Kein einziges neues Lied Präparalytische Realitäten Erfolge in Berlin Richard Strauss, ein *musikalischer Tollhäusler* Verworfene Opernpläne Das erste öffentliche Konzert in Wien Freund Hugo Faisst Feurige Liebesmonate mit Frieda Zerny Orchesterfassung der *Italienischen Serenade* *Ein Wunder, ein Wunder ist geschehen!*
Seite 220

DER CORREGIDOR

Schaffensglück in Perchtoldsdorf und auf Schloß Matzen
Schuldigkeit des Staates, seine Musiker zu unterhalten Rosa Mayreder, die Partnerin
Die Dreispitz-Handlung Lastende *Meistersinger*-Schatten
Leitmotive und lyrische Einlagen Rettungsversuche
Die Uraufführung in Mannheim
Seite 238

DIE LETZTEN WERKE

Das kleine Klinckerfüßle in Stuttgart Glücklich in eigener Wohnung
Furchtbarer Vorbote: Pupillenstarre Zwei kleine Liedzyklen
Letzter Gipfel: die Michelangelo-Lieder Manuel Venegas: *Bin selig! Rase!*
Opernfragment am Rande des Wahnsinns
Seite 261

ZUSAMMENBRUCH UND ENDE

Stürmische Auseinandersetzung mit Mahler *Ich bin Direktor der Hofoper!*
Einlieferung in eine Privatklinik Entlassung und Adria-Reise
Die letzte Wohnung Selbstmordversuch in Traunkirchen
In der Niederösterreichischen Landesirrenanstalt *... schneid' mich heraus!*
Leichenzug zwischen Faschingsmasken
Seite 279

NACHRUHM UND WIRKUNG

Der lebend Begrabene wird populär *Die Parteikämpfe sind vorüber*
Er überragt auch Schubert Als *Vollender* des Kunstliedes anerkannt
Keine Hugo-Wolf-Schule Wolf-Verehrer gehen eigene Wege
Der Höhepunkt ein Endpunkt? Problematik der Vollendung
Seite 293

ANHANG

Anmerkungen · Seite 307
Zeittafel · Seite 310
Bibliographie · Seite 312
Werkverzeichnis · Seite 317
Verzeichnis der Lieder · Seite 328
Personenregister · Seite 331
Bildquellennachweis · Seite 336

VORWORT VON DIETRICH FISCHER-DIESKAU

Sich beschreibend auf Hugo Wolf einzulassen, birgt mancherlei Risiken in sich. Denn zu seiner Lebenszeit und mit seiner Lebensleistung sind wir längst aus jenem Raum vertrieben, in dem sich, Mozarts oder Schuberts Verfahren ähnlich, Werk an Werk in sicherer Folge reihen konnte. Vielmehr befinden wir uns in der dünnen Luft entgrenzter Individualität, mit all ihren Hemmnissen und dem absoluten Auf-sich-gestellt-Sein. Weit über nur gelegentlich spürbare Quellen hinaus (es sind vornehmlich Schumann und Wagner) formte sich Wolf ein zugleich unverwechselbares und undefinierbares Formenarsenal, das nur dazu da zu sein scheint, im Schaffensmoment wieder verlassen und erweitert zu werden. Dazu stimmte seine scheue, verkrampfte, nervöse Natur, deren gelegentlich Jungenhaftes und Herzliches den Blick auf seine Verlorenheit nicht hemmen kann. Das Wesen seiner Kunst mag am ehesten aus seinem ästhetischen Verstand und den sensiblen literarischen Ansprüchen hergeleitet werden, die wiederum – gleichsam entschuldigend – von den interpretierenden Noten und der unvergleichlich genauen Deklamation weg auf den dichterischen Ursprung zurückkomplimentiert werden. Hinzu kommt ein Klangsinn, der – zumindest klavieristisch – von kaum zu überbietender Flexibilität und psychologischer Deutungsfähigkeit ist. Die gesuchte musikalische »Struktur« minimalisiert sich mitunter auf Silben, auf kleine Harmoniewechsel, auf kleinste rhythmische Einheiten, um eine vom Text gegebene Situation zu verdeutlichen. Wolf schöpfte seine Dichter ohne Stocken aus, und sie verhalfen ihm zu sporadisch ungehemmter Erfindungsgabe. Ihr stand nichts im Wege, auch nicht der Humor, mit dessen Hilfe sie manchmal um so leichter bezwingen kann. Aber sie ballt sich zu drohender Gebärde oder grimassierender Ironie. Selten breitet sie sich in schwärmerischer Ruhe aus. Das seither von Wolf ererbte und weitergegebene Aufbegehren des Außenseiters, der ungeduldige Zorn des Streiters hält beim Heraufdämmern unseres Jahrhunderts endgültigen Einzug in das Wesen des schöpferischen Musikers, hart gegen sich und gegen die Umwelt. Was Wagner in Hans Sachsens Lektion, die er Beckmesser erteilt, vorformulierte, führt Wolf zu überspitzter Ausdeutung und kann sich schon deshalb als ein gelegentlich gegen die Dichtung »grausamer« Analytiker fühlen. Zunächst aber und vor allem förderte er Qualitätvolles aus dem Jahrhundert vor ihm zutage, in dienend liebevoller Haltung. So ist er Mörike unendlich vielseitig und bis heute der Interpretation offen gerecht geworden. Keine schnurrigen Sittenbilder sind dabei entstanden, sondern eine aus sinnvollen Einzelheiten gefügte Einheit, die – in annähernd gleicher Vollendung – auch seinen anderen Liedsammlungen innewohnt. Worin sie eigentlich besteht, das kann kaum beschrieben, nur ansatzweise erklärt werden. Es ist noch lange nicht so weit, daß die Kunstsinnigen in der Welt Hugo Wolf unbestritten als einen der erlesensten Sprachkünstler unter den Musikern deutscher Zunge akzeptiert hätten. Das gehört hoffentlich zu den noch möglichen Entwicklungen.

FIN DE SIÈCLE IN WIEN

Der zierlich kleine Fünfzehnjährige, mit seinem weichen Gesicht unter dunkelblonden Haarwellen wie ein Bub wirkend, muß überwältigt gewesen sein, als er an einem Septembertag des Jahres 1875 den Weg vom Wiener Südbahnhof in die Stadt nahm. Noch nie hatte Hugo Wolf eine Großstadt erlebt – Graz war ja damals nur eine behäbige Provinz-Pensionopolis –, nie einen so gewaltigen Domturm gesehen wie den von St. Stephan, nie eine so prunkvolle Theaterburg wie die neue Hofoper am Ring. Sie stand – vor sechs Jahren mit kaiserlichem Pomp eingeweiht – als erstes und bisher einziges repräsentatives Monument dieses Wiener Boulevards. Und der bot sich damals Wiener Bürgeraugen nur als grandioser, die ganze historische Stadt umspannender Grundriß mit den Doppelreihen der jungen Alleebäume.

Noch klafften auf Jahre hinaus weite Kahlflächen, aber der über vier Kilometer lange Ring – was waren dagegen die Berliner Friedrichstraße, was selbst die Pariser Grands Boulevards! – ließ als größte Baustelle des Jahrhunderts schon erkennen, welche Prachtkulissen ihn bald zieren sollten. Seit drei Jahren wuchsen aus dem Wirrwarr von Gruben und Hügeln die Grundmauern von Votivkirche, Hofmuseum, Rathaus, Universität, Burgtheater, Parlament und Börse. Als sich mit dem neuen Burgtheater im Jahre 1888 nebst einer Fülle neuer privater Palais und Hotelbauten der Ring im wesentlichen geschlossen hatte, stand die Dominante der verjüngten Reichshauptstadt in vollem Glanz da. In ihm sonnte man sich damals, und nur hellsichtige Intellektuelle erkannten das Symbolträchtige dieser Fassaden-Kultur, ihren Zusammenhang mit dem Schicksal der Monarchie.

Der Architekt Adolf Loos gehörte zu diesen Untergangspropheten: *... jede Stadt hat die Architektur, die sie verdient. Über der Wiener Architektur dieses Jahrhunderts schwebt der Geist Potemkins.* Andere Progressive, die das Wiener Fin de siècle als wache Geister erlebt hatten, identifizierten die Widersprüche der Ringstraßen-Kultur mit denen der untergehenden Monarchie. Hermann Bahr konstatierte eine *fröhliche Apokalypse*, Karl Kraus sah im alten Österreich eine *Experimentieranstalt für Weltuntergänge.*

Schon Zeitgenossen lugten mißtrauisch hinter die Ringstraßen-Fassaden, so der populäre *Wiener Spaziergänger* Daniel Spitzer mit seinen Wochenfeuilletons als Stimme des raunzenden Wieners, der sich auch in der notdürftig verfaßten Monarchie der Reichen und Mächtigen kein X für ein U vormachen ließ, und auch der vielzitierte Volksmund selbst. Heute, da die halb ausgebombte Staatsoper längst wieder, neben Lipizzanern und Sängerknaben, die Touristenattraktion Nummer eins ist, findet jedermann dort alles herrlich, einschließlich der Architektur. Die Menschen waren sich jedoch im Eröffnungsjahr der Hofoper eher mit dem Kaiser einig, der sich abfällig über sie äußerte, was er, gewitzt, nie wieder tat; fortan bedachte er alles von ihm Eröffnete oder Besuchte mit dem zitatenreifen Spruch: *Es war sehr schön, es hat mich sehr gefreut* – Weisheit oder Stumpfsinn, bei Monarchen liegt das manchmal nahe beieinander. Ihm und dem Volksmund aus der Seele gesprochen war der Reim über die Hofopern-Architekten: *Der Siccardsburg und van der Nüll, die haben beide keinen Styl*, was auf die kuriose Vereinbarkeit von Renaissance-Rundbogen und gotischem Spitzbogen, hoch oben über der Galerie, zielt und den einen Baumeister zum Selbstmord veranlaßte und den Kompagnon kurz darauf aus Gram sterben ließ.

Andere Prunkstücke der Ringstraße kamen aber auch nicht besser weg. *Im Parlament hört man nichts, im Rathaus sieht man nichts, und im Burgtheater hört und sieht man nichts* – dieser journalistisch formulierte Volksmund zielte zumal gegen das vom altberühmten Gottfried Semper und dem jung ambitionierten Carl Hasenauer erbaute neue Hofburgtheater, das akustisch zunächst (einen Innenumbau benötigend) miserabel war und den Abriß des viel kleineren, viel intimeren, an den Michaeler-Trakt ange-

Corso auf der Wiener Ringstraße. Zeichnung von Wilhelm Gause, 1898.

pickten historischen Burgtheaters um so schmerzlicher empfinden ließ; schließlich hatten dort Mozart-Premieren stattgefunden, und die vergötterte Charlotte Wolter hatte dort, am letzten Spielabend, den letzten ihrer legendären Schreie ausgestoßen.

Kritik des Wiener Volksmunds, also konservative Kritik – das festzuhalten erscheint wichtig. Für das Fin de siècle im Wien Hugo Wolfs sollte die Spannung, der Widerspruch zwischen gewohntem, als liebenswert angenommenem Altem und wagelustigem, schwer verständlichem Neuem bezeichnend werden. Es blieb ein komplexes Spannungsverhältnis. Der zeitlebens unverstandene Komponist Hugo Wolf neigte in seiner geistigen Struktur eher zur Vergangenheit. Goethe und Mörike standen ihm näher als jeglicher literarische Zeitgenosse. Von den schriftstellerischen, bildnerischen und psychologischen Revolutionen seiner Lebenszeit blieb sein Schaffen völlig fern. Das fürs literarisch fortschrittliche *Jung-Wien* so bedeutsame Café Griensteidl besuchte er jahrelang regelmäßig, aber es hinterließ so wenig Spuren in seinem Werk wie der Verkehr in der Familie des Sigmund-Freud-Mitarbeiters Josef Breuer. Wolf war damals zu jung und zu sehr von eigenen, gesundheitlich existentiellen Problemen umgetrieben, als daß sein Intellekt hätte auf befremdliche Neuerkenntnisse reagieren mögen.

Wien in der Ringstraßen-Ära – welche Stadt, welche Zeit! *Über die weite Ringstraße zogen die Bewohner dieser Stadt, fröhliche Untertanen der Apostolischen Majestät, alles Leute aus seinem Hofgesinde. Die ganze Stadt war nur ein riesengroßer Burghof... Da wallten über die Fahrbahn der Ringstraße in zwei breiten Reihen die Leibgardisten in weißen Engelspelerinen mit roten Aufschlägen und in weißen Federbüschen, schimmernde Hellebarden in den Fäusten, und die Straßenbahnen, die Fiaker und selbst die Automobile hielten vor ihnen an wie vor wohlvertrauten Gespenstern der Geschichte.* Dieses bunte Sonntagsgemälde zeichnete der sensibelste Dichter der altösterreichischen Untergangssaga, der aus Galizien zugereiste Wahlwiener Joseph Roth. Die Farben stimmen wohl, aber nur für die *eine* Seite, die Fassade der Ringstraßenmetropole.

Die andere Seite war hundertfach ausgedehnter, und ihr Übergewicht wuchs von Jahr zu Jahr: nämlich die Gevierte der drei- bis sechsstöckigen Zinshäuser, deren Uniformität, trotz lieblos aufgepäpptem Renaissancestuck, um so schäbiger wurde, je weiter sie außerhalb der Ringstraße lagen. In den Tausenden aus dem Boden gestampften Mietskasernen hauste das Kleinbürgertum und drängten sich die Massen der aus Böhmen und Mähren, aus Galizien, Ungarn oder Slowenien in die Hauptstadt strömenden Proletarier in engen, durch Mietwucher überteuerten Wohnkäfigen, den sogenannten Bassena-Wohnungen; Bassena heißen die gußeisernen Wasserbecken auf dem Flur, die für mehrere Familien zu genügen hatten. Eigene Toiletten und Badezimmer waren seltener Luxus. Noch um die Jahrhundertwende, als bereits die kapitalistische Ringstraßen-Ära der sozialreformatorischen Lueger-Zeit Platz gemacht hatte, konnte erst jeder fünfte Wiener Wohnungsinhaber ein eigenes Wasserklosett, nur jeder dreizehnte ein eigenes Bad benützen (aber selbst die Apostolische Majestät in der Hofburg ließ sich ja zum wöchentlichen Bad einen hölzernen Waschzuber ins Schlafzimmer tragen!).

Für die besseren Leute, die es sich leisten konnten, Aristokraten, Kaufleute, Fabrikanten, hohe Beamte, waren die noblen Zinshäuser der Ringstraße und der neuen Viertel zum Linienwall hin durchaus begehrte Quartiere, die Bauspekulation der Gründerjahre erwies sich dort als städtebaulicher Erfolg. In der Bassena-Zivilisation hingegen, der düsteren Kehrseite des Ringstraßen-Glanzes, war Wien, um auf Roths ironisches Sonntagsgemälde zurückzukommen, keinesfalls ein riesengroßer Burghof mit fröhlichen Untertanen, sondern ein krebsartig auswuchernder Humusboden für Elend und sozialen Widerstand. Mit der wachsenden Industrialisierung Wiens wuchs die Zuwanderung. Die Kulturgeschichte interessieren vor allem die kreativen Persönlichkeiten; und da zeigt sich, daß fast nur Johann Strauß, Karl Millöcker, Arthur Schnitzler und Hugo von Hofmannsthal gebürtige Wiener waren, eine Minderheit gegenüber den Zugewanderten: Brahms aus Hamburg, Bruckner und Bahr aus Oberösterreich, Makart aus Salzburg, Theophil Hansen aus Dänemark, Mahler, Hanslick und Karl Kraus aus Böhmen, Sigmund Freud, Adolf Loos und Leo Fall aus Mähren, Franz Lehár aus der Slowakei, Joseph Roth und Theodor Herzl aus Galizien – und das sind nur die Spitzen der Genietruppe, die dem Wiener Fin de siècle seinen janusköpfig konservativ-sammelnden und revolutionär-erneuernden Rang gab. Die Stadt, die der große Arzt und Wahlwiener Billroth zuerst, von Zürich aus, wenig anziehend fand, wurde schon ein paar Jahre später attraktive Heimat sowohl für Wien-Gebürtige als für Zugewanderte. Das zeugt am besten für Wiens kulturellen Aufstieg von der engen Residenzstadt zur wirklichen Metropole.

Aber der Glanz der Genie-Namensversammlung trügt. Er verdeckt – mit dem Blick auf die wenigen Überragenden – die Probleme der ungenialen Vielen. Der Hunderttausende, die aus der existentiellen Hoffnungslosigkeit der Provinz mit einem bloßen Bündel an Habe zur Lebenshoffnung namens Wien strömten. Die sich dort, wo sie fast ein Drittel ihres Einkommens nur für die primitive Bassena-Wohnung ausgeben mußten (die Wohlhabenden in den besseren Bezirken brauchten nur zehn Prozent fürs Wohnen abzuzweigen), durchzubeißen, anzupassen, zu assimilieren, Sprache, Religion, Heimatsitte aufzugeben hatten. Die Neubürger zu behausen, blieb auf Jahrzehnte hinaus das Hauptproblem Wiens.

Die Habsburger Monarchie nahm kontinuierlich an Bevölkerung zu – von 38 Millionen im Jahre 1880 auf über 50 Millionen dreißig Jahre später –, aber die Hauptstadt des Reiches explodierte geradezu. Der zugereiste Provinzler Hugo Wolf war einer von 670 000 Wienern, nach der Eingemeindung von dreißig Vororten im Jahre 1890 einer von 1,6 Millionen; vor dem Untergang der Monarchie überschritt Wien die Zweimillionengrenze und wurde eine der vier größten Städte Europas. Da war die Ringstraßen-Zeit schon wieder in eine neue Epoche – die Lueger-Zeit – mit neuen Problemen übergegangen, vorwiegend sozialen. Auch wenn der große christlich-konservative Bürgermeister Karl Lueger liberale Kapitalisten und Sozialdemokraten gleicherweise bekämpfte, die verhaßten Roten befanden sich auf dem Vormarsch und eroberten sogar die Mehrheit im Rathaus; ihr charismatischer Anführer Viktor Adler überlebte Lueger und starb erst mit der Monarchie.

Angefangen hatte Wiens Weg zur Metropole 1858, als nach kaiserlichem Dekret die barocken Festungsbastionen um den historischen Stadtkern eingerissen und begonnen wurde, Alt-Wien zu einer modernen Großstadt zu weiten. Ein geradezu tollkühner Entschluß, denn mit den Bastionen des Glacis mußten auch Hunderte schöner alter Häuser demoliert, und alles von privaten Bürgern, nicht etwa vom Hof, finanziert werden. Es war vielleicht der folgenreichste Entschluß, den Franz Joseph I. in seiner siebenundsechzigjährigen Herrscherzeit fällte (vom katastrophalen letzten, der Weltkriegserklärung, abgesehen). Der ihn fällte, war noch nicht der zur Legende erstarrte *alte Herr*, der entrückt über Seinen Völkern schwebte, er war ein achtundzwanzigjähriger Mann voller Tatendrang, erzkonservativ und fest verbündet mit den Mächten, denen er sich fürs ganze Leben verschrieben hatte: Kirche, Kapital und Großgrundbesitz. Nur die Schwerpunkte seines Einflusses wechselten im Verlauf der Zeit.

Die neue, repräsentative Hauptstadt war nur mit Hilfe von Banken und Industriellen zu bauen, und um ihre Unternehmerlust anzureizen, mußte der Kaiser sein autokratisches Regime liberalisieren, so unsympathisch ihm dieses Verbum auch sein mochte. Das geschah nach dem verfassunggebenden Ausgleich von 1867, der im Grunde ein Arrangement mit den ungarischen Magnaten war. Dadurch erst wurde das von Bismarck aus dem Deutschen Bund geworfene Kaiserreich Österreich zur österreichisch-ungarischen Monarchie. Von jenem Jahr datiert das k. u. k. für alle die Doppelmonarchie betreffenden Angelegenheiten, und auch Robert Musils *Kakanien*, so benannt nach dem anderen, nur für die westliche Reichshälfte geltenden Kürzel k. k. Jetzt blühte auch politischer Liberalismus der Regierung auf, im Reich wie in der Hauptstadt. Wobei die geistigen Prinzipien der Aufklärung und der Toleranz weniger ins Gewicht fielen als die wirtschaftlichen. Die Freiheit, die sie, die regierenden Mächtigen, meinten, bedeutete vor allem: schrankenlose Chancen zur Bereicherung. Wer Geld hatte, der kaufte Grundstücke und Aktien, wer keines hatte, jagte nach Krediten. Hunderte windige Banken und Aktiengesellschaften entsprossen den Gründerjahren der Ringstraße. 1873 ließ der *Schwarze Freitag* an der Börse, wenige Tage nach der Eröffnung der Wiener Weltausstellung, die spekulativen Seifenblasen platzen. Die Katastrophe trieb zwar ein Dutzend Jobber in den Selbstmord, bremste aber die Konjunktur nur für etwa sechs Jahre. Der Bauboom, die um sich greifende Industrialisierung wirkten stärker.

Liberale Großbürger beherrschten noch auf Jahrzehnte das Wiener Rathaus; von den Massen durfte ja nur etwa jeder Zwanzigste, den Steuerzensus Erfüllende, wählen. Auch als der Kaiser mit seinem Jugend- und Duzfreund, dem in Böhmen begüterten Grafen Eduard Taaffe, einen etwas konservativer orientierten Ministerpräsidenten berufen hatte, blieb die politische Atmosphäre wirtschaftsliberal geprägt. Die vierzehn Jahre der wechselnden Kabinette Taaffes – bis 1893 – bilden die weitaus längste Regierungsspanne in der Monarchie; für den Rest seines Lebens verbrauchte der Kaiser nicht weniger als zwölf Ministerpräsidenten. Taaffe, einem irischen Geschlecht entstammend, erwies sich insofern als echter Österreicher, als er die Kunst des *Fort-*

wurstelns (sein Ausdruck) meisterhaft beherrschte, was Brutalität nicht ausschloß, hauptsächlich mit Polizeigewalt gegen verzweifelt auf die Straße gehende Arbeiter oder schamlos ausgebeutete Fiaker der Pferde-Tramway.

Es kriselte nicht nur im Sozialgefüge. Die Sozialdemokratie formierte sich und imponierte 1890 erstmals durch massenhafte, erstaunlich diszipliniert verlaufende *Mai-Spaziergänge* durch die Ringstraße zum Prater. Die Christlichsozialen mit ihrem Volkstribun Dr. Karl Lueger beunruhigten durch ihren Kleineleute-Antisemitismus das herrschende Bündnis der reichen Christen und Juden. Den viel giftigeren alldeutschen Antisemitismus der Deutschnationalen um den Waldviertler Schloß- und Gutsbesitzer Georg Ritter von Schönerer nährte der Sprachenstreit zwischen Deutschen und Tschechen, der sich unter Taaffe zuzuspitzen begann. Der seinem Monarchen bedingungslos ergebene *Kaiserminister* mußte auch über katastrophale, die Öffentlichkeit tief beunruhigende Schicksalsschläge *fortwursteln*. Der grauenvolle Ringtheaterbrand von 1881 gehörte dazu; Taaffes erste Meldung an den Kaiser: *Alles gerettet* (während 368 Verbrannte und Erstickte gerade geborgen wurden) ist sprichwörtlich für offiziöse österreichische Nachrichtenpolitik geworden. Absurde Triumphe feierte sie acht Jahre später mit der zitzerlweisen Bekanntgabe von Teilwahrheiten um den Selbstmord des Thronfolgers Rudolf im Jagdschloß Mayerling. Immerhin, unter Taaffe wurden auch die ersten, bescheidenen Arbeiterschutzgesetze erlassen. Bismarcks *Sozialismus von oben herab* bot das Vorbild. Dem kleineren Übel, gemessen an Victor Adlers roten Landesverrätern, war offenbar nicht auszuweichen.

Vergeblich wird man in Hugo Wolfs Lebenszeugnissen nach Spuren der politisch so dauerhaften Ära Taaffe suchen. In diese Zeit fielen die glorreichen Jahre der großen Liederbücher Wolfs, der Durchbruch zur Meisterschaft. Doch den bettelarmen Komponisten, nach Einkommen und Besitzstand ein wahrer Proletarier, interessierten die sozialen Bewegungen jener bewegten Zeit nicht im geringsten, so wenig wie Politik überhaupt. Er verdiente durch Stundengeben, ein paar Jahre auch als Musikkritiker, kaum mehr als ein Arbeiter, und das bedeutete bloßes Überlebensminimum. Ein Maurer brachte damals, täglich mindestens elf Stunden schuftend – Handwerksgesellen auch vierzehn, fünfzehn Stunden –, monatlich etwa 35 Gulden Lohn nach Hause; Briefträgern und kleinen Polizisten erging es ähnlich. Keine Gewerkschaft schützte sie vor willkürlicher Entlassung, keine Behörde sicherte ihnen und ihren Familien wirkliche Hilfe bei Krankheit und Altersarmut. Das war in ganz Europa nicht viel anders, also kein speziell österreichisches Übel, aber Kakanien hinkte in materiellen Dingen – ganz im Gegensatz zu geistigen – doch fast immer etwas hinterher. Schließlich ging selbst der reaktionär belastete Zar Nikolaus II. mit der Einführung des allgemeinen Wahlrechts voraus, ehe die k. u. k. Monarchie als allerletztes europäisches Land diesen Schritt nachvollzog.

Wahlrecht, Streikrecht, Kranken- und Altersversicherung, die sozialen Ziele des sich formierenden Zeitalters der Massen – was konnte dergleichen dem gesellschaftlichen Außenseiter, Individualisten und Egoisten Hugo Wolf bedeuten? So arm er war und zeitlebens blieb, seine Welt war die Bildungsbürgerwelt, die Ringstraßenwelt – mit falschem Fassadenglanz und viel echter Kultur und geistiger Regsamkeit dahinter, auch wenn er dort immer nur Gast war.

Das zwanzigste Jahrhundert, von Jugendstil und Bauhaus belehrt, hat über die Ringstraßenarchitektur wissenschaftlichen und feuilletonistischen Hohn ausgegossen und lange gebraucht, bis an die Schwelle der ein neues Fin de siècle anvisierenden Postmoderne, um sie als großes Ganzes, als grandioses Monument eines städteplanerischen Gesamtkunstwerkes neu zu entdecken und zu würdigen. Freilich: wenn schon der arme *Opernhaus-Nüll* keinen *Styl* hatte, wo hätten ihn die Hansen, Hasenauer, Ferstel, Schmidt mit der Vielfalt ihrer Repräsentationsbauten hernehmen sollen? Historismus, nachgemachte Vergangenheit war eben der Stil der Zeit; nicht nur in Wien, überall in Europa. Kirchen baute man mit Vorliebe neugotisch – so auch Ferstel die brillant imitierende Votivkirche. Rathäusern kam gleichfalls dieser an hochmittelalterliche Bürgermacht gemahnende Stil zugute, sofern sich nicht Neurenaissance dafür anbot. Unbedingt hatten Paläste, ob die des Geldes oder die des Geistes, mit Neurenaissance-Fassaden zu prunken: an der Ringstraße die beiden Museen, das Burgtheater, die Universität, die Börse. Für das Reichsratsgebäude wiederum erschien Hansens klassizistische Säulenarchitektur das Angemessene zu sein, schließlich stand die Wiege des Parlamentarismus in Griechenland! Selbst das allerletzte, um Jahrzehnte nachkleckernd gebaute Ringstraßengebäude, das Kriegsministerium am Stubenring, geriet noch nachträglich in den Sog des alten Eklektizismus. Erstaunlich, wie dennoch all dieses historizistisch Heterogene zu einer halb befremdlichen, halb faszinierenden Art von Harmonie zusammenschoß! Bewirkte das die imperiale Geste des Ganzen, oder gar, wie Kritiker höhnten, die Augenfälligkeit gemeinsamer schöpferischer Impotenz?

Eben diese sah man im Bauhaus-Jahrhundert auch im Werk Hans Makarts, ehe man seine Farbvirtuosität neu wertete, und Ringstraßenzeit war ja zunächst Makartzeit. Der Salzburger Maler, den die Wiener Akademie einst als völlig untalentiert abgewiesen hatte, kehrte im Jahr der Hofoperneröffnung in die Reichshauptstadt zurück, ein neunundzwanzigjähriger Eroberer. Nur kurz machte ihm Anselm von Feuerbach im Wettstreit der ausgestellten Kolossal-Prachtschinken den Rang als Wiener Malerkönig streitig; aber Makarts *Venedig huldigt Caterina Cornaro*, vier mal zehn Meter groß, siegte in der Gunst von Publikum und Kritik eindeutig über Feuerbachs *Amazonenschlacht*, fünf mal acht Meter. Der schwerblütige Feuerbach starb bald danach, Makarts Ruhm wuchs und gewann bürgerliche Popularität. Düster-prunkende Makart-Salons mit schweren makartroten Vorhängen, Makart-Sträuße, Makart-Palmen, üppige Makart-Hüte für die Damen wurden Zeitstil. Der Maler verlangte und bekam für ein Porträt einige zehntausend Gulden, für die Mitwirkung an den Wandmalereien im neuen Rathaus forderte er gar die exorbitante Summe von 120 000 Gulden, die dann freilich doch nicht bewilligt wurde. Hugo Wolf erlöste für seine großen Liederzyklen nach fünf Jahren beim Verlag Schott 86 Mark und 35 Pfennige. Ein historisches Beispiel für den Unterschied von Preis und Wert.

Den Gipfel der Berühmtheit erklomm Makart nicht mit einem Bild, sondern mit Entwurf und Arrangement des Festzuges zur Silberhochzeit des Kaiserpaares im Jahre 1879. Er selber ritt, altdeutsch kostümiert, am Endes des Zuges mit, Hunderttausende Wiener bejubelten das farben- und figurenreiche Spektakel. Makarts Einfluß auf die Wiener Malerei – auch der junge Gustav Klimt pinselte zuerst in dieser Art – wurde im Architektonischen allenfalls von dem viel unberühmteren Akademieprofessor Rudolf von Eitelberger übertroffen, dem Anreger und Konservierer des Ringstraßen-Historismus.

Ein konservativer Zug beherrschte das kulturelle Wien noch lange nach Makarts Tod im Jahre 1884. Nicht nur in der Musik, wo Richard Wagners Triumphe in der Hofoper und bei den von seinem dirigierenden Herold Hans Richter geleiteten Philharmonikern zwar das Publikum in zwei Lager spalteten, wo aber immer noch zwei ungekrönte Könige vorherrschten: Johann Strauß bei der leichten, Johannes Brahms bei der ernsten Muse. Dem Walzerkönig sahen es seit dem Triumph der *Fledermaus* Konservative nach, daß er einst in seinen Praterkonzerten für den Musikzerstörer Wagner geworben hatte, und Antisemiten schauten darüber hinweg, daß er, der selber seinen jüdischen Urgroßvater verdrängte, sich vorwiegend Juden als Librettisten erkor, von Leo Stein bis Ignaz Schnitzer, den Fledermaus-Nährvater Halévy nicht zu vergessen. Brahms' Ansehen als Symphoniker und Schöpfer von Kammermusik war ebenso unangefochten. Die Giftpfeile eines blutjungen wagnerianischen Musikkritikers, genannt *der wilde Wolf*, steckte er mit amüsiertem Lächeln weg. Die maßgebenden Kritiker, Eduard Hanslick an der Spitze, sorgten dafür, daß es weder dem unheimlichen Wagner noch dem zweiten symphonischen Genie Wiens neben und gegen Brahms, Anton Bruckner, zu leicht gemacht wurde. Dabei kümmerte das seriöse Musik-Wien, im Gegensatz zur florierenden Goldenen Operette, schöpferisch weiter vor sich hin. Zugewanderte Genies wie Hugo Wolf und lange Zeit auch Bruckner, Brahms ausgenommen, wurden einfach ignoriert. Allenfalls Talente hob das Publikum auf den Tagesthron; so den Ungarn Karl Goldmark mit dem Opernpomp seiner *Königin von Saba.*

Wiens Musikwelt vor der Entdeckung von Wolfs wahrer Bedeutung, vor Gustav Mahler und der stillen Schönberg-Revolution mag die Fassadenhaftigkeit der Ringstraßenwelt teilen, auch deren gesellschaftlich abgeschlossene Bürgerlichkeit. Doch innerhalb solcher Begrenzung entfaltete sich eine sehr lebendige

Musikkultur; mehr in Salons und gutbürgerlichen Zimmern mit obligatem Klavier als in öffentlichen Sälen. Erst kurz vor der Jahrhundertwende traten professionelle Konzertunternehmer bestimmend hervor. Man spielte eben zu Hause Streichquartette und sang Klavierlieder, und dies nicht nur in den alterlauchten Adelspalais. Die Aristokratie, ohne die noch Beethoven in Wien nicht lebensfähig gewesen wäre, hatte ihr Mäzenatentum dem Geldadel der Gründerzeit abgetreten. Der spendable Graf Hans Wilczek, Begründer der segensreich wirkenden Wiener freiwilligen Rettungsgesellschaft – Frucht des Ringtheaterbrand-Schocks –, schlug zwar Brücken zum Bürgertum, blieb aber unter seinesgleichen eher eine Ausnahme. Der alte Hochadel schloß sich vor den Neu-Nobilitierten, auch wenn sie Rothschild hießen, hochmütig ab und nahm an deren kulturellen Salons nicht teil. Die Witwe des jüdischen Gründermillionärs Todesco unterhielt so einen Salon, Dutzende neubürgerliche breiteten sich aus – Wolf verdankte ihnen die schiere Existenz –, und alle stellte die Fürstin Pauline Metternich in den Schatten: Sie hatte schon in ihrer Pariser Zeit, als Gattin des österreichischen Gesandten, modernistische Kühnheiten gewagt, indem sie die skandalöse *Tannhäuser*-Premiere des Dresdner Revolutionärs Richard Wagner förderte. In Wien setzte sie auf den neuen Kunstverein, auf den Brückenschlag von Hochadel und Bildungsbürgertum und auf zukunftweisend Populistisches: Sie organisierte den *Blumenkorso* im Prater, ein Volksfest von oben inszeniert, das fortan alljährlich von Hunderttausenden begeistert gefeiert wurde. Es setzte habhaftere Klammern zwischen Oben und Unten als alle obrigkeitlichen Bemühungen. Im Staatspolitischen gelang ähnliches sogar einem Kunstwerk: Johann Strauß' *Zigeunerbaron* bändigte noch einmal die auseinanderdriftenden cis- und transleithanischen, die österreichischen und die ungarischen Reichsteile zu gemeinsam schwarz-gelbem Patriotismus im Walzertakt und Csárdás-Rhythmus.

Der populäre *Zigeunerbaron* war nur eine Operette. Das aus elitärer Sicht abwertende *nur* wird jedoch soziologisch, und für die Fin-de-siècle-Kultur höchst bezeichnend, aufgewertet. Wiener Volkstheater mit Musik hat eine alte, alle anderen deutschsprachigen Städte überragende Tradition, von Mozart–Schikaneder über Raimund bis zu Nestroys genialen Innovationen der komödiantischen Satire. Strauß', Suppés, Millöckers Operetten standen im intellektuellen Anspruch sicher hinter Nestroy und Offenbach zurück, übertrafen jedoch an Breitenwirkung alles früher Theatermögliche. Das lag im Zug der Zeit, der Entfaltung Wiens zur Großstadt und Reichsmetropole. Zum Theater an der Wien und dem Carl-Theater in der Leopoldstadt, den schon zu *Zauberflöten*-Zeiten konkurrierenden Hauptbühnen musikalischen Volkstheaters, traten neue Privattheater. Das Volkstheater, nicht weit vom Ring, als Modellbau der Dutzende ähnlicher Neurokoko-Theater, mit denen die virtuose Architektenfirma Fellner-Helmer nicht nur die ganze Monarchie, sondern auch halb Europa zwischen Zürich und Odessa bestückte, und das Raimund-Theater als populärste. Noch im alten Jahrhundert wurde auch ein zweites Operntheater, die später so genannte Volksoper, zwischen Ring und Gürtel gebaut; Ausdruck unbezähmbarer Wiener Theaterlust, zugleich der neuen Spaltung mitten durchs Bürgertum. Die Hofoper bestaunte man, aber wer verdiente schon so viel, daß er sie besuchen konnte? In der Volksoper zahlte man weniger als die Hälfte der Preise, und wenn man Glück hatte, bekam man auch dort Stars wie die junge Jeritza zu hören.

In der Hofoper am Ring ging es in der Zeit vor Mahler so konservativ zu wie an den meisten deutschsprachigen Hoftheatern. Berühmte Sänger wie Hermann Winkelmann, Theodor Reichmann, Eduard Scaria oder Amalie Materna gaben Ton und Stil an, Kapellmeister und gar Regisseure hatten ihnen gegenüber wenig zu sagen. So wie das Burgtheater, ob im alten oder im neuen Haus, ganz von seinen großen Mimen lebte. Man ging nicht zu Shakespeare oder Schiller, sondern zu Friedrich Mitterwurzer, Charlotte Wolter und später zu Josef Kainz. Und die junge Adele Sandrock, die heute als grimmig komische Alte aus Tonfilmen in Erinnerung ist, bestach damals in der Hosenrolle als Hamlet.

Wien vergötterte seine Mimen wie keine andere Theaterstadt. Alle übertraf an Popularität ein Volksschauspieler und Operettensänger ohne Stimme: Alexander Girardi. Keine Johann-Strauß-Operette (nach der *Fledermaus*) ohne erfolgsichernde Girardi-Rolle! Karl Kraus ließ wenige gelten, den gelernten Schlossergesellen Girardi feierte er aber als Genie. Erst als er todkrank war, berief man ihn an die erste Bühne der Monarchie. Girardi genoß den ihn tief befriedigenden Ruhm eines Burgschauspielers nur wenige Tage – auch dies ein österreichisches Schicksal. Wer aus tiefsten gesellschaftlichen Tiefen aufstieg, für den blieb die Hofburg nun einmal fast ein kafkaisches Schloß, aber doch wieder nur: fast. Und auch das Fast ist sehr österreichisch, diesmal die tröstliche Seite der Fortwurstel-Monarchie hervorkehrend.

Mit Girardis Volksbeliebtheit nahmen es allenfalls Schauspielerinnen und Sängerinnen auf. Im Operettentheater wetteiferten die nach Höherem strebende Marie Geistinger und die pummelige, unbeschwert ordinäre Josephine Gallmeyer um die Gunst ihres Publikums; in den Vergnügungs-Etablissements *Sperl* und in den *Dianasälen*, wo Tanzerei, Musik und Erotik massenmagnetisch Tausende anlockten, feierte man die Primadonnen der Vorstadt-Demimonde, die *Fiaker-Milli* Emilie Turecek (Richard Strauss machte sie in seiner *Arabella* zur Opernfigur) und die Jodlerin Luise Montag. Beide verdienten mit ihrem Gesang so üppig, daß sie in großbürgerlichem Wohlstand leben konnten. Auch dieses Milieu abseits der Ringstraße spaltete sich in Reich und Arm. Die vielen, die als Musikanten, Ballett-Tänzer und Choristen die Goldene Operette erst ermöglichten, wurden von ihren Prinzipalen so erbarmungslos aufs Existenzminimum gedrückt wie die Handwerker von Meistern und Fabrikanten. Ja, tiefer, wenn sie Frauen waren. Die kleinen Mädel vom Chor und Ballett konnten ohne Unterstützung ihrer Kavaliere kaum überleben; *Das süße Mädel* – so hieß eine ungeheuer populäre, weil lokalpatriotisch-sentimental verklärende Operette von Heinrich Reinhardt. Aber Arthur Schnitzler (*Liebelei*) warf, etwa gleichzeitig, ein viel schärferes, gesellschaftskritischeres Licht auf dieses süße, liebenswert leichtsinnige Wiener Mädel. Als Typus der Unterschicht gehörte es, wenn es im Unterhaltungsgewerbe mitwirkte, praktisch zum Gewerbe der käuflichen Liebe.

Ein Kapitel, das nicht übergangen werden kann in einem Finde-siècle-Streifzug, und schon gar nicht, wenn Hugo Wolf dessen Mittelpunkt bildet. In einem *Etablissement*, bei einer Dirne steckte er sich ja mit der venerischen Krankheit an, deren Folgen sein Leben und Schaffen so früh vernichteten. Prostitution hatte in Wien, wie in jeder anderen Großstadt, seit jeher ihre getarnten und offenen Stätten. Die *Grabennymphen* lieferten schon zu Mozarts Zeiten Stoff für anzügliche Volkstheater-Couplets. Mit der Ausdehnung Wiens breitete sich der traditionelle *Strich* auch auf die neuen Vorstädte aus. In nur vier Jahren, bis 1873, stieg die Zahl der Prostituierten von 900 auf 1546 (das die amtlich bekannten, es waren natürlich viel mehr) – alarmierend für die Stadtbehörde, sie führte *Gesundheitsbücher* ein. *Die geht aufs Büchel*, sagte man fortan. Mitte der achtziger Jahre war man amtlicherseits noch immer nicht bereit, das Bordell zu nennen, was als private Etablissements, oft von allerhöchsten Herrschaften frequentiert, allgemein bekannt war. Es gab aber auch Cafés, wo zu vorgerückter Stunde im *Hinterstüberl* nackte Mädchen ihre Gäste bedienten und befriedigten. Auch der christliche Bürgermeister Lueger verschwendete seine Energie nicht an die Bekämpfung dieses unmoralischen Zustandes. Es blieb alles beim alten.

Scheinheiligkeit, typisch für die kakanische Fortwurstel-Monarchie? Sicher nicht. Vielmehr eine internationale Erscheinung, die mit dem Wachstum der Großstädte an Problematik zunahm. So wie der Antisemitismus. Er ist eng mit dem Wiener Fin de siècle verbunden; auch Hugo Wolf war erklärter Antisemit, wenn auch einer von der harmloseren, unaggressiven Sorte, im Sog seiner Umgebung mitschwimmend. Weder die Wiener noch die Österreicher haben den Antisemitismus erfunden – das Wort stammt von dem deutschen Juden Wilhelm Marr –, aber nirgends wurde er in so kurzer Zeit zu einer solchen Massenbewegung. Es gab ausländische Vorbilder. Frankreich brachte sich nicht erst durch den Dreyfus-Skandal ins Gerede, seine literarische Elite war schon um die Jahrhundertmitte von dem Bazillus Antisemitismus befallen. Alfred de Musset, Chateaubriand, der junge Victor Hugo schrieben judenfeindlich, Graf Gobineau plädierte mit der *Ungleichheit der Rassen* für die Minderwertigkeit der Juden, des reißerischen Eugène Sue *Le juif errant* dämonisierte den *Ewigen Juden*. Am stärksten wirkte sich naturgemäß der Einfluß aus dem deutschen Nachbarland aus.

Der Antisemitismus des Berliner Hofpredigers Adolf Stoecker

war noch verhältnismäßig harmlos, da vorwiegend religiös fundiert und durch Taufe heilbar; so wie einst der Judenhaß der Kaiserin Maria Theresia, der sich freilich über hunderte Pfarrhäuser fortpflanzte, weil der Vorwurf *Die Juden haben unseren Heiland gekreuzigt* mit dem Glauben verquickt werden konnte. Nun aber, hundert Jahre später, wurde der alte Antisemitismus gefährlicher, aufgeladen durch Nationalismus. Heinrich von Treitschkes, des kleindeutsch-preußischen Historikers Schrift *Ein Wort über unser Judentum* machte die Losung *Die Juden sind unser Unglück!* zum verhängnisvollen Schlagwort für Generationen; Richard Wagners *Judentum in der Musik* lieferte Argumente für den Kulturbereich, die zwar rein subjektiv, aber von der Autorität des berühmtesten Künstlers der Epoche getragen waren.

In Österreich, wo Judenfeindschaft nicht so ideologisch untermauert wurde, dauerte es länger, bis ihre aggressive Dumpfheit personifizierbare Ziele fand. Etwa Ende der siebziger Jahre, mit dem Niedergang der liberalen Regierungsära, zeigten sich erstmals massenwirksame Zeichen eines bösartigen Antisemitismus. Die Burschenschaft *Teutonia* führte damals als erste den sogenannten Arierparagraphen ein, auf öffentlichen Wänden verkündeten Schmierereien: *Ob Jud, ob Christ ist einerlei, in der Rasse liegt die Schweinerei.* Schönerer gründete 1882 seine rassistisch-antisemitische deutsche Nationalpartei; Lueger, sein letztlich siegreicher Rivale, bereits seit ein paar Jahren umtriebiger Stadtrat im Wiener Rathaus, köderte als instinktsicherer Demagoge seine kleinbürgerliche Gefolgschaft mit einem sozial und christlich verbrämten Neid-Antisemitismus. Der war dem Kaiser so zuwider, daß er Luegers Ernennung zum Bürgermeister viermal zurückwies und erst nach der fünften Wahl bestätigte; da hatten die Antisemiten beiderlei Couleur schon die Mehrheit im Rathaus erobert, der Volkstribun Lueger, der *schöne Karl*, war nicht mehr aufzuhalten. Dessen Antisemitismus war übrigens durch selbstherrliche Laune gemildert. Zwar beschäftigte Lueger grundsätzlich keine Juden (und Sozialdemokraten) in seiner auswuchernden Beamtenbürokratie, aber: *Wer ein Jud ist, bestimme ich.* Taufe ging vor Rasse. Auch das war Kakanien.

Hermann Bahr, in seinen jungen Studentenjahren selber alldeutscher Radaumacher bei einer Schönerer-Kundgebung, schrieb als geläuterter Mann: *Die Reichen halten sich an Morphium und Haschisch. Wer sich das nicht leisten kann, wird Antisemit. Der Antisemitismus ist der Morphinismus der kleinen Leute ... Wenn es keine Juden gäbe, müßten die Antisemiten sie erfinden. Sie wären sonst um allen Genuß der kräftigen Erregungen gebracht.* Ein Bonmot mit realem historischen Hintergrund. Im Fin-de-siècle-Wien brauchten die Juden als Haß- und Neid-Objekte nicht erfunden zu werden. Seit den wirtschaftsliberalen Gründerjahren strömten sie in Scharen zu, aus Böhmen, Mähren und Ungarn, und nicht zuletzt aus den Elendsgebieten Galiziens. Weniger als 10 000 Juden hatten im Vormärz in Wien gelebt, um 1890 waren es schon 150 000, und ihre Zahl stieg weiter, wenn auch nicht ihr Anteil an der Gesamtbevölkerung, die ja ebenfalls ständig wuchs; er hielt sich dauernd um acht bis neun Prozent, aber da waren ja die Arbeitervororte eingeschlossen: In der Wiener Innenstadt traten Juden viel stärker in Erscheinung. Banken, Geschäfte, Advokaten, Literatur, Privattheater, Presse – alles verjudet, wie die Schönerianer tönten. Tatsächlich waren in diesen Bereichen Juden auf dem Vormarsch. Die beiden maßgebenden Tageszeitungen wurden beispielsweise von jüdischen Zuwanderern dirigiert: von Moritz Benedikt die altliberale *Neue Freie Presse* und von Julius Szeps das fortschrittlicher betonte *Neue Wiener Tagblatt.*

Aber was heißt jüdisch? Die Ambitionen der Meinungsmacher galten allein der Assimilation, dem Aufgehen des Judentums im österreichischen Deutschtum. Theodor Herzl, der Vater des Zionismus, war angestellter Redakteur Benedikts, durfte aber seine Ideen keineswegs in der *Neuen Freien Presse* lancieren. Auch der eingewanderte galizische Rabbi Joseph Bloch, der gegen den allgemeinen Assimilationstrend aufmuckte, fand keinerlei Helfer in der von Luegers neuer *Reichspost* so genannten *Judenpresse.* Der wachsende Antisemitismus des Jahrhundertendes machte die erdrückende Mehrheit der Wiener Juden nie in ihrem Willen wanken, schwarz-gelbe Deutsche zu sein, ja, bessere Kulturdeutsche, indem sie sich, wenn sie von der Feder lebten, bemühten, besseres Deutsch zu schreiben.

Tatsächlich war das literarische *Jung-Wien,* das sich im Café

Der Michaelerplatz in Wien. Links die Hofburg, in der Mitte das alte Café Griensteidl, wo Hugo Wolf verkehrte.

Griensteidl um Hermann Bahrs (fast des einzigen prominenten Nicht-Juden) Stammtisch versammelte, vorherrschend assimilations-jüdisch. Das fragmentarische Dichtertalent Peter Altenberg, König der Schnorrer und Prototyp des Kaffeehausliteraten, Felix Salten, Richard Beer-Hofmann, der biblische Mythenreisen unternahm, der Jungstar namens Loris (der siebzehnjährige Gymnasiast Hugo von Hofmannsthal, halbjüdischer Abstammung, wählte aus schuldisziplinären Gründen dieses Pseudonym), später Karl Kraus – fast alle, die man heute noch nennt, waren Juden, meist getaufte. Daß es, nach antisemitisch-politischem Sprachgebrauch, *verjudet* war, hat dem kulturellen Wien der Jahrhundertwende nicht geschadet, sondern wesentlich genützt. So wie einst die Zuwanderung der fremdsprachigen Hugenotten – sie stellten um 1700 sogar ein Fünftel der Berliner Bevölkerung – das märkisch karge Kultur- und Wirtschaftsleben in Berlin, in dem sie schließlich alle aufgingen, nur befruchtete. Auch die deutschen Dichter Adelbert von Chamisso, Friedrich de la Motte-Fouqué und Theodor Fontane stammten ja von Franzosen ab, und nur hartnäckige Rassisten können die Parallelen mit der Judenassimilation in Wien ablehnen.

Dieses Deutschsein-Wollen und Antisemitismus-Trotzen führte bei manchen in die Übersteigerung, in jüdischen Selbsthaß. Schon Mitte der siebziger Jahre wünschte der Wiener Jude Adalbert Horawitz Wagners antisemitischer Schrift über das Judentum in der Musik weite Verbreitung und Nachfolge. Karl Kraus' Ausfälle gegen jüdische Journalisten, jüdische Kapitalisten, Wiener Sprach-Gejüdel nahmen jedoch den Vorwurf des Antisemitismus nur in Kauf, ohne ihm zu dienen: der unbestechliche *Fackel*-Kraus schoß nicht gegen Juden, sondern gegen Kapitalisten und Journalisten überhaupt. Hingegen streift der Fall des jüdischen Judenhassers Otto Weininger absurde Grenzbezirke. 1903 (übrigens im Todesjahr Hugo Wolfs) erregte er mit seiner Schrift *Geschlecht und Charakter*, die das Weib und den Juden als gleich minderwertig einstufte, dank der Brillanz seines Stiles großes Aufsehen, kurz darauf brachte sich der erst Dreiundzwanzigjährige um. Ein Fressen für Judenfeinde, ein tragischer Fall, der die Problematik der Assimilation grell beleuchtet.

Dennoch erschien sie zum Jahrhundertende hin unaufhaltsam. Weder der alldeutsch-rassistische Antisemitismus Schönerers noch der christlich-kleinbürgerliche Luegers vermochten sie aufzuhalten, obwohl die sogenannte Verjudung Wiens immer mehr Zielscheiben bot. Nicht nur in der Wirtschaft. Um 1890 waren von 698 Wiener Advokaten 394 Juden, an der neuen Ringstraßen-Universität 48 Prozent der studierenden Mediziner und 22 Prozent der Juristen. Wieso? Waren die Juden um so viel intelligenter und strebsamer? Der deutsche Sozialdemokraten-Führer August Bebel bejahte das in einer von Bahr veranstalteten Umfrage: *Die Studenten mögen ... die Juden nicht, ... weil die Juden als Studierende fleißiger und als Rasse wohl auch intelligenter sind.* Ein seltsam umgedrehter Rassismus ... Aber auch der große Historiker Theodor Mommsen sprach in derselben Enquete von der *ungeheuren Schmach, die Antisemitismus heißt.*

Nüchtern betrachtet, spielte der ohnehin dubiose Rassenbegriff in Wien eine viel geringere Rolle als die wirtschaftlichen und sozialen Verhältnisse. Eine Umbruchsära wie die Gründerzeit und die der explodierenden Industrialisierung gab anpassungsfähigen, ehrgeizigen und energischen Emporkömmlingen – extrem verkörpert in den galizischen jüdischen Habenichtsen, die mit einem armseligen Binkerl in der Hand und Intelligenz im Kopf in die Leopoldstadt einreisten,– eben mehr Chancen als alteingesessenen Konservativen, wenn sie nur auf alten Privilegien beharrten. Die Ostjuden waren nicht beliebt bei den Wienern, auch nicht bei ihren Glaubensgenossen. Dennoch war die Atmosphäre trotz aller antisemitischen Pöbelei im breiten Volk noch nicht verpestet. Jung-Lehárs Wiener Durchbruchsoperette *Der Rastelbinder* von 1902 (Librettist der Jude Victor Léon) konnte darauf vertrauen, daß die Hauptfigur, der liebenswürdige jüdische Hausierer Wolf Bär Pfefferkorn, sich in die Herzen des Publikums einschmeicheln würde.

Die sich die Augen vor Rührung wischten, waren ganz überwiegend Kleinbürger, die sonst auf den Antisemiten Lueger schworen. Die melodiengesegnete, erst von der triumphalen *Lustigen Witwe* überschattete Lehár-Operette ist auch wegen einer anderen Hauptfigur interessant, soziologisch interessant (so verblödet war die Silberne Operette in ihren Jugendzeiten gar nicht!). Der Tenor-Liebhaber ist ein eingewanderter slowakischer Hirtenbub, der sich jetzt ganz als echter Wiener empfindet. Operettenweisheit, volksnah und tausendfach von Billet-Käufern angenommen, stellvertretende Stimme für Ottakring und auch für die proletarische Südvorstadt, die zugleich die größte slowakische und zweitgrößte tschechische Stadt war (nach Prag, natürlich, aber vor Brünn und Preßburg). Und auch das kennzeichnet die durch Schlamperei, Sentimentalität und eingängige Melodien gemilderte Facette des Wiener Fin-de-siècle-Antisemitismus: Jeder Heurigenselige sang das volkstümliche Fiakerlied *Ich hab zwa harbe Rapperln*, keiner scherte sich darum, daß sein Komponist Gustav Pick hieß und ein Jude war. (Der Mitläufer-Antisemit Hugo Wolf höhnte hingegen bei anderem Anlaß: *Ein Jude und volkstümlich?*)

So kurios überlappten sich die Aspekte des Wiener Antisemitismus. Erst im 20. Jahrhundert kehrte er seine tödlichen Stacheln hervor. Das war, als ein obdachloser Neuwiener namens Adolf Hitler die – sonst von keinem, nicht einmal von den Schönererianern ernstgenommenen – Publikationen des judenfresserischen Außenseiters mit dem selbstnobilitierten Pseudonym Jörg Lanz von Liebenfels kennenlernte. Dessen *Rassenkampf von unserer Seite bis aufs Kastriermesser* wurde von allen christlichen oder jüdischen Arrivierten, wenn sie den Liebenfels mit seiner Verrücktheit überhaupt zur Kenntnis nahmen (Karl Kraus tat es nicht), nur verblödelt. Hitler distanzierte sich später diplomatisch von dem Narren, aber dessen judenmörderischer Sadismus hatte vorher schon der nationalsozialistischen Bibel *Mein Kampf* tiefe Spuren eingeprägt. Das geschah alles zwar nach der Fin-de-siècle-Zeit. Berichtenswert erscheint es dennoch, wenn man den Satz *Wehret den Anfängen*, die gräßlichen Konsequenzen nicht verdrängend, perspektivisch im Auge behält. Denn diese Perspektive schließt Auschwitz letztlich ein, als späte, von den Zeitgenossen unerahnte Mit-Folge eines relativ humanen, vielfach pragmatisch gemilderten Austro-Antisemitismus.

Er steht für historische Rückschrittlichkeit. War die kakanische Monarchie insgesamt reaktionär? Sie wäre so abzustempeln, wenn allein der Wille des greisen Kaisers die letzten Jahre des Vielvölkerstaates beherrscht hätte. Aber dessen sehr natürlicher, altersverkalkter Konservatismus hatte längst an Macht und Einfluß eingebüßt. Nicht nur die bürgerliche Gesellschaft, auch die Doppelmonarchie geriet ins Wanken, seit der designierte, vom Kaiser innig gehaßte Thronfolger Franz Ferdinand in seinem Wohnsitz, dem Prinz-Eugen-Schloß Belvedere, eine außenpolitische Gegenregierung etabliert hatte. Der mit einer unstandesgemäßen tschechischen Gräfin verheiratete (übrigens judenfeindliche) Erzherzog versuchte die Monarchie durch einen neuen Ausgleich, diesmal mit den zu Zweidritteln tschechischen, industriell fortschrittlichsten Ländern Böhmen und Mähren, zu retten; der Todesschuß von Sarajewo vereitelte seine politische Strategie; zur Erleichterung des vierundachtzigjährigen kaiserlichen Onkels, zum Unheil der Monarchie. Sie ging in dem Weltkrieg unter, den der greise Kaiser am kleinen grünen Schreibtisch in Ischl durch seine Kriegserklärung an Serbien ausgelöst hatte.

Gewiß hinkte Wien in technischen Bereichen etwas hinter vergleichbaren europäischen Metropolen nach. Besonders im innerstädtischen Verkehr. Je weiter jemand von der Ringstraße entfernt wohnte, je ärmer er also war, desto spärlicher standen ihm öffentliche Verkehrsmittel zur Verfügung. Erst kurz vor der Jahrhundertwende wurde die private Pferdetram, mit ihren unzulänglich aufeinander abgestimmten Fahrplänen ein Dauerärgernis, elektrifiziert, erst im neuen Jahrhundert die mit den westlichen Vororten verbindende Stadtbahn in Betrieb genommen. Sie tut immer noch ihren Dienst, aber mehr als ihre etwas antiquierten Leistungen entzückt heute das künstlerische Ambiente, das sie ihrem baulichen Ausstatter Otto Wagner verdankt.

Hier konnte der Erzvater und Pionier der Wiener Sezession sein umfangreichstes städtebauliches Werk schaffen. Mit formalen Kompromissen zwar, aber die 33 jugendstiligen Stationsgebäude längs der Stadtbahn stehen heute zu Recht unter Denkmalschutz. Sie schlagen mühelos die oft nur wenige Meter benachbarten, um ein halbes Jahrhundert jüngeren und praktischeren Bahnhöfe der U-Bahn, denn sie haben, was diesen fehlt: Charakter und Stil.

Solche bald widersprüchliche, bald fruchtbare Spannung zwischen technischer und geistiger Fortschrittlichkeit kennzeichnet das Wiener Fin de siècle insgesamt. Man mag die Kommunalisierung der Gas- und Elektrizitätswerke in der Ära Lueger als progressiv bewerten oder nicht – für den Bürgermeister war das keine Demagogie, sondern Befreiung aus dem kapitalistischen Wucher-Dschungel –, diese Haupttat seiner Stadtregierung, obwohl für Hunderttausende wahrhaft lebenswirksam, würde nicht genügen, die vorwärtsweisenden Züge der Wiener Jahrhundertwende hervorzukehren. Das tun ganz vorherrschend geistige Leistungen.

Hinter der schon von Zeitgenossen mit Gespür demontierten Ringstraßen-Fassade gedieh vielerlei Progressives. Die Wiener medizinische Schule strahlte internationale Autorität aus. Zu den berühmten Alten, dem Anatomen Josef Hyrtl und dem Pathologen Karl von Rokitansky, traten jüngere Koryphäen, von Theodor Billroth, dem Brahms-Freund, bis Julius von Wagner-Jauregg, und Sigmund Freud entwickelte seine tiefenpsychologischen Umwälzungen ja auch als Arzt. Philosophie gedieh in

Österreich seit Jahrhunderten nur im namenlosen Schattenwinkel. Mit den akademischen Widersachern Ludwig Boltzmann, dem *Atomisten*, zu dessen Schülern die Atomspalterin Lise Meitner zählte, und Ernst Mach, der als positivistischer Naturphilosoph die ruhmreiche nächste Physikergeneration von Einstein bis Heisenberg lehrend beeinflußte, stellte Altösterreich grundlegende Denker, so wie in der weniger ins allgemeine Bewußtsein gedrungenen Wirtschafts-Philosophie. Die Preisbildungstheorie der von Carl Menger begründeten Wiener Schule, die das Parallelogramm Preis–Wert neu definierte, erweist sich im hohen 20. Jahrhundert durch ihre subjektivistisch-psychologische Sensitivität als erstaunlich aktuell. Wiener Philosophie, im wörtlichen Sinne als Liebe zur Weisheit verstanden, blühte um die Jahrhundertwende auf. Im selben Jahr 1899 – man muß sich immer die vorangegangene jahrhundertealte philosophische Frustration Österreichs vor Augen führen – gab der Prophet des modernen Wohlfahrts-Staates, der Philosoph Josef Popper-Lynkeus, die *Phantasien eines Realisten* heraus und der in der säkularen Weltwirkung ungleich überlegene Sigmund Freud seine grundlegende Schrift *Die Traumdeutung* (die Vordatierung auf 1900 ist bloß verlagsbedingt).

Das deutet alles nach vorn, in ein neues, unbekanntes, von kühnen Hoffnungen der Besten anvisiertes Jahrhundert, in keinen Bezirken des geistig schöpferischen Wien so kraftvoll wie in der Literatur und in der sogenannten bildenden Kunst. Die Musik blieb da zunächst eher zurück. Sie stand in einer Übergangsposition zwischen Wagners Tristan-Revolution und dem Neuen, das sich mit dem Expressionismus Richard Strauss' und Gustav Mahlers erst noch vage abzeichnete – Hugo Wolf verstand es nicht, ihn berührte es auch nicht. Wäre er kein so musikbesessener, mit den Augen eher stumpfer, im literarischen Geschmack rückwärtsgewandter Zeitgenosse gewesen, er hätte sich begeistert in die Erregungen stürzen müssen, die das Wien der Literaten und Maler bot.

Goethe auf der Schulbank! begrüßte der Literaturpapst Hermann Bahr den kurzbehosten Gymnasiasten Hugo von Hofmannsthal als Neuankömmling im Café Griensteidl. Er konnte nicht ahnen, daß der Patriziersohn wirklich dereinst eine goetheähnlich konservative Klassikerstellung in der Wiener Literatur gewinnen sollte, einschließlich des *Jedermann* und der kulturpolitisch wichtigen Mitgründerschaft bei den Salzburger Festspielen. Heute erscheint seine Sprachvirtuosität etwas verblaßt, auf der Bühne ist er als Dichterlibrettist von Richard Strauss viel präsenter als mit eigenen Schauspielen. Die Unterredung, in der Hugo Wolf ihn für ein Opernlibretto gewinnen wollte, verlief zu kurz und folgenlos, als daß sich ernstlich die hypothetische Frage erörtern ließe, was aus dem Opernkomponisten Wolf geworden wäre, wenn Hofmannsthal für ihn ein taugliches Libretto geschrieben hätte; es wäre ohnehin zu spät gekommen.

Obwohl in seiner Thematik ebenso in der Bürgerwelt verhaftet wie Hofmannsthal, erscheint Arthur Schnitzler aus heutiger Sicht vorwärtsweisender. Nicht zufällig schätzte der Arztkollege Freud seine Stücke, ihr Gespür für psychologisch-soziologische Zusammenhänge, ihre rücksichtslose Enttabuisierung der Sexualität; *Der Reigen* entfesselte den größten Literaturskandal der Jahrhundertwende. In ein Wespennest nationalistisch-antisemitischer Akademikerverfilzung stach Schnitzler mit seinem Schauspiel *Professor Bernhardi*. Wobei nicht vergessen werden soll, daß auch die ältere Wiener Dichtergeneration, so konservativ sie mit dem greisen Ferdinand von Saar und der allseits verehrten österreichischen Dichterfürstin Marie von Ebner-Eschenbach repräsentiert schien, bemerkenswerte Ansätze von Sozialkritik gegeben hatte. Ludwig Anzengruber wagte sich mit seinen populären Volksstücken auch an so heiße Eisen wie Zölibat und ländliches Proletariat. Karl Kraus mit seinen Rundumschlägen steht im Grunde dem Dorf-Ibsen Anzengruber näher als Bahrs *Jung-Wien*, das sich mehr mit dem Individuum als mit der Gesellschaft beschäftigte und sich in höchst verfeinerten Ästhetizismus einspann. Ganz im Gegensatz zur Aristokratin Bertha von Suttner, von deren künstlerisch nicht sehr geschätzten Romanen einer, *Die Waffen nieder!*, zum weltweit beachteten Fanal des jungen Pazifismus wurde und den Friedens-Nobelpreis erhielt.

Die rein literarischen Revolutionen der damaligen deutschen Literatur fanden freilich im Berlin Gerhart Hauptmanns und der jüngeren Expressionisten, etwas später, und ganz insgeheim, im

Prag Franz Kafkas statt, nicht im *Café Größenwahn*, wie Griensteidl selbstironisch oder höhnisch genannt wurde. Als Jung-Wien in das pompösere, im Palais Ferstel mit neuromanischen Gewölben und einem neuvenezianischen Arkadenhof prangende *Café Central* in der Herrengasse übersiedelte, reicherten Schriftsteller wie Stefan Zweig und Intellektuelle jeder Couleur Bahrs Stammtisch an, und der Kritiker Alfred Polgar wurde zum feuilletonistischen Philosophen, wenn er seine *Theorie des Café Central* entwarf: *Das Wiener Café Central ist nämlich kein Kaffeehaus, wie andere Kaffeehäuser, sondern eine Weltanschauung, und zwar eine, deren erster Inhalt es ist, die Welt nicht anzuschauen.* Welche Welt? Die reale, wo Hunderttausende um die nackte Existenz kämpften und den Vulgärantisemiten Lueger wählten, um die sich aber die Kaffeehausästheten wenig kümmerten. Damit waren sie sich mit deren langjährigem, außenseiterischem Gast Hugo Wolf unausgesprochen einig. Es ist auch nicht bekannt, ob er, der ein witziger Liedspötter sein konnte, sich je für Wiens aufblühende satirische Kultur interessierte. Dabei gab es schon seit den liberalen Fünfzigerjahren die mehr oder weniger kritischen, auch mehr oder weniger antisemitischen und antiklerikalen Zeitschriften *Figaro, Kikeriki, Floh*, später durch die sozialdemokratisch engagierten *Glühlichter* einigermaßen ausbalanciert. Und Ernst von Wolzogens Berliner *Überbrettl* ermutigte Felix Salten (den später hollywoodberühmten Bambi-Vater) zu seinem Jungwiener Kabarett *Zum Lieben Augustin* – von Anfang an Kabarett mit aggressivem Schluß-tt, im Gegensatz zum t des harmlosen, bloß erotisch freisinnigen Pariser Cabaret.

Mimenwort ist flüchtig, Papier geduldig, aber auch die viel beständigeren Bilder und Bauten des Fin de siècle bewegten Hugo Wolf wenig. Heute werden sie, über die sich einst die Konservativen, vom verächtlich schimpfenden Thronfolger Franz Ferdinand abwärts, so empörten, liebevoll denkmalgeschützt. Sie sind punktartig über das Großwiener Areal verstreut, aber schon im Zentrum nicht zu übersehen. Vor allem Josef Maria Olbrichs 1898 eröffnetes Sezessionsgebäude, wegen seiner neuartig durchbrochenen Metallkuppel im Volksmund *Goldenes Krauthappel* genannt. Der Aufstand gegen die Akademie Makarts, Hansens und Eitelbergers versammelte eine wahre

Elite von Neuerern. Otto Wagner war ihr Lehrmeister, ein universaler Geist, mit dessen Berufung zum Professor an der Akademie, sechs Jahre vor der Jahrhundertwende, der neue Stil gesiegt hatte.

Er gab sich damals noch nicht so radikal wie ein paar Jahre später Adolf Loos, der das grimmige Wort *Ornament ist Verbrechen* in die gärende ästhetische Diskussion warf; und der dieses Wort mit den völlig unverzierten, den Funktionalismus des Dessauer *Bauhauses* vorwegnehmenden Marmorwänden des Sparkassengebäudes direkt gegenüber der barocken Hofburg provokativ verwirklichte. Der Maler Gustav Klimt hatte schon früher, mit den – im Zweiten Weltkrieg zerstörten – drei sogenannten *Fakultätsbildern* (nackte Frauen als Wissenschaftssymbole!) für den Neubau der Wiener Universität ähnlich skandaliert. Er prägte mit seinen aperspektivischen, durch neuartige ornamentale Flächigkeit bestechenden Bildern wie kein zweiter das, was man fortan Jugendstil nannte. Vorbilder, namentlich der britische Ästhetiker John Ruskin und der belgische Künstler van de Velde, wirkten ein, aber die Handschrift der Wiener Sezession zeigte unverwechselbare Eigenzüge, auch in den Entwürfen von Möbeln und Gebrauchsgegenständen des Wagner-Schülers Josef Hoffmann. Neue, allgemein bessere Wohnkultur wurde freilich nicht daraus, auch nicht nach der Gründung der stilbewußten Wiener Werkstätten im Jahre 1903. Das war alles zu teuer, nur für Wohlhabende erschwinglich.

Kunst für das Volk! hatte John Ruskins wegweisende Devise gelautet. Wie weit blieb die mit so vielen Hochbegabungen angetretene Wiener Moderne dahinter zurück! Sie mußte zurückbleiben. Einer der großen Architektur-Umwälzer des neuen Jahrhunderts, Le Corbusier, rühmte die Wiener Kunst um 1900 rückblickend: *Das alles bedeutete den entschiedenen Bruch mit der Vergangenheit ... und sehnsuchtsvolle Vorbereitung auf die Zukunft.* Das war, geäußert in der Hochblüte des Progressivismus, gut gemeint, traf aber nicht den Bruch zwischen Ästhetik und Gesellschaft, den die Wiener Moderne mit der in aller Welt teilte. Vielleicht mit dem Unterschied, daß sich die sensibelsten Geister des Wiener Fin de siècle in aller Fortschrittsbegeisterung des Hauches von Dekadenz über ihrer Epoche, des Zwiespalts zwischen Ambitionen und Realitäten, Traum und Wirklichkeit bewußt wurden.

Des jungen Hofmannsthal weitblickende Erkenntnis, daß der *Begriff des Ganzen in der Kunst überhaupt verlorengegangen* sei, kann man noch in den Bereich des rein Ästhetischen eingrenzen; da trauert ein Nachgeborener der Goethe-Harmonie nach. Aber auch wer Karl Kraus' schon zitierte österreichische Experimentieranstalt für Weltuntergänge nur als zugespitztes Bonmot empfindet, den mag vielleicht des biederen, schwarz-gelben Schriftstellers Franz Theodor Csokor Wort vom *farbenvollen Untergang* seiner geliebten Monarchie beeindrucken, sinnenhaft wie es in seiner Trauer ist. In so vielfältig schillernden, leuchtenden und müde verglimmenden Farben, in einem kulturell so grandiosen Abendrot ist noch keine Epoche untergegangen.

Ist es die Epoche Hugo Wolfs? Das wäre eine geradezu absurde Personalisierung, obwohl seine wesentlichen zehn Schaffensjahre in diese Zeit fielen. Er war dafür zu seinen Lebzeiten viel zu unscheinbar, unerkannt, als Persönlichkeit viel zu einflußlos. Ein bettelarmer, nur von Wenigen in seiner wahren künstlerischen Gestalt erahnter Zeitgenosse einer bewegten Zeit. *Seine* Zeit kam erst, nachdem sein Leben abgelaufen war. Schicksal eines zu kühnen, den Konventionen seiner Epoche zu weit vorauseilenden Geistes? Auch das wäre ein billiges Etikett. Nur in seinen musikalischen Ausdrucksmitteln – die ja bei einem Vokalkomponisten nur eine, wenn auch naturgemäß die vorherrschende Komponente betreffen – war er fortschrittlich, an den sonstigen künstlerischen Erschütterungen seiner Zeit hingegen war er ziemlich uninteressiert. Und auch die musikalischen Kühnheiten, die seine Fachgenossen so beunruhigten, wurzelten in einer Musikmoderne, nämlich der Richard Wagners, die von der nächsten Generation schon wieder als Absprungpunkt zu neuen Ufern benützt wurde.

Hugo Wolf starb sehr jung. Niemand kann sagen, wohin sein künstlerischer Weg noch geführt haben könnte; wobei nie zu vergessen ist, daß die Wurzeln seiner Geisteskrankheit schon lange vor dem leiblichen Tod das Schaffen beeinflußten. Der Geist weht nicht nur wo, sondern auch wann er will. Seine Epochen lassen sich nicht an die Jahrhundertzäsuren unserer

Zeitrechnung ketten. Dennoch verlockt es, eine Jahreszahl herauszuheben, die seltsam symbolhaft für das Wiener Fin de siècle und für seinen unscheinbaren Zeitgenossen Hugo Wolf erscheint. Das ist das Jahr 1897, aus unserer Sicht die eigentliche Jahrhundertwende.

Folgendes geschah in diesem Jahr: Die Wiener Sezession wurde gegründet. Sigmund Freud arbeitete an seiner *Traumdeutung*, dem Fundament der Psychoanalyse. Jung-Wien übersiedelte ins Café Central, in eine neue literarische Zukunft. Karl Lueger, Pionier moderner Massendemagogie, wurde endlich Wiener Bürgermeister. Das Riesenrad im Prater nahm seinen Rundlauf, volkstümliches Sinnbild einer neuen Technikzeit. Die erste elektrische Straßenbahn eröffnete eine neue Verkehrsepoche. Gustav Mahler trat als Kapellmeister an der Hofoper an. Das alles wies in die Zukunft. Im selben Jahr starb Johannes Brahms, und Hugo Wolfs künstlerische Existenz erlosch für immer in nur kurz, aber nicht mehr schöpferisch aufgelichteter geistiger Umnachtung.

Ende und Aufbruch, in einer merkwürdigen, zufälligen Jahreszahl sich begegnend, janusköpfig vor- und rückwärts weisend. Ins Ende eines Zeitalters ist das Ende eines Künstlers eingebettet, der den Zwiespalt des Fin de siècle teilte, auch wenn er nur außenseiterisch daran teilnahm, und der es durch überzeitliche, in ein neues Jahrhundert fortwirkende schöpferische Kräfte überwand.

KINDHEIT UND JUGEND

Das Städtchen Windischgraz, heute Slovenj Gradec, liegt im freundlichen Mieslingtal südöstlich der Karawanken, deren Bergausläufer, der Bacher und die Ursula, das Landschaftsbild beherrschen. Eine schöne Landschaft, ein reizloser Ort. Hugo Wolf verbrachte dort, mit den Unterbrechungen auswärtiger Schulbesuche, die ersten fünfzehn Jahre seines kurzen Lebens. Eine für die Entfaltung der Persönlichkeit entscheidende Zeit. Denn Wolfs eigentliche Bestimmung, die des Musikers, wurde im Elternhaus frühzeitig gefördert, und seine Kindheits- und Jugendjahre waren trotz aller Schulkonflikte eine glückliche Zeit der Geborgenheit.

Dennoch dachte er, auch wenn er später öfter zu seiner Familie nach Windischgraz zu Besuch kam, nie mit Liebe an seine Heimat. Das abseitige Nest galt ihm als spießig, als lästige, abzustreifende Entwicklungshaut. Die Besonderheiten seiner Geburtsheimat – die Schönheit der Natur, die deutsch-slowenische Völkerberührung – hinterließen keine wesentlichen Spuren in seinem eigentlichen Leben, seiner Kunst. Nur in seinen unfertigen Jünglingskompositionen klangen da und dort Weisen aus der reichen, lebendigen slowenischen Volksmusik weiter, die er seit seiner Kindheit hörte. Der slowenische Musikschriftsteller Gojmir Krek wies darauf schon vor dem Ersten Weltkrieg hin.[1]

Windischgraz war in Wolfs Kindheitsjahren eine österreichische Kleinstadt von etwa 2000 Einwohnern, damals schon an der Untergrenze eines Stadtwesens überhaupt, aber immerhin mit Bezirkshauptmannschaft und Bezirksgericht Mittelpunkt einer kleinen Region. Das Städtchen gehörte der Untersteiermark an, einer sich nach dem Süden öffnenden, ins Siedlungsgebiet der Slowenen hineinragenden Landschaft. In der bäuerlichen Umgebung sprach man slowenisch, im Ort ging es zweisprachig zu (sogar in der Volksschule). Die Oberschicht der Beamten, Kaufleute und Handwerker sprach deutsch, die Unterschicht slowenisch.

Kommt man heute nach Slovenj Gradec (die Südsteiermark fiel durch die Friedensverträge von 1919 an Jugoslawien), so kann man sich auch nach mehr als hundert Jahren an den gleichen Reizen einer grünen Berg-Tal-Landschaft erfreuen und an den bescheideneren eines im Kern noch ziemlich altväterischen, an den Rändern später in gesichtslose ländliche Vororte ausgeuferten Städtchens. Bis vor kurzem war keine Spur der Erinnerung an den berühmtesten Sohn Windischgraz' zu finden. Die vom Wiener Hugo-Wolf-Verein kurz nach des Komponisten Tod angebrachte Gedenktafel an dem zweigeschossigen Eckhaus

Hugo Wolfs Geburtshaus in Windischgraz (im Zustand um 1900).

am Hauptmarkt, wo Hugo Wolf am 13. März 1860 zur Welt kam, wurde in den haß- und revanchebeladenen Endkriegstagen 1945 demontiert, das zwei Jahre früher im engen, gewölbten Geburtszimmer eingerichtete kleine Wolf-Museum verwüstet, alle Dokumente verstreut oder vernichtet. Eine Generation nach des Komponisten Tod tobte sich dort der für die Grenzgebiete der alten österreichischen Monarchie geradezu typische Zweivölkerkonflikt kriegsverschärft aus.

Die Zeit hat inzwischen auch hier viele Wunden geheilt. Heute erinnert eine weiße Marmortafel neben dem Eingang auf slowenisch an Hugo Wolf; das Haus, das ziemlich heruntergekommen war, ist seit 1985 sauber renoviert und beherbergt jetzt eine Musikschule für Kinder. Den Vortragssaal (einst die Lederwerkstatt) schmückt ein großes Ölbild des Komponisten, beschriftete Fotos lassen Wolfs Lebensstationen verfolgen. Pietätvoll hat man 1986 auf dem kleinen Innenhof die deutschsprachi-

Hugo Wolfs Mutter Katharina und der Vater Philipp.

gen schwarzen Grabplatten der Eltern und der Geschwister Adrienne und Gilbert neben der wiederaufgefundenen Gedenktafel in eine weiße Wand eingelassen. Alljährlich veranstaltet man Hugo-Wolf-Konzerte.

Der kleine Hugo wuchs in einem ganz deutsch geprägten Elternhaus auf. Seine Vorfahren waren jedoch durchaus nicht rein deutsch, was in einem so gemischtsprachigen Grenzland auch nicht ungewöhnlich ist. Von welscher Herkunft soll – nach Wolfscher Familientradition – die Mutter Katharina, geb. Nussbaumer, mit ihrem feurigen Temperament gewesen sein. Sie stammte aus dem südkärntnerischen Malborgeth (heute Malborghetto in Italien) und war mit ihrer unverwüstlichen Tatkraft der dominierende Elternteil, auch wenn sie nie richtig schreiben lernte; sie überlebte Hugo um acht Monate und wurde von ihm mit einer Art scheuer Liebe verehrt. Sicher erbte er von ihr das Jähe, das Widerborstige, auch den zähen Willen, der sich nie von der Erreichung des Zieles, so fern es oft scheinen mochte, abbringen ließ. Nur war dieses südländische Feuerelement in Wolfs Charakter nicht italienisch, sondern slowenisch begründet. Denn auch in Malborgeth, wo Mutter Katharinas bäuerliche Ahnen siedelten, ging es gemischtsprachig zu, der deutsche Name Nussbaumer ist eine bloße Übersetzung des ursprünglichen Großvaternamens Orehovnik. Wer in die Stadt ging und dort weiterkommen wollte, benannte sich eben praktischerweise deutsch um.

Das geschah auch in der väterlichen Ahnenlinie. So eindeutig deutsch, wie es die bisherigen Biographen darstellen, war auch diese Vorfahrenschaft nicht, vielmehr stark slowenisch durchsetzt. Die Ahnentafel, die Walter Rauschenberger 1940 aufstellte, behauptet kühn: *Der Mannesstamm Wolf ist rein deutsch*; eine solche Feststellung zeugt gleichermaßen vom Chauvinismus der nationalsozialistischen Zeit wie von Unwissenheit. Aber so wie dieser Autor haben sich auch noch lange nach dem Zweiten Weltkrieg die Wolf-Biographen Frank Walker und Erik Werba nicht die Mühe gemacht, die dokumentarischen Quellen zu erforschen. Sie registrierten des Komponisten Urgroßvater, der sich im 18. Jahrhundert in Windischgraz niederließ und dort das Ledergewerbe der Familie begründete, nur mit dem deutschen Namen Maximilian Wolf. Den hatte er aber bloß in der deutschen Umgebung aus Gründen der beruflichen Zweckmäßigkeit angenommen, so wie in der nächsten Generation die Orehovnik-Nussbaumer. Geboren wurde er in St. Georgen (Šentjůr) bei Cilli (Celje), einem seit altersher von Slowenen bewohnten Dorf. Die Taufeintragung in der dortigen Pfarrmatrik vom 28. April 1735 nennt zwar den Vater Josephus Wolff, aber da sie lateinisch abgefaßt ist, und den slowenischen Vornamen Jožef als Josephus latinisiert, wird auch der Familienname eine Übersetzung des ursprünglichen Namens Volk, Voŭk, Vok oder Vougk sein; sie alle bedeuten *Wolf* auf slowenisch. Tatsächlich nennt das Pfarrbuch denselben Josephus Wolff anläßlich der drei Jahre später, 1738, erfolgten Geburt seines zweiten Sohnes mit seinem

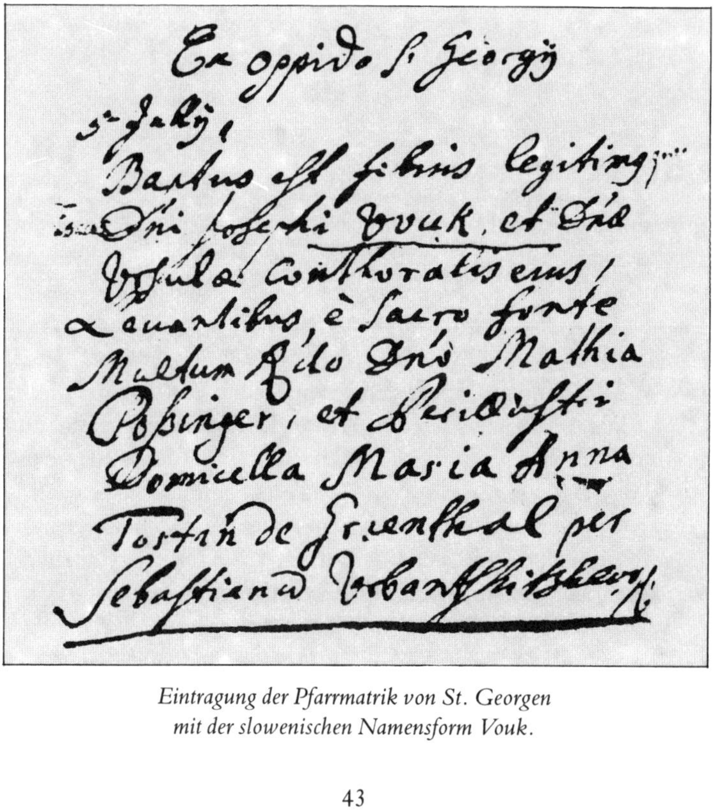
Ex oppido S. Georgij
5. Julij
Baptus est filius legitimus
Dni Josephi Vouk, et Dnæ
Ursulæ Conthoralis eius
a leuantibus, è Sacro fonte
Multum Rdo Dno Mathia
Pessinger, et Perillustri
Domicella Maria Anna
Torstin de Greenthal per
Sebastianum Urbanschitsch

Eintragung der Pfarrmatrik von St. Georgen mit der slowenischen Namensform Vouk.

slowenischen Namen Voŭk. Und so, oder in den schon angeführten, nicht kompletten Varianten und nur mit diesen slowenischen Namen – mit der Namensorthographie nahm man es in den alten Zeiten nicht so genau – sind Hugo Wolfs bis ins 17. Jahrhundert zurück nachgewiesene väterliche Vorfahren pfarramtlich eingetragen.

Es spricht also alles dafür, daß sie, wie auch der Urgroßvater Maximilian, Slowenen waren; daß der Name von dessen Frau Maria Hasper (oder Haschper) von Gašper, dem slowenischen Kaspar, *kommen soll*, konzediert sogar Rauschenberger. Andererseits finden sich unter den väterlichen Ahnen Hugo Wolfs, besonders unter den Frauen, viele eindeutig Deutsche, darunter auch künstlerisch bedeutsame wie der Maler Samenhofer, der schon in Windischgraz ansässig war. Eines erscheint sicher: Von einer rein deutschen Abstammung des Komponisten kann auch in der väterlichen, der Namens-Linie, keine Rede sein. Das wird an dieser Stelle zum ersten Mal in der gesamten Hugo-Wolf-Biographik festgestellt und dokumentiert. Wahrheitspflicht gebietet es.[2]

Hatte Hugo Wolf von der Mutter die charakterliche Statur geerbt, um Goethes Vorfahrenwort zu variieren, so vom Vater zwar keinesfalls eine Frohnatur, wohl aber das Wichtigste, die musikalische Begabung. Philipp (Filipp) Wolf, geboren am 1. Mai 1828 und vier Jahre jünger als seine Frau, führte das ererbte Lederergeschäft ganz gegen Neigung und Willen weiter. Ein im Grunde weicher, dem Musischen, und dem Musikalischen im besonderen, mit Herz und Seele hingegebener Kunstfreund, der seinen Beruf als ausgesprochene Last empfand, der erst auflebte, wenn er nach der Arbeit im Kreise von Familie und Freunden musizieren konnte. Nicht mehr zu eruieren ist, ob die pathologische Veranlagung Hugo Wolfs mehr aus der väterlichen oder mehr aus der mütterlichen Vorfahrenschaft stammt. Daß er, in welchem Grad auch immer, erblich manisch belastet war, stellten die Mediziner fest, die sich mit Wolfs Krankheit befaßten. *Bereits in früher Jugend zeigt sich eine psychische Abseitigkeit, die sich auf dem Boden einer ausgesprochen zyklothymen Veranlagung als schizoide Psychopathie manifestiert*, schreibt Karl Adolf Eickemeyer, der sich mit Wolfs Freund Dr. Hellmer einig ist über eine erbliche Belastung.[3] *Deutlich manisch depressive Züge in der Zeit vor der eigentlichen Geisteskrankheit* stellen auch Dr. med. Werner Leibbrand und Dr. phil. Balet in ihrer Studie über des Komponisten Krankheit fest.[4]

Milieueinflüsse verstärkten sicher die veranlagten Charakterzüge. Die Familie Wolf galt im Ort als streitsüchtig, und auch des Komponisten später oft, wenn auch noch so gedankenlos geäußerter Antisemitismus mag im Elternhaus seine ersten Wurzeln haben. Noch dem Neunzehnjährigen schreibt der wieder einmal in Prozesse verwickelte Vater nach Wien, er wünsche, daß diesem oder jenem *schäbigen Juden das Leben sauer gemacht werde.*[5] Man kann sich vorstellen, welcher Ton in der Familie Wolf herrschte; Juden waren eben schäbig, zumal wenn sie gegen Deutsche prozessierten.

Vater Wolfs Verdienste um des begabten Kindes musikalische Förderung bleiben unbestritten. Philipp war ein überdurchschnittlich tüchtiger Musikliebhaber, er spielte nicht weniger als fünf Instrumente und formierte ein kleines Hausorchester, in dem Hugo die zweite Geige mitspielte. Mit Kennerblick erkannte der Vater die Begabung seines vierten Kindes. Der kleine Hugo, der schon im Vorschulalter Klavier und Geige lernte und mit sechs, in einem aus Graz bezogenen Mozart-Kostüm, bei einem öffentlichen Konzert Furore machen durfte, hatte absolutes Gehör und Talent für alles, was kleinbürgerlicher Hausmusik guttat. Ein Wunderkind war er deshalb nicht, und Vater Philipp wollte auch gar nichts von einer musikalischen Karriere wissen. Musizieren ja, das gehörte zum Bildungsgut eines kultivierten deutsch-österreichischen Bürgerhauses, in dem Goethe, Mozart und Beethoven als Sterne leuchteten. Aber Musikant von Beruf? Das galt dem musischen Handwerker als windige Sache, und durch den späteren Briefwechsel zwischen Vater und Sohn (der übrigens stets die respektvolle Anrede *Sie* gebrauchte) ziehen sich Jeremiaden des Alten über die Unfähigkeit des Jungen, sein Brot durch die Musik zu verdienen. Sie hinderten Vater Wolf nicht, den Sohn noch viele Jahre hindurch durch Geldsendungen nach Wien zu unterstützen, nachdem er sich einmal damit abgefunden hatte, daß sein Sohn keinen soliden Beruf ergreifen wollte.

Das fiel ihm oft nicht leicht. Denn schon im Jahre 1867 hatte den Familienvater ein schwerer Schicksalsschlag getroffen: Im Wohnhaus brach ein Brand aus, der auf das benachbarte Warenlager übergriff. Versicherungen wie heute gab es damals noch nicht, der Wiederaufbau verschlang alle Ersparnisse. Bis an sein Lebensende wurde Philipp Wolf die Geldsorgen nicht los. Dennoch war er nicht davon abzubringen, drei Söhne am Gymnasium studieren zu lassen, was viel Schulgeld kostete und persönliche Einschränkungen der Eltern bedingte. Zwar brachten Philipp und die tüchtige, sparsame Mutter Wolf es nach und nach wieder zu bescheidenem Wohlstand (bei seinem Tod im Jahre 1887 hinterließ Philipp Wolf dank einer Erbschaft 19794 Gulden), aber seit jener Brandkatastrophe war der Vater nicht mehr der alte. Mehr denn je empfand er seinen ungeliebten Beruf als Last, und die vielen Briefe, die er Hugo nach Wien sandte, zeigen einen herzlich teilnehmenden und hilfsbereiten Vater, aber zugleich einen frühzeitig verbitterten, skeptisch gewordenen Menschen.

Hugo wuchs in einer kinderreichen Familie auf. Modesta, Adrienne (die sechs Jahre vor seiner Geburt starb) und Max waren älter als er, Gilbert, Cornelia, Katharina und eine zweite Adrienne jünger. Einer von sieben lebenden Geschwistern also – bald wurde er, der nach dem väterlichen Musikunterricht auch etwas anspruchsvolleren durch den städtischen Schullehrer Sebastian Weixler erhielt, dank seinen herausragenden musikalischen Fähigkeiten Hahn im Korbe. Der Vater hatte nichts dagegen, daß der kleine Hugo im familiären Hausorchester den Tyrannen spielte und sich aufregte, wenn man während des Musizierens plauderte oder Zuhörer das Zimmer verließen. Musik mußte von allen ganz ernst genommen werden – kindliche Vorwegnahme der brüsken Publikumsbeleidigungen, die sich der Liedinterpret Hugo Wolf zwanzig Jahre später in Wien leistete!

Der Bub absolvierte leicht und problemlos die vierklassige, zweisprachige Pfarrvolksschule von Windischgraz – die einzige Schule, die er je bis zu Ende besuchte! In diese Zeit fiel ein tiefwirkendes Musikerlebnis: Bei einem Besuch in der Kärntner Hauptstadt Klagenfurt nahm Vater Wolf den Achtjährigen ins Theater mit, gespielt wurde Donizettis längst verschollene Oper

Belisario. Man kann sich das sängerische Niveau solchen tiefprovinziellen Belcantos vorstellen. Für Hugo war die erste Begegnung mit dem Schau- und Hörwunder Oper eine Offenbarung. Er folgte der Aufführung hingerissen, spielte zu Hause am Klavier die Melodien nach, und Opernpotpourris mit ihren primitiven Dreiklangszerlegungen und theaterdonnernden Tremoli blieben noch jahrelang seine pianistische Hauptnahrung.

Mit zehn Jahren kam er ans Gymnasium in Graz. Der um zwei Jahre ältere Bruder Max war bereits dort, beide Brüder bewohnten gemeinsam ein Zimmer in Untermiete. Ein halbes Jahr später befand sich Hugo bereits wieder in Windischgraz, entlassen mit der offiziellen Begründung *ganz ungenügend*. Da mangelnde Intelligenz ausscheidet, kann man in diesem ersten Schulscheitern nur Auflehnung eines bisher verhätschelten Kindes in einer Massenklasse, Verweigerung einer sich in früher Widerborstigkeit ausprägenden Persönlichkeit vermuten. Nächste Station: das Konvikt im Benediktinerkloster St. Paul. Es thront als eine der prächtigen österreichischen Gottesburgen über dem Lavanttal, das man Kärntens Paradies genannt hat. Hier fand Hugo nur elf Mitschüler in seiner Klasse vor (unter denen er wegen seiner musikparodistischen Späße sehr beliebt war) und einen gütigen, musikverständigen Lehrer, den slowenischen Pater Sales Pirc, der ihn zum Orgelspielen bei Messen und zu einem Klaviertrio heranzog. Dennoch: auch hier erlebte Hugo nicht das Ende des ersten Schuljahres. Ein drohendes *ungenügend* in Latein und Slowenisch (nie interessierte sich Hugo Wolf für die Landessprache seiner Geburtsheimat) führte zu neuerlichem vorzeitigem Schulabgang.

Dritte Station: das Gymnasium in Marburg an der Drau (heute Maribor). Dort wohnte der Onkel Liebezeit. In seine Obhut schickte Vater Philipp, unverdrossen um die gutbürgerliche Bildung seiner Sprößlinge bemüht, zugleich Modesta, seine Älteste, und den um zwei Jahre jüngeren, gleichfalls musikbegabten Gilbert. Eine neue Niederlage für das Lieblingskind Hugo. Zwar fand er Beifall bei seinen Mitschülern, die ihn kameradschaftlich *Wölferl* nannten, aber gar keinen bei den entscheidenden Lehrern, von denen der Direktor ein Pedant, der junge Deutsch-, Griechisch- und Lateinlehrer ein Schwächling und der für Religion zuständige Professor nur dadurch bemerkenswert war, daß er, unfähig, Disziplin zu halten, den ersten historisch registrierten Wutausbruch des vierzehnjährigen Schülers Hugo verursachte. Als bei einer Auseinandersetzung der Lehrer *Diese verdammte Musik!* als Quelle aller Ungehörigkeiten anprangerte, legte sich Hugo, nach der Aussage seines Mitschülers Richard Kukula, wie ein Rasender, mit funkelnden Augen und einem Wust von Worten für Frau Musica ins Zeug. Auch dies ein frühes, bezeichnendes Zeugnis für seine Unerbittlichkeit in künstlerischen Dingen. Er hatte inzwischen das Niveau von Opernpotpourris zugunsten von Haydn, Mozart und Beethoven verlassen. Aber was nützte es! Vor dem Ende des zweiten Schuljahres war es wieder soweit: Hugo bat seinen Vater, ihn vom Gymnasium zu holen, sonst würde er selber die Anstalt verlassen. Kein Zweifel, daß hier glatte Verweigerung vorlag. Er wollte nun einmal nicht weiter Griechisch, Slowenisch und Mathematik lernen, sondern – Musiker werden. Inzwischen hatte er nicht nur die Wiener Klassiker studiert, sondern auch selber komponiert: eine erste Klaviersonate, *Gewidmet dem Herrn Philipp Wolf,* Variationen für Klavier, fünf Lieder (vier davon nach Goethe), Chor- und Quartettskizzen, das meiste in den ersten Monaten des Jahres 1875.

Vater Philipp, damals von wirtschaftlichen Nöten gebeutelt, war tief enttäuscht von Hugos neuerlichem Schulversagen, von einem Musikantenleben seines Lieblingskindes wollte er dennoch nichts wissen. Hugos Brief vom 29. Juni 1875 verdient als Dokument seiner verzweifelten Resignation ausführlicher zitiert zu werden:

Mir ist die Musik wie Essen und Trinken. Da Sie aber durchaus nicht wollen, daß ich Musikus – nicht, wie Sie der Meinung sind, Musikant – werde, so will ich gehorchen und mich einem anderen Fache widmen. Gott gebe nur, daß Ihnen dann die Augen nicht aufgehen werden, wenn es schon zu spät für mich zum Umkehren zur Musik sein wird ... Sie bedauern mich, daß ich Musiker werden will – ich bedauere aber Sie, daß Sie nicht zugeben, daß ich mich dieser Kunst widmen darf. Verzeihen Sie mir mein hartes Schreiben, aber ich bin über Ihr letztes Schreiben fast verzweifelt ... Ihr in seinen schönsten Hoffnungen getäuschter Sohn Hugo Wolf.

Hugo Wolf im 14. Lebensjahr.

Ratlosigkeit herrschte in der Familie Wolf. Was nun? Der Besuch einer Schwester Vater Philipps, der in Wien mit einem Schneider verheirateten Katharina Vinzenzberg, brachte im Sommer 1875 eine überraschende Wende. Warum sollte Hugo, wenn er denn so an der Musik hing, nicht die Chance bekommen, sich in Wien richtig ausbilden zu lassen? Katharinas Töchter Anna und Ida studierten ja auch am Konservatorium, sie mochte den Neffen Hugo und war bereit, ihn für 16 Gulden im Monat in der Familie aufzunehmen. Das gab den Ausschlag: Geborgenheit bei Verwandten und geringe Kosten. Billiger ging es wirklich nicht. In späteren Jahren zahlte der junge Komponist allein schon für die Miete seiner bescheidenen Zimmer erheblich mehr. Vater Philipp willigte schweren Herzens ein. Vielleicht mochte er sich erinnern, wie hart es ihn selber angekommen war, als man ihn einst ins Joch eines verhaßten Brotberufes zwang.

Ein überglücklicher junger Bursch, voller Hoffnungen und kühner Träume, machte sich auf die Reise in die Hauptstadt der Donaumonarchie.

WIEN UND DAS ERLEBNIS WAGNER

Als Fünfzehnjähriger, musikhungrig und lernbegierig, betrat Hugo Wolf im September 1875 die Stadt, die sein Schicksal prägen sollte. Sein ganzes kurzes Leben ging fortan in ihr auf. Fast alle wesentlichen Kompositionen entstanden auf dem Boden Wiens und seiner engsten Umgebung; nur wenige Reisen zur sommerlichen Erholung oder zu Aufführungen seiner Werke entfernten ihn für immer nur kurze Zeit von seinem Schaffenszentrum.

Auch das haben die gebürtigen Nicht-Wiener Schubert (der ja auch außerhalb, in Lichtental, zur Welt kam) und Wolf gemeinsam: Der erste Großmeister des deutschen Kunstliedes und sein romantischer Vollender waren beide die ausschließlichsten Wiener der Musikgeschichte. Wahlwiener par excellence – wobei nicht, wie bei Gluck, Haydn, Mozart, Beethoven, Bruckner, Brahms und Mahler, die Chancen, die eine höfische oder großbürgerliche Musikmetropole bot, die Zugereisten seßhaft machte; Armut, die zum Bleiben zwang, und die notdürftige Geborgenheit in engen Freundeskreisen nahmen beiden, Schubert wie Wolf, die Wahl ab.

Wien befand sich damals in einer stürmischen Bauentwicklung zur modernen Großstadt hin. Ihren neuen Prachtboulevard, die Ringstraße, erlebte der junge Hugo Wolf als eine riesige Baustelle. Für ihn, den angehenden Musikstudenten, war der schon seit einigen Jahren bestehende, etwas nach außen gerückte Neurenaissance-Bau Theophil Hansens wichtiger als die prunkvolle Hofoper. Denn dieses von der Gesellschaft der Musikfreunde errichtete Musikvereinsgebäude, bis heute berühmte

Stätte der Philharmoniker-Konzerte, beherbergte das Wiener Konservatorium. Eine private Institution, 1821 von der k. k. Gesellschaft der Musikfreunde unter dem einstigen Mozart-Rivalen Antonio Salieri gegründet, wurde erst 1909 zur staatlichen Akademie erhoben (die Budapester hatten schon Jahrzehnte früher eine solche etabliert). Für die westliche Monarchiehälfte bildete das Wiener Konservatorium die wahre Musikhochschule. Bald nach seiner Ankunft bestand Wolf die Aufnahmeprüfung für das Fach Klavier mit so gutem Erfolg, daß er gleich in den zweiten Jahrgang aufgenommen wurde. Mit seinem Klavierlehrer Wilhelm Schenner gab es nie Schwierigkeiten, ebensowenig mit dem Lehrer in Harmonielehre (im Gegensatz zu Klavier ein Hauptfach), dem Organisten und Komponisten Robert Fuchs, der nur um dreizehn Jahre älter war als sein Schüler und dessen Stürmen und Drängen verständnisvoll in geregelte Bahnen lenkte. Ein Studienkollege Wolfs in dieser Klasse war übrigens der gleichaltrige Gustav Mahler, ohne daß etwas von engeren Kontakten zwischen beiden in jener Zeit bekannt geworden wäre. Das Konservatorium leitete als Direktor der angesehene Quartett-Primarius Joseph Hellmesberger, ein als Quelle für witzige Anekdoten berühmtes Wiener Original.

Alles ließ sich gut an. Auch das Leben im Kreise der Familie von Onkel und Tante Vinzenzberg. In der Wohnung Mayergasse Nr. 14 in der Leopoldstadt widerhallte es von Musik; die Töchter besuchten dasselbe Konservatorium, Anna lernte Klavier, Ida Gesang, und auf dem Flügel übte der junge Hugo Tonleitern und Modulationen, deren für ihn neuartige Möglichkeiten er gerade erst entdeckte. Oft übernachtete er auch im Arsenal im Bezirk Landstraße, wo sein Onkel eine Werkstatt hatte.

Nächst dem Konservatorium zog ihn nichts so an wie die Hofoper. Sein Tagebuch aus den ersten Wiener Monaten hält fest: *11. Oktober das erste Mal in der Hofoper gewesen, Figaro; 16. Oktober Robert der Teufel; 17. Oktober Zauberflöte; 31. Oktober Gran-Messe von Liszt; 1. November vormittags Mozarts C-Dur-Messe, abends eine komische Oper; 4. November Fidelio.* Ganz ähnlich geht es im Dezember weiter.

Der mittellose Konservatoriumsschüler – bald mußte er den Vater anpumpen, der auch wirklich 20 Gulden schickte – leistete sich also ein-, zweimal in der Woche Opernbesuche. Wie ging das? Nur durch die für Musikenthusiasten segensreiche Institution der billigen Studenten-Stehplätze auf dem vierten Rang, dem sogenannten Juchhe. Dafür mußte man freilich, außer Standfestigkeit und Ausdauer, einige Opfer bringen. Wolf stellte sich schon am Nachmittag – bei Wagner-Aufführungen gar um Viertel auf drei – vor den verschlossenen Operntoren an, um Eintritt zu erlangen, und einmal wurde er im Strudel hunderter wie er nach oben Drängender schier erdrückt. So groß war seine Opernbegeisterung, daß er so gut wie alles schön und herrlich fand. Mozart und Fidelio ohnehin, aber auch Meyerbeers Hugenotten, die er zu seiner Lieblingsoper erhob – ehe er Wagner kennenlernte.

Dies und jenes von seinem späteren Abgott kannte er, aber doch eben nur aus den unzulänglichen Abziehbildern von Klavierbearbeitungen. Am 22. November hörte er in der Hofoper zum ersten Male ein Wagner-Werk auf der Bühne, den *Tannhäuser* – ein Erlebnis, das ihn in seinen Grundfesten erschütterte und das fortan sein ganzes künstlerisches Leben bestimmte. In seinem Brief vom 23. November 1875 an den Vater heißt es: *Ich bin durch die Musik dieses großen Meisters ganz außer mir gekommen und ich bin ein Wagnerianer geworden.* Er hatte es bereits geschafft, schon einer Probe beizuwohnen. Dort sah er erstmals, von fern, Richard Wagner, der in seiner Loge dann auch die Aufführung verfolgte: ... *Schon die Ouvertüre war wundervoll, und erst die Oper – ich finde keine Worte dazu, dieselbe zu beschreiben. Ich sag' Ihnen nur, daß ich ein Narr bin. Nach jedem Akte wurde Wagner stürmisch hervorgerufen, und ich applaudierte so, daß mir die Hände wund wurden. Ich schrie nur immer Bravo Wagner, Bravissimo Wagner, und zwar so, daß ich fast heiser geworden bin und die Leute mehr auf mich als auf Richard Wagner schauten.*

Der junge Wagnerianer zeigte sich fortan nur noch von *einem* Wunsch besessen: den vergötterten Meister persönlich kennenzulernen. Das war gar nicht einfach, denn den berühmten Komponisten schirmten ständig Begleiter ab. Der kleine Student suchte sich nützlich zu machen, indem er den Wagenschlag Wagners aufriß, er gewann die Protektion des Direktors vom Hotel Imperial, des Kammerherrn und der Kammerzofe von Wagners

Appartement, kein stundenlanges, mehrfach vergebliches Warten wurde ihm zu lang. Endlich, am 12. Dezember 1875, war es soweit. Wagner kehrte um zwei Uhr Nachmittag von einem Konzert zurück, davon war Wolf vom Hoteldirektor verständigt worden, und er wartete schon. Zuerst gingen Wagner und Cosima, ohne seine devoten Verbeugungen auch nur zu beachten, an ihm vorüber, dann kehrte Wagner, von der Kammerzofe auf den schon so lange harrenden Verehrer aufmerksam gemacht, zurück und lud Wolf zu sich ein.

In einem seitenlangen, von Begeisterung überströmenden (undatierten) Brief an die Eltern heißt es: (Er) *öffnete mir die Türe zum Empfangssalon, wo eine wahrhaft königliche Pracht herrscht. In der Mitte stand ein Ruhebett ganz aus Samt und Seide. Wagner selbst war in einen Samtmantel mit Pelzverbrämung eingehüllt.* Es erscheint nicht überflüssig, das zu zitieren; die *königliche Pracht* in der Siebenzimmer-Wohnung eines Komponisten muß einen tiefen Eindruck auf den kleinbürgerlichen Provinzler gemacht haben. Zum ersten Mal sah er mit eigenen Augen, zu welchem Glanz und Wohlstand man es durch die Musik bringen konnte – als Opernkomponist. Das vergaß Wolf zeitlebens nicht. Auch hier eine Schubert-Parallele: Das gleich erfolglose, gleich dilettantisch (von dem Älteren viel öfter, von dem Jüngeren materiell bewußter) betriebene Ringen um die Eroberung der Zitadelle Oper hat seine Wurzeln in frühen Erlebnissen. Was für Schubert der Wiener Rossini-Taumel, das war für Wolf der Wiener Wagner-Triumph.

Lassen wir aber wieder dem jungen Enthusiasten das Wort: *Als ich mit Wagner allein war, sprach ich: ›Hochverehrter Meister! Schon lange hegte ich den Wunsch, über meine Kompositionen ein Urteil zu hören und mir würde –‹ hier unterbrach mich der Meister und sagte: ›Mein liebes Kind, ich kann gar kein Urteil über Ihre Kompositionen abgeben und habe jetzt viel zu wenig Zeit. Ich kann nicht einmal meine Briefe schreiben. Ich verstehe gar nichts von Musik‹.*

Hier der namenlose Schüler, dort der auf der Höhe seines Ruhmes wandelnde Meister, der gar nichts von Musik versteht – eine knallige Pointe! Hugo Wolf wußte sie später, was immer er da an selber gebastelten Noten (wahrscheinlich seine opera 1 und 2, Sonate und Variationen für Klavier) dem großen Mann entgegengestreckt haben mag, noch zu übertreffen, indem er – Edmund Hellmer erinnerte sich – in seinen Bericht die Version einflocht, er habe Wagners selbstironische Bemerkung mit dem devoten Satz quittiert: *Meister sind zu bescheiden*. Das verständnisinnige Beifallsgelächter der Zuhörer für den Erzähler und Salonunterhalter Hugo Wolf konnte da nie ausbleiben.

Weiter im Originaltext: *Da ich dem Meister sagte, daß ich mir Mozart, Beethoven und Haydn zum Vorbild nehme, sagte er: ›Nun ja, das ist ja recht. Man kann nicht gleich originell sein! (dabei lachte er). . . . Fahren Sie fort und wenn ich wieder nach Wien komme, zeigen Sie mir Ihre Kompositionen.‹ Hierauf schied ich tief bewegt und ergriffen vom Meister.*

Tatsächlich versuchte es Hugo Wolf im folgenden Frühjahr erneut, Wagner für seine inzwischen entstandenen Kompositionsversuche zu interessieren, aber eine zweite Begegnung kam nie mehr zustande. Das führte mitnichten zu Frustration. Wolf blieb ein fanatischer Wagnerianer. Mehrfach träumte er von seinem Idol. Das erste Mal noch vor der persönlichen Begegnung, mit einer geradezu erotischen Sehnsucht, wie aus einer Tagebucheintragung hervorgeht. (*. . . Ich kam dabei mit ihm in innigste Berührung*); kurz nach Wagners Tod, der Wolf tief erschütterte, schrieb er dem Dirigenten Felix Mottl, ihm habe geträumt, *daß er nur scheintot ist . . ., der uns elende Lehmpatzen erst zu Menschen gemacht hat.*

In späten Jahren empfand er die niederschmetternde Last der Wagnerübermacht. Derselbe *Tannhäuser*, der den Jüngling zum Wagnerianer bekehrt hatte, weckte im reifen Siebenunddreißigjährigen Wünsche, sein eigenes Werk zu vernichten, weil es ihm beim Vergleich sinnlos erschien; aber erst der Ausbruch der Paralyse enthemmte und ließ ihn den *Obergott* mit wirren Worten ablehnen.

Hugo Wolf kam just in den für den Durchbruch Wagners entscheidenden Monaten nach Wien. Der Widerstreit zwischen den Konservativen, mit Johannes Brahms und seinen einflußreichen Kritikern Eduard Hanslick und Ludwig Speidel als Protagonisten, und den Neudeutschen, die neben Wagner auch Liszt und Bruckner auf den Schild hoben, spaltete schon seit Jahren die Musiköffentlichkeit der Hauptstadt. Polemischen Anlaß gegeben hatte – zufälligerweise im Geburtsjahr Hugo Wolfs – Brahms mit einem von ihm, dem großen Geiger Joseph Joachim und zwei anderen unterzeichneten Manifest. Darin hieß es, daß die *sogenannte Zukunftsmusik* samt den Produkten der *sogenannten ›Neudeutschen‹ Schule* nur *zu beklagen und verdammen* sei. Das Papier wurde in Berlin veröffentlicht, schlug aber bald in Wien Wellen, als Brahms sich zwei Jahre danach dort niederließ.

Gegen das Prestige des immer berühmter werdenden Komponisten, gegen den kulturpolitischen Einfluß seiner Anhänger in Oper wie Konzertsaal taten sich die Wagnerianer schwer. 1872 hatten junge Enthusiasten, der erst sechzehnjährige Felix Mottl an der Spitze, den Wiener Wagner-Verein gegründet, dessen Mitglieder, neben großbürgerlichen Sponsoren hauptsächlich Konservatoristen und Hochschüler, in eigenen Wagner-Konzerten frenetisch für *den Meister* demonstrierten. Jung, Wagnerianer und fortschrittlich sein bedeutete damals Identisches. Unduldsamkeit und allerlei kuriosen Personenkult (Antisemitismus eingeschlossen) nahm man als Vorrecht stürmischer Jugend in Kauf und in Anspruch. Der Musikkritiker Wolf brachte die Gegnerschaft 1886, in einem Bericht über ein turbulentes Liszt-Konzert, so zugespitzt in Wort und Bild: *Auf der einen Seite Jugend, Intelligenz, Idealismus, Urteilskraft, Begeisterung, Überzeugung; auf der anderen Stumpfsinn, Frivolität, Gesinnungslosigkeit, Ignoranz, Dünkelhaftigkeit, Abderitismus.*

Mit objektiver Tatsachenvermittlung hat das nichts zu tun, wohl aber mit dem subjektiven Selbstverständnis einer sich unterdrückt fühlenden Minorität. Für sie wurde 1875 zur Wendemarke. Zu Jahresbeginn gab Hans Richter, designierter *Ring*-Dirigent im kommenden Ur-Bayreuth, erstmals ein Wagner-Konzert in Wien, Wagner selbst erschien bald darauf persönlich am Pult und im Herbst dann als Einstudierer der Originalfassungen von *Tannhäuser* und *Lohengrin* in der Hofoper. Diesen als ausgesprochene Sensation gewerteten Besuch hatte deren neuer Direktor ermöglicht. Franz Jauner war ein äußerst tüchtiger Theatermann, als Regisseur (er gab der Wiener Operette mit einer schauspielerisch betonten *Fledermaus*-Inszenierung historische Impulse) wie als fortschrittlicher Direktor; die Katastrophe des Ringtheater-Brandes von 1881, die er als damaliger Theaterleiter mitzuverantworten hatte, zerstörte seine Karriere und trübte sein Andenken. Sein theatergeschichtliches Verdienst bleibt, daß er Wagner nach langen Jahren der Absenz an die Wiener Hofoper zurückholte (wofür er deren Sänger und den von ihm neu engagierten Dirigenten Hans Richter für die Bayreuther Festspiele freigab) und die Hofoper der musikalischen Zukunft öffnete.

Schon ein Jahr nach Bayreuth wurde dort mit einer zyklischen Aufführung des *Rings des Nibelungen* begonnen, und während Wagner-Opern vor 1875 in Wien Seltenheiten waren – ganz im Gegensatz zu den meisten Hoftheatern in Deutschland –, beherrschte Wagner schon in der Spielzeit 1883/84 (da hatte Wilhelm Jahn das Erbe Jauners übernommen) mit allen seinen elf gültigen Werken, also sogar den *Rienzi* eingeschlossen, das Repertoire, vor Meyerbeer (!) und Verdi. Freilich durchwegs mit eingestrichenen Partituren, die der Komponist Jauner gegenüber ausdrücklich sanktionierte.

Hugo Wolf versäumte nach Möglichkeit keine Wagner-Oper. *Tannhäuser* und *Lohengrin* besuchte er mehrmals, auch den *Fliegenden Holländer* lernte er kennen. Der junge Wagnerianer bewahrte sich so weit offene Ohren, daß ihm Donizettis *Lucia di Lammermoor*, ein ausgesprochenes Gegenbild also, *trotzdem ich ein großer Feind von italienischer Musik bin, so ziemlich gefallen hat.* Um nicht ganz von den väterlichen Subventionen abhängig zu sein – sie waren meist von klagenden und mahnenden Briefen begleitet –, suchte Wolf selber sich etwas Taschengeld zu verdienen. Sein erster Schüler (für Violine!), ein Ingenieur, zahlte dreimal in der Woche einen Gulden, die Hoffnung auf weiteres Stundennehmen zerschlug sich. Als Wolf mit der Familie Vinzenzberg im Mai 1878 in die Vorstadt Hetzendorf übersiedelte, ging er öfter zu Fuß nach Meidling, um dort in einem Gasthaus am Klavier zum Tanz aufzuspielen, für 1,50 Gulden bis nach Mitternacht. Ein verhaßtes Brotmusizieren; aber nötig, um Bücher und Noten kaufen zu können. Wolf war ein leidenschaftlicher Leser. Er verschlang in jenen Jahren, was ihm in die Hände kam, und frühzeitig hatte er es sich zum Prinzip gemacht, jedes angelesene Buch auch zu Ende zu lesen. Goethe und Schopenhauer (was mochte der Fünfzehn-, Sechzehnjährige von ihnen verstanden haben?), Grillparzer, Grabbe, Heine, Hebbel, Keller, auch übersetzte Literatur: Scott, Dickens, Rabelais, Claude Tillier. Merkwürdig schon damals, außer Mark Twain war kaum ein *moderner* Autor unter ihnen. Auch für den späteren Liedmeister blieb dieser Zwiespalt zwischen musikalischer Wagelust und literarischer Rückgewandtheit bezeichnend.

Hugo Wolf führte damals bei aller Armut ein heiteres, von Hoffnung und Tatendrang beflügeltes Leben. Das erste Jahr am Konservatorium schloß er mit gutem Erfolg ab, sowohl im Klavierfach wie in Harmonielehre bekam er eine Eins auf dem Zeugnis, und er fuhr guten Mutes in die Sommerferien heim. Dort setzte er seine Kompositionsversuche fort, die er schon in Wien betrieben hatte, und im Herbst war er, auch wenn er die Skepsis seines Vaters über Musik als Beruf keinesfalls ausgeräumt hatte, wieder bei der Familie Vinzenzberg.

Nicht lange. Schon im Oktober 1876 zog er aus – man weiß nicht genau warum, vielleicht wollte er einfach unabhängiger werden – und mietete ein Zimmer in der Mayerhofgasse im Bezirk Auf der Wieden. Es war die erste seiner dutzendfachen Umzüge. Allein in den nächsten zweieinhalb Jahren wechselte er nicht weniger als 21mal das Quartier, ob das jeweilige Zimmer nun zu eng, zu teuer oder zu laut war. Als unsteter Junggeselle übertraf er noch Beethoven und Schubert, die bisherigen Rekordhalter im Wohnungwechseln.

Sicher war Hugo Wolf damals schon ein viel schwierigerer Mensch, als es äußerlich schien. Eine Fotografie des Sechzehnjährigen zeigt ein noch fast kindliches Gesicht mit weichen Wangen und vollem blonden Haar; die Augen blicken freundlich, ganz ohne den scharfen, durchdringenden Blick der späteren Porträts. Er war gut gebaut, aber sehr klein. Auch als ausgewachsener Mann erreichte er nur 1,54 Meter Höhe. Auf sorgfältige Kleidung legte er großen Wert, für Hemden und elegante Schuhe gab er den letzten Kreuzer aus. In Gesellschaft mußte man ja nach etwas aussehen, und der Student lechzte geradezu nach Geselligkeit, in der man diskutieren und sich gemeinsam für Wagner begeistern konnte. Dabei fand er schon am Konservatorium viele gleichgesinnte Freunde, und sein jugendlicher Charme und Enthusiasmus, sein Witz als Klavierunterhalter verschafften ihm bald Zutritt in einen großbürgerlichen Salon, sogar in ein Ringstraßen-Palais.

In zwei luxuriös ausgestatteten Stockwerken am Opernring Nr. 6 hielt der pensionierte Rothschildprokurist Moritz von Goldschmidt (auf so hohem finanziellem Niveau schadete der Nobilitierung auch jüdische Abkunft nicht) ein der Gesellschaft und den Musen geöffnetes Haus. Das zweite gleich neben der Hofoper, mit seinen fünf Geschossen, Mittelbalkon und Erkern und engen Stiegen ein eher bescheidenes Ringstraßen-Palais, immerhin mit einem nach Repräsentation strebenden Brunnenhof; Rothschild hatte es vornehmlich für seine höheren Angestellten bauen lassen, es ist fast noch so erhalten wie damals. Dank der Freundschaft mit Adalbert von Goldschmidt, dem jüngsten von fünf Söhnen, stand dieses Haus Hugo Wolf jederzeit offen. Hier fand er begehrte Partituren und Bücher zum Ausleihen und, was dem angehenden Komponisten nicht weniger wichtig sein konnte, Verständnis und Ermutigung. Hier verkehrten Musiker wie Felix Mottl und der Kritiker Hans Paumgartner (der Vater des späteren Salzburger Festspielpräsidenten Bernhard Paumgartner), Maler und Bildhauer wie Julius von Blaas und Viktor Tilgner, der Wolf Schüler und lebenswichtige Honorare besorgte, was auch der Schriftsteller Gustav Schönaich, Wagnerianer und zeitweise ein intimer Freund Wolfs, erfolgreich tat. Vor allem aber der Sohn des Hauses selber.

Adalbert von Goldschmidt, um zwölf Jahre älter als Hugo Wolf, hatte als engagierter Neudeutscher – freilich mehr Lisztianer – den begeisterten und amüsanten Gesinnungsgenossen Wolf ins Herz geschlossen. Er komponierte und dichtete selber; sein Oratorium *Die sieben Todsünden* wurde 1876 sogar mit Erfolg in Berlin aufgeführt. Weniger Glück hatte er später; eine im Wagner-Gefolge hochstrebende Operntrilogie namens *Gaea* fand kein interessiertes Theater, eine spätere Wilhelm-Busch-Oper *Die fromme Helene* fiel in Hamburg gänzlich durch. Der einstige Sonnyboy, mit einer seine Werke bewundernden Sängerin verheiratet, als Fechter, Reiter und Schwimmer und als *schöner Berti* Liebling der Wiener Gesellschaft, verschwendete in seinem Bohemienleben das väterliche Erbe und endete, drei Jahre nach Hugo Wolf, als fettgewordenes, fast verarmtes Wiener Original.

Damals, als Hugo Wolf seine Freundschaft und Förderung gewann (irgendwann im Jahre 1877), stand Goldschmidt im vollen Flor, ein gesellschaftlich einflußreiches Mitglied der neudeutschen Kunstpartei. Für den jungen Studenten bedeutete das viel: Zum ersten Mal sah er, der Provinzler, sich in der großen Welt, in einem Ringstraßen-Palais, herzlich aufgenommen und sogar als werdender Komponist geschätzt. Goldschmidt wie Mottl ließen sich den ersten Satz seiner geplanten B-Dur-Symphonie vorspielen und ermutigten ihn zum Weiterkomponieren. Also auch der Fachmann, der Berufsmusiker Mottl, nicht nur der reiche Dilettant Goldschmidt! Wolf, sonst ziemlich schreibfaul, berichtete seinem skeptischen Vater stolz von solch sachverständiger Anerkennung; wobei er auch nicht unterließ, das neue gesellschaftliche Prestige zu betonen. Frühzeitig erlebte und erkannte er mit seinem scharfen Intellekt den Gegensatz zwischen Professionalismus und Dilettantismus in der Kunst – für Hugo Wolf ein Lebensthema. So ganz ernst nahm er auch als gereifter Mann den einst bewunderten, an Alter und Ansehen so überlegenen Komponistenfreund Goldschmidt nicht. Übrigens der erste – von vielen – Wiener Juden, deren Freundschaft er genoß.

Das Goldschmidtsche Haus, der Goldschmidtsche Kreis mit seiner freundschaftlichen Atmosphäre und materiellen Hilfe blieben Wolf für Jahre unentbehrlich. Was hatte der kleine Provinzler mit seinen ungehobelten Manieren dafür zu bieten? Seine fragmentarischen Talentproben können den Künstlern um Goldschmidt kaum imponiert haben; eher die Originalität einer unreifen, aber eindrucksvollen Persönlichkeit. Man sah ihm, wie er stolz nach Hause schrieb, seine *göttliche Grobheit* nach (die er, wie auch seine Klavierunterhalter-Talente, sicher bewußt kultivierte), aber die brüske Sprunghaftigkeit seines Temperaments und seine Verletzlichkeit, die später so viele peinliche Szenen hervorrief, fielen damals schon auf. Die Schauspielerin und Schriftstellerin Helene Bettelheim-Gabillon erinnerte sich in ihren Memoiren: *... wenn unser Kreis durch einen ihm unliebsamen Besuch sich erweiterte, wurde er sofort verdrießlich und still, oder verdrießlich und grob, saß mit gekreuzten Armen, vorgebeugt, mit verärgertem Gesicht wie ein kleiner Kobold da.*[6]

Goldschmidt und seine Freunde störten sich nicht daran, ihr bohemienhafter Lebensstil tolerierte mancherlei Käuze, und die Geborgenheit in diesem Kreis blieb Wolf noch lange bewahrt, auch nachdem er das Musikstudium plötzlich und vorzeitig abgebrochen hatte und selber ein Bohemien geworden war. Das geschah schon vor dem Ende des zweiten Konservatoriumsjahres. Klavier studierte er weiter mit Erfolg, aber er war nun vom verständnisvollen Harmonielehre-Professor Fuchs in die Kompositionsklasse von Professor Franz Krenn übergewechselt. Mit ihm, dem um eine ganze Generation Älteren, verstand er sich überhaupt nicht; wohl mehr aus persönlichen als aus weltanschaulichen Gründen. Die bisherige Hugo-Wolf-Literatur sucht ihn als den *alten Krenn*, der niemals jung gewesen, als verknöcherten Pedanten hinzustellen. Aber merkwürdig: Leoš Janáček, der vier Jahre später bei demselben Krenn Komposition studierte, empfand ihn, vom klassizistischen Leipziger Konservatorium kommend, eher als lässigen, toleranten Lehrer, der zur neudeutschen Schule (die Janáček damals verhaßt war) neigte. Wie dem auch sei, Lehrer-Schüler-Verhältnisse sind ja oft subjektiv aufgeladen, Krenn und Wolf paßten einfach nicht zusammen. Die Spannungen gipfelten in einem Gespräch beim Direktor Hellmesberger, in dem der Schüler keck behauptete, er verlasse die Anstalt, weil er hier mehr vergessen als gelernt habe (eine jugendlich-wolfische Kraßheit: denn zu lernen hatte er wahrhaftig noch genug; Hans Richter, dem er im Februar 1876 einen Lenau-Männerchor mit Klavier, *Die Stimme des Kindes*, zur Beurteilung vorlegte, bemängelte zu Recht, daß er noch nicht einmal einen vierstimmigen Satz schreiben konnte, die Bässe hatten höher zu singen als die Tenöre).

Es kam noch zu einer grotesken Szene: Hellmesberger hatte einen makabren, mit *Hugo Wolf* unterzeichneten Brief mit Morddrohung erhalten, übler Scherz eines Studiengenossen; als Wolf den Direktor am Konservatoriumstor abfing, um die verrückte Sache aufzuklären, wehrte Hellmesberger in panischer Angst jedes Gespräch ab und schrie: *Ich habe mit Ihnen nichts mehr zu schaffen, Sie sind nicht mehr am Konservatorium!* Wolf hielt immer, schon um sich dem Vater gegenüber zu rechtfertigen, an der Version fest, er sei es gewesen, der gekündigt habe. Jedenfalls steht aber im Zeugnis des zweiten Konservatoriumsjahres: *Entlassen wegen Disziplinlosigkeit.*

Ein Tatbestand, der eine Lebenswende bedeutete. Nie wieder hat Hugo Wolf eine Schule besucht. Seine musikalische Ausbildung, seine geistige Bildung überhaupt blieb fortan ganz der persönlichen Initiative überlassen, mit allen Gefahren des Dilettantismus, die das besondere Wiener Ambiente wagnerischer Musikoppositioneller nur noch nährte und verklärte; mit allen Chancen der Freiheit, wenn der Dilettant ein Genie war.

Die neue Lage machte neue Beratungen im Schoß der Familie notwendig. Im März, also noch vor Absolvierung des zweiten Konservatoriumsjahres, war Wolf wieder in Windischgraz, vom Vater fast als ein verlorener Sohn empfangen: Der Alte mußte sich ja in seinem Pessimismus bestätigt fühlen. Hatte er nicht recht behalten, wenn er in seinen Briefen nach Wien das triste Schicksal Lortzings als typisch für Komponisten beschworen hatte? Was hatte denn sein Sohn, der so hochgemut aus Wien schrieb, bisher geleistet?

Ein paar Kompositionen für Klavier, Chöre, Ansätze zu einer Symphonie. Die 1877 entstandene *Humoreske*, ein lebhaftes Stück mit gewissen virtuosen Elementen, dürfte das Beste des jungen Klavierkomponisten sein. Von dem späteren Meister des ausgesparten, höchst persönlichen Klaviersatzes der reifen Lieder ist nichts zu ahnen. Daß er auch später kein Tastenvirtuos war, zeigen seine um 1880 aufgezeichneten Paraphrasen über die *Meistersinger* und die *Walküre*: kein Vergleich mit dem Brillantfeuerwerk der viel älteren Opern-Paraphrasen Liszts.

Die Liste mit Opuszahlen von 1 bis 19 (danach hörte Wolf auf zu numerieren) liest sich recht stattlich, doch das meiste blieb in Fragmenten stecken, schon gar frühe Bemühungen um die Oper. Theodor Körners Schauspiel *Alfred der Große* reizte ihn (er wußte sicher nicht, daß Dvořák es 1870 tatsächlich zu einer abendfüllenden Oper komponiert hatte), dann ein lombardisches Drama, *König Alboin*, von dem sich Bruchstücke erhalten haben. Sprunghaft wechselte Wolf von einer Kompositionsgattung zur anderen. Mehr als die Funktion von Fingerübungen konnten diese Versuche nicht gewinnen.

Im elterlichen Haus vertrieb er sich die Zeit weiter mit dem

Komponieren. Einige neue Lieder entstanden, von denen er *Morgentau* (nach Lenau) später als einziges aus jener Frühzeit für veröffentlichungswürdig befand. Es ist ganz von der sanften Melodie her geprägt, verleugnet Schumann nicht, der ihn damals stärker beeinflußte als Schubert, läßt aber doch schon einen gewissen lyrischen Eigenton ahnen. Daß der als Wagnerianer gleichgesinnte Grazer Musikprofessor und -schriftsteller Friedrich von Hausegger dieses und drei weitere Lieder, die Wolf ihm zuschickte, als *an Mendelssohn erinnernd* beurteilte, empfand der Komponist geradezu als Beleidigung.

In Windischgraz machte er weite, einsame Wanderungen, versuchte die kleinstädtische Kulturöde mit einem Zyklus von Klavierabenden zu beleben, von denen aber nur der erste stattfand, und übte sich in Instrumentation. Am meisten Zeit und Energie brachte er für seine B-Dur-Symphonie auf. Er schrieb einen neuen Kopfsatz in g-Moll und drei weitere Sätze. Das fertige Manuskript ließ er jedoch bei der Heimfahrt im Wartesaal in Graz liegen, es blieb verschwunden; später rekonstruierte er aus dem Gedächtnis ein früher für die Symphonie vorgesehenes Rondo capriccioso und das Scherzo in g-Moll. Dieses, erst 1940 publiziert, zeigt den unerfahrenen Siebzehnjährigen als originellen Instrumentator, der vier Pauken – da wirkte sein verehrter Berlioz ein – effektvoll motivisch mitspielen läßt und eine Vorliebe für Kanonbildungen zeigt.

Acht Monate lang sollte die Ungewißheit über das weitere berufliche Schicksal dauern. Nach seinem Scheitern am Konservatorium konnte er nicht auftrumpfen. Vater Philipp drückten die Sorgen nieder. Das Geschäft ging schlecht, und er hatte drei halberwachsene Söhne, die keinen Kreuzer mitverdienten. Als er am Ende doch wieder nachgab und Hugo nach Wien ziehen ließ, war ihm schwer, dem Sohn hingegen leicht zumute. Nach einer Zwischenstation in Graz, wo er sich dem Wagnerianer Hausegger vorstellte, traf er im November 1877 wieder in Wien ein. Schon am Bahnhof begrüßten ihn Freunde, man ging gleich zusammen ins Kaffeehaus, dann ins vormittägliche philharmonische Konzert. Freunde und Geselligkeit bestimmten fortan, ermöglichten überhaupt erst das Leben des jungen Mannes, der es unternahm, als freier Künstler auf eigenen Beinen zu stehen.

DIE KRANKHEIT

Das neue, von Lernpflichten und familiären Vorwürfen freie Leben ließ sich gut an. Vor allem dank der Hilfe wohlhabender und wohlwollender Freunde. Adalbert von Goldschmidt verschaffte dem jungen Hugo Wolf, dessen Stolz und Empfindlichkeit simple Geldunterstützung abwies, diskret einige Verdienstmöglichkeiten, indem er ihn die Orchesterstimmen seines Oratoriums *Die sieben Todsünden* korrigieren ließ. Fast alle Stundenhonorare, die Wolf in den nächsten Jahren als Klavierlehrer verdiente, dankte er direkt oder indirekt dem Goldschmidtschen Kreis.

Der Musikschriftsteller Gustav Schönaich (von Wolf bewundert, weil er mit Wagner persönlich verkehrte) vermittelte ihm zwei Schülerinnen und, was wichtiger wurde, die Bekanntschaft mit dem Kaiserlichen Rat Leopold Altmann, einem überaus freigebigen Mann (Wolf pumpte ihn jahrelang in verzweifelten Geldnöten an). Altmann brachte ihn wiederum mit seinem Schwager, dem namhaften Arzt Dr. Josef Breuer, Sigmund Freuds Partner und Mitautor am Buch *Studien über die Hysterie*, zusammen. In Breuers Familie unterrichtete Wolf die beiden kleinen Kinder und wurde wie ein Sohn im Haus. Altmann veranlaßte auch die mit ihm verwandte Familie Kauffmann, Wolf als Hauslehrer für ihre Kinder zu verpflichten. Diese und einige andere, oft kurzfristige Privatstunden – Wolf war ein sehr ungebärdiger Lehrer, der manchmal wütend und beleidigend den ganzen Krempel hinwarf, wenn er auf Untalent oder Uninteresse stieß – sicherten ihm 30 bis 40 Gulden im Monat. Ein Einkommen unterhalb des dürftigsten Existenzminimums; zum

Leben reichte es nur dank der nie abreißenden Gastfreundschaft vieler Freunde. Wenn aber die Schüler mit ihren Familien in die Sommerfrische fuhren, reichte es nicht einmal für regelmäßiges Essen.

Er gewöhnte sich an eine einzige Mahlzeit am Tag, die er in einfachsten Gasthäusern einnahm. Wenn er auch sie nicht bezahlen konnte, begnügte er sich mit etwas Wurst oder einem Stück Reinling (Gugelhupf) aus mütterlichen Eßpaketen und mit Kaffee, den er auf einer Kaffeemaschine, einem Geschenk Goldschmidts, aufkochte. Dennoch lehnte er brüsk Einladungen ab, sobald er argwöhnte, man wolle ihm nur aus Mitleid ein Mittagessen zukommen lassen. Eines habe er Wagner voraus, sagte er viel später einmal zu einem Freund: *Ich kann hungern.*

Dennoch genoß er das freigewählte Leben in Armut. Der Umgang mit den großbürgerlichen Freunden bereicherte seine Bildung, schmeichelte ihm wohl auch. Daß er mit Goldschmidt *in seiner Equipage mit zwei livrierten Dienern* in ein Konzert fuhr, berichtete er mit sichtlichem Stolz nach Hause, nicht ohne zu vermerken, die Schwestern Vinzenzberg hätten ihn, der neben dem *reichen Adeligen (Goldschmidt ist Ritter von)* vorn auf dem besten Parkettplatz saß, unaufhörlich von der billigen Galerie herunter angestarrt, offenbar neidisch, *Ich hätte vor Freude platzen können.* Man lud ihn oft an die Tafel im Ringstraßen-Palais ein, auch bei den ausgedehnten Soupers und Banketten der Brüder Goldschmidt war er als willkommener Diskutierer und Klavierspieler dabei.

So harmlos, wie die bisherigen Wolf-Biographen das Nachtleben des Bonvivants Goldschmidt und seines Kreises hinstellen, kann es nicht gewesen sein. Alles spricht dafür, daß sich Hugo Wolf bei einer dieser nächtlichen Vergnügungen die Krankheit geholt hat, die so furchtbare Folgen haben sollte. Es war die Syphilis; sie führte zur Gehirnparalyse und zum qualvollen Ende im Irrenhaus. Diese traurigen Tatsachen waren in den Lebensbeschreibungen nicht zu verschweigen, wohl aber ihre Ursache. Der Name der Geschlechtskrankheit Syphilis oder Lues war für den bürgerlichen Umkreis Hugo Wolfs ein Tabu-Wort. Man sprach einfach nicht davon, jedenfalls nicht in der Gesellschaft und vor Damen. In Herrenrunden, etwa in Offizierskasinos, bagatellisierte man das Übel betont salopp als *Franzosenkrankheit* (Heines Wort) oder *Kavaliersschnupfen*, dabei waren sich alle, manche schon aus Erfahrung, der Gefährlichkeit bewußt. Das Totschweigen des peinlichen Wortes entsprang der bürgerlichen Doppelmoral in sexuellen Dingen. Im wirtschaftlich aufblühenden Wien der Gründerzeit etablierten sich allenthalben auch die Bordelle, billigste und luxuriöse. Sie wurden, wie das Gewerbe der Prostituierten überhaupt, von der christlich-konservativen Stadtregierung geduldet, *kanalisiert*. Solche Häuser oder Salons gelegentlich zu besuchen, empfanden Herren unter sich durchaus als standesgemäß. Gesellschaftlich wahrte man das Dekorum, man sprach eben nicht darüber – und schon gar nicht, wenn man das Pech hatte, sich venerisch anzustecken.

Auch Hugo Wolf fügte sich dieser Konvention. Vergeblich wird man in seiner Korrespondenz mit der Familie und mit Freunden ein Wort über seine frühe Erkrankung suchen. Wobei man natürlich nicht genau wissen kann, was die Editoren aus wohlmeinender Pietät an ganzen Briefen oder einzelnen Briefstellen eliminiert haben mögen.

Solche Pietät hat zweifellos auch die Freunde geleitet, die Erinnerungen an Hugo Wolf niederschrieben und herausgaben. Wenn sie etwas wußten, so verschwiegen sie, was ihrer Meinung nach das Bild ihres Helden beflecken konnte. Das ging so weit, daß nicht einmal die harmlosesten Liebesbeziehungen Wolfs erwähnt wurden, als setze Sexualität die Größe eines hochstrebenden Künstlers herab. Ernst Decsey, der seine erste, grundlegende Biographie noch zu Lebenszeit Hugo Wolfs schrieb, erfuhr von dessen Vertrauten kein Wort über sein leidenschaftliches Verhältnis zu Vally Franck, sie existiert in diesem Buch nicht einmal.

Schon gar verschwieg, verdrängte man die Ursache von Wolfs Geisteskrankheit. Heute liegen wissenschaftliche Untersuchungen darüber vor, niemand zweifelt mehr ernstlich, daß die progressive Paralyse Wolfs das letzte Stadium einer nicht geheilten syphilitischen Erkrankung war. Wann und wo die Ansteckung erfolgte, ist nicht mehr eindeutig festzustellen – was jedoch bei so planmäßiger Spurenverwischung weder überrascht noch gegen die Tatsache spricht. Es müssen mehr Leute aus Hugo

Wolfs Umgebung etwas davon gewußt haben, wenn sich noch in jüngster Zeit der Komponist Joseph Marx, in seiner Jugend Hugo-Wolf-Zeitgenosse, daran erinnert: *Joseph Marx deutete einmal bei einem gemeinsamen Spaziergang zum Theater an der Wien auf ein Haus in der heutigen Lehár-Gasse [früher Dreihufeisengasse] und meinte: ›Schau'n S', lieber Freund, hier hat sich der Hugo Wolf, noch nicht sechzehn Jahre alt, anstecken lassen.‹*[7] Das Datum kann nicht genau stimmen, aber das ungenaue Gedächtnis eines alten Mannes erscheint nicht so relevant wie die Tatsache, daß in Wiener Musikerkreisen die Erinnerung an etwas lebendig war, wovon man nicht schrieb und nicht öffentlich sprach. Selbst eine Dame wie die junge Alma Mahler wußte davon, sie ist die einzige, die es auch zu Papier brachte: *Hugo Wolf war als blutjunger Mensch von Adalbert von Goldschmidt in die sogenannte ›Lehmgruben‹ (ein Bordell) geschleppt worden, wo Goldschmidt zum Tanz aufspielte und dafür jedesmal ein Dämchen kostenlos erhielt. Er dedizierte einmal sein Honorar seinem Freund Wolf, und Wolf trug die Wunde davon, die sich nie schließen will.*[8] Auch hier muß man Details mißtrauen, Alma gab ja auch nur wieder, was sie gehört hatte; der vermögende Goldschmidt spielte sicher zu seinem und seiner Kumpane Spaß auf und nicht für Geld, aber daß er in so einer übermütigen Runde dem jungen Hugo Wolf außer der Zeche auch ein Mädchen bezahlte, klingt ganz plausibel.

Es gibt auch Indizien dafür, daß sich Wolf der Ansteckung bewußt war. In der Folgezeit fiel in den Familien, wo er Stunden gab und zum Essen geladen wurde, auf, daß er nicht dazu zu bewegen war, an den Mahlzeiten teilzunehmen. *Er saß am Klavier und spielte, und meinen Eltern schmeckte das Essen nicht, weil sie wußten, wie hungrig er war*, erinnerte sich seine Schülerin Bertha Breuer. Die schon erwähnte Helene Bettelheim-Gabillon schreibt in ihren Erinnerungen: *Er war oft unser Tischgast, aber selten kam es vor, daß er andere Speisen berührte als etwas Brot, Käse und Obst vom Nachtisch.* Eindeutig: nur dem Essen mit Besteck blieb Wolf fern, damit konnte er vielleicht jemanden anstecken, Brot und Obst nahm er mit den Händen entgegen. Walker zitiert Dr. Breuers Ansicht, Wolf habe sich in Behandlung eines Arztes begeben, der ihm vom Benützen gemeinsamen Bestecks abgeraten habe. Der lebenslange Reinlichkeitsfanatismus Hugo Wolfs mag ebenfalls damit in Zusammenhang stehen. Schwester Katharina und Bruder Gilbert erzählten, wie fuchsteufelswild Hugo werden konnte, wenn ein Besucher mit den Schuhen den Fußboden seines Zimmers beschmutzte, wie er selbst eifrig mit Parkettbürste und Staubfetzen hantierte. Nach all dem kann kein Zweifel an der venerischen Erkrankung Wolfs bestehen, nur am Datum der Infektion; am wahrscheinlichsten ist irgendein Abend um die Jahreswende 1877/78, also in seinem 18. Lebensjahr.

Wozu solche Details? Einzig, um eine lebens- und schaffenswichtige Tatsache zu belegen, deren Spuren zeitgebundene, dennoch falsche Pietät verwischte. In wievielen Wolf-Biographien und Erinnerungen von Freunden liest man nicht, die Geisteskrankheit sei die Folge titanischen Ringens, nervlicher Überanstrengung – und nicht nur dieser finale Zusammenbruch, auch die Hoch-Zeiten schöpferischer Begeisterung und die langen Täler der Depressionen, dieses bei normalen Sterblichen uninteressante Auf und Ab der Stimmung sei gerade das Schicksalszeichen eines Genies, eines echtbürtigen Bruders Richard Wagners. Solche Mystifizierung, Vergeistigung schnöder Realitäten entsprach ganz dem Geniekult des 19. Jahrhunderts, der im Wagnerianismus gipfelte.

Es gab eine vielfältige romantische Vorläuferschaft in der Glorifizierung genialen Außenseitertums. E.T.A. Hoffmann, Dichter und Musiker zugleich, Schöpfer des erzromantischen, gegen *die Philister* mit dem Degen der Phantasie fechtenden Kapellmeisters Kreisler, wurde eine Schlüsselfigur; nicht nur bei den Deutschen, wo Schumann ihn verklärte, sondern auch beim französischen Nachbarn, wo der todkranke Offenbach ihn zum Titelhelden einer phantastischen, als typisch deutsch-romantisch empfundenen Oper machte. Nie zu vergessen die geistig-moralische Idolgestalt Beethovens. Nicht nur Wagner nahm ihn als Vorgänger in Anspruch. Auch die folgende Generation der Wagnerianer erhob ihn auf einen unnahbar hohen Sockel der Erhabenheit, und sein Wort vom Rachen des Schicksals, in den er greifen wolle, um es zu bezwingen, nährte eine üppige Populärliteratur von Klischees. Sie verdunkelte den Blick auf den wirklichen, erheblich vielgestaltigeren Beethoven; aber daß die meisterliche vierte Symphonie dadurch lange Zeit ganz in den Schatten der benachbarten, als *Schicksals-Symphonie* heroisierten fünften geriet, ist für die posthume Hugo-Wolf-Sicht viel weniger wichtig als die Inthronisierung jener Schicksalhaftigkeit für Leiden und Tragik einer verehrten Künstlerpersönlichkeit.

Wozu sollte man damals nach Ursachen fragen, die doch nur von der erhabenen in die niedermenschliche Sphäre führen konnten? Es war eine übermenschliche Macht, eben das Schicksal, das den Kämpfer Hugo Wolf schließlich niederwarf, nach einem titanischen Ringen, das ihn den Größten, selbst Beethoven, nähert. Solcher für die Hugo-Wolf-Apologie typischer Irrationalismus brauchte dann auch nicht nach Erklärungen seiner vielen Charakterwidersprüche zu suchen: seiner befremdlichen Ausbrüche von Aggressivität (etwa bei seinem wiederholten Abknallen harmloser Singvögel), seiner Anfälle von Größenwahn, seiner krassen Undankbarkeit gegenüber den besten Freunden. So erging es eben einem romantischen Genie, schon gar, wenn das Schicksal ihm zeitweise die Gnade des Einfalls grausam vorenthielt.

Auch das gehört wesentlich zur spätromantischen, auch noch um die Mitte des 20. Jahrhunderts vorherrschenden Hugo-Wolf-Interpretation: die von Wagner inspirierte, von Wagner-Gefolgsleuten frühzeitig kultivierte Theorie, die den *Einfall* als Hauptelement jeder Komposition – im Gegensatz zur kompositorischen Arbeit – pries, gewissermaßen als einen Gnadenakt. Solche hochromantische Musikästhetik trägt ausgesprochen irrationale Züge. Kein größerer Gegensatz als der zur nüchtern-handwerklichen Kunstauffassung Bachs: er sei immer fleißig gewesen, und wer ebenso fleißig sei, werde es ebensoweit bringen. Noch an der Schwelle der Neuen Musik des 20. Jahrhunderts personifizierte sich dieser ästhetische Antagonismus in rückwärts gewandten, deutsch-romantisch gesinnten Komponisten wie Hans Pfitzner, der im Einfall *das von außen in einen Hereingefallene, das nicht Herbeizuzwingende, was wie ein Geschenk herabgeworfen wird*, sah, und in dem weltoffen-antiromantischen Hauptdarsteller Neuer Sachlichkeit, Igor Strawinsky, der sich an den geordneten, mit gespitzten Bleistiften und Notenpapier wohlversehenen Schreibtisch setzte und ohne jede Hoffnung auf ein Geschenk von oben, hingegen mit vollem Vertrauen auf das erworbene Können zu komponieren begann.

Die romantisierende Hugo-Wolf-Deutung, die im Dritten Reich neue Nahrung erhielt, kann sich auf des Komponisten eigene Worte stützen. Er litt qualvoll unter schöpferischer Impotenz, und er bejubelte die Phasen ihrer Überwindung in euphorischer Begeisterung, immer in eingebildeter Abhängigkeit von außermenschlichen Mächten, als Fluch oder Gnade. Zwei Briefe aus einer besonders langen, besonders deprimierenden Schaffenspause drücken das drastisch aus. Im Juni 1894 klagte er dem Freund Hugo Faisst: *Nur ein Gott vermag mir aufzuhelfen. Verschaff' mir wieder Einfälle, rüttle den schlummernden Dämon in mir wach, der mich wieder zum Besessenen macht, und ich will Dich als einen Gott anbeten ...* Zur gleichen Zeit – Liebesfrustration potenzierte die schöpferische – schrieb er der entfremdeten Geliebten Frieda Zerny: *... dem Dämon, der einst mich besessen und zu Taten mich entzündet und der nun Drachen gleich, tückisch und träge auf mir lastet, Luft und Licht meiner Seele benehmend, dem magst Du die Schuld an all dem Unheil beimessen, das über mich hereingebrochen.*

Zweimal wird hier – und in anderen Wolf-Äußerungen noch oft – die Übermacht von außen beschworen: *der Dämon.* In der Erinnerung als Inspirator zu schöpferischen Taten, in der tristen Gegenwart als bösartig erstickender Drache. Die Dämonisierung von Hugo Wolfs Leben und Schaffen in der romantisierenden Darstellung wurzelt also in dem gleichen Subjektivismus, der jene Äußerungen des Komponisten prägte. Ob er nun bewußt Ahnungen verdrängte oder ob er sich der Zusammenhänge zwischen seiner Krankheit und ihren psychischen Folgen nicht bewußt war – er glaubte jedenfalls an die Schicksalsmächte, die er, ein blutjunger, noch ziemlich ungebildeter Bildungsbürger, herrschendem literarischen Brauch folgend *Dämonen* nannte.

Wer versucht, Hugo Wolfs geistige Gestalt nicht zu verklären, sondern realistisch darzustellen, muß die Subjektivität von dessen eigener Sicht einem objektiven Licht aussetzen. Nüchtern gesehen verblassen die Dämonen zu Gepenstern, und ihre wirkliche Ursache tritt in den Vordergrund: die Geschlechtskrankheit

Syphilis, die eindeutig zum frühen Tod durch progressive Paralyse führte. Die Frage dabei – eine für Wolfs Schaffen wesentliche Frage – bleibt, wie weit die Vorstadien der Krankheit Leben und Werk entscheidend bestimmten.

Die vielen, eben diese Krankheit verdrängenden Hugo-Wolf-Dämonisierungen betonen die unvermittelte Plötzlichkeit des Wahnsinnsausbruches. Hatte er nicht eben noch, kaum zwei Tage war es her, in voller geistiger Klarheit an der Komposition seiner zweiten Oper gearbeitet? Das stimmt. Der Zusammenbruch kam buchstäblich über Nacht. Aber da hatte weder ein vages Schicksal noch ein spätromantischer Dämon grausam zugegriffen. Auch dieser plötzliche Umschlag fügt sich in ein typisches, vielerlei individuelle Varianten in die Normalität einer psychischen Erkrankung integrierendes Bild, das ohne die auslösende Infektion unerklärlich wäre.

Damit soll keineswegs die verdrängende Dämonisierung von Wolfs Schaffen durch eine simple Mechanik pathologischer Tatsachen ersetzt werden. Künstlerische Kreativität, zumal auf höchster Stufe, ist ein kompliziertes Phänomen, und im Falle Hugo Wolfs wurden zu viele Spuren verwischt, die zu – konventionell als peinlich empfundenen – Fakten hinführen könnten: Professor Michael Haberlandt, Intimfreund des Komponisten und Gründer des Wiener Hugo-Wolf-Vereines, verweigerte selbst akademischen Kollegen jedwede aufklärende Unterstützung, würdigte sie nicht einmal einer Antwort. Diese, die namhaften Wissenschaftler Dr. med. Werner Leibbrand und Dr. phil. Balet, beklagen das in ihrer Abhandlung *Hugo Wolf und seine Geisteskrankheit*[9], die sich, als eine der frühesten wissenschaftlichen Untersuchungen überhaupt, zur Aufgabe gesetzt hatte, den *präpsychotischen Charakter Hugo Wolfs* und seiner Musik zu erfassen.

Ihr Resümee gibt sich sachlich zurückhaltend: *Das Leben zeigt deutlich manisch-depressive Züge in der Zeit vor der eigentlichen Geisteskrankheit. Daneben bestehen schizoide Merkmale, wie gesteigertes Mißtrauen, krankhafte Eigenbeziehung, eine gewisse Selbstüberschätzung mit erheblichem egozentrischem Verhalten ... Dieser Verlauf hat eine gewisse Ähnlichkeit mit dem präpsychotischen Verhalten Robert Schumanns, der, wie wir wissen, ebenfalls später einer organischen Hirnerkrankung auf syphilitischer Basis erlag. Es ist schwer zu sagen, ob der pathoide Reiz der Lues bei Wolf den präpsychotischen Charakter mitgestaltet hat oder nicht. Die Paralyse zeigt eine deutlich megalomanische Form . . .*

Die Lues-Entwicklung vor dem Ausbruch der Geisteskrankheit ist hier wissenschaftlich vorsichtig in Frage gestellt, was angesichts der damals lückenhaften, weil vorenthaltenen Dokumente kaum anders möglich war. Neuere Forscher geben sich weniger vorsichtig. Der französische Mediziner Henri-Hyacinthe-Octave Hécaen schreibt 1934 in seiner Untersuchung über *Manie und musikalische Inspiration*[10] auf Hugo Wolf bezogen, daß diese Inspiration direkt abhängig sei von *Perioden psychischer Überreizung, verbunden mit leidenschaftlichem Wahn.* Er resümiert: *Die psycho-pathologische Analyse der Biographie des Musikers Hugo Wolf gestattet den Schluß, daß er zwischen 28 und 37 Jahren fortgesetzt wechselnde Anfälle von psychischer Überreizung und Depression sowie im Endstadium schwerere geistige Störungen zeigte, die auf eine allgemeine progressive Paralyse zurückzuführen sind.*

Die positiven Wirkungen auf die Kreativität stellt Adolf Braun heraus:[11] *Im allgemeinen darf man wohl sagen, daß bei Künstlern, deren Syphilis in Paralyse übergeht, eine ungeheure Produktionssteigerung eintritt, vielleicht auf der Basis von Gefäßveränderungen und der durch sie bewirkten Gehirnhyperämie.* (Der Autor verweist dabei auch auf Nietzsche.) Der Mediziner Karl Adolf Eickemeyer[12] führt die euphorisch gesteigerte Schaffensleistung in Wolfs kreativen Phasen auf organische Veränderungen im Gehirn zurück, bewirkt durch die Spirochäten und deren Gifte. Also: Syphiliserreger als Schicksalsersatz im nachromantischen Zeitalter? Die Frage wäre in dieser Form polemisch zugespitzt. Spätestens seit Sigmund Freud weiß man, wie abenteuerlich sich der Ariadnefaden durch das Seelenreich verwickeln kann. Schreckliche Vereinfachungen verbieten sich, so oder so. Eickemeyer bringt sie auch mitnichten, er läßt bloß die Perspektiven, die neuzeitliche Psychopathologie eröffnet hat, nicht außer acht. Es erscheint bezeichnend, daß weder Walker in seiner klassisch gewordenen Wolf-Biographie die Arbeit Eickemeyers auch nur erwähnt, noch fast zwanzig Jahre später der ihm pietätvoll folgende Werba.

Beide hätten diese medizinisch sachliche, gerade darum wichtige Untersuchung kennen können. Oder gilt es auch gegen Ende des 20. Jahrhunderts, also in einer Zeit, die sich der Zentenar-Huldigung des Genies Hugo Wolf nähert, immer noch als eine Art von sogenannter Nestbeschmutzung, wenn man, streng wissenschaftlich, luetische Spuren an einer Denkmalsgestalt registriert? Wobei, infolge gründlicher Spurenverwischung aus Pietät, auch heute noch in einer umstreitbaren Grauzone bleiben muß, wie weit nun wirklich die ursächliche Syphilis das präparalytische Bild des Menschen und Künstlers Hugo Wolf im Detail geprägt hat. Grenzziehung, nach Jahr und Werk genau, kann es nicht geben. Die Euphorie von Schaffensglück, dutzendfach dokumentiert in Briefen, oft und über Jahre hinweg an Wahnsinn grenzend – *Ich rase* (schon 1891) und *Bin selig! Rase!* (vier Tage vor der Einlieferung in die Irrenanstalt) –, die bohrenden Zweifel inmitten der gleichen schöpferischen Phasen, die Qualen der Hervorbringung – *Einfälle, lieber Freund, sind schrecklich ... dieser Zustand der Inspiration ist mir eine entzückende Marter, kein reines Glück* – und schon gar die vielen Briefbekundungen von Verzweiflung in den langen Perioden völliger kompositorischer Impotenz, dazu die hektisch aufflackernden, normalen Menschen unbegreiflichen und von eben diesen, den hilfsbereiten Freunden, liebevoll tolerierten Exzesse von Aggression, Egoismus und Beleidigung – wie ist all das, wenn überhaupt, anders zu erklären als durch die Verhaftung in einer verhängnisvollen, damals noch rätselhaften und unheilbaren Krankheit?

Tatsächlich war die Syphilis zu Wolfs Zeiten um so unsicherer zu heilen, je später sie behandelt wurde. Die gängige Quecksilber-Therapie mit ihren schlimmen Nebenwirkungen war nicht viel mehr als Quacksalberei; erst der nächsten Generation kam das von Ehrlich-Hata gefundene Salvarsan zugute, völlig beherrschbar wurde die Krankheit erst durch Penicillin. Man weiß bis heute nicht genau, ob und wann Wolf sich überhaupt behandeln ließ (die erwähnte Äußerung Dr. Breuers ist bloße Vermutung). Sicher ist, daß die Ansteckung zu progressiver Paralyse führte. Ein Schicksal, das Wolf mit bedeutenden Künstlern seiner jüngeren Vergangenheit – Donizetti, Lenau, Smetana – und mit Zeitgenossen wie Nietzsche und Maupassant teilte. Sie waren alle Syphilitiker, wie auch Heine und Grabbe, deren Infektion jedoch nicht in Paralyse, sondern in Tabes, in Rückenmarkschwindsucht endete.

Das letzte Stadium der progressiven Paralyse, die Gehirnerweichung, lähmt mit den Nerven alle denkerischen Fähigkeiten. Aber lange vorher kann syphilitische Infektion bei manischer Veranlagung, die Wolf unverkennbar zeigt, deren Äußerungen ins Extreme steigern. Die vulkanischen Ausbrüche von Wolfs Schaffensphasen sind dafür ebenso bezeichnend wie die selbstquälerische Hoffnungslosigkeit der sterilen Perioden. Das ging immer schubhaft, abseits der Normalität vor sich. So wie er *über Nacht* in Wahnsinn verfiel, so stand er *über Nacht* als Meister da: Die ersten 43 Mörike-Lieder, die er in bloßen drei Monaten des Jahres 1888 wie ein Besessener herausschleuderte, haben in Rang und Qualität nur vereinzelte Vorgänger in der Musikgeschichte, als zyklische Musikalisierung eines großen Dichterwerkes überhaupt keine. Eickemeyer begründet diesen Genie-Ausbruch mit dem Eintritt der syphilitischen Spirochäten ins Gehirn. Auch für den gesamten Verlauf von Wolfs reifer Schaffenszeit, also seiner letzten zehn Lebensjahre, sieht der Mediziner einen engen Konnex mit der Krankheit: *Während die Euphorie der produktiven Phase sich stetig, wenn auch mit spezifisch gefärbtem Gesicht im großen und ganzen gleich bleibt, durchläuft Wolfs Stimmung in den Phasen der Sterilität . . . alle Grade der Gefühls- und Empfindungsskala . . . Die Krankheit führte zur Enthemmung der manisch-depressiven Anlage sowie zur Beseitigung der ohnehin sehr umfangreichen Hemmungen und Sperrungen in Wolfs Wesen und unterstrich die psychopathische Komponente.*[13]

Es mag bloßer Zufall sein, daß der jähe Mörike-Durchbruch ziemlich genau zehn Jahre nach der syphilitischen Erkrankung und zehn Jahre vor dem Ausbruch der Paralyse erfolgte. Auch erscheint es nicht als wesentlich, wo genau man diese erste Entfesselung von *Einfällen. . . dieser entzückenden Marter* – in den folgenden zehn Schaffensjahren wiederholten sich neun euphorische Hoch-Phasen und acht depressive Flauten – in einen langerstreckten präparalytischen Krankheitsverlauf einordnet. Unbestreitbar bleibt die Auswirkung der syphilitischen Erkrankung Hugo Wolfs auf Persönlichkeit und Schaffen. Nicht mit Verdrängung, sondern mit Erkenntnis wird man beiden gerecht.

BOHEMIEN-JAHRE

Rastlos treibt es mich, mein schwaches Talent zu überbieten, meinen Gesichtskreis zu erweitern, meinem Denken, Handeln und Empfinden einen womöglich gereiften Ausdruck zu verleihen, schrieb Hugo Wolf im Mai 1878 an seine Eltern. Das ist etwas gespreizt ausgedrückt; solche Feierlichkeit war ihm, der zumal Freunden so herrlich spontane Briefe schreiben konnte, eigentlich fremd. Aber dem skeptischen Vater gegenüber fühlte er sich verpflichtet, seriös zu erscheinen, seine unsichere Existenz als freier Künstler zu rechtfertigen und in zuversichtlichem Licht darzustellen. Die Wirklichkeit sah weniger rosig aus. Nicht nur in der ersten Zeit seiner Selbständigkeit, da wären sogenannte Anfangsschwierigkeiten selbstverständlich gewesen; aber im Grunde änderte sich die ganzen folgenden Jahre nichts Wesentliches.

Wir haben vor uns das ziemlich alltägliche Leben eines Bohemiens ohne Namen, ohne aufsehenerregende Leistungen, ohne festen Wohnsitz, ohne Einkommen für den notdürftigsten Unterhalt. Der stolze und empfindliche junge Mann, der Einladungen ausschlug, wenn er eine mildtätige Abfütterung witterte, mußte sich unzählige Male demütigen und den Vater um ein paar Gulden bitten. Der versagte sich nie, auch wenn er es sich ebensowenig versagte, in seinen Briefen zu bejammern, wie schwer ihm selber die Geldsendung fiel, wie enttäuscht er von seinem talentiertesten Sohn war. Taktvoller halfen die Freunde. Sie luden zum Wohnen, zum Sommeraufenthalt ein, sie finanzierten Reisen, sie vermittelten Klavierschüler. Einige verscheuchte der grobe junge Mann, ein Lehrer wider Willen –

einmal brachte er es fertig, die Schülerin als *blödes Frauenzimmer* und die dem Unterricht beiwohnende, durchaus freundliche Tante als *fürchterliches Weib* zu beschimpfen –, aber viele Schüler hatte er nie, und schließlich blieben nur noch die Damen des engsten Freundeskreises übrig. Erst mit seiner Anstellung als Musikkritiker, Anfang 1884, verdiente Wolf einigermaßen ein Existenzminimum. War das auch nur der Finanzierung durch einen vermögenden Freund zu danken, so kann man doch von einer gewissen Zäsur im Leben sprechen: Mit einem noch so bescheidenen, aber doch regelmäßigen Gehalt lebt es sich einfach anders, etwas leichter.

Sechs Jahre eines bettelarmen Bohemiens sind in diesem Kapitel also zu betrachten. Liest man nach, was Alma Mahler[14] von ihrem Gatten über dessen frühe Wohngemeinschaft mit Wolf erfahren hat, so glaubt man rührend-pittoreske Szenen aus dem klassischsten Boheme-Roman, Henri Murgers *Scènes de la vie de bohème* oder aus Puccinis Oper vor sich zu haben. Wolf und Mahler waren Studienkollegen am Wiener Konservatorium gewesen, im ersten Halbjahr 1879 zogen sie und Mahlers intimer Musiker-Freund, Rudolf Krzyzanowski, in ein gemeinsames Zimmer am Opernring ein. *Da alle drei Musiker waren, waren alle drei lärmempfindlich. Wenn einer der drei nun eine Arbeit vorhatte, so mußten die andern beiden die ganze Nacht spazieren gehen.* So Alma Mahler, deren posthumer Phantasie man wohl einiges zugutehalten muß, wenn sie weiter berichtet, daß Wolf und der Dritte im Bunde einmal auf Ringstraßenbänken übernachten mußten. (Überhaupt Wolfs abenteuerliche Nachtasyle! Auch die aus anderer Quelle stammende Geschichte, er habe damals gelegentlich im Archiv der Hofoper genächtigt und sich mit Partituren zugedeckt, klingt eher feuilletonistisch als glaubhaft.) Weiter Alma Mahler: *Die drei Freunde lernten gemeinsam die »Götterdämmerung« kennen. In ihrer Leidenschaft schrien sie das Terzett Gunther–Brünnhilde–Hagen so furchtbar, daß die Zimmervermieterin plötzlich bebend vor Wut in der Tür stand und allen dreien kurzerhand kündigte. Sie blieb solange im Zimmer stehen, bis die Herren ihre Armseligkeiten gepackt hatten und sperrte hinter ihnen keifend zu.*

Anekdoten, ob ganz oder nur fast wahr, tragen immer etwas Farbe zu Charakterbildern bei, und hier geht es ja auch noch um das Verhältnis der beiden berühmtesten Genossen des Geburtsjahrgangs 1860, Wolf und Mahler. Es blieb einige Boheme-Jahre hindurch burschikos herzlich. Sogar das Bett sollen beide in jener Wohngemeinschaft geteilt haben.[15] Ende 1879 schrieb Wolf nach Hause, *mein Freund Mahler* habe ihm bei einem Umzug ein Klavier überlassen, dessen Miete er vorausbezahlt hatte. Nach Mahlers Wegzug von Wien kühlten sich die Beziehungen ab, aber warum sie, wie Alma Mahler schreibt, bei einem späteren Zusammentreffen auf dem Bayreuther Festspielhügel nach formellem Gruß *aneinander vorübergingen*, ist nicht recht begründbar; schließlich waren beide zeitlebens Wagnerianer, Mahler stand dazu noch Bruckner – als Hörer und Adlatus von dessen Vorlesungen – früher nahe als Wolf. Aber der eine war eben vor allem Symphoniker, und wenn er Lieder schrieb, so trennten ihn, der an der autonomen Gesangsmelodie als Seele des deutschen Kunstliedes festhielt, doch ästhetische Welten vom reifen Hugo Wolf. Das schließliche Zerwürfnis anläßlich von Wolfs Oper *Der Corregidor* ist ein besonderes, schon von Wolfs Wahn gezeichnetes Kapitel.

Aus jenen Boheme-Jahren sind noch zwei Begegnungen mit anderen großen, damals schon hochberühmten Komponisten bemerkenswert. Schon 1879, wahrscheinlich Anfang März, suchte Wolf, mit einigen Manuskripten im Arm, Johannes Brahms in dessen Wohnung in der Karlsgasse auf. Er war damals ein aufrichtiger Bewunderer des älteren Meisters – was sich nach seinem Besuch schlagartig änderte. Über die Begegnung gibt es nur Berichte von Brahms' Freund und Biographen Max Kalbeck, und die kann man deshalb nicht als objektiv werten. Sie widersprechen einander auch. Zuerst, 1904, brachte Kalbeck die Version, Brahms habe ihm gesagt: *Ach Gott, das ist ja ein so dürftiger, armseliger Kerl, ein verunglückter Musikant, der nichts lernen will. Er kam einmal zu mir, da war er nicht von der Tür wegzubringen. Er küßte immerzu die Klinke aus Verehren – ekelhaft!*[16] Acht Jahre später, in seiner Brahms-Biographie, gab Kalbeck eine mildere Version und ließ Brahms sagen: *Ich ging alles genau mit ihm durch und machte ihn auf manches aufmerksam. Einiges Talent war ja vorhanden, aber er nahm die Sache gar zu leicht . . . Nun speit er Gift und Galle.*[17] Der letzte Satz bezieht sich auf die bissigen, geradezu verrückt abwertenden Rezensionen von Brahms-Werken, die Wolf später im *Wiener Salonblatt* vom Stapel ließ.

Er war zu jenem unglücklichen Besuch als Verehrer gekommen und ging als Hasser. Was immer Brahms ihm wirklich gesagt haben mag, und wie er es tat – der gütige Mann konnte sehr schroff sein –, Wolf fühlte sich in seinem Stolz tief getroffen. Wahrscheinlich auch in seiner Liebesbereitschaft; so irrational ungerecht wie er als Brahms-Kritiker reagiert nur abgewiesene Liebe. Eine Begegnung, die für den Älteren nichts bedeutete (er amüsierte sich mehr über die Pamphlete des *wilden Wolfs*), hatte für den Jüngeren Lebenswichtiges. Seine Brahms-Feindschaft verfeindete ihn mit dem einflußreichsten Wiener Musik-Establishment und warf ihn um Jahre der Anerkennung zurück.

Erfreulicher verlief die Begegnung mit Liszt am 6. April 1883. Der berühmte Mann empfing Wolf, spielte einige seiner Lieder durch, lobte sie und küßte seinen jungen Verehrer auf die Stirn. War der musikgeschichtlich beschlagen genug, um zu wissen, daß Liszt selber einst als Kind den Adelskuß vom Größten seiner Zeit, von Beethoven, bekommen hatte? Natürlich war Wolf überglücklich, und vielleicht ermutigte ihn auch die Bemerkung Liszts, er hoffe, von Wolf bald ein Werk größeren Formates kennenzulernen, zu seiner Arbeit an der sinfonischen Dichtung *Penthesilea*, die er auch in den folgenden Monaten in Angriff nahm. Allerdings beschäftigte er sich schon seit Jahren mit Kleist, und was das *größere Format* betrifft, so war er inzwischen mehrfach auf Librettosuche gegangen.

Während der Wohngemeinschaft mit Mahler bastelte er an einer Märchenoper über den Riesengebirgsgeist Rübezahl (auch sein Zimmergenosse beschäftigte sich mit diesem Sujet), drei Jahre später schien ihm Heines *Harzreise* mit ihrer märchenhaften Prinzessin Ilsebill operntauglich, Ende 1882 skizzierte er die Handlung einer komischen Oper, die in Sevilla spielen sollte – merkwürdige Vorahnung des *Corregidor*-Milieus. Aus allen Plänen wurde nichts. Wie hätte auch der unbekannte, dem Opernbetrieb völlig fernstehende, junge Eigenbrötler einen Librettisten finden können? Dennoch sollte man über allem Scheitern der Opernbemühungen Wolfs nie übersehen, wie oft er sich um die Musikbühne bemühte. Er wollte nicht als Liederkomponist abgestempelt sein, auch wenn sich letztlich zeigen sollte, daß er für die kleine Form geboren war. Man denkt da an Schuberts Ausbruch in einer Wiener Musikantenrunde: *Bläser und Fiedler seid ihr alle miteinander! ... ich bin Franz Schubert, der Großes gemacht hat und Schönes ... Kantaten und Quartette, Opern und Symphonien! Denn ich bin nicht nur ein Liederkompositeur ...*

Womit sollte denn aber ein Achtzehnjähriger, der keine Bühne, kein Orchester, kein Kammermusik-Ensemble zur Verfügung hatte, der weder Dirigieren noch Instrumentieren, sondern nur Klavier spielen konnte, womit sollte er beweisen, daß er ein Komponist war, wenn nicht durch Klavierlieder? So oft er in diesen Jahren sein Quartier wechselte, immer war er darauf bedacht, daß er ein Instrument vorfand oder zumindest später aufstellen durfte; er war zeitlebens gewohnt, am Klavier zu komponieren, was bei seiner höchst sensiblen Klangvorstellung und der schon früh ziemlich sicheren Satztechnik eigentlich gar nicht nötig schien, aber jedenfalls Gewohnheit wurde. Sein *angeborener Wandertrieb*, wie er selber seine Wohnungswechsel nannte, hielt die ganzen Jahre hindurch an. Bald erwies sich das Zimmer als zu laut (der häufigste Wandergrund), bald als finanziell auf die Dauer unerschwinglich, bald zu weit draußen gelegen, so daß die ersehnte Ruhe mit kotigen Wegen teuer bezahlt schien, bald nahm er Zuflucht zu Gasthofzimmern, oft nur für wenige Wochen, ja Tage. Wolfs Odyssee durch seine Wiener Quartiere nachzuvollziehen, würde eine eigene Abhandlung füllen[18], aber kaum Ergiebiges für sein Schaffen bringen (auch wenn es sicher merkwürdig ist, daß er vierzehn Tage lang auch im großen Schwarzspanierhaus im Alsergrund, Beethovens letzter Wohnstatt, hauste).

Wolf nannte später das Jahr 1878 *mein Lodi im Lied*, womit er, in Anspielung an ein Wort Napoleons nach seinem Sieg von 1796 bei der norditalienischen Stadt Lodi, den Durchbruch zu Selbstbewußtsein meinte, die Erkenntnis, *zu Taten bestimmt* zu sein. Da hatte er sicher die Heine-Lieder vom Mai – Juni im Auge. Vorher schon hatte er, außer melancholischen Lenau-Gedichten, zwei von Rückert und Hebbel vertont, die – zusammen mit dem schon erwähnten *Morgentau* – 1888 in dem Heft *Sechs*

Lieder für eine Frauenstimme gedruckt und als früheste von ihrem Schöpfer der Veröffentlichung wert befunden wurden. Nicht ohne Grund. *Das Vöglein* (Vöglein vom Zweig, nach Friedrich Hebbel) läßt das Klavier motivisches Profil entfalten und mit Trillern in vier Ritornellen, Vor- und Nachspiel die Naturstimmung auskolorieren, insofern auf die volle Partnerschaft des Klaviers in den Liedern der Reife vorausdeutend. In Rückerts *Die Spinnerin* (O süße Mutter) gestattet sich der Komponist die Kühnheit, die Gesangstimme auf einer unaufgelösten Dissonanz enden zu lassen; zwei Strophen sind im Dienste besonderen Ausdrucks konstrastierend vertont.

Weitere Schritte zur Selbstfindung, zum eigenen Stil, bedeuten die sieben Lieder, nach Heines *Buch der Lieder*, die Wolf zwischen dem 18. Mai und dem 22. Juni 1878 komponierte und zu einem – erst nach seinem Tode veröffentlichten – *Liederstrauß* bündelte (er fand keinen Verleger). Es war die erste der für Wolf später so bezeichnenden, sich vulkanisch herausschleudernden Schaffensperioden. Schwer zu sagen, ob hier eine typische Phase seiner Krankheit oder das unmittelbare Erlebnis seiner ersten Liebe sich auswirkte – oder vielleicht beides, einander bedingend. Jedenfalls haben wir es, bei aller evidenten Abhängigkeit von Schumanns Zyklus *Dichterliebe*, mit einer wesentlichen Talentprobe und Station auf dem Weg zur Meisterschaft zu tun. Folgen wir bei der Betrachtung dieses Liederstraußes Wolfs Anordnung: *Sie haben heut' abend Gesellschaft* hat sein unverkennbares Vorbild, besonders in den gespensternden Sechzehnteln des Klavierparts, in Schumanns *Das ist ein Flöten und Geigen. Ich stand in dunkeln Träumen* wagt den Vergleich mit Schubert, während Wolf dem mit Schumanns Heine-Vertonungen auswich. Schubert läßt den Sänger in fahler Meditation angesichts des geliebten Bildnisses verharren, Wolf entfaltet eine leidenschaftliche Liebesklage. *Das ist ein Brausen und Heulen* – Wolf verlegt es in jagende Sechzehntel von Klavieroktaven. Das vielzitierte Gedicht *Aus meinen großen Schmerzen* ist mit seinem motivischen Sechzehntelgespinst im Klavier Vorbote des späten Hugo Wolf. *Mir träumte von einem Königskind* eröffnet mit der rhythmischen Antizipation auf *komm ich...* gleichfalls Blicke in Wolfs Zukunft. *Mein Liebchen, wir saßen beisammen* stattet das Klavier mit rieselnden Zweiunddreißigsteln chopin-farbig, fast lisztisch virtuos aus. *Es blasen die blauen Husaren* läßt den kleinen Zyklus mit einer frischen Sechsachtel-Weise nach Jägerart harmlos ausklingen.

Vier weitere Heine-Lieder, im Herbst 1878 vertont, gediehen nicht mehr zu einem geplanten zweiten Teil des Zyklus. In der Ballade *Es war ein alter König* greift der Ton-Dichter Wolf energisch ins Geschehen ein, wenn er die vom Dichter nur angedeutete Liebe zwischen dem Pagen und der Königin durch ein vehementes Klavierzwischenspiel gewissermaßen auserzählt. *Mit schwarzen Segeln*, ein düsterer Verzweiflungsausbruch, und *Spätherbstnebel*, melancholisch trauernd, spiegeln Wolfs labile Seelenlage, die in jener Zeit nie getrennt von den Wechselfällen seines ersten Liebeserlebnisses zu verstehen ist. So mag ihn auch das Trennungsweh im Sommer, als er der Einladung der Familie Breuer nach Waidhofen an der Ybbs folgte, zur tiefempfundenen Vertonung der Goethe-Szene *Gretchen vor dem Andachtsbild der Mater dolorosa* (Ach, neige, Du Schmerzensreiche) inspiriert ha-

Vally Franck, Hugo Wolfs erste große Liebe.

ben. Vierzehn Tage ließ er sich mit der Komposition Zeit, um gegenüber Schumanns, des Verehrten, Vorbild in dessen Faust-Oratorium zu bestehen. Die f-Moll-Klage lichtet sich im Mittelteil nach Es-Dur auf und gipfelt in einem Fortissimo-Ausbruch *(Hilf! rette mich)* von erschütternder Expression; nach einer langen, spannungssteigernden Pause kehrt die Gebetsklage, diesmal aber variiert, wieder. Auch dieses entwicklungsgeschichtlich wesentliche Wolf-Lied blieb zu seinen Lebzeiten unveröffentlicht und harrt der wirksamen konzertanten Neuentdeckung durch eine intelligente Sängerin. Sicher ist es einer solchen würdiger als die damaligen Versuche des Komponisten, Gedichte Hoffmanns von Fallersleben zu einem Zyklus auszubauen.

Im folgenden Herbst vertonte Wolf, neben verschiedenen anderen Eichendorff-Gedichten, auch erstmals *Verschwiegene Liebe*; alle diese Lieder sind verschollen, das letztgenannte wurde ganz neu komponiert, im Eichendorff-Zyklus eines seiner populärsten. Damals erlebte er selber eine Liebe, die so verschwiegen war und blieb, daß erst Frank Walker ihre verwischten Spuren – eine jahrelange Korrespondenz war von beiden Partnern vernichtet worden – entdeckte und nachzeichnete. Hugo Wolf lernte Valentine (genannt Vally) Franck im Frühjahr 1878 im Hause Goldschmidt an der Ringstraße kennen, wo sie, die Tochter eines Pariser Philosophieprofessors, bei ihrem Onkel Anton Lang, einem wohlhabenden Geschäftsmann, und dessen Frau lebte. Sexus und Eros – wie dicht lag beider Erstmaligkeit für Hugo Wolf beieinander!

Goldschmidt hatte der Familie Lang ein Stockwerk vermietet, ein anderes dem Schauspielerehepaar Ludwig Gabillon – er war ein berühmter Burgtheater-Mime – und seiner Frau Zerline. Helene und Dora, die Kinder, wurden als bildungsbewußte *höhere Töchter* erzogen, Wolf gab der jüngeren Dora Klavierstunden. Dora wiederum war innig befreundet mit Vally Franck, beide gründeten einen schöngeistig-elitären Kreis namens *Eulonia*, und dort oder im Salon Goldschmidts verliebte sich Wolf in die schöne Pariser Wienerin.

Ein ungleiches Paar. Er war gerade achtzehn, als musikalisches Talent in den Salons herumgereicht, aber doch ein kleiner Niemand aus der Provinz mit schlechten Manieren. Sie war um vier Jahre älter und gebürtige Pariserin, die vier Sprachen und die Gesellschaftskonventionen beherrschte, eine junge Dame von Welt. Helene Bettelheim-Gabillon beschrieb sie so: *Sie ist eine heiter-gelassene Lebenskünstlerin gewesen; ihrer Schönheit wohl bewußt, wollte sie gern bewundert und geliebt sein, aber die Liebe sollte nicht zu tief gehen, nicht schmerzlich, nicht verantwortungsvoll werden . . . Sie war aber niemals falsch; wenn sie liebte, so war es ehrlich, erkaltete ihre Liebe, so gestand sie das aufrichtig, nicht minder, wenn sie es zuwege brachte, dreien gleichzeitig ihr Herz zu schenken . . .*[19]

Was für Hugo Wolf das erste aufwühlende Liebeserlebnis war, bedeutete für die schöne Vally allenfalls ein unverbindliches, bald mehr, bald weniger verliebtes Verhältnis – immerhin mehr als eine Episode, es zog sich ja, mit mehreren Krisen und Versöhnungen, drei Jahre hin. Ihr, die musikalisch war und auch Wolfs Lieder spielen konnte, mochte es ein wenig schmeicheln, sich von einem im gebildeten Freundeskreis als Zukunftstalent geschätzten Künstler so umschwärmt zu sehen. Sie reiste ihm in verliebten Tagen sogar heimlich nach, um im abgelegenen Mayerling Wienerwald-Romantik mit ihm zu genießen. Da am Ende beide übereinkamen, die Liebesbriefe zu vernichten, wird die merkwürdige Beziehung nur in gelegentlichen Äußerungen Dritten gegenüber schlagartig aufgeblendet. Drei Monate vor der endgültigen Trennung, die sie selber aussprach, im Februar 1881, schrieb Vally Franck vom südfranzösischen Karneval an die Freundin Dora Gabillon in heiterster Laune, wie verliebt sie gleich in drei junge Männer sei, aber *der kleine braunäugige ›Ulf‹* sei ihr doch der liebste. Ein andermal erfuhr die Freundin Dora von dem Zwiespalt zwischen *Wolfs leidenschaftlichem Temperament* und ihrer *eigenen herzlichen Neigung zu dem Kleinen.* Hier liegt wohl das Schlüsselwort: Man konnte sich verlieben in den jungen, begabten, romantischen Künstler – aber für die umworbene Schöne blieb er doch letztlich *der Kleine*, nicht ganz voll zu Nehmende und sie die Überlegene.

Wolf litt schwer unter den langen Abwesenheiten Vallys, die jedes Jahr allein auf das Familiengut im böhmischen Roskosch fuhr, und den Trennungsbrief empfand er als wahren Schock. Briefe an Henriette Lang zeugen mit ihrer Mischung von forscher Kaltschnäuzigkeit und Verquältheit davon. Noch ein Jahr später wirkte die Verstörung nach. Als er Vally im Hause der Familie Köchert unversehens gegenüberstand, ergriff ihn eine Art von Panik: Er übersah ihre freundlich entgegengestreckte Hand und stürzte Hals über Kopf, ohne sich zu verabschieden, die Treppe hinunter – nur hinaus! Erst nach Jahren war er so weit, Vally kühl und rein gesellschaftlich zu begegnen.

Auch wenn die Jahre mit Vally Spuren in der Gemütssphäre der damals entstandenen Lieder, zumal der düsteren schmerzvollen hinterließen, kompositorisch sehr ergiebig waren sie insgesamt nicht. Das gilt auch für den ersten von Wolfs beiden Eichendorff-Zyklen, *Sechs geistliche Lieder nach Gedichten von Eichendorff*. Sie sind für gemischten Chor ohne Begleitung gesetzt, in der Zeit der endgültigen Trennung von Vally, im April 1881, geschrieben und zumindest in den letzten beiden Gesängen von diesem schmerzlichen Erlebnis mitgeprägt. Als einzig erhaltene, (erst 1903 veröffentlichte) a-cappella-Komposition Wolfs genießen sie den Vorzug der Einzigartigkeit, was sich von ihren Qualitäten nicht sagen läßt. Romantisch-fromme Gedichte liegen zugrunde, deren Gefühlswelt schon die Titel andeuten: *Aufblick, Einklang, Resignation, Letzte Bitte, Ergebung, Erhebung.* Homophone Choral-Einfachheit und kontrapunktische Satzart wechseln, ohne Stileinheit zu erreichen. Am stärksten bewegt die demutsvoll-wehmutsvolle *Ergebung.* Doch scheint der vierstimmige Vokalsatz, den Wolf mangels Einübung bei weitem nicht so souverän beherrschte wie den seines vertrauten Klaviers, den inspirativen Flug in Fesseln zu halten. Erst in den religiösen Mörike-Liedern und im geistlichen Teil des *Spanischen Liederbuches* wird man den Mystiker Hugo Wolf wirklich kennenlernen.

Die Armut (*Ich lebe schon wieder seit einiger Zeit von Butterbroten*, aus einem der vielen Bettelbriefe an den Vater) zwang den Bohemien, alljährlich die Sommer im elterlichen Haus in Windischgraz zu verbringen. Er begann, seinen Geburtsort zu hassen: als spießiges Nest, wo er sich langweilte, und als eine Art unfreiwilligen Exils, das ihm täglich vor Augen führte, daß er in Wien eben noch keine existentiellen Wurzeln schlagen konnte. Er war ein guter, dankbarer Sohn, aber die Familie ging ihm auf die Nerven. Vater Philipp war nun vollends ein verbitterter, dauernd jammernder Mann geworden. Dem jüngeren Sohn Gilbert, der in Wien das Lederhandwerk lernen sollte und nach Hause durchgebrannt war, wies er schließlich die Tür, der ältere Bruder Max, der das Geschäft übernehmen sollte, hielt wiederum Hugo für einen Taugenichts, der noch in der Gosse enden werde. Wolf suchte sich auf seine Arbeit zu konzentrieren, komponierte auch an den ersten Sätzen eines Streichquartetts in d-Moll, aber die Windischgrazer Sommer waren so wenig produktiv wie erfreulich. Anfang der achtziger Jahre kam es sogar zu einem vorübergehenden Bruch mit dem Vater.

Wie anders die Sommer, die er als Gast von Freunden im Wienerwald-Dorf Mayerling verbrachte! Durch Schönaich war er mit dem Advokaten Dr. Joseph Reitzes in Wien bekannt geworden, der ein Landhaus in Mayerling besaß, Marienhof benannt; für den Sommer 1880 hatte er es an den Architekten Viktor Preyss vermietet, und Frau Preyss, die dort mit ihrer Schwester Bertha von Lakhner und ihrer kleinen Tochter Lotte die Sommermonate verbrachte, hatte nichts dagegen, daß der von Reitzes empfohlene junge Komponist ein Zimmer im Erdgeschoß bewohnte. Bald konnte er sich wie ein Kind der Familie fühlen, bemuttert besonders von Frau von Lakhner, die er *Tante Bertha* nannte und mit der ihn zeitlebens herzliche Freundschaft verband. Der Marienhof lag etwas oberhalb des Dörfchens, das erst später, als skandalöser Ort der erzherzöglichen Tragödie von Mayerling, auf Befehl des Kaisers halb abgetragen wurde. Als der Gönner Dr. Reitzes, der immer wieder mit nichtrückzahlbaren Darlehen half, auch noch ein Klavier in Wolfs Zimmer schaffen ließ, war dessen Glück ungetrübt. Die freundliche, natürliche, dabei musikverständige Atmosphäre in der Familie und die erquickende Natur wirkten zusammen. Wolf machte weite Wanderungen, am liebsten ging er die drei, vier Stunden nach Perchtoldsdorf, wo die Familie Werner, Verwandte von Preyss, ihr Sommerheim hatten. Die Tochter Mizzi war eine begabte junge Sopranistin, mit der Wolf später in Wien die Susanne in Mozarts *Figaros Hochzeit* einstudierte. Der willkommene Gast tollte mit den Kindern als fröhlicher Spielkamerad im Gras und beim Baden im Bach. Aber merkwürdig: Er war nicht dazu zu bewegen, selber den Badeanzug anzuziehen; höchstwahrscheinlich schämte er sich, weil man dann den Hautausschlag seiner Infektionskrankheit sehen könnte.

Sein Liebling war der kleine (beim ersten Besuch siebenjährige) Heinrich Werner, der, als reifer Mann, über des Komponisten Tod hinaus dessen verehrungsvoller Freund und Chronist der Mayerlinger Idylle und der Perchtoldsdorfer Genie-Explosion von 1888 wurde. Im Marienhof las Wolf viel, spielte den Hausgenossen stundenlang aus Wagneropern vor, komponierte den Adagio-Satz zu seinem Streichquartett und, bei einem wiederholten Besuch im Juni 1882, das Lied *Mausfallensprüchlein* (Kleine Gäste, kleines Haus). Es ist nicht sein allererstes, aber sein erstes vollgültiges Mörike-Lied, auch wenn er es nicht in seinen großen Mörike-Zyklus aufnahm. Ein heiterer Zauberspruch: Ein Kind umschreitet dreimal eine Mausefalle und kindlich-heiter ist das Lied auch komponiert. Zu Wolfs Lebzeiten war es eine seiner sichersten Konzertnummern; heute mag es nicht mehr so leicht sein, den betulichen Humor des Gedichtes nachzuvollziehen, aber die musikalischen Vorzüge sind geblieben. Fein ziselierter Klaviersatz, überraschender Wechsel von Vierachtel- und Fünfachtel-Metrum, deklamatorische Akzentverlagerungen des sechsmal wiederholten *Hörst du?*, das erst ganz zum Schluß »richtig«, nämlich im damals modernen, wagnerschen Sinne betont wird, nämlich auf *hörst* –, das sind alles kleine Dinge, die entzücken, schon beim noch ganz unbekannten Zweiundzwanzigjährigen.

In Wien folgten im selben Jahr 1882 noch zwei Lieder, die Wolf später für veröffentlichungswert hielt: *Wiegenlied (Im Sommer)* und *Wiegenlied (Im Winter)*, beide nach unbedeutenden Gedichten von Robert Reinick. Das erste läßt Klavierachtel sanft und unentwegt zu einer einfachen Melodie fließen, das zweite entfaltet das Instrument reicher und verändert jede der vier Strophen dem Text gemäß ein wenig. Man kann hier den reifen Hugo Wolf wenigstens ahnen.

Die wichtigste Komposition der Mayerlinger Tage, das Streichquartett in d-Moll, hörte Wolf im Januar 1881 in einer Privataufführung bei der Geigerin Natalie Bauer-Lechner in Wien. Man weiß nicht genau, ob in einer dreisätzigen Form oder mit einem verschollenen Finale. Jedenfalls litt der Komponist dabei Qualen; er schrieb der Freundin Henriette Lang empört von *vier Mordgesellen... die vier Mordinstrumente schwingen* und sein *Kind schauervoll verstümmeln*. Das Quartett war freilich satztechnisch so schwierig, daß es langer Proben bedurft hätte, was unter den gegebenen Umständen eines Hauskonzertes undenkbar war. Drei Jahre später komponierte er ein Finale hinzu und reichte es dem berühmten Rosé-Quartett ein, das es durchspielte und ebenfalls ablehnte (was bei Wolf Wutausbrüche und antisemitische Bemerkungen – Rosé war Jude – zur Folge hatte: *Mir scheint's, ihm gefällt meine Nase nicht, vermutlich weil sie nicht so orientalisch wie die seinige ist*, schrieb er damals an Frieda Zerny). Auch spätere Bemühungen um eine Aufführung mißlangen. Das alles ändert nichts an der Erkenntnis, daß wir es hier mit der nächst der *Italienischen Serenade* und der symphonischen Dichtung *Penthesilea* gewichtigsten und bedeutendsten Instrumental-Komposition Hugo Wolfs zu tun haben. Wir wollen sie an dieser Stelle, die Endgestalt vorweggenommen, näher betrachten.

Entbehren sollst du, sollst entbehren! – das Goethe-Wort (aus Faust I) gehört integral zum Titel des d-Moll-Streichquartettes. Wagner erkor den Vers zum posthumen Motto der d-Moll-Symphonie Beethovens; damit sind alle drei geistigen Idole Wolfs als Inspiratoren vereinigt. In sehr verschiedener Gewichtung. Mit der resignativen Stimmung des lebensmüden Faust hat das Quartett nicht einmal im persönlichsten, dem düster-expressiven 1. Satz etwas gemeinsam. Viel eher mit der trotzigen Kämpfergebärde, wie sie der junge Hugo Wolf, in der damaligen spätromantischen Sicht auf den Meister der 5. und der 9. Symphonie, wohl als besonders beethovenisch empfand. Beethoven verdankt das Quartett auch ungleich mehr als Wagner, der allenfalls eine Klangaura im 3. Satz beisteuerte.

Vorbilder sind bei einem Anfänger selbstverständlich. Um so erstaunlicher, welche Eigenpersönlichkeit der blutjunge Komponist entfaltete – er war ja erst achtzehn, als er das Werk begann, und kaum vierundzwanzig, als er es vollendete. Das Quartett ist Bekenntnismusik par excellence, zumal in den längsten, bedeutendsten Sätzen, dem ersten und dem dritten.

Der Kopfsatz verdankt Beethovens Vorbild viel. Die Grave-Einleitung, die formal gliedernd nach der Exposition wieder-

Leidenschaftlich bewegt

kehrt, atmet beethovensches Pathos, das als *leidenschaftlich bewegt* bezeichnete Allegro-Hauptthema ist mit seinem von Sechzehntel-Vierergruppen geprägten Beginn und den kontrastierenden Oktavensprüngen dem des f-Moll-Streichquartetts Beethovens op. 95 geradezu nachgebildet

Aber was dann folgt, entfernt sich weit von klassischen Mustern: Sturm-und-Drang-Musik, die in ihrem ungebärdigen Ausdruckswillen neue Formen sucht. Haupt- und Gesangsthema sind ineinander verzahnt, die Durchführung verschmilzt mit der Reprise (eine merkwürdige Verwandtschaft mit Bruckners ausgereifter Symphonie). Die mangelnde Routine des Komponisten häuft technische Spielschwierigkeiten; dennoch bleibt beachtlich, wie sicher Kühnheit der Form und Satztechnik gemeistert werden.

Im Scherzo – Wolf stellte es, auch dies eine Huldigung an die vergötterte Neunte von Beethoven, entgegen dem klassischen Kanon *vor* den langsamen Satz – wird ein erlauchtes Vorbild fast nachgeahmt: Man vergleiche das tragende Thema mit dem des Scherzos von Beethovens Quartett op. 95 (auch Wolfs kantable Trio-Melodie ist dessen unüberhörbarer Nachklang).

Im langsamen Satz gipfelt Wolfs Aussagemusik. Leise Dreiklänge, die sich bis in höchste Lagen aufschwingen, bilden die Introduktion, sie kehren zweimal formgliedernd wieder. Gralsklänge aus dem *Lohengrin* – die Assoziation erscheint unabweislich. Es läßt sich aber auch an die Idol-Symbolik der feierlichen

Einleitung zum 3. Satz von Beethovens Quartett op. 132 denken, die dort von des Komponisten Hand als *Heiliger Dankgesang eines Genesenen an die Gottheit* überschrieben ist. Auch Wolf mochte sich während der Komposition als ein Genesender nach Jahren schwerer innerer Krisen empfinden, ebenso wie ihm der *heilige Gral* als wahrer Heilsbringer, Reiniger (Parsifal: Sei heil, entsündigt und gesühnt...) sinnbildhaft erscheinen konnte. Man mag darüber orakeln, und neuere Wolf-Interpreten haben es getan, ob dieser 3. Satz quasi als kompositorische Auseinandersetzung des Quartett-Autors mit den schmerzhaften Erlebnissen seiner Geschlechtskrankheit aufzufassen ist (so wie etwa Tschaikowskys letzte Symphonie als tragisches Bekenntnis eines Homosexuellen gedeutet wurde).

Hält man sich an die Evidenz der Partitur, so muß es genügen, daß hier einem mit Kammermusik völlig unerfahrenen jungen Mann einer der tiefsten langsamen Sätze aller spätromantischen Quartettmusik gelang. Dem Hauptthema in F-Dur, in seiner Kantabilität, seiner Modulationsfarbigkeit mit Bruckners (fast gleichzeitig entstandenem!) Streichquintett verwandt, wird ein scharf rhythmisches, durch seine repetierten Vierundsechzigstel bedrohlich wirkendes Motiv gegenübergestellt; die kontrapunktische Kombination zeugt von eher angeborenem als angelerntem handwerklichen Können. Nach dem dritten Erklingen verhaucht die Coda in ppp-Entrückung.

Den Schlußsatz fügte Wolf fast sechs Jahre nach dem Kompositionsbeginn hinzu, in einer ganz anderen, etwas ausgeglicheneren Gemütslage. Faustisch-tragische Übergipfelung, wie sie das gewählte Motto nahelegen könnte, wird nun nicht mehr angestrebt. Vielmehr läßt sich dieses Finale in Charakter und Funktion mit der sublimen Heiterkeit des Rondo-Allegros von Beethovens op. 132 vergleichen, dem die erdrückend grandiose *Große Fuge* Platz machen mußte. Auch Wolf läßt in diesem, Rondo- und Sonatenform spätromantisch verknüpfenden, Finale rein musikalische Kräfte spielen. Das plastische Sechsachtel-Hauptthema wirkt trotz seinem d-Moll heiter-kapriziös, ein kurzes Gesangsthema weicht sogar in eine B-Dur-Melodie aus, im Mittelteil gerät ein Zweiviertel-Thema des Cellos in rhythmisches Widerspiel mit dem Grundmetrum, und eine sehr ausgedehnte Coda entfaltet nochmals die gesamte Motivik. Ein von beethovenscher Humorigkeit, von Ironie und tieferer Bedeutung wetterleuchtendes Rondo capriccioso.

Die Uraufführung der Endfassung erfolgte erst kurz vor Wolfs Tode, am 3. Februar 1903; Joseph Hellmesberger hatte einige Retuschen angebracht, auch stand damals noch der langsame Satz vor dem Scherzo. Erst als man das lange verschollene Autograph auffand, konnte in einer von Hans Jancik besorgten Neuausgabe die Partitur mit des Komponisten originalem Text vorgelegt werden.

Sie bietet die Grundlage für die Renaissance eines Werkes, das noch immer viel zu selten gespielt wird, um in einem weiteren Kreis von Musikfreunden als das erkannt zu werden, was es tatsächlich ist: eine jugendliche Genietat. *Kein Meister fällt vom Himmel*, heißt es in einem viel späteren Lied Hugo Wolfs. Das Streichquartett in d-Moll dementiert solche Erfahrungsweisheit. Wenige andere Werke plädieren so nachdrücklich für die Chiffre des *genialen Dilettanten* Hugo Wolf. Mit Betonung auf beiden Teilen, auf Adjektiv und Substantiv.

Während der Arbeit am Streichquartett verlief Wolfs Leben in Wien in gewohnter Armut, aber nicht freudlos. Sein Freundeskreis vergrößerte sich durch die Familien Lang und Gabillon im Ringstraßen-Palais. Henriette, die Nichte Langs, wurde die Briefvertraute von Wolfs Liebeskummer, der Jura studierende Neffe Edmund ein intimer Freund fürs ganze Leben. Auch die Mayerlinger Bekanntschaft mit den Familien Preyss und Werner pflegte Wolf in Wien weiter, manchmal kroch er bei den gastfreundlichen Werners unter.

Noch bedeutsamer wurde seine Freundschaft mit Langs Nichte Melanie, verheiratete Köchert. Sie und ihr Mann Heinrich, ein sehr vermögender Hofjuwelier, halfen ihm fortan Jahr für Jahr, ließen ihn, wann immer es ihm beliebte, in ihrem schönen Barockhaus am Mehlmarkt Nr. 15 (heute Neuer Markt) oder in einem ihrer Landhäuser wohnen. Melanie verehrte, ja liebte den jungen Künstler; eine schöne, gütige, hochherzige Frau, deren Treue sich in des Geisteskranken letzten Jahren bewährte, als sie ihn regelmäßig, ohne je müde zu werden, dreimal wöchentlich in der Irrenanstalt besuchte und betreute. Wolf schenkte ihr alle seine Liedmanuskripte; in einer Widmung *An Frau Melanie* schrieb er:

Von allen, die der Tonkunst Zauber tief empfanden,
Hat niemand mich so ganz wie Du verstanden.

Ihr wurde der Komponist Hugo Wolf zur mäzenatischen Aufgabe, der Mensch Hugo Wolf zum Lebensschicksal. Drei Jahre nach dessen Tod wählte sie selber den Freitod, sie stürzte sich am 21. März 1906 aus dem 4. Stock des Wiener Hauses.

Geistige Anregung fand Wolf im Café Grünsteidl am Michaelerplatz gegenüber der Hofburg, dem bevorzugten Treffpunkt von Literaten, Künstlern und Sonderlingen aller Art, *Café Größenwahn* genannt; auch besuchte er gerne das Vegetarier-Wirtshaus in der Fahnengasse, wo sich so verschiedenartige Feinde des Fleischgenusses trafen wie Mahler, August Göllerich, der spätere Bruckner-Biograph, die Sozialisten Viktor Adler und Thomas (Tomáš) Masaryk, der spätere tschechoslowakische Staatspräsident. Mahler war seinem Jahrgangsgenossen als Vegetarier vorangegangen, Wolf folgte, nachdem er Wagners im Oktober 1880 erschienene Abhandlung *Religion und Kunst* kennengelernt und sich ihre konfuse, Vegetarismus und Antisemitismus in ein und denselben Heilstopf werfende Botschaft als gläubiger Wagnerianer zu eigen gemacht hatte.

Er unterschied sich darin kaum von den vielen jungen Gesinnungsgenossen aus dem Wiener Bürgertum. Wagnerianer zu sein hieß damals eben, dem Meister auf den verschlungensten und befremdlichsten Wegen treu zu folgen. Vegetarier blieb Wolf nur etwa anderthalb Jahre, dann lockten ihn die mütterlichen Wurstpakete und die gewiß nicht fleischlosen Mahlzeiten bei reichen Freunden doch mehr als die Bayreuther Askese-Theorien zur Rettung des Menschengeschlechtes. Antisemit blieb Hugo Wolf hingegen sein Leben lang.

Wir haben schon einige Male judenverächtliche Äußerungen von ihm zitiert, und wir werden auch weiterhin nicht darum herumkommen. Verdrängung und Verschweigung können der Wahrheitsfindung nicht dienen. Es ließe sich noch viel mehr aus seiner Korrespondenz zitieren, zum Beispiel aus seinen Briefen an Franz Russ vom 10. Juni 1881 oder an Berta von Lakhner fünf

Tage später: ... *wäre ich nicht so Antisemit*... Wolfs erster Biograph Decsey, der vieles noch selbst miterlebte, schreibt, er habe ein *feines Gefühl für Rassenunterschiede* gehabt; in Wien habe ihn einmal ein jüdischer Journalist mit den Worten angeredet: *›Na, Wolf, sind Sie noch immer der stramme Antisemit von früher?‹ Wolf sieht den Frager messerscharf an: ›Mehr denn je!‹*[20]

Was bedeutet der Antisemitismus Hugo Wolfs für seinen Charakter und sein Werk? Was das Werk betrifft: so gut wie nichts. Wolf komponierte Heine-Gedichte mit derselben Hingabe (wenn auch mit entwicklungsbedingt schwächeren Kräften) wie Gedichte von Mörike oder Goethe, und es störte ihn nicht im mindesten, beim *Spanischen* und beim *Italienischen Liederbuch* den Halbjuden Paul Heyse zum Wortpartner zu haben. Komplizierter wird es im Charakterologischen. Es wirft kein gutes Licht auf ihn, wenn er sich über jüdische Freunde, deren Gastfreundschaft und Unterstützung er gerne in Anspruch nahm, hinter dem Rücken, Dritten gegenüber, verächtlich äußerte; so in einem Brief an Frieda Zerny vom 17. März 1894, wo er *das fürchterliche Gemauschel der Familie* Eckstein bespöttelt. Sehr vornehm wirkt das nicht, aber sein Abgott Richard Wagner verfuhr mit seinen jüdischen Gönnern und Werkzeugen auch nicht vornehmer. Immerhin war Wolf so fair, in demselben Brief die hohen *moralischen Qualitäten* der Familie Eckstein zu rühmen.

Man darf bei der Beurteilung von Wolfs Antisemitismus nie außer acht lassen, wie stark er im Banne seines Idols stand. Das ging von der Vergötterung der Musik bis zur geistigen Hörigkeit. Wagner kollaborierte zeitlebens gerne mit Juden, die ihm künstlerisch oder finanziell nützlich waren, man denke nur an Meyerbeer, Heinrich Porges, Karl Taussig, Joseph Rubinstein, Hermann Levi, Angelo Neumann. Das hinderte ihn nicht, seine antisemitische Schrift *Das Judentum in der Musik* als reifer Mann neu herauszugeben und in seinen Altersessays (besonders in *Erkenne dich selbst*) rassistisch zu variieren. Hugo Wolf folgte seinem Meister, wenn er sich von Adalbert von Goldschmidt, Friedrich Eckstein, Josef Breuer, Baron Schey, dem Lederfabrikanten Fritz Flesch verwöhnen und von Gustav Mahler die Miete eines Klaviers bezahlen ließ. Aber er folgte Wagner nicht in theoretischen Begründungen der Judenverachtung. Nicht nur, weil er sich nicht als Schriftsteller fühlte, sondern weil sein Antisemitismus überhaupt undurchdacht, unselbständig, dumpf war.

Er schwamm eben so mit auf einer antisemitischen Welle, die, ursprünglich nur ein kleinbürgerliches Neidgerinnsel, im Wien der allseitigen Judenemanzipation mit Wagnerbegeisterung und Alldeutschtum auch in intellektuellen Kreisen des Bildungsbürgertums aufbrandete. Ein antisemitischer Mitläufer, der sich wenig Gedanken über das Thema machte. Man wurde eben auf gleicher Wellenlänge verstanden, wenn man sich unter Gesinnungsfreunden dann und wann über krumme Nasen und Mauscheln mokierte. Solche Gedankenlosigkeit ehrt Hugo Wolf gewiß nicht, erklärt sich aber doch aus dem irrational-trüben Dunstkreis Bayreuths, der dezidiert antisemitischen Gralsburg, dem sich in der damaligen Kampfstimmung auch Wagnerianer in Wien nicht leicht entzogen.

Goldschmidt, der jüdische Freund, in seiner so oft bewährten Hilfsbereitschaft, war es auch, der Wolf die Chance vermittelte, sein kümmerliches Bohemien-Dasein mit einer gesicherten Existenz als bestallter Musiker zu vertauschen. Das war, als er im Herbst 1881 zum Korrepetitor am Salzburger Stadttheater berufen wurde. Der junge Karl Muck, der später ein großer Dirigent werden sollte, war dort Kapellmeister, er brauchte einen Assistenten. Wolf fuhr am 1. November, nichts als ein Kleiderbündel und eine Wagnerbüste im Arm, an die Salzach. Aus einem Brief seines von der plötzlichen Wendung erleichterten Vaters geht hervor, daß er 80 Gulden monatlich bekam, also mehr denn doppelt soviel, als er bisher gewohnt war. Er hatte hauptsächlich den Chor einzustudieren, was noch gut ging, auch wenn er sich bei einer Strauß-Operette so langweilte, daß er die Probe abbrach und den Sängern lieber etwas aus *Tristan* vorspielte. Wenn er aber gelegentlich eine Repertoire-Aufführung zu dirigieren hatte, zeigte sich seine mangelnde Erfahrung und fehlende Dirigiertechnik. Einmal *schmiß* er, das Orchester lehnte sich gegen ihn und seine brüske Art auf, es kam, wie schon einst am Konservatorium, zu einer Auseinandersetzung mit dem Direktor, und ab 16. Januar 1882 gehörte Wolf nicht mehr *diesem Saustall* an, wie er seinem Vater schrieb.

Die einzige feste Anstellung in seinem Leben als Musiker hatte knappe zwei Monate gedauert. Leider, mag man sagen. Auch wenn man sich einen Operetten einstudierenden Provinzkapellmeister namens Hugo Wolf auf die Dauer gewiß nicht vorstellen kann, er hätte doch Orchester- und Theaterpraxis gewonnen und manches für die Komposition Nützliche gelernt. Wieder mußte er den Vater anpumpen, dieses Mal um lächerliche 15 Gulden (der Zahnarzt hatte viel von seinen zwei Monatsgehältern verschlungen); Philipp schickte sie – zusammen mit einem seiner depressivsten Briefe: *... o es ist bitter das Bewußtsein, daß ich mit großen Opfern bloß Taugenichtse erzogen habe ... immer rollt der Stein zurück ... er wird über mich rollen, über mein nutzloses Leben.*

Von einem anderen Intermezzo dieses Jahres ist weniger Genaues bekannt, jedenfalls war an ihm das Erfreulichste, daß es so kurz blieb: nämlich Wolfs Gastspiel als Rekrut in der österreichischen Armee. Es ist nichts darüber dokumentiert, wahrscheinlich steckte man ihn, der schon einmal freigestellt worden war, bald nach seiner Rückkehr von Salzburg nach Wien dort in die Uniform, entließ ihn jedoch schon nach wenigen Wochen wieder, wohl wegen körperlicher Untauglichkeit.

... ein schmächtiger Jüngling mit blondem Haar, flaumigem Kinn und einem Anflug auf der Oberlippe mit blassem Gesicht und etwas stechendem Blick, so sah Friedrich Eckstein den jungen Hugo Wolf damals. Er lernte ihn in jenem Vegetarier-Gasthaus als knurrigen, abweisenden Tischnachbarn kennen, aber bald wurde eine herzliche, für Wolf sehr ersprießliche Freundschaft daraus (*Mein Ecksteinderl* sprach er ihn in Briefen an). Der vollbärtige Eckstein, um ein Jahr jünger, war der vermögende Sohn eines Chemiefabrikanten, ein ambitionierter Musiker, Privatschüler Bruckners und Wagnerianer, dabei so vielseitig gebildet, daß er im weiten Freundeskreis als personifiziertes Lexikon, als *der Große Meyer* galt. Er unterstützte Wolf finanziell und stellte ihm seine reichbestückte Privatbibliothek zur Verfügung, die dieser auch regelmäßig benützte. Eckstein rühmte seinen Bildungsstand: *... ein guter, feinsinniger Kenner der deutschen und mancher fremdländischer Literaturen, hatte er vielerlei philosophische Interessen, die Schriften Schopenhauers waren ihm genau bekannt, und Nietzsches*

damals gerade neu erschienener ›Zarathustra‹ und ›Der Fall Wagner‹ hatten Stürme der Begeisterung und Leidenschaft in ihm entfesselt . . .

Sicher aber nicht annähernd so große, wie sein erstes Bayreuth-Erlebnis im Sommer 1882 sie ihm verschaffte. *Parsifal* wurde dort am 26. Juli aus der Taufe gehoben. Das war natürlich ein den Reichen und den Kritikern vorbehaltenes Premiereneregnis. Wolf war schon glücklich, ein Stipendium für eine Reprise zu bekommen, Breuer hatte die Reise mit 70 Gulden ermöglicht, andere Freunde die Schneiderrechnung für einen anständigen Anzug bezahlt. Wolf konnte seine Freikarten-Aufführung nicht erwarten; lieber opferte er 30 Gulden, um schon zwei Tage früher dabeizusein. Er war völlig verzückt. Auch wenn es ihm nicht gelang, zum vergötterten Meister vorzudringen, er genoß Bayreuth und *Parsifal* wie einen beglückenden Rausch: *Parsifal ist wohl das weitaus Schönste und Erhabenste auf dem Gebiete der Kunst überhaupt*, schrieb er der Freundin Henriette Lang. Im folgenden Sommer kam er nochmals nach Bayreuth, diesmal mit einigen Freunden vom Wiener Wagner-Verein; da empfand er den Festspielrummel etwas ernüchternder, aber seine Wagner-Verehrung blieb unbeeinträchtigt.

Als ihn im Februar 1883 die Nachricht vom Tode Richard Wagners erreicht hatte, weinte er nach seinen eigenen Worten wie ein Kind und verbrachte den Tag in romantischer Entrükkung auf einem Baum. In Mayerling veranstaltete er später ein höchst privates Parsifal-Festival. Er verdunkelte das Zimmer, setzte sich ans Klavier und spielte und sang von vier Uhr nachmittags bis elf Uhr abends, ganz konform mit dem fernen Bayreuther Festspielhaus, das Bühnenweihfestspiel mit. Zugleich empfand er die Dämonie seines Abgotts. *Was bleibt mir da noch zu tun übrig? Er hat mir keinen Raum gelassen*, seufzte er schon 1882 (in einem Brief an Melanie Köchert). Ein Minderwertigkeitsgefühl, das um so bedrückender auf Wolfs labile Psyche wirkte, als seine eigenen Kompositionen nur Ablehnung bei den Verlegern fanden. Anfang 1883 suchte er sogar bei dem als Ästhetiker und Kritikerpapst berühmten Brahms-Freund Eduard Hanslick Hilfe und erlangte ein freundliches Attest über die vorgelegten, *fein empfundenen interessanten Lieder*. Er reichte sie bei Breitkopf & Härtel und auch bei Schott ein; wieder vergebens, wie schon mehrfach. Er gab nicht auf. Das Eichendorff-Lied *Rückkehr* (Januar 1883) ist ein beachtlicher Vorbote des seelisch ähnlich gelagerten *Ständchens*: Ein Heimkehrer erlebt Musik und Fröhlichkeit, aber keiner kennt ihn mehr. Das Klaviernachspiel scheint seine Ernüchterung noch zu verspotten, wie überhaupt Singstimme und Instrument im Gefühlswiderspruch stehen und eigene Wege gehen. *Zur Ruh', zur Ruh'* (nach Justinus Kerner, im Juni 1883 für die Hofopernsängerin Rosa Papier, die Mutter Bernhard Paumgartners, komponiert) nimmt Wolfs Reifestil erstaunlich vorweg. Ein verinnerlichtes Gedicht voller Sehnsucht nach Todesverklärung.

In der ersten Strophe entfalten Gesang und Klavier jeweils selbständige Melodien, wobei hier das Instrument die motivische Führung hat, in der zweiten Strophe dann die hohe Stimme. Das chromatisch absteigende tragende Motiv verweist zu Mörike-Liedern wie *Lebewohl*, der Gesamtduktus überhaupt in des Komponisten hohe Zeit. Was galten schließlich, selbst in seinem kurzen Leben, fünf Jahre, wenn der Geist ihn überkam!

Die literarische Beschäftigung mit Kleist, wohl auch Liszts Ermutigung, ließen etwa gleichzeitig die ersten Skizzen zur symphonischen Dichtung *Penthesilea* entstehen. In Rinnbach am Traunsee, wo Wolf Sommerwochen als Gast in Köcherts Landhaus verbrachte, setzte er diese Komposition fort, und dort war es auch, wo er Hermann Bahr kennenlernte. Der um drei Jahre jüngere Linzer Literat, der später als Kulturkritiker in Wien einen epochalen, vom Symbolismus bis zum Expressionismus Brücken schlagenden Einfluß gewann – den Begriff *die Moderne* soll er als erster geprägt haben –, lebte damals ganz in der Nähe. Er war von seiner Familie aufs Land geschickt worden, nachdem ihn die Wiener Universität relegiert hatte. Er hatte als einer von Tausenden Studenten, darunter vielen Wagnerianern, neben dem alldeutschen Antisemiten Ritter von Schönerer eine zündend-aufrührerische Ansprache gehalten (später heiratete er übrigens eine Jüdin, die berühmte Hofopernsängerin Anna Mildenburg). Wolf und Bahr fanden Gefallen aneinander, in Wien teilten sie 1884 vorübergehend bei Bahrs Couleurbruder Edmund Lang eine Bohemien-Wohngemeinschaft im Trattnerhof, wo einst auch Mozart logiert hatte. In Rinnbach gingen sie zusammen segeln und zogen in endlosen Diskussionen über Gott und die Welt her, im gemeinsamen *Ton einer hochmütig absprechenden, nichts verschonenden, weltverachtenden Ironie*, wie sich Bahr erinnerte. Als er später die Jugendjahre mit Wolf resümierte, machte er die Bemerkung, daß Wolf *aus sich in keine Stimmung geraten konnte*, daß er stets der Anregung bedurfte, was auch sein musikalisches Schaffen kennzeichnet.

Jene *weltverachtende Ironie* spiegelt Wolfs zerrissene Psyche wider. Die Krankheit mit ihren wechselnden Phasen, die unveränderliche Nicht-Anerkennung, das demütigende Gefühl der Abhängigkeit von anderen, die geringe Produktivität – alles wirkte wohl zusammen und erklärt die krassen Akte von Undankbarkeit gegenüber alten und neuen Freunden, die er sich damals leistete. Die Familie Breuer, die er in deren Ferienwohnung in Gmunden besuchte, brüskierte er, wohl etwas angetrunken, indem er beim Abendessen spöttisch über eine Bekannte Breuers herzog und, nach einer sehr begreiflichen Zurechtweisung durch die Hausfrau, wütend das Haus verließ. Zwar schickte er am nächsten Tag eine Karte, mit der er sich für die ihm früher erwiesenen Wohltaten bedankte, aber die Breuers waren fortan für ihn gestorben. Kurz darauf nahm er die Einladung des Lederfabrikanten Fritz Flesch, eines engagierten Wagnerianers, in dessen Haus in der westlichen Vorstadt Unter-St. Veit an. Dort bewohnte er das ganze erste Stockwerk und wurde mit erlesenen Speisen verwöhnt wie nie zuvor. Als Flesch ihm während einer Mahlzeit eine Birne mit dem Zahnstocher reichte, stand Wolf brüsk auf und verließ Tafel wie Haus ohne jede spätere Entschuldigung. Auch den hilfreichen Freund Gustav Schönaich verlor er; als dieser während einer ganz harmlosen Diskussion einwarf, er könne Wolf mit den verstiegenen Ansichten, die er gerade vorbrachte, nicht ernst nehmen, verließ dieser das Zimmer. Er sprach nie mehr ein Wort mit Schönaich. Die Gabillons hatte er sich schon früher durch taktlose Äußerungen entfremdet.

Was er wie unter einem unwiderstehlichen irrationalen Zwang tat, quälte ihn später. *Ich bin steinunglücklich und zugleich wütend auf mich*, schrieb er im Sommer 1886 dem Schwager Josef Strasser. *Bedauert mich, denn ich weiß nun sicher, daß es mein Los ist, alle zu kränken, die mich lieben und die ich liebe... Dadurch habe ich die Überzeugung gewonnen, daß meine Gemütsbeschaffenheit eine durchaus kranke ist und bleiben wird.*

Unerschütterlich treuen Freunden, den Köcherts, verdankte es Wolf, wenn das unergiebige und unerquickliche Jahr 1883 doch noch erfreulich endete, zumindest finanziell, nämlich mit der Einstellung Hugo Wolfs als festbezahltem Musikkritiker des *Wiener Salonblattes.* Daß er das nicht eigenem Verdienst verdankte, erfuhr er nie. Köchert, der seit langem in dieser Wochenzeitung inserierte, legte aufgrund einer Abmachung mit dem Herausgeber jeden Monat 60 Gulden dazu, die dann Wolf als Honorar ausbezahlt wurden. Die Gelegenheit hatte sich ergeben, als der wagner- und brucknerfreundliche Theodor Helm (von dem übrigens später das sehr anfechtbare Wort von Hugo Wolf als dem *Wagner des Liedes* stammt) seinen Posten als Kritiker des Salonblattes aufgab.

Der junge Rezensent ohne alle journalistische Erfahrung stürzte sich mit Engagement in seine neue Berufstätigkeit. Sie sicherte ihm ein regelmäßiges Einkommen, einen ständigen Gratisplatz in der Hofoper und in allen Konzertsälen, sie machte seinen Namen bekannt und beließ ihm immer noch Zeit genug für sein Eigentliches, die Komposition. Hoffnungsvoll begann er einen neuen Lebensabschnitt.

DER MUSIKKRITIKER

Das jeden Sonntag erscheinende *Wiener Salonblatt* war kulturpolitisch gänzlich bedeutungslos, wurde aber in den sogenannten besseren Kreisen Wiens gern gelesen, besonders von den Damen. Sein Chef, der pensionierte Offizier Moritz Engel, kannte sich in Aristokratie und Großbürgertum gut aus, bot Gesellschaftstratsch und Mode und leistete sich die Musikfeuilletons Hugo Wolfs – die ihn ja dank Köcherts Finanzierung keinen Heller Honorar kosteten – nicht etwa aus kulturellen Ambitionen, sondern als Skandälchen, die in den feinen Kreisen mit Empörung, Schadenfreude und Amüsement, also: gut fürs Blatt, aufgenommen wurden. Karl Kraus nannte es (*Die Fackel* Nr. 158, 1904) in seiner unbestechlichen Art ein *Schmutzblättchen.*

Alles andere also als ein würdiges Forum für einen Wagnerianer mit hehren Idealen – dem übermächtigen Hanslick, von Wolf bald als *Herr Kollega*, bald ironisch als *bekanntermaßen sehr unparteiischer Kritiker* erwähnt, stand seit langem die angesehene *Neue Freie Presse* zur Verfügung. Wolf versuchte gar nicht erst, sich an der musikwissenschaftlichen Gründlichkeit Hanslicks messen zu lassen. Ein so junger Mann wie er – er war ja noch nicht vierundzwanzig, als er den ersten Artikel im *Salonblatt* schrieb –, als Komponist noch so gut wie unbekannt, als Kritiker ein völliger Anfänger, wie hätte er das auch wagen können! Statt dessen setzte er von Anfang an auf die Karte des kämpferischen Wagnerianers und Neudeutschen.

Er fühlte sich immer als Partisan und keinesfalls zur Objektivität verpflichtet. *Wer bin ich, daß ich gerecht sein sollte?* Dieses Wort könnte von Hugo Wolf stammen, wurde aber von einem

Zeitgenossen und Kritikerkollegen, nämlich George Bernard Shaw, einem aufbegehrenden Leser vorgehalten. Shaw war Wagnerianer und Interims-Musikkritiker wie Wolf; beide trennt die weit überlegene literarische Brillanz des Iren, beide verbindet die objektiv unverschämt wirkende, subjektiv völlig überzeugte Leidenschaft, auch als Dilettant eine gute Sache fördern zu müssen. Das Wort vom *genialen Dilettanten* Hugo Wolf wird durch nichts so untermauert wie durch sein Gastspiel als Musikkritiker. Ohne wissenschaftliche Ausbildung – auf musikalische Analysen ließ er sich so gut wie nie ein –, ohne jedwede schriftstellerische Einübung, ohne einigermaßen ausreichende Hörerfahrung, die erst nuancierende Vergleiche ermöglicht, was kann da anderes herauskommen als ein Musikjournalismus, der seine Ehre nicht in solider Abwägung, sondern in kämpferischer Aggressivität sucht?

112 Beiträge lieferte Hugo Wolf zwischen dem 20. Januar 1884 und dem 24. April 1887 dem *Wiener Salonblatt.* Sie alle, bis auf den allerersten, sind mit seinem vollen Namen gezeichnet, aber nicht alle sind Werkkritiken. Bisweilen benützte er den ihm allwöchentlich zur Verfügung stehenden Raum für kulturpolitische oder gar höchstpersönliche Polemik (so, wenn er mit dem Rosé-Quartett eher kläglich als sarkastisch wegen der Ablehnung seines d-Moll-Streichquartettes rechtete), bisweilen schrieb er ausgesprochene Feuilletons (*Ein Traum. Aus dem Tagebuche eines Chinesen*, eine Satire auf die Wiener Hofopernzustände). Weit überwiegend herrschen Opern- und Konzertkritiken vor, manchmal als zusammengefaßter Wochenspiegel, manchmal eine einzige Aufführung betreffend; unterschiedlich in der Länge – zwischen zwei und über acht Druckseiten in der Buchausgabe von 1911 –, launisch in der Auswahl und in der Absicht, sich wirklich ernsthaft mit den Werken auseinanderzusetzen.

Er referierte (sehr freundlich übrigens) seitenlang über Suppés schwache Operette *Bellman*, überging jedoch gänzlich die Uraufführung von Straußens *Zigeunerbaron*; er hörte die Verdi-Opern *Troubadour, Traviata* und *Aida* und begnügte sich mit mehr oder weniger süffisanten Bemerkungen über die Sänger, ohne auch nur ein Wort über Musik und Werkgestalt zu verlieren; an eine Nichtigkeit wie Goldmarks Oper *Merlin* verschwendete er über acht Seiten, Dvořáks komische Oper *Der Bauer ein Schelm*, ebenfalls eine damalige Wiener Novität, war ihm zwei Seiten Handlungswiedergabe wert, aber nichtssagend verächtliche drei Zeilen schrieb er über die Musik. Ähnlich launisch ging er mit Urteilen über Dirigate und Regieleistungen um. Eine Neuinszenierung von *Figaros Hochzeit* resümierte er, nach zwei Seiten über Werkgeschichte und Sänger, mit kurzen schülerhaften Phrasen: *Die Oper wurde vom Direktor Jahn sehr sorgfältig einstudiert. Das szenische Arrangement war gefällig*. Ähnliche Beispiele ließen sich noch viele zitieren.

Man fragt sich, ob man bei solcher Willkür und Unseriosität überhaupt von *Kritiken* sprechen kann, ob nicht die Bezeichnung *Musikfeuilletons* angemessener erscheint. Als Kritiken stünden sie in einer großen deutsch-romantischen Tradition von musikschriftstellernden Komponisten: Carl Maria von Weber, Robert Schumann, Richard Wagner. Sie wenden sich bekennerisch, höchstpersönlich, kulturpolitisch über den engen Zirkel von Fachleuten hinaus an ein breiteres Publikum. Mit ihnen hat Wolf Gescheitheit, Wortwitz, Federgewandtheit (in den Grenzen seiner jugendlichen Unerfahrenheit) gemeinsam – und, wichtiger und ausgeprägter noch, das Kämpferisch-Parteiische seines Standpunktes. Das Gift, das er über Brahms (und dessen Anhänger, wie Dvořák oder Hans von Bülow) mit einer aus der heutigen Rück-Sicht verrückt wirkenden verbohrten Besessenheit ausgoß, wird aus der Erkenntnis der zeitgenössischen Prämissen von Wolfs journalistischer Tätigkeit nicht genießbarer, aber doch begreifbarer.

Die Situation im Musik-Wien der achtziger Jahre war so, daß Wagner sich zwar längst durchgesetzt hatte, Liszt jedoch im Konzertsaal immer noch ein Stein des Anstoßes, Bruckner ein Fremdling war, während Brahms dort als König herrschte, dem seine Kritikerpaladine Hanslick, Max Kalbeck und Ludwig Speidel immer von neuem huldigten. Die Letztgenannten, so einflußreich sie damals waren, kann man in diesem Zusammenhang vergessen, Hanslick dagegen überlebte den Ruhm eines wahrhaft maßgebenden Kritikers sogar noch als Wissenschaftler: Mit seiner Abhandlung *Vom Musikalisch-Schönen* schuf er ein Jahrhundertwerk der Ästhetik, das heute noch diskussionswürdig ist, während seine aus Tageskämpfen der Musikpolitik geborenen Anti-Wagner-Bissigkeiten (meistzitiert der *musikalische Gänsemarsch* des *Rheingold*-Gesanges) nur noch amüsieren.

Hanslick war übrigens gar kein enragierter Anti-Wagnerianer, erkannte den Schöpfer des *Tannhäusers* als *das größte Talent unter den lebenden Tonsetzern*, trennte sich erst nach dem *Tristan* vom Musikdrama, und zwar rein aus ästhetischer – immer solide begründeter – Gegnerschaft. Er zeigte sich so fair, daß er selbst in der Bayreuther *Parsifal*-Premiere *bestrickenden melodiösen Reiz* heraushörte (ungeachtet kritischer Reserven) und die *schöpferische Kraft* des alten Meisters rühmte. Das oft zitierte Hanslick-Trauma heutiger Kritiker, die wertende Vorsicht gegenüber Modernem aus Angst vor Blamage, wäre eher durch Hanslicks dauerhafte, uneinsichtige Bruckner-Abwertung gerechtfertigt. Daß er den Symphoniker Brahms als einzig würdigen Beethoven-Erben auf den Schild hob, entsprach nicht nur evidenten Qualitäten, sondern zugleich dem Grundsatz von Hanslicks Ästhetik, wonach der Inhalt der Musik *tönend bewegte Formen* seien. Solche starre Auffassung von absoluter Musik mußte die ideengebundene *Tondichtung* der Neudeutschen um Liszt und Wagner ablehnen. Hanslicks Kritikerautorität, gegründet in profundem Musikwissen und lebendigem Stil, bewirkte, daß die Wiener in den Konzertprogrammen ganz überwiegend klassische, frühromantische Musik und die der Brahms-Richtung angeboten bekamen. Gegenüber solcher Übermacht empfanden sich die Wagnerianer und Brucknerianer auf verzweifelt unterlegenem Posten. Sie griffen nach jedem publizistischen Strohhalm, sogar nach einem so anrüchigen Organ wie dem *Wiener Salonblatt*.

Die publizistische Tätigkeit Wolfs – er blieb auch nach drei Jahren sich selber treu – bezeichnet einen Grenzfall von extremem Subjektivismus in der Musikkritik. Das kann ganz amüsant zu lesen sein, wenn man über Talent, Rücksichtslosigkeit und Bösartigkeit verfügt. Gleich in seiner zweiten Kritik charakterisierte Wolf die Venus einer *Tannhäuser*-Aufführung (ohne ein Wort über Gesang und Darstellung zu verlieren): *Warum hüllt sich Fräulein Schläger als Venus nicht gleich in sieben Pelzhemden, sieben*

Pelzmäntel und sieben Pelzkappen wie der Teufel im Grabbeschen Lustspiel ein – das sieht doch viel dezenter aus, als ein verblümtes Ballkleid, wo den asketisch sich gebärdenden Tannhäuser die nackten Arme noch immer aus dem Text bringen können!

Ein paar Monate später ließ er sich folgendermaßen über ein Gastspiel des Berliner Kammersängers Theodor Wachtel aus: *Wie Herr Wachtel singt? Darüber läßt sich schwer was sagen, weil er in der Tat nicht anders gesungen als ein mittelmäßig stimmbegabter Kater, auf dessen Schweif der Zufall das Pedal tritt.* Und noch in seiner vorletzten Kritik verabschiedet sich der wilde Wolf bissig: *Pfeffer, Rubinstein und Brahms! Na, das ist schon keine geringe Dosis Schlafpulver mehr für schwache Nerven. So ein Programm riecht ja schon nach Meuchelmord und sollte eigentlich von der Polizei verboten sein.*

Mit Brahms hatte er sich vorher schon Dutzende Male angelegt, in einer Form, die man – alle parteiischen Ambitionen als mildernde Umstände berücksichtigt – nur als krankhafte Manie werten kann. Wolf befand sich über weite Strecken seiner drei Kritikerjahre hinweg in einem depressiven, unleidlichen Gemütszustand. Er schrieb damals insgesamt nur eine Handvoll Lieder, seine Produktivität war stark reduziert und beschränkte sich im wesentlichen auf das Ringen um *Penthesilea*; die demütigende Probe bei den Wiener Philharmonikern und die Ablehnung seines Streichquartettes konnten in so labiler Grundstimmung nur Aggressionen fördern. Seine Hauptzielscheibe war Brahms. Nicht nur, wie die Wolf-Apologeten bis in die jüngste Zeit zur Entschuldigung anführen, aus musiktheoretisch motivierten Gründen. Deren gibt es einige, für Wolf relevante, und er breitete auch mehrere im *Salonblatt* aus. So, wenn er, gleich zu Beginn, die zeitgenössische Kammermusik als *gewandte(s) Spiel mit der Technik* ohne *das Bedürfnis, einen musikalischen Gedanken auszusprechen*, abqualifizierte; dem gerühmten Beispiel von Liszts symphonischer Dichtung *Tasso* stellte er die von ihm verabscheute Zeitpraxis gegenüber, *wo fortwährend Symphonien, Suiten, Serenaden und dergleichen Zeugs mehr wie Unkraut aus dem unfruchtbaren Boden der absoluten Musik emporwuchern ...* Aber entscheidend für den Anti-Brahms-Komplex Wolfs waren sicher des Älteren Dominanz im Wiener Musikleben und die exponierte Stellung, in die er sich mit der Unterzeichnung einer öffentlichen Kampferklärung an die *sogenannte Zukunftsmusik* der Neudeutschen gebracht hatte. Das lag zwar schon über zwanzig Jahre zurück, aber seither gab es eben die Fronten der Wagnerianer und der *Brahminen.*

Nur aus der verbissenen Parteigängerschaft, von der persönlichen Kränkung ganz abgesehen, sind Wolfs Ausfälle gegen Brahms begreiflich. Es war ja undenkbar, daß einem so sensiblen Ohr, einem so begabten Musiker die Schönheiten von Brahms' Meisterwerken nicht aufgegangen wären. Dann und wann, ganz selten, bekannte er das auch. Das Streichquintett in F-Dur dünkte ihn *ein herrliches Seitenstück zu dem reizenden Sextett in G-Dur*, die *Alt-Rhapsodie* und das Lied *Von ewiger Liebe* (aber nur dieses!) zählte er zu Brahms' besten Kompositionen. Zu solcher Anerkennung gehörte schon damals nicht viel, wohl aber einiges zu der blindwütigen Abwertung der symphonischen Gipfelwerke.

Die 3. Symphonie in F-Dur beurteilte Wolf so: *Als Symphonie des Herrn Dr. Johannes Brahms ist sie zum Teile ein tüchtiges, verdienstvolles Werk; als solche eines Beethoven Nr. 2 ist sie ganz und gar mißraten, weil man von einem Beethoven Nr. 2 alles das verlangen muß, was einem Dr. Johannes Brahms gänzlich fehlt: Originalität. ... (Brahms) ist nur ein Überbleibsel uralter Reste und kein lebendiges Glied in dem großen Strom der Zeit* (30. November 1884). Schon in der nächsten Nummer des *Salonblattes* machte sich Wolf über das Klavierkonzert in B-Dur her: *Wer dieses Klavierkonzert mit Appetit verschlucken konnte, darf ruhig einer Hungersnot entgegensehen; es ist anzunehmen, daß er sich einer beneidenswerten Verdauung erfreut.* Ein paar Zeilen später verspottete er die Haydn-Variationen als *kunstvolle Mache*, etwa ein Jahr später ließ er sich über die e-Moll-Symphonie so aus: *... solche Nichtigkeit, Hohlheit und Duckmäuserei ... Die Kunst, ohne Einfälle zu komponieren, hat entschieden in Brahms ihren würdigsten Vertreter gefunden ... Die Sprache der intensivsten musikalischen Impotenz.* Noch kürzer ging er mit dem D-Dur-Violinkonzert um, *einem ganz widerwärtigen Stück ... voll Platitüden und nichtssagendem Tiefsinn.*

In keinem einzigen dieser Verrisse wird auf die Strukturen der Stücke eingegangen, statt dessen wird musikpolitisch und feuilletonistisch-spöttisch drumherum geplaudert. So sind auch die Aperçus des kecken jungen Bilderstürmers formuliert: *In einem einzigen Beckenschlage aus einem Lisztschen Werke drückt sich mehr Geist und Empfindung aus als in allen Brahmsschen Symphonien und Serenaden obendrein* (27. April 1884). Wie könne man ein Genie (Liszt) mit einem Epigonen vergleichen, *den Königsadler mit dem Zaunkönig*! Noch drastischer, und tagespolitisch giftiger, geriet ein anderer Vergleich: Selbst eine *minder bedeutende* Bruckner-Symphonie sei *noch immer ein Cimborasso . . . gegen die Maulwurfshügel der Brahmsschen Symphonien.*

Man fragt sich, wieweit persönliche Ressentiments Hugo Wolfs mitspielten. Bruckner hatte er nicht immer so gerühmt; bevor er ihn persönlich kennenlernte, kritisierte er an seinen Symphonien *Mangel an Intelligenz . . . keine künstlerische Lösung* und nannte den Komponisten ein *verunglücktes Genie* (28. Dezember 1884), danach wurde er ein begeisterter Bruckner-Herold. Mußte nicht, im umgekehrten Sinn, die frühe persönliche Begegnung mit dem schroffen Brahms traumatisch gewirkt haben? Wie Wolf den auf der Höhe seines Ruhmes stehenden Dirigenten Hans Richter in seinen Kritiken behandelte, zeugt eindeutig von persönlicher Beeinflußbarkeit. Lange Zeit hatte er Richter bei Wagner- und Berlioz-Aufführungen gerühmt – aber nur, bis dieser Wolfs *Penthesilea* ablehnte; dann wurde er, ziemlich plötzlich, zum *verstockten Taktschläger*, der Liszts *Faust-Symphonie einfach in die ›Pfanne‹ gehauen* hatte: Rache des kleinen Mannes? Es menschelt sehr beim Musikkritiker Hugo Wolf. Ein anderer großer Dirigent jener Zeit, Hans von Bülow, war wohl von Anfang an als Brahms-Bewunderer und Wagner-Renegat abgestempelt und dem Spott Wolfs verfallen *(Unsterblichkeits-Clown . . . knurrige(r) Landgendarm der künstlerischen Heerstraße . . . Leider steht er auch mit Beethoven auf ziemlich gespanntem Fuße).* Und Dvořák, dessen Verbundenheit mit Brahms ebenso notorisch war, bekam deshalb nur Miß- und Verachtung zu spüren.

Was und wen Wolf sonst noch feuilletonistisch niederzumachen suchte, ehrt sein Urteil immerhin eher als seine antibrahmischen Obsessionen. Fast nie fiel er auf eine Tagesgröße herein (was dem schwärmerischen Schumann bisweilen widerfahren war). Ob Ponchiellis *La Gioconda (Ein ungemein schwächliches*

Produkt), ob Flotows *Martha (... welche faden Zuckerwassermelodien)*, ob Nesslers damals sehr populärer *Trompeter von Säckingen (... aus veralteten Phrasen macht man keine originellen Melodien)* oder, auch wenn Hermann Goetz dem Wagnerlager nahestand, seine in Wien damals sehr beliebte Oper *Der Widerspenstigen Zähmung (Ich hasse diese geschwätzige, blutleere Musik)* – die meisten Schimpfereien bezeugen doch Unabhängigkeit, manchmal auch Spürsinn für Qualitäten (allerdings nicht bei Boitos *Mefistofele*; Wolfs Attribut eines *Schandwerkes, das zu kennzeichnen kein Ausdruck schlecht genug sein kann*, ist bloße Giftspritzerei).

Italienische und französische Opern zu verachten, war damals Pflicht eines getreuen Wagnerianers; merkwürdigerweise ließ sich Wolf zu keinem einzigen abfälligen Wort über Verdi verführen – gefielen ihm die wenigen Verdi-Opern, die er hörte und kannte, vielleicht? Jedenfalls beschränkte er sich darauf, seinen Spott übers italienische Opernwesen – es gab in Wien mehrere, begeistert aufgenommene Stagione-Gastspiele – auszugießen. Ein Beispiel für viele: *Der italienischen rabbia verfällt der ausgemachteste Bösewicht in der gräßlichsten Rachearie ebenso wie der sentimentalste Liebhaber im weichsten lyrischen Ergusse. Die hohen Töne sind entscheidend. Um die darzustellende Handlung kümmert sich der Italiener eo ipso nicht ... Der Deutsche, wenn er nicht stupid ist, belustigt sich daran und denkt sich, für einen Spaß ist solches Zeug nicht übel* (über Rossinis *Guglielmo Tell*, 30. März 1884).

Der junge Musikreferent regte sich nicht nur über schlechte Stücke auf (man könnte hier eine lange Liste von verschollenen Autoren nennen), sondern auch über schlechte Interpreten. Da wagte er es, so prominenten Sängern wie dem Bayreuth-Tenor Hermann Winckelmann und dem Ur-Amfortas Theodor Reichmann Lektionen zu erteilen, und selbst die gastierende Belcanto-Königin Adelina Patti bedachte er mit einschränkenden Zensuren. Keinerlei Respekt zeigte er vor tagesprominenten Dirigenten *(Herr Fuchs ist ein Metronom)*, dem spontan applaudierenden, die Weihen der *Coriolan-Ouvertüre* oder des *Parsifal-Vorspieles* mißachtenden Publikum erteilte er Tadel. Bei solchen erhabenen Gelegenheiten wollte er das Beifallsklatschen überhaupt verbieten.

Seine ganze Liebe galt der klassischen und romantischen deutschen Musik. *Gluck, Mozart und Wagner sei uns die göttliche Dreieinigkeit, welche heilige Drei zu Eins sich eigentlich erst in Beethoven konzentriert* (23. November 1884). In diesen deutschen Olymp eingeschlossen sind weniger Bach und Händel – über sie wußte er nicht viel – als Schubert, Weber, Schumann, auch Marschner und Lortzing (dessen Opern er freilich in kleineren Theatern als der Hofoper wirkungsvoller zu Hause sah), Bruckner und natürlich der fast rückhaltlos vergötterte Liszt. Dessen symphonische Dichtung sei *für die moderne Musik das, was die Haydnsche Symphonie den Zeitgenossen und Nachfolgern dieses Meisters war. Beethoven, als absoluter Musiker, hat in der Symphonie das letzte Wort gesprochen, Liszt, als poetischer Musiker, das erste (vielleicht auch zugleich das letzte) in der symphonischen Dichtung* (27. April 1884). Von keinem anderen Komponisten, einzig den programmbeherrschenden Beethoven ausgenommen, besprach Wolf so viele verschiedene Werke; und dies mit mehr kulturpolitischem Fanatismus als sachlicher Werkdarstellung.

Von andersnationalen Musikern erfreuten sich Auber, Bizet, Chopin, Glinka und Tschaikowsky seines unverbindlichen Wohlwollens, Smetanas *Moldau* und *Vyšehrad* rühmte er sogar als geistvolle *Meisterwerke.* Da sprach der engagierte Neudeutsche; und schon gar dann, wenn er für den im Wiener Musikleben vernachlässigten Hector Berlioz unermüdlich Lanzen einlegte und anläßlich der Aufführung der bewunderten *Symphonie phantastique* sogar zum *Krieg den Philistern, Krieg den Kritikern* aufrief.

Daß Meyerbeer, von dem damals noch drei Opern im Wiener Repertoire standen, bei Hugo Wolf schlecht wegkommt, kann bei einem so ergebenen Wagnerianer nicht überraschen, vielleicht nicht einmal die völlig unsachliche, bösartig antisemitische Färbung. Als einmal an der Hofoper in einer Woche kein Wagner, hingegen dreimal Meyerbeer gespielt wurde, schrieb Wolf: *Sind wir in Palästina oder in einer deutschen Stadt?* Den Tiefpunkt seiner Musikkritiker-Laufbahn erreichte Hugo Wolf wohl mit seinem Referat über Halévys Oper *Die Jüdin* (25. Mai 1884). Die Gestalt des brutalen Ruggiero, *der mit den Juden nicht viel Federlesens machte,* nannte er *die am sympathischsten berührende Persönlichkeit in dieser Oper,* und daß sich der Sänger des Eleazar *in den jüdischen Kaftan nicht recht hineinfinden konnte*, begleitete Wolf mit den Worten: ... *ich verarge es ihm nicht.*

Mit dem, was wir heute unter Musikkritik verstehen und was schon damals Hanslick wissenschaftlich fundiert und literarisch niveauvoll betrieb (ungeachtet ästhetischer Voreingenommenheit), haben solche Ergüsse nichts zu tun. Aber auch dort, wo der junge Rezensent nicht giftete, sondern lobte und warb, bleibt nicht viel, was ihm durch Gehalt, Erkenntnis oder Formulierung einen Platz unter den geschichtlich relevanten Musikkritikern sichern könnte. Selbst seine Wagner-Referate sind mehr als persönliche Bekenntnisse denn als Auseinandersetzungen mit den Werken beachtlich. So etwa, wenn er über den Darsteller des Loge schrieb: *Herr Schmitt ist trotz seiner fürchterlichen Stimme doch der beste Wagner-Sänger* und sich von dem Ohrenschmaus des viel berühmteren Bayreuth-Baritons Reichmann distanzierte: *Unser Mann ist er nicht.* Das läßt Rückschlüsse auf eine Auffassung von deutschem Gesang zu, die auch für den Liedkomponisten Hugo Wolf bedeutsam ist.

Sein unbeirrbares Eintreten für die damals moderne Musik war fortschrittlich, wenn auch kaum besonders mutig. Der Salonblatt-Chef beließ ja seinem *wilden Wolf* freien Lauf, da sich zeigte, daß die feine Wiener Gesellschaft sich mehr darüber amüsierte als ernstlich aufregte. Tiefere Wirkung erzielte Wolf weder mit Lob noch mit Tadel. Brahms, der sicher einiges gegen ihn Gerichtete las, aber sich großzügig darüber hinwegsetzte, blieb der ungekrönte König der Wiener Konzertsäle, der Trott in der Hofoper ging weiter, bis Mahler dort das Szepter ergriff.

Als wohlmeinende Freunde Mitte der neunziger Jahre eine Buchausgabe der Kritiken vorschlugen, wehrte Wolf entschieden ab. Wirklich nur, weil *sie ihm nicht gut genug geschrieben dünkten*, wie der Herausgeber im Vorwort des nach des Komponisten Tode herausgegebenen Buches behauptet?[21] Eher wohl doch, weil der zur Genüge erfahren hatte, wie sehr der Musikjournalist Wolf durch seine Herausforderung des Wiener Musikestablishments dem Komponisten Wolf schadete.

PENTHESILEA UND ITALIENISCHE SERENADE

Zum ersten Mal wurde der Bohemien Hugo Wolf, seit er sich auf ein bescheidenes Einkommen als Kritiker stützen konnte, für längere Zeit seßhaft. Er bezog im Oktober 1884 ein möbliertes Zimmer in der Kumpfgasse Nr. 9, vierter Stock, und behielt es fortan drei Jahre lang, mit separatem Eingang, gemietetem Klavier und Blick über die Wiener Altstadt; seine Gummibadewanne hatte er mitgebracht, sie begleitete ihn in alle Quartiere. 24 Gulden kostete die spartanische Wohnung. Wenn es Wolf so lange dort aushielt, muß es an ihrer relativen Ruhe gelegen haben. Für den Übersensiblen, mimosenhaft (krankheitsbedingt?) Lärmempfindlichen, der sogar in der Mayerlinger Idylle mit dem Messer auf einen krähenden Hahn losging, ein entscheidender Grund. Wenn die Köcherts im Sommer verreisten, zog er gerne in ihr luxuriöses Haus am Mehlmarkt ein oder in die Gartenvilla im stillen Vorort Döbling. Mehrfach war er auch bei Köcherts in deren Landhaus *Krähbauer* am Ostufer des Traunsees zu Gast.

Einen neuen, hochbedeutenden Freund, einen der wenigen großen Komponisten unter ihnen, gewann Wolf am Fronleichnamstag 1885, als er Anton Bruckner im altberühmten Stift Klosterneuburg besuchte. Eckstein hatte die Begegnung vermittelt. Der junge Musikkritiker trat dem um mehr als eine Generation älteren Meister mit bescheidenem Respekt gegenüber, und Bruckner, Kummer durch Rezensenten längst gewohnt, hatte offenbar Wolfs unverschämten *Salonblatt*-Artikel *(Mangel an Intelligenz...)* gänzlich vergessen, wenn er ihn je gelesen hatte. Von diesem Gespräch an wurde der Wagnerianer Wolf wenn schon nicht ein unkritischer Brucknerianer, so doch ein Bewunderer des immer noch um seine Anerkennung ringenden Symphonikers, und dieser mochte den jungen, so ganz anders gearteten Brausekopf, gewann ihn lieb und empfing ihn später noch oft gerne in seiner Wohnung in der Heßgasse.

Was die Verwandtschaft betraf, so fuhr Wolf viel lieber als ins unerquickliche Windischgraz zur Familie seiner Schwester Modesta. Sie hatte den Steuerinspektor Josef Strasser geheiratet. Den gutmütigen, geistig sicher nicht sehr anregenden Mann schloß Wolf spontan in die Arme, (Aus einem Brief: *Du bist der einzige Mensch, dem ich von Herzen zugetan bin... Kurzum und ohne viel Umschweife: Ich liebe Dich...)* Wie muß es in dem von sexueller Liebe so Enttäuschten ausgesehen haben! Er fühlte sich in der ganzen Familie Strasser wohl, knapste sich die letzten Kreuzer ab, um die Kinder zu beschenken, besuchte sie im Amtssitz Schloß Gstatt im Ennstal, später dann in Murau, wohin Strasser versetzt wurde.

Dort kam es zu einem seltsamen Eklat. Wolf sollte Taufpate von Modestas jüngstem Töchterchen werden. Er lehnte zu aller Verblüffung schroff ab und verschwand. Am nächsten Morgen fand Strasser ein zerknirschtes Schreiben vor. Wir haben daraus schon an früherer Stelle einen selbstanklägerischen Passus zitiert. Der weitere Text läßt tief in die Psyche Wolfs blicken: *Was gäbe ich darum, wenn ich Dir den kleinen Dienst, Patenstelle bei Deinem Kind vertreten zu haben, getan hätte! Und glaube mir, innerlich war ich auch ganz einverstanden damit; aber da flüsterte mir so ein Teufel (und ich beherberge Legionen in mir) ins Ohr, daß ich's nicht tun sollte, weil Dich das schmerzen werde. Ich war sogleich einverstanden, und da ich merkte, wie sehr Dir daran gelegen war, so weigerte ich mich erst recht.*[22] Das ist zweifellos aufrichtig gemeint und dennoch in der gleichen Sprache der Verdrängung geschrieben, die auch der erste Kommentator dieses im Juni 1886 geschriebenen Briefes, Ernst Decsey, benützt, wenn er von dem *Kampf einer reinen Seele mit einem dunklen Dämon* schreibt. Man kennt schon solche spätromantische Dämonisierung von Tatsachen, die man zumindest ahnte, aber nach herrschender Konvention nicht aussprechen durfte. Näher an die Realität von Phasen seiner Geschlechtskrankheit dürften andere Sätze aus dem selben Brief führen.

Dort heißt es, Wolf habe die Strassers sogar verlassen wollen: ... *weil ich mir so ekelig vorkomme*, und: *Dadurch habe ich die Überzeugung gewonnen, daß meine Gemütsbeschaffenheit eine durchaus kranke ist und bleiben wird.* Ekel, Krankheitsgefühle, Schuldbewußtsein also. Nach diesem Brief versöhnte man sich, vier weitere Monate in Murau verliefen freundlich.

Und sogar schöpferisch produktiv. Daß Wolf dort schon, wie Decsey glaubte, sein berühmtes Mörike-*Gebet* (Herr, schicke, was du willt) komponierte, ist wohl auf Vorarbeiten zu reduzieren. Sicher hat er in Murau Anfang Oktober das *Intermezzo* in Es-Dur für Streichquartett vollendet (später nannte er es *Humoristisches Intermezzo*). Er hat es nie gehört, es erschien erst in der Wolf-Gesamtausgabe von 1960 in Druck. Ein Nebenwerk, einsätzig, immerhin durch Konzentration auf Monothematik beachtlich (ein sechzehn Takte langes Hauptthema bestreitet in dreifacher Rondo-Wiederkehr den ganzen, leicht und heiter wirkenden Satz).

Seltsam, bezeichnend für die tastende Unsicherheit des späteren Liedgenies, daß Wolf sich in diesen Jahren viel mehr mit instrumentaler Musik als mit der Vertonung von Gedichten beschäftigte. Ein bloßes Dutzend Lieder in vier Jahren – eine magere, wenn auch mit den Eichendorff-Gesängen bedeutsame Ausbeute. Die Tätigkeit als Musikkritiker hätte ihm eigentlich genügend Zeit fürs Komponieren geboten. Er nützte sie, wenn überhaupt, vor allem für die Fertigstellung seiner symphonischen Dichtung *Penthesilea.* Ein hochstrebendes, ambitioniertes Werk, das eines seiner großen Schmerzenskinder werden sollte.

Die Faszination Kleist – er nannte ihn und Mörike *meine Dichter* – reicht weit zurück; auch mochte die Exzentrik der männermordenden Heldin, ihr jähes Umkippen vom Unmaß der Liebe in Unmaß des Hasses geheime Seiten seiner eigenen Psyche ansprechen. Die kompositorische Arbeit reicht bis in den Frühsommer 1883 zurück. Bei Strassers im Schloß Gstatt nahm er sie wieder auf, im Sommer 1885 stellte er die Partitur fertig. Er legte sie Hans Richter vor, damit er sie als Dirigent der Wiener Philharmoniker in deren alljährlich im Herbst stattfindendes Probedurchspielen neuer Werke einreihe. Dazu kam es jedoch erst am 15. Oktober 1886. Wolf hatte sich zusammen mit dem befreundeten Ehepaar Edmund und Marie Lang in den Musikvereinssaal eingeschlichen – und erlebte das demütigendste Debakel seines Lebens.

Geladen wie eine Dynamitbombe, berichtete er drei Tage später (18. 10. 1886) den Strassers: *Am vergangenen Freitag war meine Penthesilea in der Novitätenprobe aufgeführt. Meine Penthesilea? Nein; die Penthesilea eines Wahnsinnigen, Trottelhaften, eines Spaßmachers und was Ihr sonst wollt, aber meine Penthesilea war das nicht... Es war der reine Narrenturm*. Das Orchester sei in *schallendes Gelächter* ausgebrochen, und Richter habe dann folgende Ansprache gehalten: *Meine Herren, ich hätte das Stück nicht zu Ende spielen lassen – aber ich wollte mir den Mann anschauen, der es wagt, so über Meister Brahms zu schreiben*. Diese Darstellung läßt den großen Dirigenten ziemlich schlecht dastehen. Als ob er, der Freund Brahms', dem frechen jungen Mann eins hätte auswischen wollen.

Nach Wolfs Tod versuchte Richter denn auch diesen Eindruck abzuschwächen. Erst gab er zu, genau gewußt zu haben, daß der Komponist im Saal anwesend war, später (in der Zeitschrift *Die Musik*, Berlin–Leipzig 1906/07, 1. Novemberheft) behauptete er, er würde seine – übrigens in neuer, milderer Version vorgebrachten – Worte an das Orchester unterdrückt haben, *wenn ich gewußt hätte, daß der Komponist in Hörweite stand*. Ein Widerspruch bleibt, und ebenso die präzeptoral-kaltschnäuzige Art der Zurechtweisung. Sie entsprach freilich Richters grobschlächtiger Art und der emotional aufgeladenen Musikatmosphäre jener Zeit. Wie sich Wolf mit seiner Kritikerfeder rächte, haben wir schon dargestellt; er hatte dabei jedenfalls das gute Gewissen des im Innersten Verletzten, bösartig Verkannten und Gedemütigten für sich.

Die Arbeit mehrerer Jahre war in das Werk investiert, und die Ablehnung bei den Wiener Philharmonikern mußte für ihn, der so gar keine Beziehungen zu auswärtigen Orchestern hatte, ein Todesurteil bedeuten. Tatsächlich hat er *Penthesilea* nie wieder zu hören bekommen. Die tiefe Depression, in die ihn Richters Affront stürzte, schreckte ihn fortan von allen neuen symphonischen Versuchen ab. *Penthesilea* blieb seine einzige fertigestellte Orchesterkomposition. Ein Solitär von schillerndem, wenn auch nicht ungetrübtem Glanz, den erst die Nachwelt zu erkennen beginnt.

Die Tondichtung hat eine sehr klare dreiteilige Form, die sich aus den vom Komponisten selbst stammenden Überschriften ergibt: *Aufbruch der Amazonen nach Troja – Ein Traum Penthesileas vom Rosenfest – Kämpfe, Leidenschaften, Wahnsinn, Vernichtung.* Das sind eindeutig auf Inhalt und Geschehen des Kleistschen Dramas zielende Hinweise. Das Ganze ist also *Programm-Musik* im Sinne von Berlioz und Liszt, den beiden zur Entstehungszeit der *Penthesilea* von Wolf geradezu vergötterten Meistern, deren neuartige Orchesterkunst er auf Wagners *Faust*-Ouvertüre zurückführte und in seinen Musikkritiken turmhoch über die *impotenten Symphonienschreiber der Gegenwart* stellte.

Von ihnen – Brahms an der Spitze –, die auf der Beethovenschen Viersätzigkeit weiterbauten, löste sich Wolf hier noch weiter ab als im vorangegangenen d-Moll-Streichquartett. Von der klassischen Sonatenform gibt es in allen drei Sätzen allenfalls Ansätze und immer nur dort, wo die programmatische Idee mit ihnen konform geht; so etwa in der Kampfmusik des Finalsatzes, die mit ihrer Themenverarbeitung die Funktion einer herkömmlichen Durchführung erfüllt (und gerade diesen Teil, von Takt 556 bis Takt 723 der Partitur, eliminierten die wohlmeinenden Wolf-Freunde fast zur Gänze bei der ersten Druckausgabe von 1903!).

Wird die vom Autor selbst so bezeichnete *symphonische Dichtung* erst durch die ideell zugrundeliegende Wortdichtung, die Programm-Musik erst durch Kenntnis des ihr zugrundeliegenden Programmes voll verständlich und nachvollziehbar? Die ästhetische Grundfrage dieses symphonischen Formtypus wird damit angesprochen.

Die Problematik gründlich mit ihren historischen und psychologischen Komponenten zu erörtern, würde den Umfang einer Hugo-Wolf-Monographie sprengen, in der *Penthesilea* ja nicht als Hauptwerk erscheint. Letztlich entscheiden nicht ausführliche Programme über den Rang symphonischer Dichtungen, sondern musikalische Evidenz und Fähigkeit des Komponisten, Wortdichtung autonom und überzeugend in Tondichtung zu transformieren. Richtungsschilder für den Flug der hörenden

Phantasie müssen dabei genügen. Berlioz' *Symphonie fantastique*, Liszts reife symphonische Tondichtungen, Smetanas Zyklus *Mein Vaterland*, Richard Strauss' *Don Juan* oder *Till Eulenspiegel* – alle diese Meisterwerke des Genres bestechen vor allem durch musikalische Qualität; zugespitzt ließe sich sagen, daß sie selbst dann noch als große Kunstwerke wirken würden, wenn der Hörer gar nichts von den jeweiligen Programmen wüßte. Die rezipierende Phantasie würde sich dann in vageren Assoziationen ergehen, aber nichts musikalisch Wesentliches entbehren müssen. (Was immer nur cum grano salis gilt, und nicht für Grenzfälle wie etwa Smetanas *Tábor* oder *Blaník*, die Schlußsätze im *Vaterland*-Zyklus, die beide nicht ohne Kenntnis der Hussiten-Situation und ihrer nationalen Nachwirkung voll verständlich sind.)

Auch im Abstand eines experimentierenden Frühversuches zu den genannten Meisterwerken zeigt das Wolfsche Schmerzenskind *Penthesilea* genialische Züge. Vor allem in der Bewältigung des Kernproblems aller Programm-Musik, jener Umsetzung von dichterischen Ideen in hörbare Form. Wolf hat sich nie theoretisch-systematisch zu dieser ästhetischen Grundfrage geäußert. Von der Liszt-Schwärmerei seiner Kritiken distanzierte er sich später. *Wenn die Leute von der Musik als solcher an sich nicht gepackt werden, hilft ihnen auch ein Programm nicht. Ich hasse alle Programme und verlasse mich ganz auf die Wirkung der Musik. Mag sich dann jeder dazu denken, was er will*, beschied er 1896 den Freund Grohe, als er um eine Erläuterung des *Corregidor*-Vorspiels gebeten wurde. Vorher schon, 1894, waren ihm Zweifel an Programm-Musik gekommen. Er hatte, wieder in einem Brief an Grohe, *Penthesilea* als *sozusagen aus meiner Sturm- und Drangperiode* stammend herabgesetzt – was man nicht isoliert von seiner damals extrem depressiven Gemütslage werten darf. Sein schöpferisch letztes Wort zum zeitgenössischen Streitthema *absolute* oder *programmatische Musik* sprach er freilich 1887 mit der *Italienischen Serenade* für Streichquartett – und zwar eindeutig zugunsten des rein Musikalischen, wenn auch außermusikalisch Inspirierten.

Diese Hinwendung in seiner Reifezeit – sogar die Lieder des zweiten Teiles des *Italienischen Liederbuches* konnte er sich von einem Streichquartett gespielt, also nicht gesungen, vorstellen – entwertet keinesfalls, was er mit *Penthesilea* gewagt und geschaffen hat. Es lohnt sich, Wolfs symphonische Einmaligkeit etwas näher zu betrachten.

Der erste Satz blendet sofort mit äußerster Kraßheit in Handlung und Gefühlssphäre des Kleistschen Dramas ein. Die kriegerischen Amazonen der Fürstin Penthesilea marschieren gegen Troja, um belagernde Griechen zu überfallen und gefangenzunehmen. *Lebhaft, wuchtig* läßt Wolf das Hauptthema vom ersten Takt an fortissimo einbrechen; später wird es von einem Baßmotiv mit charakteristischen Triolen kontrapunktiert.

Seine engstufig auf- und abschreitenden Akkordsäulen werden von tiefen Streicher-Sechzehnteln umtost, Fanfaren von vier Trompeten (nach des Komponisten Vorschrift *an die beiden äußersten Enden des Orchesters zu postieren*, also Stereophonie vorahnend) leiten zu einem punktierten Marschmotiv über. Merkwürdigerweise im Dreivierteltakt – tanzen weibliche Krieger, statt zu marschieren. Ein in f-Moll gespensternder, in der Form ganz unkonventioneller, in der Stimmung bannender, neugierig machender, ganz unklassizistischer Kopfsatz verklingt in leisen Pauken-Rhythmen.

Der zweite Satz nimmt die traditionelle Funktion des Andante oder Adagio ein, ist aber programmatisch bedingt: Penthesilea träumt davon, den heimlich geliebten Helden Achilles gefangenzunehmen und mit ihm beim Rosenfest der Amazonen vereinigt zu werden. Der kurze Satz wird ganz von Penthesileas Liebesthema getragen.

Daß es, f-Moll nach altem Parallelgebrauch in As-Dur auflichtend, mit dem zitierten Hauptthema durch die Sekundschritte der ersten Töne eng verwandt ist, spricht dafür, wie sehr sich auch der junge Tondichter (hier darf man das oft ideologisch mißbrauchte Wort als bezeichnend verwenden) rein musikalischen Techniken verpflichtet fühlte. Er versuchte frühzeitig schon, dichterische Ideen, ideelle Zusammenhänge hörbar zu machen. So erscheint auch der schwelgerische Wohllaut dieses lyrischen langsamen Satzes – mit wagnerisch vierfach geteilten Violinen – nicht so wichtig wie die neuerliche Tonbeziehung des Finalthemas auf das Hauptthema, also aufs musikalisch verknüpfende Ganze.

Das ist nun, kunstvoll und spätere Entfaltungen ermöglichend, sinnfällig ein Doppelthema. Melodieführende Violinen bereiten *sehr lebhaft* auf Konflikte vor, kontrapunktische Bässe intonieren ein absteigendes Gegen-Motiv, das später, mit der Klangwucht von Hörnern und Posaunen verstärkt, das turbulente Finale krönen soll. Wolf geht in diesem programmatisch hochdramatischen Satz – die Tötung des Achilles und seiner Kampfgenossen, der Liebestod seiner Mörderin und Geliebten Penthesilea überstürzen sich – an die Grenzen seiner orchestralen Ausdruckskraft. Das Exzessive von Motivkombinationen (Umkehrung, Engführung und Vergrößerung nach alter kontrapunktischer Technik) gipfelt in der schon erwähnten Quasi-Durchführung; dann blitzt es neuartig auf: Die ganze Exposition des Hauptthemas aus dem ersten Satz wird – völlig unkonventionell – wiederholt und schafft, über alle Kleistsche, außermusikalische Poesie hinweg, rein musikalische Verklammerung. Die Baß-Triole des Doppelthemas gewinnt im Schlußteil neue, hörbare dramatische Kraft.

Frank Walker will da sogar das *laute Bellen von Penthesileas*

Meute, die den Achilles zerfleischt, heraushören. Aber solche Hermeneutik, wohlgemeint in ihrer Wolf-apologetischen Zeit, wird einem Werk nicht gerecht, dessen ahnende, durch Ungunst und Zufall zeitgenössischer Widrigkeiten vereitelte Qualitäten viel mehr in die Zukunft weisen, als es die Aufführungspraxis gegen Ende des 20. Jahrhunderts belegt.

Noch immer haben wir es mit einem praktisch *unbekannten Hugo Wolf* zu tun. Es gibt keine einzige, allgemein käufliche Schallplatte der *Penthesilea*; die Einspielung einer Konzertwiedergabe durch die Wiener Symphoniker im September 1968 ist nur auf expertisen Umwegen zugänglich. Schlägt man im marktbestimmenden Bielefelder Katalog 1988 nach, wo die abwegigsten Ausgrabungen musikalischer Drittrangigkeiten von Telemann bis zur Moderne angeboten werden, so muß man immer noch *Penthesilea* vermissen.

Wie erklärt sich solche Vernachlässigung bei den Dirigenten von heute? Am Genre allein kann es nicht liegen, auch wenn symphonische Dichtung im 20. Jahrhundert zeitweilig als überholt galt, fern dem Hauptstrom der Neuen Musik; schließlich hat man ja auch die lange Zeit fast vergessenen Tondichtungen Liszts komplett auf Platten eingespielt. Gewiß ist *Penthesilea* nicht frei von Schwächen. Man kann sie selbst im Strukturellen finden, etwa die thematische Plastik vermissen, die beispielsweise Strauss' meisterliche vier oder fünf symphonische Dichtungen zu ausgesprochenen Publikumslieblingen gemacht hat. Vor allem dürften Mängel der Orchestration Aufführungen hindern. Schon Hans Richter rügte die *dicke, lärmende Instrumentation,* und wenn er das auch tat, um seine Ablehnung beim denkwürdigen Durchspielen mit den Wiener Philharmonikern zu rechtfertigen, in der Sache hatte er sicher recht.

Das sah auch Hugo Wolf selber ein. Er hatte ein riesiges Wagner-Orchester mit dreifachen Holzbläsern, vier Hörnern, vier Trompeten und drei Posaunen als dem großen Kleist-Thema angemessen vorgeschrieben. Er beherrschte es mangels Praxis so wenig wie später das bescheidenere *Corregidor*-Orchester. Er hatte nicht gelernt, auszusparen, Instrumente schweigen zu lassen, wo es um Durchhörbarkeit ging. Daß er durchaus über orchestrale Begabung und außerordentliche Klangsensibilität verfügte, verrät die fast impressionistische, zarte Farbigkeit des Mittelsatzes oder die Coda des Finales – aber zu selten.

Wolf war selber mit der Penthesilea-Gestalt, wie er sie 1885 vorgelegt hatte, später nicht mehr zufrieden. Er ließ sich von Felix von Weingartner über Mängel zu dicker Instrumentation belehren, ohne beleidigt in die Luft zu gehen, und sperrte sich 1894 sogar entschieden gegen die Aufführungspläne seines Mannheimer Freundes Grohe, weil er erst selber eine verbesserte Partiturform herstellen wollte. Dazu kam es nicht mehr. Was er 1897 in der Heilanstalt an Retuschen versuchte – er fügte Schlagzeug, Triangel, Gong, große und kleine Trommel hinzu –, wirkte eher auf Verdickung hin.

Wolf hat sein Werk nie gehört. Nach seinem Tode veröffentlichten Joseph Hellmesberger, Ferdinand Löwe und Willibald Kähler erstmals eine revidierte Partiturfassung, die jedoch – wohlmeinend, wie es Löwe und Schalk schon mit Bruckners Symphonien gehalten hatten – die Form durch radikale Kürzung zerstörte. Erst 1937 gab Robert Haas die Urgestalt des Werkes im Druck heraus.

Seither liegt es zur Aufführung vor, mit allen seinen Vorzügen und orchestral-handwerklichen Mängeln, immer noch fast unbeachtet. Eine Herausforderung für Dirigenten. Spürsinnige unter ihnen müßten, ohne alle Eingriffe in die Struktur, durch bloße Auflichtung der Partitur für die endliche Entdekkung sorgen.

Noch einmal beschäftigte sich Wolf mit Kleist: mit dem Schauspiel *Der Prinz von Homburg*. Dessen Nachtseiten der Todesbereitschaft und des Somnambulismus mochten ihn, den selbst psychisch so Gefährdeten, über alle romantischen Klischees hinweg angezogen haben. 1884 arbeitete er wiederholt an Partiturskizzen zu einer Bühnenmusik; er hatte dabei keinerlei praktische Aufführungsmöglichkeit in Sicht, einzig seine Kleist-Verehrung führte die Feder. Zwei kurze Fragmente sind erhalten: 20 Takte einer Trauermusik und ein Melodrama zu des Prinzen Gefängnis-Monolog.

Erst zwei Jahre später begannen Wolf wieder Lieder zu interessieren. Dazu bedurfte es fast immer besonderer Anregung.

War es Zufall, daß er am Tag (dem 13. März 1886), da er bei einer Goldschmidt-Soiree den verehrten Franz Liszt wiedersah, nach langer Zeit auch wieder ein Lied schrieb? Mörikes *Der König bei der Krönung* (Dir angetraut) nahm er allerdings nicht in sein Mörike-Liederbuch auf. Das feierlich-hochgemute Herrschergebet wäre dort mit seinem etwas lapidar auskomponierten Pathos wohl abgefallen. Wolf reihte es später in den kleinen Zyklus *Sechs Gedichte von Scheffel, Mörike, Goethe und Kerner* ein.

Diese Zusammenstellung wirkt etwas zufällig; schließlich trennen das bereits erwähnte Kerner-Lied *Zur Ruh', zur Ruh'* fast fünf Jahre von dem jüngsten, der im März 1887 entstandenen *Beherzigung* Goethes (Feiger Gedanken bängliches Schwanken). Das Lied reicht, obwohl harmonisch nicht unpersönlich, kaum an die Plastik der Kernsprüche in Wolfs Goethe-Liederbuch heran. So wie auch die beiden von Baritonen und Bässen ziemlich oft gesungenen Scheffel-Vertonungen *Wächterlied auf der Wartburg* (Schwingt euch auf) und *Biterolf* (Kampfmüd' und sonnverbrannt) mit ihrem etwas hohlen Pathos und der klobigen, vorwiegend akkordischen Begleitung eher zu Wolfs schwächeren Liedern zu zählen sind.

Nicht so die zweite Goethe-Vertonung der kleinen Sammlung, *Wanderers Nachtlied* (Der du von dem Himmel bist). Hier wagte Wolf den Vergleich mit Schubert, auf die überlegene Expressionskraft fortgeschrittener Harmonik bauend. Die ist tatsächlich mit tristanischen Vorhalten und farbigen Modulationen so facettenreich, daß man dieses Lied an die Seite der am feinsten organisierten Mörike-Lieder, etwa in Peregrina-Nachbarschaft, stellen möchte. Ein gewisses Wagner- oder Liszt-Parfüm mag spürbar sein, aber Wolf war nun einmal ein Kind seiner Zeit, und auch sein Goethe-Bild mußte deren damals moderne Züge zumindest in Spuren widerspiegeln. Ein kleines Meisterwerk dicht an der Schwelle der berühmteren, für Sänger von heute noch zu entdecken.

Etwa gleichzeitig, zwischen Dezember 1886 und Mai 1887, beschäftigte sich Wolf wieder mit seinem geliebten Eichendorff, und diese Vertonungen (*Der Soldat I und II, Die Zigeunerin, Waldmädchen* und der wahrhaft zauberhafte frühmeisterliche

Nachtzauber) waren schon für ein Eichendorff-Liederbuch geplant. Sie sollen deshalb auch dort erst näher betrachtet werden.

Nochmals, unverdrossen trotz der Niederlagen, die er mit dem *d-Moll-Streichquartett* und mit *Penthesilea* erlitten hatte, wagte Wolf Anfang Mai 1887 einen neuen Versuch mit Instrumentalmusik, und diese kurze, nur acht Minuten dauernde, einsätzige *Serenade in G-Dur* für Streichquartett, später von ihm *Italienische Serenade* betitelt, sollte sein instrumentales Meisterstück werden. Das einzige, das in aller Welt von Quartettvereinigungen gespielt wird, das einzige, das in Schallplatteneinspielungen vorliegt. Die Beliebtheit ist durch vielerlei Vorzüge wohlbegründet. Auch wenn mehrere Sätze geplant waren (Skizzen für einen zweiten Satz sind erhalten), auch wenn Wolf den Streichquartett-Torso nicht als unantastbaren End-Wurf betrachtete (1892 ließ er eine orchestrierte Fassung folgen, die später Max Reger revidierte) – in beiden Gestalten haben wir ein wahres Geniewerk vor uns. Es plädiert wie keine andere Komposition Wolfs, außer den Meisterliedern, für die dezente Botschaft des vollreifen *Italienischen Liederbuches: Auch kleine Dinge können uns entzücken.*

Mondschein und Gitarrengeklimper – die romantische Formel einer Sehnsucht nach mittelmeerischer Leichtigkeit, die Wolf bei seiner Spanien-Oper *Corregidor* vorschwebte, hier ist sie nicht mit den Bleigewichten wagnerischer Orchesterkontrapunktik belastet. Nicht einmal das *Italienische Liederbuch* ist so von Leggerezza begnadet wie die *Italienische Serenade.* Schon das melodisch und rhythmisch kapriziöse Eingangsthema, begleitet von hüpfenden, gitarreähnlichen Akkorden, beschwört sinnenhaft die heitere Atmosphäre eines Ständchens unter südlichem Himmel.

Da es im Sechsachteltakt steht (auch wenn das Stück in kurzen Dreiachteltakten notiert ist), gewinnt das Thema einen aparten synkopischen Reiz; eine der vielen Finessen Wolfs, zu denen im ersten Zwischenspiel ein ironisch schmachtendes Cello-Solo gehört, im zweiten eine rhythmisch betonte Tanzmelodie. Ein Programm gibt es nicht, es wäre auch völlig überflüssig. Die Dichtung in Tönen, und das ist sie gewiß, verzichtet auf jedweden ideellen Ballast und wird durch die Töne selbst verständlich. Erstaunlich, wie sich Wolf hier von den satztechnischen Vertracktheiten des d-Moll-Quartetts befreit hat. Ohne je Streichquartett-Komposition studiert zu haben, ohne Komponiertes systematisch durch kritisches Hören kontrollieren zu können, steht der Dilettant in der vornehmsten, anspruchsvollsten Kammermusikform plötzlich als Meister da. An die Tradition deutscher Serenadenmusik, die in Haydn und Mozart früh gipfelte, knüpft die *Italienische Serenade* ganz neuartig, höchst persönlich an.

War dieser Ausbruch von glückhafter Heiterkeit, in bloßen drei Tagen (2. bis 4. Mai 1887) zu Papier geworfen, im Gefühl neugewonnener Freiheit begründet? Eine knappe Woche vorher hatte er seine Tätigkeit als Kritiker des *Wiener Salonblatts* plötzlich eingestellt. Den Grund dafür kann man nur vermuten. Vielleicht spielte mit, daß er seit einigen Wochen seine Existenz durch einen langfristig gesicherten Unterricht bei der reichen Gräfin Harrach gesichert sah. Daß er bald Erbe von 1700 Gulden, einer für seine Verhältnisse riesigen Summe, werden sollte, konnte er nicht ahnen. Denn die Windischgrazer Familie ließ ihn bis kurz vor dem traurigen Ende ohne Nachricht über die schwere Erkrankung von Vater Philipp.

Hugo Wolf konnte gerade noch ans Sterbebett eilen; der Vater soll in den Armen seines Lieblingssohnes sein unglückliches Leben verhaucht haben. In der letzten Zeit hatten sich seine zerrütteten materiellen Verhältnisse durch eine Erbschaft gebessert. Sein Lebenspessimismus war dadurch nicht gewichen, aber unverdrossen hatte er Hugos Komponistenkarriere, so enttäuschend sie für ihn verlief, mit Unterstützung und gutgemeinten Ratschlägen begleitet. Sicher war das ein schwieriges, konfliktbeladenes Vater-Sohn-Verhältnis. Des Sohnes Trauer war jedoch ehrlich, auch wenn man spätere Äußerungen (*Was liegt mir nun daran, daß meine Lieder erscheinen, jetzt kann mich kein Erfolg mehr freuen!* – ein Briefseufzer an Marie Lang) so wenig verklärend überbewerten sollte, wie man ihm wütende, hämische oder ungerechte Spontanausbrüche unbesehen anlasten darf. Jedenfalls kümmerte er sich zunächst um die Mutter und die Existenz der Familie; die jüngeren Schwestern führten das verkleinerte Geschäft weiter. Ihm jedoch war durch den Tod des Vaters Windischgraz nun völlig entfremdet.

Im Herbst 1887 zog er in Edmund Langs Wohnung in der Wiener Belvederegasse, bald darauf überbrachte ihm Eckstein die Freudenbotschaft, daß er einen Verlag für seine Lieder gefunden habe. Dieser Verleger, Emil Wetzler in der Innenstadt, war klein und unbedeutend; ohne die finanzielle Garantie Ecksteins und eines von ihm gewonnenen Freundeskonsortiums hätte er sich sicher nicht auf die Herausgabe zweier Liederhefte eines völlig unbekannten Komponisten eingelassen. Wolf stellte zwei kleine Zyklen zusammen. Den ersten, *Sechs Lieder für eine Frauenstimme* betitelt (Morgentau, Die Spinnerin, Das Vöglein, Mausfallen-Sprüchlein, Wiegenlied im Sommer, Wiegenlied im Winter), widmete er der Mutter, den zweiten namens *Sechs Gedichte von Scheffel, Mörike, Goethe und Kerner* (Zur Ruh', Der König bei der Krönung, Biterolf, Wächterlied auf der Wartburg, Wanderers Nachtlied, Beherzigung) pietätvoll dem Vater.

So wenig Aufsehen die beiden unscheinbaren Liederhefte erregten, für Wolf bedeuteten sie Wesentliches; nicht nur die Premiere als endlich gedruckter Autor, sondern auch, was sich als viel folgenreicher erweisen sollte, Ermutigung im Schaffen. Jahrelang hatte er unsicher und schwankend seinen Weg gesucht, auf mancherlei Irrpfaden (zumindest unpraktischen) fast sein Ziel, sein Eigentlichstes verloren. *War mein Komponieren, ehe ich zur Selbständigkeit gelangen durfte, was Besseres als ein langsamer, qualvoller Selbstmordversuch?* schrieb er später (am 25. September 1890) rückblickend an den Mannheimer Freund Oskar Grohe. Jetzt erwachte er zu neuer Lebens- und Schaffensfreude – als Liedkomponist. Eine ungeheure Energie, gesteigert durch eine neue Phase seiner Krankheit, drängte zur Tat.

Das geschah im Februar 1888, in der ungestörten Stille des

Wernerschen Landhauses in Perchtoldsdorf. Genau gesagt: drei Tage nach seinem achtundzwanzigsten Geburtstag mit dem Mörike-Lied *Der Tambour*. Welch seltsame Datumsfügung im Leben der beiden größten Liedschöpfer! Schubert starb im gleichen Lebensjahr, in dem Wolf eigentlich erst begann, er selbst wurde. Bis dahin hatte er, außer den erst viel später entdeckten instrumentalen Werken, nichts vorzuweisen als etwa fünfzig überwiegend unbedeutende Klavierlieder. Wäre er in Schuberts Alter gestorben, die Musikgeschichte würde Hugo Wolf nur als ephemere Randfigur, in Fußnoten gewissermaßen, verzeichnen. Das änderte sich auf einen Genie-Schlag: durch die Liedexplosion des Mörike-Zyklus.

SCHAFFENSRAUSCH MIT MÖRIKE

Das Wernersche Haus, Brunnergasse Nr. 26 in Perchtoldsdorf, in das Hugo Wolf im Januar 1888 einzog, bot keinerlei Komfort. Kein fließendes Wasser, nur Öllampen, der alte Kachelofen gab wenig Wärme, so daß der winterliche Gast sich anfangs in einem Brief über seinen *schrecklichen Verbannungsort* beklagte. Aber er hatte ihn ja aus freien Stücken gewählt, denn er versprach das Wichtigste, was er in seiner quälend-unproduktiven, neu ermutigten Lebensphase brauchte: völlige, ungestörte Ruhe.

Er kannte das Haus von seinen Mayerlinger Wanderbesuchen her. Damals war Perchtoldsdorf (die Leute nannten es immer noch Petersdorf) ein völlig abgelegener Marktflecken an den Hängen des Wienerwaldes, etwa 20 Kilometer von der Wiener Innenstadt entfernt. Heute noch bezaubern alte Häuser am langgestreckten Marktplatz, eine gotische Kirche mit stattlichem freistehendem Turm und die Reste der mittelalterlichen Burg. Das Wernersche Haus ist heute als Hugo-Wolf-Gedenkstätte zugänglich.[23] Durch einen Torbogen von der Straße her betritt man den Hof, Milch- und Speisekammer, die im Erdgeschoß nach altbäuerlicher Art den Eintritt flankierten, haben ausgedient, aber immer noch kann man die steinerne Wendeltreppe in das weite, turmartige Gemach emporsteigen, das Wolf als Schlaf- und Arbeitszimmer diente. Alles wurde wieder so eingerichtet, wie es damals war.

In der Mitte steht der runde Tisch vor dem verschlissenen Ledersofa, unter einem Wandspiegel das Bett, an der anderen Wand der Promberger-Flügel und ein Schreibtisch; ein Schrank und eine Kommode, die unentbehrliche Non-plus-Ultra-Kaffeemaschine und das ebenso unentbehrliche Kautschuk-Badeschaffel vervollständigen die dürftige Ausstattung. Man betritt und empfindet den Raum mit ähnlicher Anrührung wie ärmliche Mozart-, Beethoven- oder Verdi-Stätten. Hier also wurden zwei wahrhaft einzigartige Großwerke musikalischer Lyrik geboren, die Liederbücher nach Mörike und nach spanischen Dichtern.

Der karge Raum kann nicht viel zur Auslösung dieser Genie-Explosionen beigetragen haben, abgesehen von der vollkommenen Ruhe, die der Winterschlaf des Dorfes nicht störte; wenn es spielende Kinder später dann doch taten, so sprang Wolf, sonst ein feinfühlender Kinderfreund, blind vor Zorn auf die Straße und nahm den verdutzten Kleinen Peitsche und Kreisel weg. Die Natur ringsum, der Blick auf die sanften Waldhänge, der weite Garten rings ums Haus mochten Wolfs Phantasie eher beflügeln; doch war er sehr wetterempfindlich. (*Heute vormittag war ich trotz des schönen Wetters verzweifelt, da mir absolut nichts einfallen wollte*, schrieb er Ende März. Aber am selben Nachmittag fiel ihm dann doch noch ein Meisterlied ein, die *Storchenbotschaft.*)

Wochenlang nach seinem frostigen Einzug wartete er auf solche Einfälle. Ein letztes Heine-Lied, *Wo wird einst*, dann das heitere *Gesellenlied*, nach Reinick, blieben die ganze Ausbeute vor der vulkanischen Eruption der Mörike-Lieder. Vorbote war *Der Tambour*, am 16. Februar 1888. Nach fünftägiger Pause erfaßte ein wahrer Schaffensrausch den einsamen Komponisten; er hielt bis zum 1. April fast ununterbrochen an. An einem einzigen Tag, am 22. Februar, schleuderte Hugo Wolf drei Lieder heraus, im März zwanzig, bis zum 18. Mai volle dreiundvierzig.

Wolf hatte Ähnliches noch nie erlebt. Die Einfälle fielen buchstäblich auf ihn ein. Er empfing sie wie im Fieber, euphorisch beglückt, dabei mit dem unheimlichen Gefühl des Zwanghaften. *Samstag komponierte ich, ohne es beabsichtigt zu haben, ›Das verlassene Mägdlein‹ – von Schumann bereits himmlisch komponiert. Wenn ich dasselbe Gedicht trotzdem komponierte, geschah es fast wider meinen Willen ...* (am 27. März an Eckstein). Schon eine Woche früher war, in einem Brief an Edmund Lang, die Metapher des Wahnsinns zur Beschreibung seines Zustandes (bei der Vertonung von Mörikes Gedicht *Erstes Liebeslied eines Mädchens*) angeklungen: *Das Gedicht ist wahnsinnig, die Musik nicht minder, ebenso Ihr Fluchu* (so nannte sich Wolf scherzhaft).

Von wirklichem Wahnsinn konnte damals noch keine Rede sein. Daß Wolf in seinen hochproduktiven Phasen aber immer mehr von Normalität abwich, das schildert sein Freund Edmund Hellmer: *Alles in ihm war gereizt und gesteigert, er selbst wie von unsichtbaren Geistern gehetzt und gejagt – ein Besessener – nach seinem eigenen Wort.* Auch die zweite Serie der Mörike-Lieder, unterbrochen durch die sommerlichen Eichendorff-Kompositionen, wurzelte in ähnlicher Schaffensbesessenheit.

Wie ist der Mörike-Rausch, völlig neuartig in der über ein halbes Jahr hindurch gleichen Höhenlage der Qualität, zu begreifen? Rein rational vielleicht überhaupt nicht. Die Hugo-Wolf-Interpretation hat noch immer zu wenige Versuche in dieser Richtung, übers verehrend Hermeneutische hinaus, unternommen; zu viele psychologisch relevante Lebensspuren sind ja auch verwischt worden. Margarete Saary[24] trug neuerdings wissenschaftlich viel Nachdenkenswertes zu einer psychologischen Sicht bei; der Mediziner Eickemeyer, auf den sie sich mehrfach bezieht, erkennt in dem Mörike-Genieausbruch den Beginn eines Prodromalstadiums der Infektionskrankheit, also der Phase, in der sich Frühsymptome auswirken: *Eine Erscheinung, die als Folge von organischen Veränderungen – wahrscheinlich in den Gefäßen – durch die Spirochäten und deren Gifte – im Gehirn auftraten.*[25] Ein Hugo-Wolf-Verehrer wehrt sich dagegen, Herrlichkeiten wie den *Tambour*, oder die erste *Peregrina*, oder *Er ist's*, oder, oder, mit der Körperwanderung von Spirochäten verkoppelt zu sehen. Zu bedenken sind solche medizinisch-rationalen Versuche, einen erkennenden Weg durch den Dschungel der Verdrängungen aufzuspüren, dennoch.

Was Wolf Freunden über soeben komponierte Lieder berichtete – er tat das in den ersten Mörike-Wochen fast jeden Tag –, zeigt, außer der Euphorie neu erwachten Schaffensglücks, ebenfalls Züge, die sich in den Jahren kurz vor dem Ausbruch der Geisteskrankheit verstärken und in der Irrenanstalt kraß hervortreten sollten: völlige Kritiklosigkeit und größenwahnsinnige Anwandlungen. Am 22. Februar (an Edmund Lang): *Soeben habe ich ein neues Lied aufgeschrieben. Ein Götterlied sag ich Ihnen! ganz göttlich wunderbar!* Am selben Tag: *Das Bubenstück ist vollbracht. Auch das dritte Lied ›Ein Stündlein wohl vor Tag‹ ist mir gelungen und wie!* Am 20. März (wieder an Lang): *›Erstes Liebeslied eines Mädchens‹ (Ed. Mörike) ist das weitaus Beste, was ich bis jetzt zu Stande gebracht. Gegen dieses Lied ist alles Vorhergegangene Kinderspiel.* Am nächsten Tag: *Ich revocire, daß das ›erste Liebeslied eines Mädchens‹ mein Bestes sei, denn was ich heute Vormittag geschrieben: ›Fußreise‹ (Ed. Mörike) ist noch millionenmal besser. Wenn Sie dieses Lied gehört haben, kann Sie nur noch ein Wunsch beseelen: zu sterben.* Drei Tage später (an den Schwager Strasser): *Ich arbeite mit tausend Pferdekräften von früh bis in die Nacht, ununterbrochen. Was ich jetzt aufschreibe, das, lieber Freund, schreibe ich auch schon für die Nachwelt. Es sind Meisterwerke.* Am 14. April (an Lang): *Mein letztes Lied, das ich soeben vollendet, ist ganz gewiß die Krone von allen.*

Wolf arbeitete tatsächlich wie ein Besessener. Die Einsamkeit störte ihn nicht, unerwünschte Besucher wurden nicht geduldet. Lange und laut las er sich tagtäglich die Gedichte vor, notierte dieses und jenes Motiv, arbeitete am Klavier weiter und schrieb dann das fertige Lied kalligraphisch sauber nieder, fast immer ohne spätere Korrekturen. Auf Spaziergängen komponierte er im Kopf weiter, oder er erquickte sich einfach an der schönen Umgebung; der nahe Hochberg, eigentlich nur ein grüner Hügel, war sein Lieblingsziel, den Gartenpavillon führte er den Freunden als Mörikesches *Häuslein Windebang* überglücklich vor. Er pflegte frühzeitig aufzustehen, mittags nahm er im Dorfwirtshaus *Zum schwarzen Adler* eine kreuzerbillige Mahlzeit ein, abends behalf er sich mit einem zurechtgemachten kalten Nachtmahl. Er lebte damals wirklich mehr von geistiger als von stofflicher Nahrung. Dabei reagierte er übersensibel auf drohende Anzeichen von Sterilität. In den fünf ersten Tagen des März fiel ihm kein neues Lied ein, aber das war in den Perchtoldsdorfer Tagen nur ein kurzes Tief. Für die ganze Mörike-Zeit gilt doch: *... ich bin so überglücklich, wie ein überglücklicher König. Wieder ist mir ein neues Lied gelungen ...* (an Edmund Lang, 24. Februar 1888).

An diesem jungen Königsglück durften die Freunde meist nur an den Sonntagen teilnehmen. Da spielte und sang Wolf ihnen – mit dünner Stimme und, nach vielen Urteilen, unerhört packen-

Der Gartenpavillon in Perchtoldsdorf,
von Hugo Wolf sehr geliebt und »Häuslein Windebang« genannt.

dem Ausdruck – das Neueste der Woche vor. Zu alten Freunden, Eckstein, den Langs, den Werners, kamen neue wie der einflußreiche und spendable hohe Regierungsbeamte Rudolf von Larisch und der Finanzbeamte Richard Hirsch. Josef Schalk, nur um drei Jahre älter als Wolf, Klavierprofessor am Konservatorium und künstlerischer Leiter des Wiener Wagner-Vereins, wurde einer der wichtigsten Förderer Wolfs; in seiner Wiener Wohnung sammelten er, sein Bruder Franz, Dirigent und nachmaliger Direktor der Wiener Staatsoper, und der Dirigent Ferdinand Löwe einflußreiche Persönlichkeiten um sich, um Wagners, Bruckners und Hugo Wolfs Kunst zu verbreiten. Im Wagner-Verein wurde der Mörike-Komponist schon im Frühjahr 1888 *gefeiert wie ein König* (nach seinen eigenen Worten), als er seine neuesten Lieder vorsang. Am 2. März waren auch öffentlich zum ersten Mal Hugo-Wolf-Lieder erklungen. Die Hofopern-Altistin Rosa Papier sang im (heute längst abgerissenen) Bösendorfer-Saal in der Herrengasse, dem damals zentralen Kammermusik-Forum Wiens, *Morgentau* und *Zur Ruh'*, aber die bescheidene Unter-anderen-Premiere ging ziemlich unbeachtet vorüber.

Gegen Ende Mai mußte Wolf das Perchtoldsdorfer Haus räumen, die Werners zogen selber ein. Er besuchte die Strassers, die jetzt im steirischen Bruck an der Mur wohnten, verbrachte den Sommer in Wien, wo Eckstein, Lang und – eine folgenreiche neue Bekanntschaft – der Architekt Julius Mayreder als Finanziers eines idyllisch am Kahlenberg, in Grinzing, gelegenen Sommerhauses *Bellevue* ihn beherbergten. Im August reiste Wolf wiederum zum *Parsifal* nach Bayreuth; der Schriftsteller Franz Zweybrück erinnert sich, ihn in der Pause auf einer Bank im Park *bis ins Innerste erschüttert*, schluchzend gesehen zu haben. Die vermögende Amerikanerin Elisabeth Fairchild, die Wolf in Bayreuth kennenlernte, wurde durch seinen privaten Liedvortrag eine so begeisterte Wolf-Verehrerin, daß sie später die Drucklegung der Goethe-Lieder mitfinanzierte.

Den Herbst verbrachte Wolf in Ecksteins Villa in Unterach am Attersee. (Später erwarb sie die berühmte Sängerin Maria Jeritza; in der Nähe, am Westufer des Sees mit dem Prachtblick auf die Bergriesen des Höllengebirges, komponierte sommers auch Gustav Mahler.) Für Wolf schien der Mörike-Faden zunächst abgerissen. Er nahm sich statt dessen wieder Eichendorff vor, aber kaum hatte er diese Liederreihe fertiggestellt, teilte er Eckstein mit (am 8. Oktober 1888), er habe soeben *wieder fleißig ›gemörikelt‹*, und die Eichendorff-Euphorie wurde fast nahtlos, mit nur viertägiger Pause, in eine siebentägige mit Mörike übergeführt. Zwischen dem 4. und dem 11. Oktober entstanden neun neue Mörike-Lieder. Später folgte nur noch, am 26. November bei einem Besuch in Perchtoldsdorf, *Auf eine Christblumme II* als Nachzügler, der die glorreiche Zahl 53 krönte.

Hugo Wolfs erster großer Liedzyklus, der den Grund legte für seine Anerkennung, ist sein volkstümlichster geworden und geblieben. Ihm entstammen die meisten Lieder, die heute in Konzerten gesungen werden. Es muß eine tiefe Seelenverwandtschaft gewesen sein, die ihn mit dem schwäbischen Lyriker verband. Nicht die vielzitierte Musikalität von dessen Gedichten war dafür entscheidend; wohl vertonte auch Wolf die am vordergründigsten musikablen, die durch einfache Strophenform oder Volkston zur Melodisierung geradezu herausfordernden Poeme, aber eben dies hatten vor ihm schon viele getan.

Das verlassene Mägdlein wurde 96mal komponiert, *er ist's* 60mal, das *Gebet* 50mal, Mörike insgesamt 795mal – womit er aber erst an 14. Stelle der meistvertonten deutschen Dichter erscheint, weit hinter Heine (4259 Vertonungen), Geibel (3679), Hoffmann von Fallersleben (2693), Goethe (2139). Man sieht, wie wenig sich literarischer Rang und Beliebtheit bei den Komponisten decken.[26] Wesentlicher erscheint, daß Wolf nicht nur viele Mörike-Lieder – nämlich acht, darunter so bedeutende wie die beiden *Christblumen* und die *Karwoche* – als erster und einziger in Töne brachte, sondern daß er überhaupt den Lyriker Mörike in seiner ganzen Fülle, in Tiefe und Breite erschloß.

Der Dichter war bis dahin, also noch fünfzehn Jahre nach seinem Tod, soweit er über seine Heimat hinaus bekannt war, als Idylliker abgestempelt. Ein lyrischer Landpfarrer (Pastor war Mörike allerdings schon seit seiner Lebensmitte nicht mehr!), der kleinbürgerliche, allenfalls von ein wenig Liebesleid getrübte Behaglichkeit besang und am besten durch Verse wie *Laß, o Welt, o laß mich sein* oder ... *in der Mitten liegt holdes Bescheiden* erfaßt schien. Von Altersgenossen nahmen sich bezeichnenderweise nur die als Komponisten kleinmeisterlichen Schwaben Ernst Friedrich Kauffmann und Louis Hetsch einer größeren Auswahl aus Mörikes Lyrik an. Schumann lernte den Dichter erst in seinen späten Jahren kennen und begnügte sich mit sieben Liedern und Chören, Brahms gar mit nur dreien. Mörike blieb selbst daheim in Württemberg ein Geheimtip für Bildungsbürger. Die 1838 erschienene erste Ausgabe seiner Gedichte brauchte neun Jahre bis zur zweiten Auflage (dabei waren nur 1000 Exemplare gedruckt worden!), die fünfte erlebte der Dichter erst im hohen Alter. Von seinen Zeitgenossen hatte Uhland die Freude, daß seine frühen Gedichte wie warme Semmeln gekauft wurden (1884 schon in 64. Neuauflage), und Emanuel Geibels Poemsammlung von 1856 war schon innerhalb eines Monats ausverkauft, er überlebte noch das enorme hundertste Tausend.[27] Man sieht auch hier, wie Wert und Marktgängigkeit auseinanderklaffen können.

Der Rang von Mörikes Lyrik, heute unbestritten und höchsteingestuft, war im ganzen 19. Jahrhundert nur wenigen einsichtig. Einer von ihnen war der junge, literarisch keineswegs umfassend gebildete Outsider Hugo Wolf. Mag es nun partisanisch-kämpferische Übertreibung sein, wenn die frühen Wolfianer ihrem Helden zuschreiben, er habe Mörike überhaupt erst entdeckt – der erste Biograph Ernst Decsey nahm noch in seine revidierte Biographie von 1919 die Passagen auf: *Wolf hat Mörike von der Literatur erlöst ... der unbekannte Wolf hat den unbekannten Mörike entdeckt,* – in dem letzten Satz steckt Erkenntnis. Den *unbekannten* Mörike, den Dichter jenseits der Biedermeier-Stereotypen, den umgetriebenen, sinnenden, liebenden und spottenden, den hat erst Wolf erfühlt und kongenial ausgeschöpft. Hermann Hesse schrieb 1913 in der Einleitung zu einer Auswahl von Mörike-Gedichten: *Der behagliche Dorfpfarrer und liebenswürdige spielerische Idylliker ... ist eine hübsche, gründlich erlogene Fabel ... das tiefe goldige Leuchten, das seine Werke für Unzählige zu einem Jungbrunnen und Born der Lebensfreude gemacht hat, ist aus schwerem Leid und Kampf geboren.*

Auch davon zeugt Wolfs Auswahl, eben vom ganzen, unverstellten Mörike. Sieht man von den vielen belanglosen, nur privaten Gelegenheitsgedichten ab, so fehlt dem farbigen Regenbogen der Auswahl dieses Lieder-Zyklus kaum ein Mörikesches Spektrum: Volksliedhaftes und mystische Verzückung, Liebeslyrik in vielerlei Gestalt, vom kindlich Heiteren bis zum Schrei der Verzweiflung, Humor und Satire, ausgedehnte Ballade und epigrammatische Miniatur – ein lyrischer Kosmos von goethischer Spannweite. Ihr entspricht der musikalische Formenreichtum dieses Zyklus. Gegenüber den späten nimmt das von der Gesangsmelodie geprägte Lied einen breiteren Raum ein; doch finden sich schon viele Gesänge, und gerade die meisterlichsten, die eine ganz neuartige Sprachmelodie über struktureller Motivik des Klavierparts entfalten und den Reifestil Hugo Wolfs unverkennbar prägen.

In beiden voneinander getrennten eruptiven Schaffensperioden des Mörike-Zyklus blieb die Inspiration dem Komponisten so beständig treu, daß sich wohl gewichtigere und leichtere Produkte seiner Phantasie finden, immer gemäß dem poetischen Vorwurf, aber fast gar kein ganz schwächliches. Eine Gleichmäßigkeit im künstlerischen Niveau, die man beispielsweise den Eichendorff- und Goethe-Liedern nicht in diesem Maße zubilligen kann. Bei der Charakterisierung des Zyklus ist deshalb auch jedes einzelne Lied wenigstens schlaglichtartig zu beleuchten, keines ganz zu ignorieren. Es ließen sich nun, wie es manche frühere Wolf-Interpreten getan haben, inhaltlich oder formal verwandte Gruppen herausarbeiten, oder die Reihenfolge der Entstehung könnte die Betrachtung bestimmen. Ich meine jedoch, man bleibt Wolf am nächsten, wenn man sich an seine selbstgesetzte Ordnung hält, also an die Reihung in der von ihm besorgten Druckausgabe. Auch sie trägt ja, so bunt sie manchmal anmuten mag, seine Handschrift.

Das beginnt schon mit dem allerersten, aber nicht zuerst komponierten Lied. *Der Genesene an die Hoffnung* (Tödlich graute mir der Morgen) ist weit davon entfernt, einen gefällig einladenden Auftakt zu setzen. Wolf gab damit vielmehr ein bedeutsames Zeichen: Er war selber genesen nach langen Depressionen und Selbstzweifeln (*ganz stumpfsinnig geworden* fühlte er sich noch im Herbst vor dem Mörike-Liederfrühling), und die E-Dur-Fanfare, die er zum Zeichen des Lebenssieges im Klavier klingen läßt, feiert auch einen zu neuer Kraft erwachten, seiner selbst gewissen Künstler. Das Lied bringt Gesang und Instrument zu nahtloser Partnerschaft, versagt dem Sänger jedoch allen vordergründigen Effekt. Demütig sinkt die Stimme am Schluß, in Baßregion absteigend, der Hoffnung in den Arm.

Zum ersten Mal verzahnt Wolf in den beiden folgenden Liedern motivisch. Das ist durch die poetischen Gehalte bedingt: Naturgeschöpfe als Liebesboten. In *Der Knabe und das Immlein* (Im Weinberg auf der Höhe) soll eine Biene dem fernen Schatz sagen, wie lieblich es ist, wenn man herzt und küßt – wozu Wolf das erste seiner Jubel-Nachspiele entfaltet. *Ein Stündlein wohl vor Tag* (Derweil ich schlafend lag) läßt eine Schwalbe die Untreue der Liebsten verkünden. Hier werden die besinnlichen einleitenden Moll-Takte des mit heiteren Melodien aufwartenden ersten Liedes motivisch aufgenommen und zur alleinigen Substanz erhoben. Das Klavier geht meist mit der Stimme konform, trägt aber auch reizvoll imitierende Kontrapunkte bei; ein bezeichnendes frühes Beispiel für Wolfs Kunst der Monothematik. Durch steigernde Verschiebung der harmonischen Flächen (in der zweiten und in der dritten Strophe beginnt die Stimme jeweils um einen Halbton höher) wird aus einem einzigen Motiv ein Lied gewonnen.

Auch im *Jägerlied* (Zierlich ist des Vogels Tritt im Schnee) dominiert die Singstimme, aber das Klavier wirkt in Vor-, Zwischen- und Nachspiel partnerschaftlich mit. Ein frohes Liebesgedenken im ungewöhnlichen Fünfvierteltakt; das ist keine Marotte des Komponisten (auch wenn er dieses Metrum nie wieder verwendete, soviele fünfhebige Verse er künftig auch noch vertonte). Die unsymmetrische Taktart mutet so entwaffnend natürlich an, als sei gar keine andere denkbar.

Vorwiegend traditionell melodisch geht es auch im folgenden Lied zu: *Der Tambour* (Wenn meine Mutter hexen könnt'), kauzige Heimweh-Phantasie eines hungerleidenden deutschen Söldners im fernen Frankreich. Es ist das erstvertonte Lied des Mörike-Zyklus. Ein Trommel-Motiv des Klaviers leitet ein, trägt und läßt ausklingen; dazwischen schwelgt die Tenorstimme in Wurst- und Sauerkrautträumen und erwacht alsdann zu kläglich beseufzter Realität. *Der Tambour* gibt einen Vorgeschmack vom kräftigen Lied-Humoristen Hugo Wolf. Ausnahmsweise, um die Einschlafstimmung des Soldaten psychologisch auszuschöpfen, und nur darum, gestattet er, der sonst so allergisch war gegen Eingriffe in den Originaltext, sich am Ende eine Verswiederholung; hier mit besinnlichem, im Lied *Er ist's* (Frühling läßt sein blaues Band) mit jubelndem Schlußeffekt – bei Wolf etwas sehr Seltenes.

Schon Robert Schumann hatte dieses oft vertonte Mörike-Gedicht *Er ist's* zu einem Meisterlied gemacht, sehr zurückgenommen, verinnerlicht und mit auffallend falschen Betonungen um der Melodie willen (Schumann akzentuiert *blau*es Band, Wolf durch melodische Aufwärtsführung viel natürlicher *Band*). Des Jüngeren Vertonung übertrifft alle früheren durch unwiderstehlichen, wahrhaft frühlingshaften Schwung. Dabei ist dieses vielgesungene Lied mit der auf Akkordzerlegungen beschränkten Klavierbegleitung zunächst gar nicht sehr wolfisch. Am Schluß aber, nachdem sich die Singstimme in einem hohen G ausgejubelt hat, verlängert der Komponist die verzückte Frühlingsbegeisterung durch eines seiner ausgedehntesten, für ihn so bezeichnenden Klaviernachspiele. Schumann hatte mit solchen Postludien den klavierpoetischen Weg gewiesen. Daß er bei Wolf nicht in Effekthascherei mündet, zeigt gerade das *Er ist's*-Nachspiel; es klingt nach ff-Freuden in pp-Gewisper aus.

Ähnlich stellt sich Wolf mit dem folgenden Lied *Das verlassene Mägdlein* (Früh, wann die Hähne krähn) dem Vergleich mit Schumanns vielgerühmtem und übertrifft es durch die Bannkraft der Stimmung. Sie wird mit äußerster motivischer Sparsamkeit erzielt, nämlich mit einem unverändert durchgehaltenen, Schubert nahen Rhythmus: Viertel-zwei Achtel. Im Mittelteil malt der übermäßige Dreiklang die Herzzerrissenheit des Mädchens.

Unerfüllte Liebe hier, Echo von höchst erfüllter im Lied *Begegnung* (Was doch heut nacht ein Sturm gewesen). Diesen Sturm – auf kleinstädtischen Gassen wie im Kämmerlein der vergangenen Liebesnacht – läßt das Klavier von Anfang bis Ende in Akkordsynkopen auf und nieder brausen; die Stimme variiert das Motiv mit halb melodischem, halb rezitativischem Eigenton nicht weniger als neun Mal. Bezeichnend, echt wolfisch im Sinne seines Reifestils, wie die Gesangstimme der gleichbleibenden Motivik des Instruments immer neue, die Dichtung wortsensibel ausdeutende Wendungen entgegensetzt.

Nimmersatte Liebe (So ist die Lieb!) verleitet den Komponisten, die erstaunlich sado-masochistischen Verse eines jungen Pfarrers (*Das Mädchen hielt in guter Ruh, wie's Lämmlein unterm Messer; ihr Auge bat: ›Nur immer zu! je weher, desto besser!‹*) in einen Schlußkehrreim von betont bänkelsängerischem Zuschnitt münden zu lassen. Wagnerisch-erhaben gab sich der Wagnerianer Wolf eben nur dort, wo es der Dichter nahelegte. Ganz und gar nicht in der *Fußreise* (Am frisch geschnittnen Wanderstab), wo der frommfröhliche Wanderer Mörike vom Komponisten eine herzhafte D-Dur-Weise zu rhythmisch akzentuierter Klavierbegleitung in den Mund gelegt bekommt. Aber die scheinbare Einfachheit ist in Wirklichkeit sehr kunstvoll auskomponiert. Die Melodie weicht in ihrer Gliederung vielfach den Zeilen des Gedichtes aus, wird über die Verse hinweg gesponnen, ignoriert Reime und folgt ganz ihren eigenen, rein musikalischen Gesetzen. Man vergleiche einmal das Lied mit dem Schriftbild des Gedichtes, und man wird die völlige Autonomie einer Vertonung erkennen, die zugleich, und darin liegt das Geheimnis so vieler Meisterlieder Wolfs, mit der Dichtung hautnah, untrennbar verschmolzen zu sein scheint. Weil diese unio mystica sich so sangbar vollzieht, sogar mit herkömmlichen Modulationen in die Dominant-Tonart A-Dur, ist dieses Lied eines der populärsten Wolfs geworden.

Vier emotional tiefer lotende folgen. Die Elegie *An eine Aeolsharfe* (Angelehnt an die Efeuwand) läßt Brahms' geglückteste Mörike-Vertonung durch ihren dem mythischen Instrument – Wolf kannte es damals noch gar nicht! – hellseherisch abgelauschten Stimmungszauber hinter sich. Die Klage um ein Verlorenes ist, nach rezitativischer Einleitung, einem melodischen Miteinander von Gesang und Instrument anvertraut. Auch hier wieder ein poetisches Klaviernachspiel.

Verborgenheit (Laß, o Welt, o laß mich sein!) wurde mit seiner einfachen, in den rahmenden Strophen nicht einmal modulierenden Melodik frühzeitig so populär, daß Wolf, der sich ja viel subtiler weiterentwickelte, es später schier verleugnete: Es sei gar nicht von ihm. Dabei hätte er ruhig stolz darauf sein können. Es deckt Mörikes liedhafte Verse vollkommen, und in dem Aufblitzen *heller Freude*, mit plötzlichem, scheuem Absinken vom Fortissimo-G in Piano-Tiefen, erweist sich der Meister auch in der selbstgewählten strophischen Beschränkung.

Desto freier entfaltet sich sein Eigenes, Neuartiges in dem breiter angelegten lyrischen Monolog *Im Frühling* (Hier lieg ich auf dem Frühlingshügel). Symphonische Klavierthematik ist untrennbar mit der *unendlichen Melodie* der Singstimme zu einem Ganzen verwoben. Der Stimmungszauberer Wolf auf voller Höhe eines der innigsten Mörike-Gedichte – und mit wie

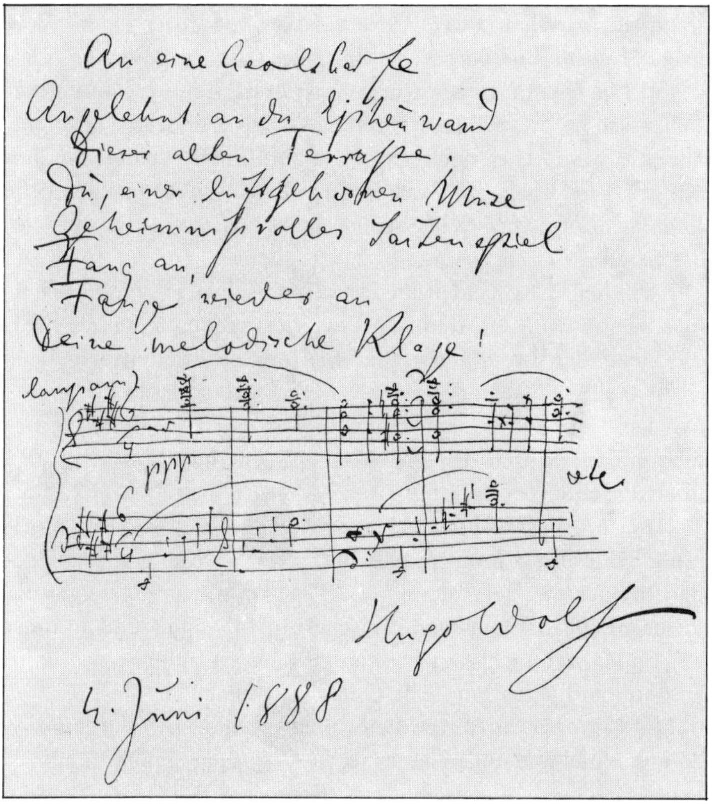

Hugo Wolfs Schrift und Notenschrift:
der Anfang von Mörikes »An eine Aeolsharfe«.

sparsamen Mitteln! Die bienensummende Stille eines durchsonnten Frühlingsmittags kann nicht suggestiver in Töne gefaßt werden, und dem Komponisten genügt dazu der karge Zwiegesang zweier ganz leiser, immer motivisch gebundener Klavierstimmen.

Da darf sich das Instrument in dem ähnlich gebauten Lied *Auf einer Wanderung* (In ein freundliches Städtchen) schon opulenter entfalten, im Schlußhymnus an die Muse, die den wandernden Dichter *mit einem Liebeshauch* berührt hat, sogar in vollgriffigen Arpeggioakkorden und einem ausgedehnten Nachspiel, wo das heitere Sechsachtelthema besinnlich ausklingt. Auch hier, wie in dem vorgenannten Lied, Verschmelzung von Gesang und Instrument im Dienste der vertonten Poesie, mit fesselnder Vorhaltsharmonik und Farbwechseln. Alles schon dagewesen? Vielleicht. Die harmonischen Rückungen in die Terzverwandtschaft sicher schon bei Schubert, und im *Tristan* findet, wer sucht, ohnehin alles, was noch ein Halbjahrhundert später modern klingt. Aber im ganzen waren doch Liedkonzeptionen wie *Im Frühling* oder *Auf einer Wanderung* etwas Neuartiges, vorher weder Schubert noch Schumann Zugängliches.

Zwischen diese beiden Lieder, Gipfel seines gesamten Schaffens, schob Wolf ein traditionelles, vierstrophig gebautes Lied, die Elegie der ihrem ungetreuen Liebsten nachtrauernden *Agnes* (Rosenzeit! wie schnell vorbei). Eine Parallele zum *Verlassenen Mägdlein*, mit führender Gesangsmelodie und ausgesparter Begleitung, die durch die unentwegt dissonanten Nonensprünge im Baß dennoch charakteristische Akzente setzt.

Danach zweimal heitere Harmlosigkeit, Wolfs Zyklus-Ordnung liebte den Stimmungswechsel. Das für leichte Soprane gedachte *Elfenlied* (Bei Nacht im Dorf) gewinnt der eingangs stufig durchsungenen Oktave motivische Qualitäten ab und mündet am Ende, wenn sich der neugierige kleine Waldgeist den Kopf angestoßen hat, in kindliche Guckuck-Rufe.

Der Gärtner (Auf ihrem Leibrößlein) scheut um der simplen Strophenmelodie willen auch falsche Betonungen nicht (Leib*röß*lein ..., Schumann hatte besser *Leib*rößlein betont). Ein Beispiel dafür, wie unorthodox der Wagnerianer Wolf verfahren konnte. Ihm ging es hier nicht um die damals wie ein Wagner-Wappen hochgehaltene *korrekte Deklamation*, sondern um die in einer leichten Melodie über hüpfenden Sechsachtel-Rhythmen durchgehaltene Grundstimmung, ums Liedganze.

Gleichfalls gesangsmelodisch, aber feiner gearbeitet im motivischen Klavierpart, gibt sich der *Zitronenfalter im April* (Grausame Frühlingssonne), der sich zu früh ans Licht gewagt hat. Rein strophisch und melodisch ist auch *Um Mitternacht* (Gelassen stieg die Nacht) komponiert, ja, mit der unverändert wiederholten ersten Strophe sogar ein Unikum beim reifen Wolf, denn immer reichert er sonst wiederholte Strophen durch Varianten an. Mörikes Gedicht steigt in geheimnisvolle Naturtiefen: Die Nacht träumt dem blauen Himmel nach, die Quellen – von Wolf dem Gemurmel von Baßtriolen im Klavier anvertraut – singen im *Schlafe noch fort vom Tage, vom heute gewesenen Tage.* Eines der stimmungsreichsten Wolf-Lieder, bei schlichtesten Mitteln.

Auf eine Christblume I und *II* eröffnen einen Zyklus im Zyklus, einen mit geistlich getönten Mörike-Liedern. Des dichtenden Pfarrers Religiosität, die formvollendete Verse frommer Ergebenheit wie solche ekstatischer Verzückung findet, war keinesfalls unangefochten. Stumpfe Orthodoxie blieb ihm zeitlebens fremd, der evangelische Pietismus mit seiner Gefühlswärme stand ihm schon näher, und in Oberschwaben ging ihm auch die sinnenfreudige Mystik des Katholizismus auf. Wolfs religiöse Bedürfnisse waren sicher geringer, von tieferer Anteilnahme am kirchlichen Leben ist nichts bekannt. Dennoch wählte er ganz bewußt so viele geistliche Gedichte aus Mörikes Lyrik aus und rückte sie in den innersten Bereich seiner Meisterlieder (so wie später im *Spanischen Liederbuch*). Wie ist das zu erklären?

Vielleicht steckte in ihm, dessen Kunst so gar nichts Theatralisches an sich hat, ein Schauspieler, sogar einer vom Typ der Versteller, die glaubhaft in jede fremde Haut schlüpfen können, ohne die eigene ganz abzustreifen. Humperdinck gegenüber nannte er sich schon vor den Mörike-Liedern einen *objektiven Lyriker*, einen Komponisten, der *aus allen Tonarten pfeifen kann.*[28] Und als ihm die Vertonung von Reinicks *Dem Vaterland*, einem als *philiströs* empfundenen Text, nach seinem Urteil (das freilich im Schaffensrausch immer euphorisch gestimmt war) erstaunlich gut gelang, schrieb er, gewissermaßen kopfschüttelnd: *Ich fange nachgerade an zu glauben, daß ich eben alles kann.*[29] Wie sollte er da nicht, in der Perchtoldsdorfer Hochstimmung, so gehaltvolle Lyrik wie die geistliche Mörikes hochrangig vertonen können? Es wäre ja selbst bei einem sich subjektivistischer verstehenden Autor laienhaft anzunehmen, er müsse sich mit jedem gerade vertonten Text voll identifizieren.

Vor Wolf hatte noch keiner *Auf eine Christblume I* (Tochter des Walds) für komponierbar gehalten, weil die zarte Bildhaftigkeit, die *mystische Glorie* der Blume sich dem älteren romantischen strophischen Lied entzieht. Wolf bietet hier, in zurückgenommener Verhaltenheit, alle Errungenschaften seiner neuen Kunst auf. Textdeutendes Melos im Gesang – das sich im Abgesang zu flüsterndem Rezitativ verflüchtigt –, motivische Entwicklung im Instrument, alles bei klar gegliederter Form, die Mörikes sieben Strophen zwei sich wiederholende Schwerpunkte abgewinnt. *Auf eine Christblume II* (Am Winterboden schläft), viel kürzer, ist ganz monothematisch aus einem nicht weniger als zwanzig Mal angestimmten, vielfach harmonisch neu belichteten Klaviermotiv entwickelt. Bemerkenswert, wie Wolf in der ersten Zeile über den fünfhebigen Rhythmus von Mörikes meditativen Versen hinwegmusiziert; hier hat, bei aller sonstigen Textschmiegsamkeit, das Viertaktemaß des Instruments den Vorrang.

Mit scharfen, die Tonart ganz in Schwebe lassenden Chroma-Dissonanzen hebt die Klage eines Sünders an, der sich in *Höllenschmerzen* zerfleischt, weil er Gottes Liebe so schwach erwidert hat. *Seufzer* (Dein Liebesfeuer) umfaßt nur 31 Takte, von denen fast die Hälfte das motivisch tragende Instrument allein bestreitet – aber welches Seelendrama in dieser Gedrängtheit! Besinnliche Stille folgt als Kontrast. *Auf ein altes Bild* (In grüner Landschaft Sommerflor) läßt zu archaischen Kirchentonakkorden eine zarte Gesangsmelodie das spielende Jesuskind mit seiner Mutter betrachten. Die Idylle trügt: Im Walde *grünet schon des Kreuzes Stamm.* Wolf trennt hier das Wort *grünet* durch eine Pause von der vorangegangenen Interjektion *Ach* und synkopiert es. Eine Kleinigkeit nur, scheinbar; für Wolfs Gesangsexpressivität etwas Wesentliches.

Sollte ich wählen müssen, welches von des Komponisten

Kurzliedern das Neuartige seiner Kunst am dichtesten, am suggestivsten offenbart, ich würde *In der Frühe* (Kein Schlaf noch kühlt) wählen. Nachtgespenster eines schlaflos Grübelnden weichen vor den ersten Morgenglocken, symbolischen Gottesboten, zu neuer Hoffnung. Krasser Stimmungsumbruch innerhalb bloßer zehn Verszeilen. Wolf bewirkt ihn mit dem altromantischen Wechsel von Moll nach Dur, was noch nichts Besonderes wäre; wohl aber, daß er auch die poetische Einheit des Meistergedichtes musikalisch wahrt, und zwar mit einem auf fast unveränderliche fünf Melos-Töne (a-gis-a-h-c) beschränktem Klaviermotiv, das sich ungeahnter Deutbarkeit fähig zeigt. So grundiert es den *verstörten Sinn* des Zweiflers:

Und so versinnlicht es die trostvollen Morgenglocken:

Es ist eine terrible simplification, daß das Größte auch das Einfachste sei. Von Palestrinas und Bachs verwickelten Strukturen bis zu Alban Bergs *Wozzeck* ließen sich unzählbare Zeugen für die Größe des Komplizierten anführen. Doch bleibt der Kunst des höchst Vereinfachten, entsagend Ausgesparten, wie sie Hugo Wolf in Liedern wie diesem übt, gleichfalls ihr Recht. Ein um so respektableres, als damals die spättristanische, die Fin-de-siècle-Welle schon mächtig, gigantomanisch überzuschwappen begann. Wolf, der Wagnerianer, als Schwimmer gegen den nachwagnerischen Zeitstrom: *In der Frühe*, diese genial vereinfachte und konzentrierte 22-Takte-Miniatur, plädiert am vollkommensten für seine Eigenart.

Konventioneller gibt sich das im Zyklus folgende Lied *Schlafendes Jesuskind* mit seiner klar periodisierten Gesangsmelodie. Aber doch nicht ohne bezeichnende wolfsche Züge: Wenn etwa die *sehr getragen und weihevoll* schwebende Gesangstimme erst vom Klavier zu Ende geführt wird.

Karwoche (O Woche, Zeugin) leitet den Stil der religiösen Mörike-Lieder in größere Dimension über, und auch hier wieder bewährt sich Wolfs Formkraft, die das meditativ schweifende Gedicht in klare Dreiteiligkeit bannt, in der Mitte mit tonmalendem Trillerwerk, heiteren Vogelgesang als Karfreitags-Zauber der Natur am tiefsten Trauertag der christlichen Menschheit beschwörend. Mörike zeigt sich hier katholischer Frömmigkeit nahe, wenn er die Naturstimmen schweigen heißt und in die von Weihrauchdüften erfüllten *Todesgrüfte des Muttergotteshauses* Zuflucht nimmt. Wolf folgt ihm mit Schmerz-Synkopen im Klavier und gemessen schreitendem Melos. Hier kann ich Frank Walker nicht zustimmen, wenn er in seiner Wolf-Biographie *keine außerordentliche Erfindung* feststellt.

Natürlich ist es leichter, den vielvertonten, sogenannten Kirchengesang *Zum neuen Jahr* (Wie heimlicherweise) mit seiner einfachen Melodie eingängiger zu finden, und schon gar das von choralartigen Akkorden getragene, herkömmlich in die Dominante modulierende *Gebet* (Herr! schicke, was du willt). Aber gerade den für das Mörike-Klischee des bieder-frommen Landpfarrers so ergiebigen Schlußvers vom *holden Bescheiden* stattet der Komponist mit Eigenton aus: Die Singstimme weicht in synkopische Rezitation aus, das Instrument tritt mit einer ganz neuen Melodie *zart und ausdrucksvoll* hervor. Man ist auch beim Mörike-Wolf nie vor Überraschungen sicher!

An den Schlaf (Schlaf! süßer Schlaf!), ein aus dem Lateinischen übersetztes Epigramm von der Nachbarschaft des Schlafes mit dem Tod, wandelt ein eintaktiges, mit bloßen zwei Melodietönen auskommendes Klaviermotiv harmonisch reich ab. Isoldes Liebestod nährt nicht nur das verklärt ausklingende Nachspiel; auch darin wirkt das Vorbild Wagner nach, daß Wolf in klarem As-Dur beginnt und ganz anders, hier in E-Dur, endet. Vom Gedicht her leuchtet nicht ganz ein, warum.

Zwei hochpathetische, ja dramatisch ausladende Lieder größeren Umfangs beschließen die vorwiegend religiöse Gruppe. In beiden Gedichten künden die Verse von Gottsuche, die Lieder sind auch durch das Eingangsmotiv miteinander verknüpft. *Neue Liebe* (Kann auch ein Mensch) läßt den an irdischer Liebe Verzweifelnden das erhabenere Einssein mit Gott finden. Wolf bereitet diese ekstatische Erkenntnis in einer grandiosen Steigerung vor, die das Klaviermotiv binnen bloßer fünf Takte von ppp bis fff entfaltet; die Gesangsstimme, die eigenständig gefolgt ist, sinkt dann, wie selig erschöpft, in die Tiefe. Tremoli in der linken Hand dienen zum Ausdruck des *süßen Schreckens*, eine, zugegeben, etwas opernhaft wirkende Technik; beim Komponisten klangen wohl die Opernklavierauszüge nach, die er in der Jugend so oft geklimpert hatte.

In der Klage eines reuigen Sünders *Wo find ich Trost?* (Eine Liebe kenn ich) versagt sich Wolf dieses etwas abgegriffene Erregungssymbol, verdichtet die motivische Verzahnung von Gesang und Instrument und beschwört zu den zweimal wiederholten Ausbrüchen

Frage: ›Hüter, ist die Nacht bald hin?‹
und: ›Was rettet mich von Tod und Sünde?‹

schier eine Vision des Jüngsten Gerichtes: Posaunenakkorde und Trompetenstöße, dazu die in Oktaven herabstürzende Zerknirschung der fragenden Stimme. Die beiden Lieder gehören nicht nur motivisch zusammen, in ihnen gipfelt und erschöpft sich zugleich Wolfs religiöse Mörike-Lyrik insofern, als in diesem Zyklus kein geistliches Lied mehr folgt.

Nach Wolfs Kontrast-Dramaturgie folgt vielmehr eine vielgestaltige Gruppe von Liebesgesängen. *An die Geliebte* (Wenn ich, von deinem Anschaun tief gestillt) schlägt mit dem erschauernden Klavier-Tremolo technisch, mit dem Lichtgesang des gestirnten Firmamentes (in hohen Triolen-Akkorden des Klaviers flimmernd) auch geistig eine Brücke von der geistlichen zur irdischen Liebe. In der beseligten Ausklangsmelodie der Stimme – wie oft und vielfältig wandelte Wolf solche einprägsamen Floskeln unendlicher Melodie ab! – schwingt die Beglückung von Mörikes junger Liebe zu Luise Rau mit; in *Lebe wohl* (»Lebe wohl!« – Du fühlest nicht) deren schmerzliches Scheitern. Nehmen wir deshalb dieses Lied vorweg, mit seinen zwanzig Takten eines der kürzesten, aber in der Expression packendsten Hugo Wolfs. Die von Beethoven (in der Klaviersonate *Les adieux*) für Generationen vorgeprägte Lebewohl-Sprachmelodie wird hier zu Halbtonschritten verengt, wie überhaupt Chromatik alles prägt und belebt. Ein Seelendrama en miniature, in der äußersten Verdichtung bis in die Moderne des Expressionismus vorausweisend. Arnold Schönberg über Anton Webern: *Man bedenke, welche Enthaltsamkeit dazu gehört, sich so kurz zu fassen ... einen Roman durch eine einzige Geste, ein Glück durch ein einziges Aufatmen auszudrücken: zu solcher Konzentration findet sich nur, wo Wehleidigkeit in entsprechendem Maße fehlt.*

Zwischen diesen beiden Liedern sind zwei Pretiosen von Mörikes wie Wolfs Lyrik eingebettet: die beiden *Peregrina*-Lieder. Peregrina ist eine zigeunerische Figur aus des Dichters Roman *Maler Nolten*, in den auch andere der schönsten Mörike-Gedichte eingestreut sind; in Peregrina dämonisiert sich eine sehr leibhaftige Jugendliebe des neunzehnjährigen Stiftsschülers in Ludwigsburg, das geheimnisvolle fremde Mädchen Maria Meyer, das man bewußtlos im Straßengraben fand und das fortan den schwäbischen jungen Männern die Köpfe verdrehte. Mörike verklärt sein Erlebnis in fünf *Peregrina*-Gedichten, von denen Wolf zwei auswählte.

Peregrina I ist ein wahrer Triumph seiner neuartigen, sich nie auf Wiederholungen oder Sequenzen stützenden, ständig neu erfindenden Melodik. Sehr bemerkenswert, daß Wolf fast durchweg seine Gesangsmelodie gegen die Betonungsakzente des Gedichtes setzt, sie in unabhängiger Schwebe hält und durch Antizipationen (= betonte Versakzente werden auf unbetonte Noten gesungen) in diesem ersten Meisterzyklus bereits die Eigenart seines letzten großen, des *Italienischen Liederbuches*, vorwegnimmt; ein Indiz für die latente Stileinheit der Wolfschen Lyrik, so oft sie auch noch in den reifen Liederbüchern nach

Mörike, Eichendorff und Goethe durch konventionellere, herkömmliche Melodietypen durchbrochen scheint. In *Peregrina I* wird diese neuartige, Taktstriche ignorierende und über sie hinwegsingende Melodik anfangs von aufwärts geführten Klavierakkorden kontrapunktiert, dann übernimmt das Instrument die motivische Führung, ausklingend schwelgt die Stimme wieder in einem Gesangsbogen, den *Tod im Kelch der Sünden* verklärend. Und die – zuerst sprachmelodisch absteigende – Gesangsmelodie zeugt zugleich das Motiv, das beide Lieder verklammert.

In *Peregrina II* trägt es instrumentalisiert das ganze feine Gespinst dieser Phantasmagorie: der um seine verlorene Geliebte Klagende begegnet ihrem Geist beim Mahle und entführt ihn, als echt romantischer Jüngling in *lautes Schluchzen* ausbrechend, aus der banalen Welt. Walker hielt beide *Peregrina*-Lieder noch für *schwer faßlich, wenig bekannt.* Seit Dietrich Fischer-Dieskau sie sang, sind sie sehr wohl bekannt und erkannt, nämlich als zum innersten Bezirk aller deutscher Lied-Lyrik gehörig.

Ihnen gegenüber wirkt *Frage und Antwort* (Fragst du mich) leichtgewichtig: Die naturhafte Unwiderstehlichkeit der Liebe mündet nach fragenden chromatischen Wendungen in fragloses As-Dur.

Harmonisch ganz vereinfacht, dabei reizvoll mit überraschenden Rückungen in Paralleltonarten, ist *Heimweh* (Anders wird die Welt). Es gibt unzählige deutsche Heimweh-Lieder. Dieses, simpler Melodie-Periodik ausweichend und den Wendungen der Verse sensibel folgend, trifft kunstvoll einen imaginären Ton volksliedhafter Einfalt. Ein Stimmungswunder in sehr leisen, nie das Mezzoforte überschreitenden Schwebungen.

Das Lied vom Winde (Sausewind, Brausewind) könnte man eine poetische Klavieretüde mit obligater, vorwiegend rezitativischer Singstimme nennen, so dominieren die auf und nieder sausenden chromatischen Oktaven. Auch dieses Frage- und Antwortspiel zwischen einem Mädchen und der Natur ist ein Liebeslied.

Hingegen wirkt das besinnliche *Denk es, so Seele!* (Ein Tännlein grünet wo) wie ein Nachhall aus der religiösen Gruppe. Der Dichter mahnt angesichts einer Idylle mit Bäumen, Rosen und fröhlich springenden Pferden an den allgegenwärtigen Tod. Wie nah der vielleicht droht, unterstreicht der Komponist bei der zweiten Mahnung durch eine dramatische, wiederum mit erregtem Tremolo dynamisierte Steigerung, ehe Stimme und Nachspiel scheu zurücksinken. Ein packender Effekt! Man mag darüber streiten, ob hier die Vertonung mehr aus dem Gedicht liest, als es enthält – es also eigentlich verfälscht –, oder ob nicht die Musik erst erspürt und ausschöpft, was die bewußt verknappten, reimlosen Verse nur andeuten. Die drängende Wortverdoppelung *vielleicht, vielleicht* und das überraschende Rufzeichen zu Ende sprechen für Wolfs dramatisierende Auffassung. Es wäre nicht das erste und nicht das letzte Mal, daß er durch den tiefenpsychologischen Resonanzboden seiner Musik geheime Schwingungen großer Lyrik verstärkt.

Die Liebeslieder-Reihe wird danach unproblematischer fortgeführt. *Der Jäger* (Drei Tage Regen) ist ein Verliebter, der nach einigem komischen Schmollen und wütendem Herumballern (Wolf malt es recht bescheiden mit Akkordschlag und Baßtremolo aus) reuig zur Liebsten zurückkehrt. Die vorherrschende Gesangsmelodie ist etwas derb skandiert, und die im *Rat einer Alten* (Bin jung gewesen) folgende bedient sich gar – in Wolfs Entwicklung fast vor-mörikisch – einer einfachen Tanzweise. Das Lied ist dennoch nicht reizlos. Die ununterbrochenen Halbtonvorschläge der Begleitakkorde ironisieren gewissermaßen die banalen Lebensregeln der Alten, und hat man das Lied von Elisabeth Schwarzkopf gehört, die hier krächzende Komödiantik vor Stimmschönheit stellte, so wird auch diese Kleinigkeit zu einem Charakter-Kleinod.

Erstes Liebeslied eines Mädchens (Was im Netze?) – wie völlig anders behandelt Wolf hier die Singstimme! Atemlos, stockend, mit vielen Vorausnahmen dem strukturierenden Klavierthema ausweichend, fragt das erregte Mädchen, ob es einen *süßen Aal* oder eine *Schlange* greifen werde – schließlich bleibt es einerlei; *das schaurige Ding* wird *wonniglich graben* und sie – auch wenn es ihr *keck durch die Haut* beißt – keinesfalls umbringen, im Gegenteil! Ein fröhlich *wütendes* Klaviernachspiel kündet überdeutlich von den Freuden junger Liebe, die der Dichter nur in Sexualsymbolen (Aal, Schlange) verkleidet anzutippen wagte, im Gedichttitel jedoch augenzwinkernd verriet: Die schaurige Netzfischerei ist eben ein Liebeslied! Eines der psychologisch wie im Kontrapunkt von Stimme und Instrument kühnsten Hugo Wolfs.

Ihm gegenüber gibt sich das *Lied eines Verliebten* (In aller Früh) mit seinem zu Tode gerittenen Sechsachtel-Thema im Klavier und der grämlichen Klage eines schlaflosen Verliebten als bloßes Leichtgewicht, textlich wie musikalisch.

Dafür folgt sogleich ein balladesker Geniestreich: *Der Feuerreiter* (Sehet ihr am Fensterlein) bringt Mörikes Version eines alten Volksglaubens vom unheimlichen Mann, der Brände ahnt und riecht, angereichert durch christliche Züge. Weil er *des heilgen Kreuzes Span* als Zaubermittel mißbraucht, muß er selber verbrennen. Ein dunkles Gedicht, das ganz von der sinnenhaften Dramatik seiner fünf Strophen lebt. Ein Kehrreim hält sie zusammen:

Hinterm Berg, hinterm Berg
Brennt es in der Mühle!

Wolf gibt dem Refrain einprägsam plastische Gestalt, die er als motivische Klammer, besinnlich verlangsamt, auch für die allerletzten, nachrufenden Schlußzeilen des Gedichtes verwendet.

Zuvor entfesselt der Komponist, gestützt auf ein in Triolen jagendes Klaviermotiv und scharf rhythmisierte Baßoktaven, über denen die Stimme aufgeregt deklamiert, ein Furioso von Feuerzauber. Aber alles bleibt durch Form gebändigt. Nicht nur der zitierte Kehrreim gliedert sie; auch die episch schreitenden Klavierachtel des Mittelteiles kehren in der letzten Strophe wieder, mit neuer Gesangsweise, die sich ebenso natürlich anschmiegt. Solche Geschlossenheit erreichte Carl Loewe – den Wolf ja keinesfalls unterschätzte – nur in wenigen seiner populären Balladen, im *Erlkönig* etwa, und auch denen Schuberts braucht Wolf nicht auszuweichen.

Rechnet man das von Mörike so genannte Märchen namens *Nixe Binsefuß* (Des Wassermanns sein Töchterlein) zur Balladengruppe, da es Wolf ja hier eingeordnet hat, so kann es nur als heiter-kauziger Kontrast zum *Feuerreiter* gewertet werden. Das Naturwesen verspricht in halb skurrilem, halb melodisch einfältigem Geplapper allerlei Gaben. Ein duftiges Sopranlied – ohne eine einzige Baßnote im Klavier!

Nach einer Unterbrechung durch den *Gesang Weylas* beschwört Wolf in seiner letzten Mörike-Ballade *Die Geister am Mummelsee* (Vom Berge was kommt dort) eine düstere Sagenszene: Ein gespenstischer Trauerzug begräbt den Geisterkönig in den Fluten des Schwarzwaldsees. Ausdehnung und Gehalt dekken sich hier nicht. Mit der konventionell auf schwere Taktteile gestützten Melodie und der ebenso herkömmlich, Loewe-nah, figurierten Akkordbegleitung plädiert das sehr lange Lied ungewollt für die Überlegenheit des Miniaturisten Hugo Wolf. Ein vereinfachtes Etikett, das er gerade in diesem Zyklus oft genug widerlegte – man denke nur an den *Feuerreiter*, an *Im Frühling* oder an die erste *Christblume*.

Der *Gesang Weylas* (Du bist Orplid) freilich bezeugt wiederum Wolfs Größe in der Kleinform. Bloße zwanzig Takte, das Instrument mit seinen leise rauschenden Arpeggio-Akkorden begleitet eine sich aus meditativer Tonwiederholung zum majestätischen Schlußbogen erhebende Alt-Melodie. Weyla ist eine Göttin, Orplid das Reich des Königs Ulmon, das Gedicht entstammt einem Jugendschauspiel, das Mörike in seinen Roman *Maler Nolten* aufnahm. Nie hat Wolf mythische Erhabenheit mit einfacheren, dabei höchst sinnfälligen Mitteln beschworen.

Sechs humoristische Lieder beschließen den Zyklus. Ein heiterer, gelegentlich satirischer Kehraus. Die *Storchenbotschaft* (Des Schäfers sein Haus) gibt sich musikalisch gar nicht so einfach wie Mörikes unbeschwerter Spaß. Zwei Störche verkünden dem Schäfer, daß er Vater von Zwillingen geworden ist. Das erzählt Wolf mit einem in sechs Strophen immer neu variierten, apart dissonanten Klaviermotiv, dessen Zweistimmigkeit das paarweise Auftreten der Boten symbolisiert, und mit einer vielgestaltigen Gesangstimme – allerlei Kunstfertigkeit ist da ganz zwanglos investiert.

Auf kleinerem Raum auch in der Groteske *Zur Warnung* (Einmal nach einer lustigen Nacht). Der poetische Kater des Dichters, der nach einer durchzechten Nacht wüst zu reimen beginnt, findet erst in der zweiten Hälfte des Liedes zur Ordnung in a-Moll. Bis dahin taumeln Klavier wie Stimme haltlos durch einen Klangnebel. Das ist mit akkordischen Anleihen aus der Harmonielehre wahrhaft atonal komponiert (siehe unten).

Natürlich wäre es töricht, deshalb Hugo Wolf als Pionier der Atonalität in Anspruch zu nehmen. Er hielt ja den jungen Richard Strauss, der in den achtziger und neunziger Jahren noch weit entfernt war von aufrührerischen *Elektra*-Kakophonien, für einen *musikalischen Tollhäusler*[30] und verspottete seine *affektierten Harmoniekrämpfe*. Wenn Wolf sich selber dergleichen leistete, dann nur in poetisch bedingten Grenzsituationen um des aufs äußerste gesteigerten Ausdrucks willen. Harmonisch undefinierbare Klänge als wirr tönende Sinnbilder von Katzenjammer und Katerstimmung: Zur Warnung, wie ja das kauzige Lied auch betitelt ist.

Auftrag (In poetischer Epistel) gibt sich in der Tonsprache ungleich einfacher. Ein *halber Dichter* sucht als Verliebter Rat bei einem wirklichen; in der Vertonung mit einer geradezu operettenhaften Couplet-Melodie – Wolf in der Nähe des aufblühenden Wiener Kabaretts! *Bei einer Trauung* (Vor lauter hochadligen Zeugen) folgt er Mörike auf dessen Ausflügen ins Satirische. Zu düsteren Trauermarschklängen *kopuliert man ihrer zwei*, nämlich ein Fürstenpaar. Der übermäßige Dreiklang drückt hier sehr komisch die jämmerliche Stimmung der gegen ihren Willen Ver-

Sehr langsam (schleichend und trübe)

kuppelten aus. *Selbstgeständnis* (Ich bin meiner Mutter) bildet in seiner textlichen wie musikalischen Leichtgewichtigkeit – ein verhätscheltes Einzelkind sehnt sich nach den nicht empfangenen Schlägen *für Sechse* zurück – eine Brücke zum allerletzten Mörike-Lied.

In diesem *Abschied* (Unangeklopft ein Herr tritt ein) machen sich Dichter und Komponist, beide von der etablierten Kritik so oft und so lange unterschätzt, gemeinsam über ihre Rezensenten lustig. Bei Wolf ein etwas zwielichtiges Beginnen: Hat er nicht selber als höchst launischer Musikkritiker Schläge genug ausgeteilt? Vergessen! Künstlern steht das Recht der Vergeßlichkeit zu, wenn sie es schöpferisch sublimieren. Wolf tut das, indem er Mörike mit allen Mitteln seiner (hier vorwiegend rezitativischen) neuen Kunst steigert. Der Dichter endet mit der augenzwinkernden Freude am Gepurzel seines anmaßenden Rezensenten, den er mit einem *kleinen Tritt nur so von hinten aufs Gesäße* die Treppe hinab befördert hat. Wolf kostet diesen Triumph aus, indem er dazu eine Endstrophe im Wiener-Walzer-Ton erfindet und sie, fortissimo jubelnd, in einem schamlos ordinären Klavier-Nachspiel noch übertrumpft.

Da schwingt ein Ton von Sadismus mit, und wäre Wolf ein virtuoserer Pianist gewesen, hätte er diesen grotesken Mörike-Abgesang wohl noch brillanter ausgestattet. Oder war es gewollte Aussparung, so wie der ganze Zyklus mit ausgesparten Baßoktaven angehoben hat? Von der kargen Meditation des *Genesenen* bis zum Bänkel-Übermut dieses *Abschieds* – welche Kontraste, welche Entfaltung innerhalb eines bloßen Dreivierteljahres, welch abenteuerliche Reise durch Mörikes Dichtungslandschaft! Für Hugo Wolfs frühesten Genie-Zyklus trifft Carl Maria von Webers Wort über Mozarts früheste Genie-Oper zu: *Opern wie ›Figaro‹ und ›Don Juan‹ war die Welt berechtigt, mehrere von ihm zu erwarten; eine ›Entführung‹ konnte er mit dem besten Willen nicht wieder schreiben.*

Das Mörike-Liederbuch wurde schon im März 1889 im Druck veröffentlicht. Wiederum bei Wetzler, aber diesmal nur kommissarisch, der Komponist war jetzt selbstbewußt geworden und wollte sich nicht mehr an einen so unbekannten Verlag binden. Mit größter Sorgfalt kümmerte er sich um alle Details

Der Tenor Ferdinand Jäger, der sich für Wolfs Lieder einsetzte.

der Drucklegung. Seine Hauptbedingung war, daß ein Bild des Dichters den Noten vorangestellt werde. Also nicht das des Komponisten – das zeugt nicht nur von Bescheidenheit (der Größenwahn während der manischen Phasen wich im Alltag doch nüchterneren Einsichten), sondern auch, was viel wichtiger erscheint, von einer neuartigen Lied-Ästhetik: In deren Alpha bis Omega nahm eben der Dichter des auslösenden, befruchtenden Wortes den ersten Rang ein, so stark der Dichter in Tönen nachher wirken mochte.

Die Mörike-Lieder brachten Wolf eine für sein ganzes künftiges Leben künstlerisch entscheidende neue Bekanntschaft ein. In Kócherts Musiksalon spielte er dem Tenor Ferdinand Jäger einige der neuen Lieder vor und gewann den Sänger zum überzeugten Herold. Jäger wurde für Wolf, was Johann Michael Vogl einst für Schubert gewesen war. Er war um zweiundzwanzig Jahre älter als Wolf, hatte in Bayreuth einen Nachfolge-Parsifal gesungen und, auf Richard Wagners Empfehlung, an der Wiener Staatsoper sogar den Siegfried, für den er weniger stimmlich als durch seine schlanke, hohe Figur prädestiniert erschien. Als er Wolf kennenlernte, hatte er sich schon von der Bühne zurückgezogen. *Mit seiner Stimme war es nie weit her*, desillusioniert Decsey[31] alle Legenden, *ein dunkler, etwas spröder Tenor, der Höhen später nur mühsam nahm.* Wolf hatte seine Probleme mit Jäger. Wenn dem etwas mißglückte, so Decsey, *stampfte Wolf mit dem Fuß, daß der Staub aufflog, oder er hieb rücksichtslos in die Tasten.* Mitte der neunziger Jahre zog sich der Sänger von der Öffentlichkeit zurück (er starb 1902, also noch vor Wolf).

Was er für den jungen, noch völlig unbekannten Komponisten getan hatte, kann gar nicht überschätzt werden. Es begann mit dem Konzert am 15. Dezember 1888 im Bösendorfer-Saal, als Wolf und Jäger erstmals zusammen auftraten und mit Mörike-, Goethe-, Eichendorff- und Reinick-Liedern gewaltigen Widerhall beim Publikum hervorriefen. Max Kalbeck, der Brahms-Freund, schrieb dennoch über die Mörike-Lieder: *Kindisches, klingedürres Zeug, abenteuerlich banale Melodien und lächerliche Harmonienkrämpfe, welche für Emotionen von Geist angesehen zu werden wünschen ...* Man sieht, die Rache am *wilden Wolf* des *Salonblattes* bediente sich auch keiner feineren Vokabeln. Der Verriß beeinträchtigte weder Jäger in seiner Hugo-Wolf-Treue noch den Urheber der Darbietung in der Fortsetzung des Weges, den er mit dem Mörike-Zyklus eingeschlagen hatte.

Die Inspiration, diese für ihn dämonische, unbegreifliche, qualvoll umzitterte und überschwenglich genossene Macht von außen, blieb ihm dabei lange Zeit treu. Die fast drei Jahre zwischen dem ersten Mörike-Lied und dem letzten aus dem ersten Teil des *Italienischen Liederbuches* sind von einer einzigartigen, in Wolfs Leben nie wiederholten, nur kurz und selten abstürzenden Gipfelwanderung auf den Graten künstlerischer Vollendung umspannt. Eingebettet sind die Eichendorff-Lieder, die im folgenden, etwas zurückgeblendet, zu betrachten sind.

DER ANDERE EICHENDORFF

Der Eichendorff-Zyklus ist mitten in der Arbeit an den Mörike-Liedern entstanden, mit seinen Anfängen reicht er aber um Jahre zurück. Dazu sind nicht die ersten – verschollenen – vier Versuche (darunter eine Erstfassung der *Verschwiegenen Liebe*!) des Achtzehnjährigen zu rechnen. Bald darauf jedoch begann Wolf ernstlich auf eine Liedfolge mit seinem *lieben Eichendorff* hinzuarbeiten; bis zum *Soldat II* (Ende 1886), das er als ältestes Lied in den endgültigen Zyklus aufnahm, entstanden weitere neun Eichendorff-Vertonungen, von sechs geistlichen Chören ganz abgesehen. Dennoch ging es nur stockend auf den geplanten Zyklus zu, mit großen Pausen, die durch vielfache Depressionen bedingt waren. Manchmal wirkte die Macht der Inspiration durch ein Gedicht aber so stark, daß auch in den tristen, vom Tod seines Vaters beschatteten Wochen des Mai 1887 ein Wurf wie der *Nachtzauber* entstehen konnte, ja geradezu herausgeschleudert werden mußte.

Wie überhaupt Spontaneität für viele der reifen Eichendorff-Lieder bezeichnend ist. *Verschwiegene Liebe* konnte nicht einmal der Lärm von Ecksteins Fabrik verhindern, Wolf ging am 31. August 1888 im Garten daneben mit einem Eichendorff-Band in der Hand auf und ab. *Mit einem Male machte Wolf kehrt, stieg hinauf in die Wohnung, ging in Ecksteins Zimmer, zum Klavier, legte das Buch hin und schrieb die Verschwiegene Liebe fix und fertig nieder ...*, sofern man Decseys[32] etwas romantisiert klingender (aber auch von Walker übernommener) Darstellung aufs Wort glauben darf. Sollte der so Lärmempfindliche wirklich plötzlich taub gegen Maschinengetöse, Fabrikspfeifen und Teppichklopfer geworden sein? Daß er den *Schreckenberger* vierzehn Tage darauf mitten in der Rettenbachwildnis bei Ischl und, zwei Tage später, den *Glücksritter* in der Postkutsche auf der Fahrt nach Rinnbach zu Papier brachte, bezeugt jedenfalls, wie unwiderstehlich die Einfälle Wolf zufielen.

Da mag die Natur inspirierend mitgewirkt haben. Für sie zeigte sich Wolf allezeit empfänglich. Und da sich vom Ecksteinschen Ferienhaus in Unterach am Westufer des Attersees aus Naturschönheiten überreich boten, brach dort zu Herbstbeginn 1888 ein neuer Liederfrühling aus. Kürzer als der Perchtoldsdorfer, aber ähnlich vulkanisch: Zwischen 21. und 29. September 1888 krönte Wolf den Eichendorff-Zyklus mit den letzten zehn Meisterliedern.

Das Buch der zwanzig Eichendorff-Lieder enthält einige der meistgesungenen Wolf-Gesänge überhaupt; so den *Freund*, die *Verschwiegene Liebe*, den *Heimweh*-Gesang, und auch solche Kostbarkeiten wie *Nachtzauber* und *Ständchen*. Dennoch erfreut sich dieser Zyklus bei vielen Beurteilern erstaunlich geringer Wertschätzung. Walker nennt einige Lieder zweitrangig und resümiert: *Matter als im Mörike-Band brennt hier die Flamme der Inspiration.* Dieser Ausspruch scheint mir nicht gerecht und nur aus der Wagner-Fortschritts-Perspektive verständlich.

Es ist richtig, daß Wolf hier öfter hinter die Errungenschaften zurückfällt, die viele seiner Mörike-Vertonungen auszeichnen, nämlich die für seinen Reifestil so charakteristische Gleichrangigkeit von Gesang und Instrument, die Erweiterung des hergebrachten Melodietypus. Tatsächlich behalten alle Eichendorff-Lieder – bis auf das *Ständchen* – die Vorherrschaft der periodisierten Gesangsmelodie bei. Das ergibt sich schon daraus, daß sieben bereits in der Vor-Mörike-Zeit komponiert wurden. Es bleibt offen, ob Wolf das ältere Liedmodell als treffendste Ausdrucksform für eine Lyrik ansah, die immerhin schon um zwei Generationen entrückt war, oder ob der ganze Zyklus, wie Walker meinte, *in einem Zustand der Entspannung* geschrieben wurde. Dagegen aber spricht, daß Wolf in den Unteracher Septemberwochen mehr als die Hälfte der Lieder wiederum wie besessen, eruptiv herausschleuderte – wo blieb da Entspannung?

Sicher tritt der Eichendorff-Zyklus, schon wegen des weit

geringeren Umfangs, hinter die Gestalten- und Stimmungsfülle des Mörikeschen zurück. Wolf traf eine bewußt schmale Auswahl. Die religiöse Lyrik des Dichters fehlt ganz, die war in den früheren a-cappella-Chören vertont, und die naturnahe Poesie vom Zauber verträumter Wälder und stiller Schloßparks, *wo die Marmorbilder stehen*, die Sehnsucht nach *der alten schönen Zeit* bleibt wenigen Gesängen vorbehalten. Diese volkstümliche Eichendorff-Saite hatte Schumann oft genug angeschlagen; Wolf vertonte lieber, was sein Vorgänger offengelassen hatte. Vor allem hatte es ihm der Eichendorff angetan, der die fröhlichen, derben, kauzigen Figuren, die Abenteurer und Taugenichtse, die Soldaten und die Musikanten zu Wort kommen ließ. Daß er, *übereinstimmend mit der realistischen Kunstrichtung*, in den Eichendorff-Liedern das romantische Element ganz zurücktreten lasse, zugunsten der noch *ziemlich unbekannten*, der *keck humoristischen, derb-sinnlichen Seite des Dichters*, das bestätigte Wolf später (am 12. März 1891) in einem Brief an Humperdinck.

Die vorwiegende Beschränkung auf die rhythmisch einfache, manchmal volkstümliche Melodie mag entwicklungsgeschichtlich als Stillstand oder gar als Rückschritt gewertet werden; keinesfalls steckt Inspirationsmangel dahinter. Vielmehr zeigen gerade die Eichendorff-Lieder, zumindest die besten, Wolf als Meister in der selbstgewählten Beschränkung, als Melodiker von plastischer Prägekraft, der auch dort, wo er Schuberts und Schumanns Spuren nahe bleibt, einen eigenen Klangweg geht. Man sollte das nie unterschätzen. Um 1890 war es für einen deutschen Vokalkomponisten viel leichter, spätromantische, nachwagnerische Errungenschaften auszubauen und technisch zu erweitern, als neue, nicht bloß epigonale Melodien zu erfinden. Mit solchen eröffnet Wolf den Eichendorff-Zyklus. *Der Freund* (Wer auf den Wogen) – ohne besondere Feinheiten ein baritonal wirkungsvoller Lobpreis der Kameradschaft. Die Wahl des fast ganz zuletzt komponierten Gedichtes als Einleitung hatte, ähnlich wie schon bei der Mörike-Folge, programmatische Bedeutung. So dankte der Komponist seinen Freunden, die ihm durch ihre Unterstützung das Komponieren überhaupt erst ermöglichten.

Und als ob er, der Ungebundene, der Junggeselle, der von einer Wohnung zur anderen Vagabundierende, sich gleich selber halb ironisch porträtieren wollte, ließ er das volksliedhafte, fast schubertische Strophenlied *Der Musikant* (Wandern lieb' ich) folgen. In dem einfachen harmonischen Gefüge wirkt besonders anrührend, wenn Wolf zu den Worten *Weiß nicht, wo ich abends ruh'* von E-Dur unvermittelt nach Gis-Dur moduliert und die Melodie um eine Oktave tiefer sinken läßt. Bekenntnishafte Ausdruckskunst mit schlichtesten Mitteln.

Verschwiegene Liebe (Über Wipfel und Saaten), wiederum der Form nach ein einfaches Zweistrophenlied, melodisiert wahrlich stimmungsvoll Eichendorffschen Nachtzauber und läßt das begleitende Klavier in zarten Triolen mitwirken. Bezeichnend für Wolfs Nuancenkunst, wie er den Melodieschluß in der sonst genau wiederholten zweiten Strophe variiert. Nur eine einzige Note wird verändert (e statt a), eine winzige Kleinigkeit – beim reifen Hugo Wolf werden solche Kleinigkeiten zu Wesentlichkeiten des Ausdrucks.

Das Ständchen (Auf die Dächer) fällt ein wenig aus dem Rahmen. Schon weil das Lied, wie schon erwähnt, das einzige dieses Zyklus ist, dessen Substanz nicht von der Gesangsmelodie, sondern vom Instrument geprägt wird. Das ergibt sich ganz zwanglos aus der Situation des Gedichtes. Ein alter Mann lauscht der Serenade eines jungen Liebhabers und gedenkt seiner eigenen, längst verstorbenen Liebsten. Alles Motivische und Melodische liegt im ausgespart zweistimmigen Klaviersatz, der ein heiteres Gitarren-Ständchen symbolisiert. Die Singstimme begleitet hier: in freien, wortsensiblen Kontrapunkten. Die wehmütigen Betrachtungen des Alten gehen oft, was im Eichendorff-Zyklus sonst sehr selten ist, über die Taktstriche hinweg.

Ein sehr stilles, nicht effektheischendes Lied; hat man es von Fischer-Dieskau singen gehört, so hat man die interpretatorische Offenbarung eines wahren Meisterwerkes erlebt. Wohl das kostbarste des ganzen Zyklus! Solche steigernde Anreicherung eines Gedichtes durch Musik, solche Vertonungs-Psychologie in selbstgewählter Beschränkung auf einfachste Mittel, auf klare Dreilinigkeit ohne allen spätromantischen Stimmungsschwulst, das ist Wolf auch in seinen anderen Zyklen nur selten gelungen.

Da können die folgenden drei Lieder nur abfallen. *Der Soldat I* (Ist auch schmuck nicht mein Rößlein) rühmt seine Unabhängigkeit in einer C-Dur-Melodie zu hüpfenden 3/8-Triolen des Begleitinstrumentes, *Der Soldat II*, ähnlich angeberisch im Text, gewinnt dank Wolfs Vertonung mit den jagenden, reich modulierenden Oktaven-Triolen des Klaviers – da jagt der Tod hinterher! – einen dämonischen Zug. *Die Zigeunerin* (Am Kreuzweg da lausche ich) erhält durch die ständig wiederholten Synkopen des Klaviers rhythmische Würze; leicht exotischen Reiz tragen dem Dreistrophenlied auch die bei Wolf seltenen La-la-la-Vokalisen des verliebten Naturgeschöpfes bei.

Ähnlich wie die dem Gedicht hinzugefügten Wortwiederholungen *(komm! komm!)* am Ende des Liedes *Nachtzauber* (Hörst du nicht die Quellen gehen). Es wurde noch vor dem Mörike-Zyklus komponiert, zeigt aber bereits alle Züge eines Wolfschen Meisterwerkes. Die Gesangsmelodie hat Eigenwert (um dessentwillen gleich am Anfang eine deklamatorisch falsche Betonung – auf *gehen* statt auf *Quellen* – in Kauf genommen wird), zugleich ist sie sprachmelodisch reich differenziert, und das Klavier mit seinen ununterbrochen fließenden, die Harmonien durch chromatische Wechselnoten verschleiernden pianissimo-Sechzehnteln wächst weit über das hinaus, was man gemeinhin Begleitung nennt. Zarte, ebenfalls harmoniefremde, Seufzer in den Mittelstimmen tragen wie geheimnisvolle Naturtöne zum Stimmungszauber dieser Eichendorff-Nostalgie bei. Bei aller formalen Klarheit des Zweistrophenliedes: In wenigen anderen ist Wolf so sensibel, so farbnuancenreich dem Impressionismus nahe.

Die folgenden drei Nummern geben sich gröber und derber, gemäß den – musikalisch nicht sehr ergiebigen – Gedichten. *Der*

Schreckenberger (Aufs Wohlsein meiner Dame) rühmt mit konventioneller Sechsachtel-Melodie Fortuna, *Der Glücksritter* (Wenn Fortuna spröde tut), motivisch mit dem *Schreckenberger* verbunden, sucht die Glücksgöttin graziöser zu überlisten, *Lieber alles* (Soldat sein ist gefährlich) überträgt je zwei Verspaare in korrespondierende Melodiezeilen, mit einigen feinen Details der Begleitung. Eigentlich gehört auch *Der Scholar* (Bei dem angenehmsten Wetter) in diese Gruppe von Charakter-Liedern, und der stille Genießer, der sich so spitzwegisch behaglich zwischen Wissenschaft und abendlichem Besuch bei der Liebsten einzurichten weiß, ist sicher der liebenswürdigste, musikalisch mit reizvoller Ironie ausgestattete, unter den Eichendorff-Käuzen.

Vor dieses Lied hat Wolf aber das viel gefühlsgesättigtere *Heimweh* (Wer in die Fremde will wandern) eingeschoben. Seine Volkstümlichkeit dankt das Lied der einfach sangbaren Melodie (in zwei rahmenden und zwei Mittelstrophen) zu einem begleitenden, vielfacher Modulationen fähigen Klaviermotiv. Der überraschende Deutschland-Gruß am Ende wird in der Vertonung warmblütig, aber keinesfalls bombastisch nachvollzogen; die Melodie sinkt danach auf den tiefsten *Herzensgrund* hinab, und erst das Klaviernachspiel darf die Begeisterung des Wanderers ganz aussingen.

Vier sehr verschiedene Aspekte der Liebe beschließen den Zyklus. *Der verzweifelte Liebhaber* (Studieren will nichts bringen) knüpft mit seiner wirren Sehnsucht nach endlicher Zufriedenheit an die derben Sechsachtel-Weisen der vorausgegangenen Glücksritter und Abenteurer an, *Unfall* (Ich ging bei Nacht) gibt sich in seiner textlichen Betulichkeit – ein Frauenfeind wird von Cupidos Pfeil getroffen – als altväterischer Nachhall von Rokoko, mit plastischen Rezitativwendungen an zwei Strophenenden.

Liebesglück (Ich hab' ein Liebchen lieb) besticht durch den mitreißenden Schwung, wie da das Wunder der unermeßlichen, der rechten Liebe verkündet wird. Eine klar periodisierte Melodie, die den Dreier-punktierten Rhythmus der vollgriffigen Akkordbegleitung noch unterstreicht; das Klavier hat aber eine Eigenmelodie, die sich oft reizvoll in Gegenrichtung bewegt. Wenn der Sänger über genug Atem und Feuer verfügt, kann das manchmal unterschätzte Lied zu einem funkelnden Edelstein des Zyklus werden. *Seemanns Abschied* (Ade, mein Schatz) bezeugt mit den harmoniefremden Trillern im Klavierdiskant die koloristische Phantasie Wolfs; eine etwas grobschlächtige Melodie über durchgehaltenen Begleitrhythmen folgt den skurrilen Bildern des abgeblitzten Liebhabers.

In einen Anhang wurden nach Wolfs Tod drei Lieder aufgenommen, die er selber für die Drucklegung der zweiten Auflage eliminiert hatte. *Erwartung* (Grüß euch aus Herzensgrund) ist mit seinen alpenländischen Akkordbrechungen in der Melodie eher für eine frühere Schaffenszeit bezeichnend und wäre entbehrlich. Nicht so *Die Nacht* (Nacht ist wie ein stilles Meer); obwohl ebenfalls schon 1880 entstanden, ist dies ein Meisterlied, Eichendorffs Traumlandschaft mit zarter Melodie über fließenden Begleitsechzehnteln anreichernd. Zugleich Wolfs nobelste Schumann-Huldigung: Es könnte auch in dessen Eichendorff-Zyklus stehen; aber unverwechselbar Neues schwingt doch mit. Im abschließenden *Waldmädchen* (Bin ein Feuer hell) läßt Wolf das unstete Wesen eines über Felsen, Auen und Meere wirbelnden Naturgeschöpfes mehr als durch die Gesangsstimme durch das Instrument ausdrücken, in zwei Solo-Ritornellen und einem verhuschenden Nachspiel voller glitzernder Zweiunddreißigstel-Figuren.

Das Eichendorff-Liederbuch erschien schon im September 1889 im Druck, diesmal beim Wiener Verlag C. Lacom (einen besseren fand Wolf damals noch nicht). Eckstein hatte finanziell geholfen, der Komponist trug selber einiges aus seiner kleinen Erbschaft bei und brachte Verleger wie Drucker durch seine penibIen Ansprüche an die Qualität der Ausstattung zur Verzweiflung.

Bei der ersten Aufführung einiger Eichendorff-Lieder, am 7. Februar 1889 im Wagner-Verein, kam es zu einem peinlichen Zwischenfall. Ferdinand Jäger hatte gerade die Schlußverse des Heimweh-Liedes – *Grüß dich, Deutschland, aus Herzensgrund* – gesungen, da brach eine betont groß-deutsche Applausdemonstration im Saal los, Wolf konnte das Klavier-Nachspiel nicht zu Gehör bringen, auch nicht bei der Wiederholung. Er schlug wütend den Flügeldeckel zu und zischte verächtlich ins Publikum:

Und das im Wagner-Verein! Es kam zu einem Skandal, die Großdeutschen zogen unter Protest aus. Wolf ehrt es, daß er deren Ovationen (die ihm gar nicht unsympathisch sein konnten) zugunsten seines unbestechlichen Kunstbegriffes mißachtete. Er schrieb am nächsten Tag einen wütenden Brief an Josef Schalk und wollte vom Wagner-Verein nichts mehr wissen: *Seit dem gestrigen Abend hat mich eine ganz fürchterliche Menschenscheu überkommen ... Ich will mit der Öffentlichkeit nichts mehr zu tun haben, die Öffentlichkeit ist eine infame Kanaille... Ist es nicht viel besser und schöner, von einigen Menschen geliebt und verstanden, als von Tausenden gehaßt und geschmäht zu werden*?

Der Zorn legte sich im Lauf der Zeit, der Wagner-Verein (in dem eine antisemitische Gruppe Wolf und Schalk als Juden diffamiert hatte) setzte sich weiter für seine Lieder ein. Zumal der selbst im inneren Kreise noch immer so Umstrittene schon sehr bald wieder neue Proben seiner jungen Meisterschaft bot: den großen Goethe-Zyklus.

NEU ENTDECKTER GOETHE-KOSMOS

Mit seinen 51 Liedern ist der Goethe-Zyklus nächst dem nach Gedichten von Mörike der umfangreichste Hugo Wolfs. Die Qual der Auswahl mußte hier größer sein als bei jedem anderen Dichterpartner. In den Goethe-Bänden, die Wolf zur Verfügung standen, boten sich viele hundert berühmter Gedichte an; wobei ihm der volle Umfang, die volle geistige Dimension des *West-östlichen Divan* wahrscheinlich gar nicht bekannt sein konnte, weil damals dieser Kosmos Goethescher Alterslyrik dem Leserpublikum nur in Kostproben dargeboten wurde.

Qual der Wahl? Anders als bei Mörike, den es für eine breitere Öffentlichkeit überhaupt erst als einen der Großen, noch Verkannten zu entdecken galt, hatte Wolf es nun mit dem unbestrittenen Fürsten deutscher Lyrik zu tun. Mit dem seit rund hundert Jahren meistvertonten Dichter überhaupt. An ihm dennoch neue Seiten zu enthüllen war ein Problem; bei Eichendorff hatte Wolf es gleichfalls erkannt und gelöst, freilich einem schmäleren Spektrum gegenüber. Die schwierigere Frage stellten die bisherigen Vielfach-Vertonungen Goethescher Gedichte: Sollte Wolf sich den Vorgängern, Beethoven, Schubert, Schumann, Loewe im Zentrum, stellen? Sollte er ihnen ausweichen?

Wie Wolf mit dieser doppelten Problematik fertig wurde, ist bewundernswert, als höchstpersönliche Wahlentscheidung wie im schöpferischen Gelingen. Den allerpopulärsten, am öftesten vertonten Goethe-Gedichten wich er aus (etwa dem zweiten Wanderer-Nachtlied, dem Heidenröslein, der Straßburger Liebeslyrik, dem Erlkönig). Doch nicht ausnahmslos. Mit den Liedern aus dem *Wilhelm Meister* und der Trias *Prometheus, Ganymed* und *Grenzen der Menschheit* wagte er den Vergleich mit Schubertschen Gipfelwerken. Neue musikalische Goethe-Perspektiven erschloß er mit seinen Entdeckungen im *West-östlichen Divan*, weit über Schubert und Schumann hinaus. 17 Lieder sind allein diesem bis dahin noch kaum als höchstrangig, eher als privatversponnene Altersmarotte gewerteten Kompendium später Goethe-Lyrik entnommen. Zusammen mit den erwähnten dreizehn Schubert-Provokationen stellt diese Auswahl schon mehr als die Hälfte des Ganzen. Der Rest verteilt sich auf eine bunte Auswahl, bei der seltener Vertontes überwiegt. Wobei die Goethe-Entdeckungen fast ganz von den Divan-Gedichten bestritten werden. Dort finden sich 13 (von 17!) nun zum ersten Mal vertonte. Bei dem gesamten Rest des Zyklus sonst nur noch *Frech und froh II*, freilich ein rundes Dutzend weiterer, die bis dahin nur *einen* Komponisten interessiert hatten.

Nach seiner Rückkehr aus Unterach komponierte Wolf, wahrscheinlich in der Wohnung Ecksteins, die ersten dreizehn Lieder des neuen Zyklus, die übrigen dann in Köcherts Landhaus im damals stillen Weinvorort Döbling im Norden Wiens. Die Villa mit dem schönen Garten und dem klassizistischen Gartentempel in der Hirschengasse 68 (jetzt Billrothstrasse) entzückte ihn, auch wenn seiner krankhaften Lärmscheu zuliebe gurrende Tauben getötet werden mußten. Zwischen dem 27. Oktober 1888 und dem 12. Februar des folgenden Jahres (im Oktober folgte mit der *Spröden* ein einziger Nachzügler) wurden nicht weniger als 37 Liedkompositionen bewältigt, also fast jeden Tag entstand ein neues Lied, und neunmal fielen Wolf gleich zwei Lieder am selben Tag ein.

Kreative Besessenheit verhinderte nicht, daß zugleich kritische Wachheit am Werk war. Schon in der dramaturgischen Goethe-Auswahl. Sie stellt nicht den klassischen Olympier in den Mittelpunkt, den vielberufenen Meister des Maßes; sie tastet lieber das Randgelände Goethescher Lyrik ab: ihre gespaltenen, ihre dämonischen, ihre verspielten Seiten. Wolfs Goethe ist kein Goethe für den Hausgebrauch saturierter Bildungsbürger, sondern eine neu entdeckte Stimme aus junger Vergangenheit, die in die Zukunft weist.

Die Gruppe der Wilhelm-Meister-Gesänge eröffnet das erste

Heft des Zyklus. Eine herausfordernde Geste, sich gleich zu Beginn an Schubert und Schumann messen zu lassen, mit Neuem in Art und Qualität. Diese Kühnheit wurde Wolf noch lange von seinen Gegnern oder Unterschätzern als Vermessenheit angekreidet, so wie andererseits seine frühen Apologeten in einer Art von kämpferischem Trotz die Überlegenheit von Wolfs Vertonungen gegenüber Schubert behaupteten.

Gerade bei den einleitenden drei Gesängen des Harfners; berühmte Verse, oft in Liedweisen gekleidet. Schumann sei in seiner letzten, herbstlichen Liedperiode schon nicht mehr im Vollbesitz der Schöpferkraft gewesen, Schubert wiederum als Neunzehnjähriger zu jung, um sich in die Psyche eines Greises zu versetzen – so lauten etwa die pro-wolfischen, ziemlich oberflächlichen Argumente. Als ob zumindest bei Schubert, der mit siebzehn, achtzehn Jahren Goethe-Geniewürfe wie den *Erlkönig* oder *Meine Ruh ist hin* vollbrachte und mit dreißig in die tiefsten Gründe einer todessüchtigen *Winterreise* stieg, mit normal-bürgerlichen Zeitabläufen gerechnet werden könnte! Wolf, der Schubert verehrte und viele seiner Lieder für so vollkommen hielt, daß ihm eine neue Vertonung einfach überflüssig erschien, nahm die Wilhelm-Meister-Gedichte – und andere – davon aus. *Da hat Schubert den Goethe halt nicht verstanden*, meinte er.[33] Ein auf den ersten Blick arrogantes Urteil; auf den zweiten ein schöpferisch-psychologisch begründetes.

Wolf, der Zeitgenosse Sigmund Freuds, der von dessen revolutionierenden Seelenforschungen nichts wissen konnte (die *Traumdeutung* erschien erst, als der Komponist im Irrenhaus dahinvegetierte), war gewissermaßen ein Naturtalent der Psychologie. Was andere, ob Schriftsteller oder Wissenschaftler, später erkannten, ahnte er manchmal voraus – in Tönen. Wir haben das mehrfach bei seinen früheren Meisterliedern gesehen. Goethe steigerte bei ihm solche schöpferische Sensibilität. Der Respekt vor dem Größten der Großen potenzierte die vieldeutige Werthaltigkeit seiner Verse, die im morbiden, gebrochenen Licht des Fin de siècle, und mit den nachtristanischen Mitteln eines *modernen* Komponisten, neuer Ausdeutung bedürftig erschienen.

Schubert hatte die Resignation eines traurigen, verzweifelten alten Mannes, die Sehnsüchte eines jungen Mädchens namens

Mignon in völlig neuartige liedhafte Charakterstücke gebannt, die noch Beethoven unzugänglich gewesen waren: dessen *Kennst du das Land* ist noch ganz *schöne Melodie*, ohne psychologischen Hintergrund. Schubert fesselten nur die erlauchten Verse; den dickleibigen Roman, in den sie eingebettet sind, hatte er gewiß nicht durchgeackert. Ob Hugo Wolf das tat? Geahnt hat er jedenfalls das psychologische Ambiente des Harfners und der Mignon. Krankheit, Wahnsinn, Todessehnsucht, Selbstmord – das Jahrhundertende schwelgte geradezu in solch intellektueller Morbidezza; die Starken, Robusten – so Richard Strauss – kokettierten bloß mit ihr, die Anfälligen trugen ihr Herzblut bei. Ob es nun der grassierende Endzeit-Virus war, der Wolfs Sinne schärfte, ob persönliche, unbewußte Sympathie mit Gebrochenen – niemand vor ihm (und heute können wir auch sagen: nach ihm) hat Goethes Wilhelm-Meister-Lyrik so kongenial vertont wie er.

Literarische Wolf-Interpreten streichen fast unisono das *Pathologische* dieser Lieder heraus. Das soll das fortschrittlich Neuartige von Wolfs Vertonungen rühmen, wirkt heute etwas klischeehaft und hat doch einen realen Kern. Tatsächlich muß man den Harfner und Mignon, so wie Wolf sie darstellt, aus ihrer Einbettung in den Roman *Wilhelm Meisters Lehrjahre* erkennen und verstehen. Der Harfner, der anfangs nur als unterhaltender Musikus in des Amateurs Wilhelm Komödiantentruppe erscheint, entpuppt sich als Vater der Mignon, die er im Inzest mit seiner Schwester gezeugt hat, und als wahnsinniger Brandstifter, der Wilhelms Liebling Felix samt dem Gartenhaus vernichten will; er endet im Selbstmord. Mignon, das rätselvolle Geschöpf, das sich aus seiner rauhen Hoffnungslosigkeit nach einem utopischen Süden sehnt, wird als zwölfjähriges Zirkuskind in Knabenhosen von Wilhelm freigekauft; es bricht tot zusammen, als es den heimlich Geliebten in den Armen einer anderen sieht. Inzest, Wahnsinn, Suizid – wenn das nicht pathologisch ist! Für Hugo Wolf, das psychologische Naturtalent im Besitz damals moderner, nämlich nachwagnerscher Kompositionstechniken, waren die lyrischen Wilhelm-Meister-Einlagen Herausforderungen, sich als noch Unbekannter, aber höchst Selbstbewußter mit den größten Vorgängern zu messen.

Harfenspieler I (Wer sich der Einsamkeit ergibt) stellt gleich im Vorspiel ein absteigendes Vierton-Motiv als tragende Zelle des ganzen Liedes vor. Das Motiv wird sowohl im Klavier wie in der Gesangstimme – ein Baßbariton hat auf dem Gipfel *die Pein* ein F zu erklimmen! – abgewandelt. Den Mittelteil beherrscht ein kontrastierendes Triolen-Motiv. Bemerkenswert, wie der scheinbar abgenutzte neapolitanische Sextakkord (c-es-as in g-Moll) sich zwanglos in die moderne Verstörtheit ausdrückende Chromatik fügt. Schuberts Vertonung gibt sich viel einfacher: eine elegische Melodie mit Begleitung.

Näher bleibt Wolf dem Älteren in *Harfenspieler II* (An die Türen will ich schleichen), auch wenn der müde Greis hier nicht in schubertischer *gehender Bewegung*, sondern im Klavier synkopisch stockend schleicht. Auch *Harfenspieler III* (Wer nie sein Brot mit Tränen aß) wandelt im Grunde noch Schuberts Konzeption ab; mit arpeggierenden Harfenakkorden und der dynamischen Entladung auf der Schuld-Erkenntnis. Dennoch ist es ein völlig neues Lied geworden. Dreimal stellt das Klavier die Devise, ein tristanisches Sekunden-Motiv, solo vor. Die Singstimme durchsetzt die Periodik der Verszeilen durch Synkopen und mehrfache Antizipationen. Ein Stilmittel, das als Ausdruck innerer Zerrissenheit in den Mignon-Liedern noch intensiver angewendet wird. In der helleren, geradlinigeren Eichendorff-Welt kam es folgerichtig fast gar nicht vor.

Wolf könnte in seinem Goethe-Zyklus nun die Ballade *Der Sänger* folgen lassen, die ja im Wilhelm-Meister-Roman ebenfalls dem Harfner in den Mund gelegt wird. Statt dessen fügt er jedoch ein heiteres Intermezzo ein: das *Spottlied* (Ich armer Teufel), mit dem ein junger Schauspieler die Würde seines Bettelstandes gegen einen musisch bemühten Baron verteidigt. Über punktierter Klavierbegleitung eine sich in sturen Vierteln bewegende, stark chromatische Stimme. Ein weniger inspiriertes Stück, aber für eine gewisse gesangliche Derbheits-Komponente des Goethe-Zyklus bezeichnend.

Als ob Wolfs Dramaturgie ein Atemholen vor den gewichtigen Mignon-Gesängen hätte einschalten wollen. Tatsächlich führt er mit ihnen auf inspirative Gipfel und in psychologische Abgründe. *Mignon I* (Heiß mich nicht reden) durchsetzt, über

Schuberts Vorbild hinaus, den daktylischen Rhythmus der Verse durch Synkopen. Einig sind sich beide Vertoner auch im dreiteiligen Aufbau und in der akzentuierten Hervorhebung des Wortes *Gott* (der allein die Lippen lösen könnte); wobei Wolf die dreifache Wortwiederholung, die Abweichung Schuberts von Goethe, bezeichnenderweise nicht in Anspruch nimmt.

Gänzlich trennen sich beider Liedmeister Wege in den folgenden Gesängen. *Mignon II* (Nur wer die Sehnsucht kennt) gehört zu Schuberts populärsten Liedern und zu den meistvertonten Goethe-Gedichten überhaupt. In der Berliner Staatsbibliothek waren bis 1949 schon mindestens 37 verschiedene Vertonungen registriert, darunter selbst Tschaikowsky. Schuberts a-Moll-Weise spiegelt eher stille Ergebung als das, was erst Wolf aus dem Kontext des Romanes herauslas: eine gewaltige, schmerzhaft verdrängte, trostlose Liebesleidenschaft. Keine Hoffnung, kein Ziel: vage irren Melos und Zusammenklänge durch ein Gelände der Harmonik, das tonal kaum mehr zu erkennen ist. Das Lied steht in g-Moll, der erste Akkord ist wiederum der neapolitanische Sextakkord, der allerletzte (fis-a-d) die Dominante, Symbol des Ungelösten, in Schwebe-Bleibenden. Der g-Moll-Dreiklang kommt – welche Erinnerung ans Tristan-Vorspiel! – im ganzen Lied nicht ein einziges Mal vor! Die Singstimme, nur anfangs mit dem Klavier unisono, gleitet an den Halbtönen des Hauptmotivs abwärts, eine Geste tiefer Depression, eine fast vollständige Zwölftonreihe exponierend.
Merkwürdigerweise hat das noch niemand in der gesamten Wolf-Literatur bemerkt. Nicht, daß der Komponist nun etwa als

Ahnherr der Dodekaphonie in Anspruch genommen werden soll. Aber dieses mit seinem ungehemmten Schweifen durch die Tonarten, mit seinem modulatorischen Verschleiern jedweder Tonalität kühnste Wolf-Lied bringt doch ein weiteres Indiz für die Abkunft der Zwölftonmusik aus gemeinsamen Wurzeln: denen spätromantischer Hochexpressivität.

Fern von Schubert wandelt auch *Mignon III* (So laßt mich scheinen) auf neuen Pfaden. Bei Schubert zwei Strophen einer einfach variierten, fast heiteren Dur-Melodie, so entwaffnend beseligend, daß man gar nicht mehr nach Hintergründen fragt. Ebendies aber tut Wolf. Das Lied ist im Roman Einlage eines Geburtstagsspieles, Mignon singt es als Engel verkleidet, drückt also eigentlich nicht ihr eigenes Gefühl aus. Aber was bedeutet hier *eigentlich*? Vielleicht doch das Unmittelbare, nicht Gespielte. Goethes geheimnisreiche Verse lassen es offen, Wolfs Töne erschließen eine zusätzliche Dimension. Das tänzerisch-rhythmische Klavierthema, mit seinen Terzen- und Sextengängen über leeren Baßquinten eher monoton, könnte das formelle Rahmenspiel andeuten; der Gesang, fein ziseliert, zwischen Deklamation und Melodie schwebend, läßt Mignon selber sprechen. Die einzige Vokalise wird auf *ewig* gelegt, ein subtiler Ausdruck von Mignons Sehnsucht.

Philine (Singet nicht in Trauertönen) ist wieder ein Atemholen vor Gewichtigerem. Der koketten Soubrette, die Nachtwonnen preist, legt Wolf in den Mund, was er als elegant und leicht empfindet: im Klavier, mit fünfmal wiederholten Staccato-Ritornellen, überzeugender als in der eher pretiösen Gesangstimme.

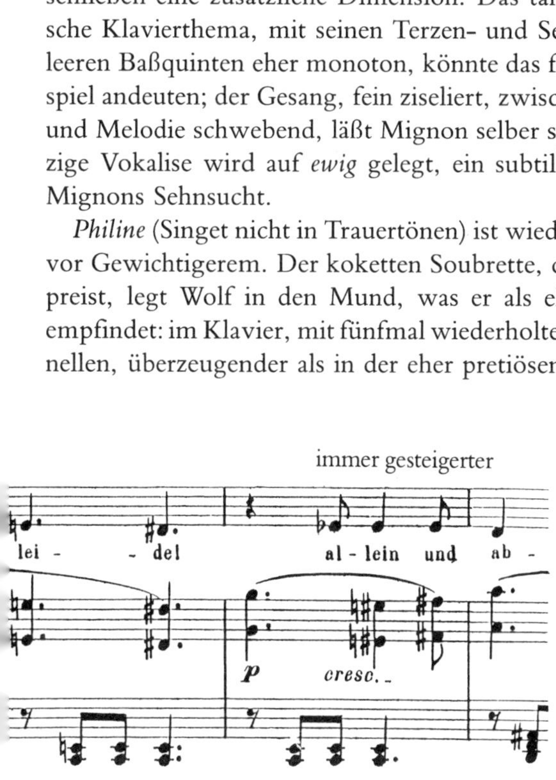

Das Gewichtige folgt als gezielter Kontrast, und das ist die Krönung des ganzen Wilhelm-Meister-Zyklus überhaupt: *Mignon* (Kennst du das Land). Schon vor Wolf war das Gedicht vieldutzendfach vertont worden, Schumann und der hier sehr klassizistische Beethoven machten es dem Nachkomponierer schwerer als Schubert. Wolf läßt das Kind die Seele einer reifen Frau in die drei Strophen legen. Schon die gewählte Tonart, Ges-Dur, deutet Besonderes an, die Vortragszeichen (*Langsam und sehr ausdrucksvoll, leidenschaftlich hingebend*) unterstreichen es ebenso wie die Alt-Lage und die erregten Klaviertremoli in der zweiten Strophe.

Widerspricht solche emotionale Übergewichtigkeit dem Wesen der Kindfrau Mignon? Wolf-Kritiker haben das eingewendet. Liest man nach, was Goethe selber zu Beginn des dritten Buches von *Wilhelm Meisters Lehrjahren* über Mignons Vortrag schreibt, so kann man nur Wolfs intuitive Gabe der Umsetzung von Versen in Töne bewundern: *Sie fing jeden Vers feierlich und prächtig an, als ob sie etwas Wichtiges vortragen wollte*, schildert Goethe Mignons Gesang, ... *in dem Dahin! Dahin! lag eine unwiderstehliche Sehnsucht, und ihr Laß uns ziehn! wußte sie bei jeder Wiederholung dergestalt zu modifizieren, daß es bald bittend und dringend, bald treibend und vielversprechend war.* Und, an anderer Stelle: *Die kindliche Unschuld des Ausdrucks verschwand, indem die gebrochene Sprache übereinstimmend und das Unzusammenhängende verbunden ward. Auch konnte der Reiz der Melodie mit nichts verglichen werden.* Wahrhaftig, das gilt auch für Wolfs Gesang, dessen mit Synkopen sensibilisierter Duktus die romantischen Melodie-Modelle weit hinter sich läßt.

Vier von Goethe als Balladen bezeichnete Gedichte von sehr unterschiedlicher Qualität folgen. *Der Sänger* (Was hör ich draußen vor dem Tor) und *Der Rattenfänger* (Ich bin der wohlbekannte Sänger) zählen zu Wolfs Publikumserfolgen. Wobei das erstgenannte mit seiner eingängigen, zunächst dem Klavier vorbehaltenen Melodie und den reichlich strapazierten, von Tannhäuser-Saitenspiel angeregten Arpeggio-Akkorden etwas konventionell bleibt, der – ausnahmsweise – ganz von der Gesangsweise getragene *Rattenfänger* jedoch durch einen Zug ins Dämonische besticht. Das ausgedehnte Klaviernachspiel verflüchtigt sich, das Verschwinden des verhängnisvollen Gastes samt seiner entführten Kinderschar beschwörend, von ff bis pppp. Die Heiterkeit dieser Ballade wetterleuchtet gefährlich, die von *Ritter Kurts Brautfahrt* (Mit des Bräutigams Behagen) und die feiner gearbeitete *Gutmann und Gutweib* (Und morgen fällt Sankt Martins Fest) wirken eher schal, textlich wie musikalisch. Beide gehören gleicherweise zu Wolfs längsten wie schwächsten Liedern. Daß kein Ritter *Widersacher, Weiber, Schulden* los wird, ist so banal dargestellt wie die breitgewalzte, dürftige Witzpointe der Schlafzimmergeschichte. Soll man auch hier Wolfs Versagen zum Beleg seiner speziellen Nachschöpfertugenden machen, da die Gedichte nun einmal so schwach sind?

Zwei aphoristische Stücke aus dem satirischen Lustspiel *Der Groß-Cophta* beleuchten die Kunst des Miniaturisten Hugo Wolf. Das *Cophtische Lied I* (Lasset Gelehrte sich zanken) variiert die textlich unveränderte Weisheit *Töricht, auf Beßrung der Toren zu harren!* dreimal reizvoll, das *Cophtische Lied II* (Geh! Gehorche meinen Winken) beginnt rezitativisch und faßt die Devise in eine eindringliche Gesangsmelodie. Nicht ganz so prägnant gelungen, bei ähnlichem Klavierpart, erscheint die Formulierung der *Beherzigung* (Ach, was soll der Mensch verlangen?). Zwischen die drei Lehrgedichte hat Wolf zwei lyrische Leichtgewichte geschoben, *Frech und froh I* (Mit Mädchen sich vertragen) und *II* (Liebesqual verschmäht mein Herz); die Klavieroktaven schreiten schwerer einher als der leichtsinnigen Lebenslust der Verse guttut.

Eine Gruppe von vier humoristischen Liedern wird nur unterbrochen durch das lyrische Intermezzo *St. Nepomuks Vorabend* (Lichtlein schwimmen auf dem Strome). Der Strom ist die Moldau zu Prag, wo der standhafte Heilige einst ertränkt wurde. Ein subtiles Zeugnis des sparsam tupfenden Impressionisten Hugo Wolf. Die Klavierfigur eines einzigen Taktes strukturiert das Ganze und spiegelt in immer neuen Facetten die zarten Abendbilder. Bemerkenswert, daß die in leisen Vierteln schwebende Gesangstimme bei vorgeschriebenem $6/4$-Takt $3/2$ zu singen hat.

Der Humorist Wolf beginnt mit *Epiphanias* (Die heilgen drei König), einem Kinderspaß, komponiert für die Geburtstagsfeier von Frau Köchert. Die drei Könige stellen sich mit je einer charakteristischen Strophe vor – der Mohr mit hergebrachten alla-turca-Formeln –, das lange Klaviernachspiel gibt den mitwirkenden Kindern Gelegenheit zu komödiantischen Abgängen. *Genialisch Treiben* (So wälz ich ohne Unterlaß) macht sich mit Goethe über die nichtige Geschäftigkeit der Kraftgenies lustig. Unentwegt rollende Triolen, im Wechselbad laut-leise, ein Klavierscherzo mit Tenorbegleitung. *Der Schäfer* (Es war ein fauler Schäfer) gähnt schon in den einleitenden Oktaventrillern, zum Schluß auch in der Singstimme – ein nie versagender Hugo-Wolf-Schlager für singende Charakterkomiker. *Der neue Amadis* (Als ich noch ein Knabe war) ist ein närrisches Loblied auf die Phantasie (Amadis de Gaula, 1470, lieferte dem Cervantes den Ur-Stoff für seine Ritter-Parodien im *Don Quijote*). Ein elegant staccato-hüpfendes Klaviermotiv hält die Bilderfülle der Abenteuer zusammen: ein fein gearbeitetes, wohl wegen des altertümlichen Textes selten gesungenes Humor-Lied Wolfs.

Reine Lyrik breiten die nächsten sechs Goethe-Lieder aus. Die ersten beiden als unverkennbare Huldigungen an Schubert. *Blumengruß* (Der Strauß, den ich gepflücket) zitiert, leicht abgewandelt, die tragende Klavierfigur von Schuberts Goethe-Lied *Geheimes*, *Gleich und Gleich* (Ein Blumenglöckchen vom Boden hervor) stützt sich ebenso unverkennbar auf Schuberts *Lachen und Weinen* (nach Rückert). Beide Wolf-Vertonungen sind Meisterwerke eines sensiblen Lied-Miniaturisten, bloße 18 beziehungsweise 25 Takte lang. *Auch kleine Dinge können uns entzücken* – nicht nur die Text-Devise, auch die Gemeinsamkeit im unge-

schwätzig Ausgesparten verbindet mit dem Reifestil des *Italienischen Liederbuches.* An den beiden Gedichten aus Goethes Schäfer-Lyrik, *Die Spröde* (An dem reinsten Frühlingsmorgen) und *Die Bekehrte* (Bei dem Glanz der Abendröte), mag den Komponisten gereizt haben, wie man so altmodische, oft vertonte Verse in nachwagnerscher Musik-Sprache erneuern kann. In beiden Liedern dominiert die konventionell akzentuierte Gesangsstimme so weit über eine ausgesprochene Klavierbegleitung, daß Wolf sogar die Goetheschen lala-le-ralla-Vokalisen ausweitet und – ausnahmsweise – wiederholt. Beide eher Maskeraden als charakteristische Hugo-Wolf-Lieder – aber keine reizlosen.

Mehr er selbst bleibt er bei dem zarten Liebeslied *Frühling übers Jahr* (Das Beet, schon lockert sichs in die Höh!), wo ein eintaktiges Klaviermotiv in Piano-Schattierungen das Ganze trägt (die Stimme darf dennoch mit zwei hohen A brillieren, was Wolf nur selten gestattet). Ganz besonders zeugt *Anakreons Grab* (Wo die Rose hier blüht) von des Komponisten Fähigkeit, einem Gedicht durch die Vertonung neue Qualitäten abzugewinnen. Im Grunde bieten Goethes Verse *Antiker Form sich nähernd* im elegischen Distichon kaum mehr als einen Sinnspruch (*Frühling, Sommer und Herbst genoß der glückliche Dichter; vor dem Winter hat ihn endlich der Hügel geschützt*). Die lyrische Stimmungsfülle, in klarer, dreiteiliger Form, ist allein Wolfs Werk. Höchst eindrucksvoll, wenn er zu gleichem Klavierpart bei der Wiederholung eine neue Gesangsmelodie erfindet; harmonisch bis an die Grenzen der Tonalität schweifend die tristanische Vorhaltsmodulation im Mittelteil.

Solche Feinheiten versagt der feierliche Lapidar-Stil des folgenden Liedpaares, zumal im *Dank des Paria* (Großer Brahma!) mit seinen vollgriffigen Klavierakkorden und seinem breitsynkopischen Gesangsmelos. Ähnlich majestätisch-archaisch beginnt *Königlich Gebet* (Ha, ich bin der Herr der Welt!), aber ehe es im etwas hohlen Pomp von C-Dur-Dreiklängen mündet, erreicht es mit der demütigen Bitte doch wolfische Finessen im rhythmischen Kontrapunkt von Stimme und Instrument. Dennoch: beide Lieder mit ihrer wagnernahen Opernhaftigkeit bleiben eher pièces de résistance. Wer sie wirklich ins Herz geschlossen hat, der muß ein Wolfianer sein.

Das braucht man, soweit darin kritiklose Hingabe enthalten ist, nicht zu sein, um das erste Lied aus dem *West-östlichen Divan* als goethegerecht zu empfinden: *Phänomen* (Wenn zu der Regenwand) bringt in nur 16 Takten Gesang und Begleitung – hier tritt das Klavier zurück – zu vollkommener Harmonie. Das Gleichnishafte dieses Goethe-Gedichtes (weißer Himmelsbogen... weiße Greisenhaare...) kehrt abgewandelt im Lied *Erschaffen und Beleben* (Hans Adam war ein Erdenkloß) wieder. Mit seinen grob skandierenden Oktavakkorden und seiner in derber Gleichförmigkeit stapfenden Tenorstimme ist es vom Komponisten wohl als Gegensatz zum Eingangslied gedacht, dessen Qualitäten es aber nicht erreicht. Immerhin leiten die hymnisch sich verbreiternden Schlußtakte zum Preise von Hafis' *holdem Sang... bei der Gläser Klang* organisch zu den folgenden fünf Liedern aus *Schenkenbuch* des *West-östlichen Divans* über.

Weder die unmäßige Neigung zu dem halbverbotenen Weine, noch das Zartgefühl für die Schönheit eines heranwachsenden Knaben durfte im Divan vermißt werden; so kommentiert Goethe selber in seinen umfangreichen Noten und Abhandlungen zum *West-östlichen Divan* den Inhalt des Schenkenbuches. Von diesem Doppelcharakter hatte Schumann in seinem *Myrthen*-Zyklus zwei die Knabenliebe besingende Lieder ausgewählt. Wolf mied diese mit Wendungen wie *Zierlicher Knabe – Liebchen – Wenn du küssest zum Erinnern* homoerotisch getönte Neigung und hielt sich ganz an die Liebe zum Wein. Daß Wein für den sich als Moslem darstellenden Sänger *halb verboten* ist, gibt den fünf Tenorliedern mit ihrem Preis der Trunkenheit einen Hauch von Frivolität.

Ob der Koran von Ewigkeit sei? fragt das erste in einer eindringlichen melodischen Phrase und erteilt die für die zweifellosere Ewigkeit des Weines sich entscheidende Antwort in gedämpfter Begeisterung. *Mäßig* hat hier der Komponist vorgeschrieben; *bacchantisch* soll hingegen der folgende Hymnus *Trunken müssen wir alle sein!* gesungen werden. Zwei Goethe-Gedichte sind hier zum Lobpreis der *Sorgenbrecher Reben* gereiht, mit stürmischen Triolen im Klavier und reizvoll über die Taktstriche hinwegsingendem Melos, und ausnahmsweise gestattet sich der Komponist Änderungen des Dichtertextes, indem er den ersten Vers wiederholt, so eine dreiteilige Form schaffend. Ein mitreißendes Bacchanal, das vielleicht noch mitreißender wirkte, hätte Wolf dem Sänger auf den über fünf Takte sich erstreckenden Schlußton der Trunkenheit statt des Fis ein ekstatisches hohes A vergönnt (wahrscheinlich nahm er auf Ferdinand Jäger Rücksicht, von dem er wußte, daß er in seinen Jahren Schwierigkeiten mit der Tenorhöhe hatte).

Sehr gemessen hingegen ist das Bekenntnis zum Trinken im darauffolgenden Lied *So lang man nüchtern ist* zu singen; ein punktiertes $\frac{2}{4}$-Motiv des Klaviers trägt fein deklamierende Gesangslinien. *Ziemlich gedehnt* ist auch *Sie haben wegen der Trunkenheit* (... vielfältig uns verklagt) angelegt, zumindest eingangs. Später wird das Wechselspiel zwischen Klaviertriolen und oft auf einem einzigen Ton psalmodierenden Gesanges – Vorahnung des *Italienischen Liederbuches*! – bald besinnlicher, bald bewegter, wenn es um die Erforschung von *Lieb-, Lied- und Weines-Trunkenheit* geht. Keinerlei solche Skrupel plagen den Sänger des letzten Schenken-Liedes, *Was in der Schenke waren heute* (... am frühsten Morgen für Tumulte!). Er spottet der Tadler seiner betrunkenen Sitten, *Lust und Liebe voll*, wie er ist; das Instrument mit seinen wirbelnden Oktaventriolen ist ganz seiner Meinung, und ein Fortefortissimo-Nachspiel von 18 Takten, länger als manches ganze Wolf-Lied, unterstreicht es. Noch ein Bacchanal als Ausklang einer in ihrer Art – der ungehemmten Lebenslust – einzigartigen Liedergruppe Hugo Wolfs.

Seine Dramaturgie der gezielten Kontraste bewährt sich, wenn er dieser monologischen Apotheose des Rausches zehn dialogische Liebeslieder folgen läßt. Sie sind dem *Buch Suleika* entnommen, laut Goethe *ohnehin das stärkste der ganzen Sammlung.* Und dies, obwohl einige Gedichte gar nicht aus Goethes Feder stammen, sondern von der verheirateten Österreicherin Marianne von Willemer, in einer erotischen Spätidylle die lyrische Inspiratorin des Buches Suleika. Sie ist die Titelgeberin und Partnerin des Dichters Hatem-Goethe. (Der namenlose Komponist Karl Eberwein machte sich schon zu Goethes Zeiten an die Vertonung von drei Gedichten, um das rein historisch zu vermerken.) Den beiden Suleika-Liebesliedern, die zu Schuberts lyrischen Pretiosen gehören *(Was bedeutet die Bewegung – Ach, um deine feuchten Schwingen),* wich Wolf einsichtig aus. Die ganze Gruppe ist, wie auch die des Schenkenbuches, seine alleinige kompositorische Entdeckertat.

Die Lieder sind vorwiegend als Wechselgesänge der Liebenden, Sopran und Tenor, geordnet. *Nicht Gelegenheit macht Diebe* läßt Hatem die erste Liebeserklärung *sehr innig* singen, in ruhigen Vierteln, die von Klaviersynkopen grundiert werden. *Hochbeglückt in deiner Liebe* nimmt Suleika das Motiv fast Note für Note wiederholend auf und führt es zu einem leidenschaftlichen Gefühlsgipfel, den ein langes, stürmisches Instrumentalnachspiel auskostet. Umgekehrtes Liebesspiel in dem folgenden Liedpaar: *Als ich auf dem Euphrat schiffte* läßt Suleika fragen, *Dies zu deuten, bin erbötig* Hatem hingebend antworten. Suleikas sanft wiegende Barkarolen-Weise wird im selben A-Dur, das Grundmotiv abwandelnd, emotional gesteigert, und auch das folgende Lied Hatems, *Hätt ich irgend wohl Bedenken,* zehrt noch in A-Dur von den Impulsen der Baß-Triolen. Drei kleine Meisterwerke motivischer Feinarbeit.

Die nächsten drei Lieder gehören dem verliebten Dichter allein. In *Komm, Liebchen, komm!* wird ein suggestives Baß-Motiv, das die beiden rahmenden Liedteile und das ausgedehnte Jubel-Nachspiel nährt, sogleich von der Tenorstimme imitiert und zu einer zarten Melodie ausgebaut; den Mittelteil grundieren ruhig fließende Triolen; eine lyrische Perle Hugo Wolfs. Geschlossener, einförmiger in seiner stillen f-Moll-Meditation das bewußt gegensätzliche *Wie sollt ich heiter bleiben,* ähnlich das besinnliche *Wenn ich dein gedenke,* dessen farbreiche Modulationen sich am Ende von Moll nach Dur lösen.

Rasch und feurig, nach des Komponisten Vorschrift, hebt das letzte Liedpaar an: Hatems *Locken, haltet mich gefangen* stürmt über Frühlingshauch und Sommerbrand in weinseligen Liebesrausch, wobei der vollgriffige Klavierpart motivisch und klanglich dominiert; *Nimmer will ich dich verlieren!* beteuert Suleika, das Instrument variiert das aufsteigende Motiv des vorangegangenen Liedes und auch seine pulsierenden Triolen, und wenn die Liebende die stammelnden Schlußverse *Denn das Leben ist die Liebe, und des Lebens Leben Geist* mit einem verzückten hohen A krönen, schickt das Klavier noch einen brausenden Abgesang nach.

Es liegt wohl an Besetzungsproblemen – wann findet man schon Tenor und Sopran als gleichwertige, auch gleicherweise publikumsattraktive Sänger! –, wenn die *Divan*-Gruppe selten in den Konzertsälen zu hören ist. Nach ihren inneren Qualitäten zählt sie zum Besten Wolfscher Kompositionslyrik, und innerhalb des ganzen Goethe-Zyklus, der ja nicht frei von schwächeren Vertonungen ist, zeichnet sie sich durch gleichmäßig hohes Niveau aus. Und nicht zu vergessen: Hier wurde der Goethe-Entdecker Wolf am häufigsten als erster fündig.

Die letzten drei Gesänge – wie weit entfernen sie sich vom traditionellen Begriff *Lied*! – krönen in Anspruch wie in Gelingen den ganzen Goethe-Zyklus: *Prometheus, Ganymed, Grenzen der Menschheit*. Der Anspruch meint ein sehr bewußtes Sichmessen an Größtem, an erhabenster Goethe-Lyrik wie an kühnsten Schubert-Vertonungen. Demonstrativ stellte Wolf diese Trias ans Ende des Zyklus, als monumentales Finale. Die Herausforderung sollte nicht übersehen werden; Wolf war, wie er dem schwäbischen Freund Emil Kauffmann später (22. Dezember 1890) schrieb, *der Ansicht, daß Schubert die Komposition dieser beiden Gedichte* (Prometheus und Ganymed, Anm.) *nicht gelungen und daß es einer Nach-Wagnerschen Zeit erst vorbehalten war, diese großartigen Gedichte im Goetheschen Geiste zu vertonen.*

Im Goetheschen Geiste, wie der Liszt- und Wagner-Verehrer Wolf ihn musikalisch verstand, muß man hinzufügen. Unvorstellbar, daß Goethe, dem bereits Beethovens 5. Symphonie unheimlich und dessen Musik-Mentor der biedere Strophenlied-Komponist Zelter war, Wolfs *Prometheus*-Vertonung gebilligt hätte! Schon das ausgedehnte Klavier-Vorspiel, mit seinem Gewittersturm in Tremolo-Akkorden und dem Zeus-Zorn in grollenden Baßtrillern, hätte ganz und gar Goethes Lied-Ästhetik widersprochen, wie er sie 1820 in einem Brief an Zelter umriß: *Töne durch Töne zu malen, zu donnern, zu schmettern, zu plätschern, zu patschen, ist detestabel.* Eben dies tut Wolf, und mit vollem, subjektivem Recht: mit dem Recht des Musikers, der sich gegenüber dem musikalischen Laien Goethe nicht nur überlegenen Fachwissens, sondern auch um mehr als ein Halbjahrhundert fortgeschrittener Ausdrucksmittel bewußt war.

Bei dem grandios angelegten Gewitter, das er in den 21 Takten des Vorspiels zum *Prometheus* (Bedecke deinen Himmel) entfesselt, läßt der Tonmaler Wolf den Hörer höchstens bedauern, daß er, der so oft wagelustige Harmoniker, sich hier mit dem seit eh und je als Ausdruck von Schrecken, Qual oder Zorn abgenutzten verminderten Septakkord begnügte, den schon Schubert in seiner *Prometheus*-Version verwendete, und daß ihm nicht eine ähnlich frappierende akkordische Kombination einfiel wie zuvor bei Eichendorffs (viel menschlicherer, harmloserer) Empörung eines eifersüchtigen Matrosen (*Seemanns Abschied*). Doch die Wucht dieser instrumentalen Einstimmung in eine mythische Titanenwelt bleibt eindrucksvoll und übertrifft bei weitem – man kann sich ja nie ganz dem Vergleich entziehen – Schuberts einleitende sechs Takte.

Daß die – damals viel liedfreudigere – Musikwelt die Genialität von Schuberts *Prometheus* – so revolutionierend im Verzicht auf *schöne Melodie* und in der Verschwisterung von Rezitativ und Arioso – erst ein Halbjahrhundert nach dem Tode seines Vertoners zu erkennen begann, bleibt auch bei Hugo Wolf spürbar. Ohne Schubert wäre sein *Prometheus* gar nicht denkbar. Um so beachtlicher, was er dennoch an Neuartigem hinzuerfand.

Schon in der Geschlossenheit der Form. Dreimal kehrt das Gewittervorspiel wieder, zwei kontrastierende Zwischenteile (*Ich kenne nichts Ärmeres* und *Hast du die Schmerzen gelindert*) rahmend; und noch der wuchtige Abgesang (*Hier sitz ich*) wird durch den Gewitter-Rhythmus eingeleitet und von ohnmächtig zuckenden Blitzen des verhöhnten Gottes übergipfelt. So entsteht eine Art Rondo mit Coda, gleicherweise bewundernswert in der psychologischen Feinfühligkeit wie in der konzentrierten Form, die Wolf Goethes freien Rhythmen abgewinnt. Schubertnah bleibt er im abrupten, jedes Nachspiel versagenden Schluß, sogar mit dem gleichen Quintschritt abwärts (*wie ich*). Aber er deklamiert bewußter: Forme Menschen nach meinem *Bil*de, ein Geschlecht, das mir *gleich* sei, betont Schubert; . . . nach *mei*nem Bilde, . . . ein Geschlecht, das *mir* gleich sei, so unterstreicht Wolf den hybriden Stolz des Empörers Prometheus. Des Komponisten genialster Einfall: Er beschwört den bei Goethe nur angesprochenen, unsichtbaren Gott Zeus durch die Gewittermusik als sinnenhaften, musikalisch leibhaftigen Partner, macht aus einem Monolog eine dramatische Szene. In einem Lied, und nicht in der Oper *Corregidor* mit ihrem niederziehenden Libretto, läßt Wolf ahnen, welche musikdramatischen Kräfte in ihm schlummerten, und darüber rätseln, was er hätte für die Opernbühne leisten können, wenn er das Glück gehabt hätte, einen handwerkssicheren und vor allem poetisch inspirierenden Textpartner zu finden.

Wolf war sich des Wurfs seines *Prometheus* bewußt. Opposition *gegen meinen Prometheus zugunsten des Schubertschen* fand er *geradezu unglaublich*, wie er Kauffmann schrieb. Aber noch in unserer Zeit stellt eine interpretative Schubert- und Wolf-Autorität wie Fischer-Dieskau die ältere Vertonung höher: *Schuberts trotzender Neuerschaffer der Menschen als Prototyp des Künstlers steht Goethe näher als die gedachte Figur Hugo Wolfs, die sich dem Vorbild des Aischylos angleicht.*[34] Also ein mehr literarischer als musikalischer Vergleich. Ohnehin erscheint heute, da sowohl Schubert wie Hugo Wolf in gemeinsame Klassikerferne entrückt sind, aller an diesem oder jenem Lied gemessene Rangstreit unfruchtbar. Es sei denn, man mache Grade auf einer imaginären Fortschrittsskala zum Maß der Bewertung.

Dann würde Wolfs Vertonung des *Ganymed* (Wie im Morgenglanze) spontaner als die des *Prometheus* für den jüngeren Komponisten sprechen. Der zwanzigjährige Schubert ging über die Ausdrucksmittel seiner Zeit hinaus und mußte sich dennoch darauf beschränken, Goethes pantheistischen Hymnus des Jünglings, der als Auserwählter in den Olymp seines göttlichen Vaters entführt wird, in einer Folge von vier hoch inspirierten,

Tenor und Klavier reizvoll verschränkenden Melodiephasen zu reihen. Wolf hingegen wahrt die Einheit von Ganymeds *umfangend umfangener* Sehnsucht nach Aufgehen im *alliebenden Vater*; die fließenden, pentatonischen Klavierachtel, die ein zart rhythmisiertes Arioso der Tenorstimme grundieren, synkopieren sie im klar abgesetzten Mittelteil, so daß eine ganz natürlich wirkende dreiteilige Liedform entsteht, mit sich steigerndem, den Versen gemäß variiertem Dacapo der Eingangsstrophe; sich steigernd, obwohl der hymnische Schluß, bei Schubert eine dreitaktige Vokalise der Begeisterung, hier in einem Kontrapunkt der Verklärung – aufsteigende Singstimme, von Forte bis Pianopianissimo verklingendes Klavier – mündet.

Wertet man Wolfs *Ganymed* als Gipfelleistung von des Komponisten Einfühlung in ein großes Gedicht, zugleich als Zeugnis für dessen musikalisierende Zeugungsfähigkeit, so erscheint es nur konsequent, daß der Komponist im letzten Lied des Goethe-Zyklus zurückbleiben mußte. Drei Aspekte der Beziehung zwischen Mensch und Gott hatte er aus Goethes lyrischem Kosmos ausgewählt: tragische Auflehnung und pantheistische Sehnsucht; in den *Grenzen der Menschheit* (Wenn der uralte heilige Vater) nun demütige Ergebung in göttlichen Willen. In den ersten beiden Gedichten geht es um Menschen aus Fleisch und Blut; deren Gefühle, ob Trotz oder Liebe, vertonen sich leichter als die distanzierte Betrachtung eines Philosophen. Für Schubert war es sicher das größere Wagnis, mit vorwiegend melodisch fundierten Mitteln sich solcher mehr denkerischer als gefühlshaltiger Lyrik zu nähern. Wolf setzt von vornherein auf die Ausdruckskraft des textnah Rezitativischen; es ist so asketisch behandelt wie der zwischen lapidaren Halbtakt-Akkorden und fließenden Figuren wechselnde Klavierpart. Eines der sprödesten Wolf-Lieder – insofern aber ein seiner Inspirations-Ästhetik vollkommen gemäßes. Wenn er in einem Brief an Humperdinck die *Poesie als die eigentliche Urheberin meiner musikalischen Sprache bezeichnete*,[35] so wäre er sich selbst untreu geworden, hätte er einen so gedankenbefrachteten Text etwa anmutig oder melodiös vertont.

Die Euphorie während der Goethe-Komposition spiegelt ein Brief (vom 30. Dezember 1888) an die Mutter wider: ... *mein junger Ruhm ist jetzt mächtig im Aufsteigen, und in kürzester Zeit werde ich vielleicht die erste Rolle in der Musikwelt spielen.* Darin schwang freilich zugleich etwas von der größenwahnsinnigen Realitätsfremdheit aller seiner besonders produktiven Phasen mit. Auch wenn im Jahr 1889 das Mörike- und das Eichendorff-Liederbuch im Druck erschienen (der Goethe-Zyklus, wieder bei Lacom, folgte Anfang 1890), auch wenn er nun öfter dieses und jenes Lied im Konzertsaal spielen oder hören konnte, von einer wirklichen Anerkennung konnte keine Rede sein. Die maßgebenden Kritiker (die er *blöd* oder *vertrocknet* nannte) hatten nach wie vor nur Verrisse für seine Lieder bereit, soweit sie sie überhaupt beachteten. Es gab depressive Tiefs – wir haben den weltflüchtigen Brief an den Freund Josef Schalk schon zitiert –, dann neuen Aufschwung.

Die Perchtoldsdorfer Idylle, in die Wolf im Mai 1889 flüchtete, muß ihren anregenden Einfluß wiederum ausgeübt haben. In diesem Monat entstanden dort seine einzigen beiden originalen Werke für Chor und Orchester: das *Elfenlied* (zumindest in seinen ersten Teilen), die *Christnacht* in ihrer Endgestalt. Eckstein hatte die letztgenannte Komposition für Soli, Chor und Orchester angeregt; erste Skizzen reichen bis zum Weihnachtstag 1886 zurück. Etwas Erfolgreiches sollte es werden, Bachs Weihnachtsoratorium schwebte ihm von ferne vor. August von Platens Gedicht, mehr rhetorisch als poetisch, beschränkt sich auf die Verkündigung von Christi Geburt und den Widerhall bei der Menschheit. Die kompositorische Keimzelle ist ein steirisches Volkslied aus einem Dreikönigsspiel, zu dessen Melodie die Kinder singen: *Ihr lieben Hirten, wir sind schon gewaschen, uns're Gesichter sind ganz rein.* Vergleicht man damit die Endgestalt des Werkes, so kann man nur bedauernd vermerken, wie weit sich nicht nur Platens gedrechselte, in eine nebulose Erlösungsapotheose ausmündende Verse, sondern auch Wolfs Vertonung von der entwaffnenden Einfalt dieses Liedes entfernt haben.

Immerhin nährt es mit den ersten fünf Noten das im Vorspiel ausgebreitete, von sanften Holzbläsern intonierte Hauptthema. Schon im dritten Takt wird ihm ein Horn-Motiv gegenübergestellt, das sich in der symphonischen Verarbeitung kontrapunktisch ergiebig erweisen wird. Die Liedweise erklingt dann zur

Gänze beim Hirtenchor *Die Engel schweben*, allerdings nur instrumental – bezeichnend für einen Komponisten der Wagnernachfolge (Wagner selbst ließ in seiner Pariser Zeit, damals bahnbrechend für eine neuartige Liedstruktur, bei der Komposition von Heines *Die beiden Grenadiere* zum Schluß die Marseillaise im Klavier anstimmen, während Schumann sie dem Soldaten in den Mund gelegt hatte). An Wagner, zumal an den *Lohengrin*, gemahnt auch der ermüdend wiederholte Rhythmus ♩. ♪♩ ♩ im apotheotischen Schlußchor *Preis dem Geborenen*. Dort dröhnt das Orchester, schweift die Komposition in ferne Bezirke spätromantischer Modulation und jubelt sich der Chor in A-Dur aus (ohne klaren Tonartenplan, nachdem das Werk in E-Dur begonnen und lange Strecken in Ges durchmessen hatte). Ein Sechsachtel-Intermezzo der Hirtenmusik und zwei Soli des verkündenden Engels hatten dem finalen Pomp lyrisch entgegengewirkt.

Aber ein Widerspruch zwischen Volksliedhaftigkeit und postwagnerischen Klangerrungenschaften bleibt deutlich, noch verstärkt durch zu dicke, einfach ungekonnte Instrumentation (die Wolf später auch als Fehler erkannte). Fast fünf Jahre mußte er auf die Uraufführung warten. Sie erfolgte, um es vorwegzunehmen, am 9. April 1891 in Mannheim, im Abschiedskonzert Felix von Weingartners, der nach Berlin ging und offenbar mehr Sorgfalt auf die Einstudierung von Beethovens 2. Symphonie und Liszts Faust-Symphonie gelegt hatte als auf die Novität Wolfs, den er ohnehin nicht besonders schätzte. Der Komponist will im Orchester *mitunter kuriose Dinge* gehört haben, aber das besagt nicht viel: Wann wäre er je mit einer Wiedergabe zufrieden gewesen! Jedenfalls wurde es nur ein sogenannter Achtungserfolg, der Verlag Schott konnte sich nicht zur Drucklegung entschließen, und so verschwand das Werk. Wolf war um eine Enttäuschung reicher.

Zurück zur Nach-Goethe-Zeit des Jahres 1889. Eine Schaffensflaute wurde mit der Instrumentation einiger Mörike-Lieder, mit der Kontrolle des Druckes der Lieder-Bücher, mit einem neuerlichen Besuch in Bayreuth ausgefüllt; dort wohnte Wolf nicht nur dem *Parsifal*, sondern auch dem *Tristan* und den *Meistersingern* bei – wie immer dank Freundesgaben. Er war (und

Hugo Wolf um 1889.

blieb) ein armer Schlucker. Fotos aus jenem Jahr zeigen ihn in abgetragenem braunem Samtrock mit Künstlerkrawatte, den damaligen Attributen freier Unbürgerlichkeit; mit dünnem Spitzbart und Schnurrbart (nach Ecksteins Zeugnis rasierte er sich niemals, zupfte sich vielmehr die Haare aus; wenn das der Wahrheit entspricht, so mögen Psychopathologen darüber orakeln). Seine Unbehaustheit ließ ihn im September sogar in Windischgraz Zuflucht nehmen, das er nun richtig zu hassen begann: *Im Übrigen verfluche ich meinen Aufenthalt hier u. bete alle Tage zu Wischnu, dieses verdammte Nest vom Erdboden zu vertilgen* (am 7. September an Josef Schalk).

Wenige Wochen später, und er war aus dem tiefsten Tief in höchste schöpferische Höhen aufgestiegen. In Perchtoldsdorf brach, mochte es draußen auch regnen und schneien, ein neuer Liedfrühling aus: *Das Spanische Liederbuch.*

ALT-SPANIEN, MYSTISCH UND EROTISCH

Es ist nicht ganz leicht und klar zu beurteilen, was Wolf zur Komposition eines mit 44 Gesängen so umfangreichen Zyklus wie das *Spanische Liederbuch* veranlaßte. Inspiration aus großer Lyrik kann es nicht gewesen sein. Wohl zählten Heyse und Geibel zu den deutschen Dichterfürsten jener Zeit, aber sie waren ja als Übersetzer bloße Vermittler altspanischer Gedichte. Lyrik aus zweiter Hand also; und es kann Wolfs literarischem Feingefühl nicht entgangen sein, daß das, was die beiden Übersetzer boten, weder mit der originalen Poesie seiner bisherigen großen Zyklen nach Goethe, Mörike und Eichendorff zu vergleichen war – zu oft begegnet man Platitüden und vernützten Reimen –, noch in sich gleichwertig.

Dennoch hatte das von den beiden Dichterfreunden Heyse und Geibel 1852 herausgegebene *Spanische Liederbuch* großen Widerhall in der deutschen literarischen Öffentlichkeit gefunden. Noch nie war barocke spanische Lyrik so ausführlich und von so prominenten Namen übersetzt worden. Wobei Wolf, der seit langem ein Faible für die fremde Welt Spaniens, für seine Literatur und seine folkloristischen Klänge hatte, sicher mehr der Stoff als seine Fassung reizte. Auch bei seiner einzigen Oper schwebten ihm ja *Gitarrengeklimper, Liebesseufzer, Mondscheinnächte* im Süden vor.

Die beiden Übersetzer des – im Original mehr als dreimal so umfangreichen – Liederbuches waren ebenfalls mittelmeerisch Begeisterte. Der Ältere, Emanuel Geibel (1815–1884) aus Lübeck, wurde dank seiner patriotisch-deutschnationalen Gesänge (aber auch so volkstümliche Gedichte wie *Der Mai ist gekommen* gelangen ihm) das Haupt der konservativen Münchner Dichterschule um König Maximilian II. Joseph. Geibels glatten Schönheitskult, den ein Griechenlanderlebnis geprägt hatte, eiferte auch sein jüngerer Freund Paul Heyse (1830–1914) nach. Der gebürtige Berliner, durch seine jüdische Mutter mit den Mendelssohns verwandt, wurde in München königlich besoldeter poeta laureatus, ungeheuer produktiver und vielgelesener Autor von Gedichten, Romanen, Novellen, Theaterstücken und schließlich, 1910, erster rein literarischer deutscher Nobelpreisträger (nach dem Historiker Theodor Mommsen und dem Philosophen Rudolf Eucken). Heyses Lyrik erfreute sich nicht nur beim bürgerlichen Publikum, sondern auch bei Komponisten größter Beliebtheit. Die Herausgeber von Heyses Werken wollen herausgefunden haben, daß nicht weniger als 120 Komponisten, von Schumann über Wolf bis Pfitzner und Orff, seine Gedichte vertonten.[36] Heyse, der sich auch als Übersetzer Manzonis und Leopardis verdient gemacht hatte, ging dennoch in schnelle posthume Vergessenheit ein, heute wird fast nur noch die Meisternovelle *L'Arrabiata* gelesen. Alles Neue in der Kunst seiner Zeit ließ ihn kalt: Wagner, die Symbolisten, schon gar der häßliche Naturalismus Zolas und Gerhart Hauptmanns, den er ja noch miterlebte. Ein zu Erfolgreicher, zu Glücklicher (dem außerdem noch der bayerische König mit einem Ehrensold von 1000 Gulden das Leben verschönte) – welcher Gegensatz zu dem bettelarmen Neuerer Hugo Wolf!

Aber der war eben im Literarischen ganz so konservativ gesinnt wie Geibel und Heyse: weil er in der Thematik seiner Lieder das zeitlos Gültige suchte. Und das fand er, mit sympathischem südlichen Hauch einer noch zu entdeckenden Gefühlswelt, in diesem *Spanischen Liederbuch*.

Der späte Schumann hatte sein *Spanisches Liederspiel* für gemischten Chor daraus gewonnen. Wenn Wolf es kannte, mußte es ihm schon wegen der Besetzung (manchmal singen Bässe Mädchen-Verse) unzulänglich erscheinen. Die tiefe Inbrunst der geistlichen Gedichte, die Leidenschaft und Spott umspannende Erotik der weltlichen, in die fremdartige, glühende Katholizität Alt-Spaniens getaucht, beflügelten den Komponisten zu Höhenleistungen seiner reifen Liedkunst.

Wieder bewährte das Wernersche Haus in Perchtoldsdorf seine Anregungskraft. Vom 28. Oktober bis zum 21. Dezember 1889, also in bloßen acht Wochen, komponierte Wolf hier 26 Lieder. Die Kälte trieb ihn über Weihnachten nach Wien ins gastliche Haus der Köcherts zurück, ein neuer Perchtoldsdorfer Anlauf im Januar mußte nach zwei Liedern abgebrochen werden; die europäische Grippewelle hatte auch den Komponisten erfaßt. Fast zweieinhalb Monate lang war er so elend, daß es nur zur Instrumentation einiger Mörike- und Goethe-Lieder reichte. Aber es brauchten nur die ersten Frühlingsknospen nach den Wienerwald-Schönheiten von Perchtoldsdorf zu locken, da brach dort der spanische Liederfrühling neu aus. Von Ende März bis Ende April wurden, mit nicht abreißenden Einfällen gesegnet, die letzten sechzehn der ausgewählten spanischen Gedichte vertont.

Die kreative Hochstimmung – Wolf versprach, man werde ihn im Spanischen Liederbuch *von einer ganz neuen Seite kennen lernen* – ging diesmal Hand in Hand mit einem durch verschiedene erfreuliche Ereignisse gefestigten Lebensgefühl. Es entmutigte ihn nicht mehr, wenn berühmte Sänger, wie die Bayreuth-Protagonistinnen Marianne Brandt und Amalie Materna, sich durch Drohungen Wolf-feindlicher Kritiker von geplanten Lied-Interpretationen abschrecken ließen. Versagten alte Freunde – mit der Wiener Bayreuth-Kundry Materna stand er auf vertrautem Fuß –, so gewann er wichtige neue. Zu seinem Geburtstag am 13. März 1890 bekam er einen begeisterten Brief von dem Tübinger Universitäts-Musikdirektor Emil Kauffmann, wenig später einen von dem Mannheimer Amtsrichter Oskar Grohe; beide wurden Freunde auf Lebenszeit und entscheidende Wegbahner von Wolfs jungem Ruhm im Deutschen Reich. Aus Graz meldete sich ebenso enthusiastisch der einflußreiche Wagnerianer Heinrich Potpeschnigg, ein musikalischer Zahnarzt, der als tüchtiger Amateurpianist und Konzertveranstalter dafür sorgte, daß der unbekannte Hugo Wolf in der Steiermark Fuß faßte. Ein ausführlicher Artikel Josef Schalks in der überlokal bedeutenden *Münchner Allgemeinen Zeitung* brachte seinen Namen über die Grenzen hinaus ins Kunstgespräch.

Gustav Schur, Kassier des Wiener Wagner-Vereins, gründete

ein Konsortium von vermögenden Freunden, um Wolfs unsichere, unbehauste Existenz durch eine jährliche Apanage zu festigen. Beethoven hatte einst eine solche Rente, gestiftet von drei Aristokraten, bedenkenlos angenommen; Wolf, in aller Armut stolz und empfindlich, zierte sich damals (fünf Jahre später dann nicht mehr) und war nur damit einverstanden, daß ein Fonds gegründet wurde, aus dem man die Lied-Publikationen und seine Reisen mitfinanzierte. Schur war es auch, der federführend die Verhandlungen mit dem Verlag Schott in Mainz unter Dach und Fach brachte, als der kleine Wetzler-Verlag in Konkurs ging. Damit war Hugo Wolf der Weg in die große Musikwelt eröffnet.

In dieser ermutigenden Stimmung machte sich Wolf an die Vollendung des *Spanischen Liederbuches.* Er teilte es bei der Drucklegung (Schott besorgte sie noch 1890) in zwei Teile, einen geistlichen und einen weltlichen, obwohl er bei der Komposition ganz nach Stimmung bald religiöse, bald erotische Gedichte vorgenommen hatte, und er stellte auch eine von der Entstehungszeit unabhängige Reihenfolge zusammen. Sie ist keinesfalls willkürlich, sondern folgt einem bestimmten Wirkungsplan, und deshalb soll sie auch für die Betrachtung des ganzen Zyklus maßgebend sein.

Der geistliche Teil ist in der Qualität einheitlicher als der weltliche. Für diesen wählte Wolf nur rund ein Drittel der aus dem 16. und 17. Jahrhundert stammenden Gedichte des *Spanischen Liederbuches* von Geibel und Heyse aus. Viele sind anonym, einige stammen von berühmten Autoren, so von Cervantes *(Köpfchen, Köpfchen, nicht gewimmert),* von Lope de Vega *(Weint nicht, ihr Äugelein; Die ihr schwebet),* von dem portugiesischen Klassiker Camões *(Tief im Herzen).* Von den dreizehn geistlichen Gedichten des *Liederbuches* vertonte Wolf hingegen nicht weniger als zehn. Auch aus Mörikes Lyrik hatte er religiöse ausgewählt und mit tiefer Einfühlung vertont. Läßt sich daraus auf seine eigene Religiosität schließen? Ganz gewiß nicht in dem erzkatholischen Sinne, der etwa aus den ersten spanischen Gedichten mit ihrem Kult der unbefleckten Empfängnis spricht. Wolf war eher ein Taufscheinkatholik als ein engagierter. Seine Fundierung im Christentum erscheint nicht unangefochten, selbst wenn man Bekenntnisse wie das im Brief an die Mutter (vom 29. April 1892) – worin er sich einen *»Ungläubigen«* nennt, aber das Wort selbst ebenso in Anführungszeichen setzt wie die als Heuchler bezeichneten *»Gläubigen«* – nicht ganz wörtlich nimmt. Wir haben uns mit Wolfs Art von Religiosität schon bei der Betrachtung der geistlichen Mörike-Lieder beschäftigt. Sicher blieben ihm, dem Wagnerianer und von Nietzsche Bezauberten, die fanatischen Verzückungen altspanischer Katholizität fremd; das hinderte ihn nicht, ihre Impulse und Intensitäten ins rein Künstlerische zu übertragen. Im Grunde seiner Seele ruhte genügend Sensibilität, die auf das Geistliche, das Transzendentale dieser Dichtungen ansprach.

Vier Marienlieder leiten den Zyklus ein. Das erste, *Nun bin ich dein*, ist textlich das älteste, in der ersten Hälfte des 14. Jahrhunderts von dem Priester Juan Ruiz als ergebenes Gebet an die heilige Jungfrau geschrieben. Auch *Die du Gott gebarst* ist ein Gebet. Sünder winden sich in Qualen und flehen um Gnade. Wolf hält Distanz zu diesem masochistischen Büßertum, betont vielmehr die Strenge der Form. Im ersten Lied hat ein eintaktiges Klaviermotiv die Führung, im zweiten eher die mit vorwiegend kleinen Intervallen kantable Gesangsstimme. Reizvoll ist der Kontrast von ihren Vierviertеln mit den Sechsvierteln des Instrumentes.

Eine völlig gegensätzliche, sanfte Idylle folgt: Der heilige Joseph singt *Nun wandre, Maria* und spendet der erschöpften Schwangeren Trost und Mut: *Balde wir werden in Bethlehem sein.* In diesem Lied, einem der einfachsten und zugleich bewegendsten von allen Liedern Hugo Wolfs, wird biblisches Geschehen in seiner Menschlichkeit lebendig. Die Stimme nimmt mit ihren psalmodierenden Tonwiederholungen den Stil des *Italienischen Liederbuches* voraus, die rechte Hand des Klaviers grundiert mit ruhigen Gängen paralleler Terzen. Ein Ausdruckssymbol, das der Komponist schon in geistlichen Mörike-Liedern wie der Jesus-Vision *Auf ein altes Bild* verwendet hatte und das noch in zwei Jesus-Liedern dieses Zyklus wiederkehren wird.

Kind und Mutter stehen gemeinsam im Mittelpunkt des von Lope de Vega textierten Liedes *Die ihr schwebet.* Maria fleht die Palmen an, nicht mehr *so zornig* (zu) *sausen . . . es schlummert mein*

Kind. Mit seinen vier Doppelstrophen ein langes und sicher eines der gewichtigsten Lieder der Folge. Das eintaktige Motiv im Baß, ständig gekoppelt mit tonmalerischen Sechzehntelakkorden darüber – die Sopranstimme begleitet wortempfindlich –, wird achtmal harmonisch neu beleuchtet, indem der Grundton achtmal versetzt wird. Wolfsche Lied-Bautechnik in Vollendung – ein bloßes Vehikel, und das ist für des Komponisten Eigenart wesentlich, zum Transport von Musikpoesie. Auch Brahms hatte dieses Gedicht vertont, als volkstümliches Wiegenlied für Alt, Bratsche und Klavier; Wolfs viel bewegtere Auffassung, mit erregtem sfp zu den Worten *grimmige Kälte sauset hernieder,* verrät dramatische Ambitionen.

Von der Mutter zum Sohn: Die beiden folgenden Lieder – inbrünstig flehend das erste, *Führ mich, Kind,* ergeben das zweite, *Ach, des Knaben Augen* – huldigen dem Jesuskind. Die Terzparallelen, vom *Nun wandre, Maria* übernommen, symbolisieren das Kind auch hier. So schlicht und für den Vortrag effektarm beide Lieder erscheinen, ganz gemäß den Gedichten, so entbehren sie doch nicht feiner Züge. Wenn Wolf im zweitgenannten die Melodie zum Wort *erschienen* nicht, wie es deklamatorisch konventionell wäre, vom d zum cis abwärts, sondern zum e aufwärts führt, so nimmt er einen eigenwilligen Duktus vorweg, der für das spätere *Italienische Liederbuch* sehr bezeichnend sein wird.

Immer ist in der Lied-Folge der Zyklen Wolfs ordnende Hand zu spüren. Meist ist es eine Kontrastdramaturgie, hier eine religiös bestimmte. Erst Maria, dann Mutter und Kind, schließlich, in vier Gesängen, der Heiland. Diese vier krönen auch in ihrem musikalischen Gehalt, von mystischer Inbrunst bis zu Kargheit am Rande des Verstummens, den ganzen Zyklus.

Zwei klar geschiedene Liedpaare. *Mühvoll komm' ich und beladen* fleht de profundis um Gnade, ein zweitaktiges, vollakkordisches Klavierthema führt die Stimme zu ekstatischer Hingabe. Noch glutvoller, weil der Kontrast der ausgesparten Klavier-Einstimmigkeit im ersten Teil zur schwelgerischen Akkordik der Gottes-Vision überwältigend wirkt, im Lied *Ach, wie lang die Seele schlummert!* Hier hat sich der Gesang von allen Konventionen gelöst. Die chromatische Tonfolge zu den Worten ... *süßem*

Chor und der folgende Aufwärts-Sprung von c zu his verschmähen alle Reste von konventionellem Liedbelcanto.

Die letzten beiden Lieder sind Zwiesprachen des Menschen mit Gott. *Herr, was trägt der Boden hier* läßt dreimal eine die Qualen des Gekreuzigten mitleidende Seele nach dem Sinn der göttlichen Leiden fragen und bekommt ebensooft tröstende Antworten. Das ist in unübertrefflicher Knappheit und Prägnanz zu Ton gebracht. Die Frage wird von einem eintaktigen Seufzer-Motiv in Septimendissonanzen bestritten, der Verklärte am Kreuz antwortet mit leisen Dreiklangakkorden. 27 Takte – sie zählen zum Genialsten des Novators Hugo Wolf. Der alte Igor Strawinsky, damals ganz im Banne Anton Weberns und zeitlebens eingeschworener Anti-Romantiker, war so fasziniert von diesem und dem folgenden Wolf-Lied, daß er 1968 beide für Kammerorchester instrumentierte. *Wunden trägst du, mein Geliebter* besänftigt Frage und Antwort, indem beide, den scharfen Kontrast des vorangegangenen Liedes vermeidend, in ein gemeinsames Fluten von Sechsviertel-Akkordik eingebettet werden. Am Schluß wiederholt Wolf, entgegen seinen Prinzipien, die erste Verszeile, um das Mitleiden des Menschen zu betonen. Ein in der dissonanten Harmonik dem ersten Dialog ähnliches, viel breiteres und deshalb nicht so zugespitzt expressives meisterliches Lied.

Die 34 weltlichen Lieder des *Spanischen Liederbuches* umkreisen ein einziges Thema: Liebe zwischen Mann und Frau.

Aber nur *Wenn du zu den Blumen gehst* kündet vom ungetrübten Glück der Liebe. Sonst zerklüften dunkle Risse die seelische Landschaft: Zweifel, Demütigung, Hohn, Schmerz des Abschieds und der Verschmähung, Qual und Verzweiflung. Das alles in der exaltierten Gefühlssphäre Altspaniens, dessen starre Männerherrschaft der Frau keine andere Macht gab als die über ihre Erotik. In Wolfs Auswahl – die, wie schon erwähnt, nur ein Drittel der Gedichte enthält – ist es vorwiegend der Mann, der als Opfer des Dämons Eros, als Leidender, Verbitterter, als Opfer weiblicher Laune dasteht. Wolf hätte die Auswahl auch anders akzentuieren können. Offenbar ging es ihm hier um eine Parteinahme im Geschlechterkampf, auf deren psychischem Grunde die traumatischen Erlebnisse seiner eigenen erotischen Begegnungen stehen.

Im Eröffnungslied *Klinge, klinge, mein Pandero* ist es, selten genug, noch die Frau, die leidet: Sie tanzt (zu unablässig huschenden, ihre innere Unruhe symbolisierenden Sechzehnteln im Klavier), während ihr Herz traurig ist. Pandero ist ein spanisches Tamburin, eine Schellentrommel. Wolf deutet das Instrument nur sehr dezent in den Rhythmen des Klavierbasses an. Wie er überhaupt von dem reichen melodischen und rhythmischen Kolorit spanischer Nationalmusik nur spärlich Gebrauch macht. Immerhin zeigen mehrere Lieder ungewohnten tänzerischen Charakter und sind von Gesangsmelodien getragen.

Das folgende, das berühmteste des weltlichen Zyklus, wird freilich vom Instrument in bestem Wolfschem Reifestil strukturiert. *In dem Schatten meiner Locken* läßt eine Frau den neben ihr eingeschlafenen Geliebten betrachten: *Weck ich ihn nun auf? – Ach nein!* Eine Miniaturszene mit sanft leuchtenden Modulationen; Wolf übernahm sie, nebst dem Baritonlied *Herz, verzage nicht geschwind,* in die Oper *Der Corregidor.* Da dies dort ganz harmlos, eigentlich nur zur Täuschung eines unerwünschten Eindringlings geschieht, sollte man die Überlegenheit der wachen Frau gegenüber dem schlafenden Partner nicht dämonisieren, auch wenn die fein ausgesparte Komposition das in Schwebe hält – worin gerade ihr Reiz liegt.

Seltsam ist Juanas Weise, klagt ein von den Capricen seiner Liebsten irritierter Mann und eröffnet damit eine ganze Reihe von männlichen Liebesklagen. Nicht weniger als sieben sind es, unterbrochen von dem Frauenlied *Eide, so die Liebe schwur* – mit fünfmaligem Refrain wird davor gewarnt, den Männern zu vertrauen – und dem Gesang reiner, beglückender Verliebtheit *Wenn du zu den Blumen gehst.* Das Lied wirkt mit seiner einfachen A-Dur-Melodie, die in ein kunstvolles Gespinst von Klavierlinien verwoben ist, fast wie ein Fremdkörper: Ein Stück deutscher Romantik mitten in Altspanien, es könnte auch im Mörike-Zyklus stehen. Was über seine Qualität schon etwas aussagt.

Die spanische Liednachbarschaft steckt voller erotischer Probleme. *Treibe nur mit Lieben Spott,* warnt ein junger Mann die spröde Liebste. Er tut es in einer chromatisch absteigenden Melodie, die ihre Verquältheit mit einer typisch spanischen Triole anreichert (e-fis-e) und in den Refrain mündet: *... spottet doch der Liebesgott dereinst auch dein!* Effektvoller klingt das gleichfalls mit solchem Spanien-Kolorit, nebst Lauten-Arpeggios im Baß, ausgestattete *Auf dem grünen Balkon.* Die Geliebte scheint dem Ständchensänger zuzublinzeln, aber: *Mit dem Finger sagt sie mir: Nein!* Um die leise Komik eines an seiner Schüchternheit gescheiterten Liebhabers in dem Lied *Wer sein holdes Lieb verloren* durchschimmern zu lassen, bedient sich Wolf – ähnlich wie in einigen Mörike-Liedern – coupletartiger Floskeln, doch hier mit größerem Raffinement: Das Klavier führt mit ihnen erst die jämmerliche Klage zu Ende und ad absurdum.

Ich fuhr über Meer stimmt hingegen einen sehr ernsten, h-Moll-düsteren Entsagungston an. Das Klavier grundiert mit einem Triolen-Thema, die Gesangstimme deutet die Problematik eines Deklamato-Stiles an, der hier nicht zu plastischen Formulierungen findet. Ähnlich wie im kurzen *Blindes Schauen, dunkle Leuchte:* Gegen ein zweitaktiges, leidenschaftliches Klaviermotiv mit punktierten Oktaven kämpft die Stimme des vom Fluch der Liebe Verstörten wie obligate Begleitung an. Stärker wirkt das Lied *Herz, verzage nicht geschwind* (nämlich: ... weil die Weiber Weiber sind). Schon vom Text her. Da ergeht sich ein Abgeblitzter in Warnungen an seine Geschlechtsgenossen, ganz wie Figaro im 4. Akt (Aprite un po'), und so dramatisch hat auch Wolf die vier Strophen, mit scharf rhythmisierten Klavieroktaven und fünfmal wiederholtem Refrain, aufgefaßt und später dem Corregidor auf der Bühne in den Mund gelegt. Beachtlich ist Wolfs aparte Abwandlung des neapolitanischen Sextakkordes in der Kadenz; statt a-c-f (in e-Moll) f-as-des, das klingt ganz neu.

Sagt, seid Ihr es, feiner Herr? macht sich eine kapriziöse Schöne über den Gockel (heute würde man sagen: den Macho) lustig, der *so mit uns umgesprungen und gesprungen und gesungen.* Das geschieht zu stechenden Staccato-Achteln im Klavier und mit vielen kurzen Vorschlagsnoten der Stimme, die sonst bei Wolf nicht üblich sind. Hier sollen sie Ironie, Spott ausdrücken. Eine namenlose Schwester Carmens scheint da zu singen, und vollends führt *Mögen alle bösen Zungen* in Carmens Gefühlssphäre. *Wer mich liebt, den lieb ich wieder, und ich lieb und bin geliebt* lautet der Kehrreim der leichtsinnigen Verliebten – wer denkt da nicht an Bizets Habanera und Seguidilla? Von beider zündender Eingängigkeit trennt die allzu deutsch-niedliche Übersetzung (... *mein Herzlein ist nun leider weich ... Liebesgruß und Liebesflehn ...*), aber auch Wolfs Prinzip, dem Instrument die melodische Führung anzuvertrauen; dadurch ergibt sich zwar ein apartes Wechselspiel zwischen Klavier und Gesang, aber nie die erotische Passion, die bei Bizet direkt und ungebrochen von der weiblichen Stimme ausstrahlt. Als bloßes Einsprengsel wirkt das Lied *Köpfchen, Köpfchen, nicht gewimmert;* auch wenn der Text vom erlauchten Cervantes stammt, handelt es sich nur um Preciosas Sprüchlein gegen Kopfschmerzen, und die dissonant garnierten Klavier-Staccatos bleiben so unverbindlich wie Verse und Stimmpart.

Ernster wird es mit den Schmerzen, die Liebe bringt. Diesmal nicht dem Mann, sondern jungen Mädchen, und das gleich in vier Liedern. *Leidenschaftlich,* einmal sogar im Superlativ, ist allen für den Vortrag vorgeschrieben. *Sagt ihm, daß er zu mir komme,* fleht ein Mädchen, dessen Liebesglut um so stärker wächst, wenn es abgeschlossen, gar eingesperrt wird. Gegen mangelnde Prägnanz der Sopranführung kommt auch das ziselierte Geflecht des Klavierpartes nicht an. *Bitt ihn, o Mutter* – nämlich: *nicht mehr zu zielen, weil er tötet* – die Verwirrung des Mädchenherzens schwankt in die Gegenrichtung, und eben diese Umkehr komponierte Hugo Wolf feinfühlig aus. Nun wird das

Instrument auf Begleitfunktion beschränkt, die *sehr unruhig* um Halbtöne pendelnde Gesangsstimme übernimmt die Führung. Kein Lied, das populär werden könnte, doch eines, das für den Instinkt-Psychologen Hugo Wolf zeugt. Ähnliches läßt sich von dem sehr bewegten *Liebe mir im Busen zündet* sagen: Ein Mädchen bittet die Mutter in verzweifelter Herzensnot, ihren Brand mit Wasser zu löschen. Vorwärtstreibenden Sechsachtel-Rhythmus verordnet der Komponist dem Instrument für das leidenschaftliche Presto-Lied *Schmerzliche Wonnen und wonnige Schmerzen.* Gesang und Klavier teilen sich gegenläufig in die melodische Führung; ein faszinierender Schwung resultiert, am Ende hat das Klavier, in einem furiosen ff-Nachspiel, das letzte Wort. Auch in der erotischen Sphäre bleibt die einem Mädchenmund anvertraute fünfstrophige Warnung *Trau' nicht der Liebe,* ein subtiles Beispiel für Wolfs Gleichgewichtung von Gesang und Klavier, wenn auch kein effektvolles.

Rätsel gibt die Nr. 20 des Liederbuches *Ach, im Maien wars,* auf. Nicht weniger als einhundertzwanzigmal, ein Unikum bei Hugo Wolf, wiederholt das Klavier, harmonisch variierend, seine simple Begleitformel in leicht hüpfendem Dreiachteltakt. Die Gesangsstimme ergeht sich in einer ebenso leichten, konventionell modulierenden A-Dur-Melodie. Sie würde einem heiteren Frühlingslied gut anstehen. Die Situation ist aber weit entfernt davon: Ein Eingekerkerter blickt sehnsüchtig durch die Gitter. Frank Walker meint, Wolf habe eine der altspanischen Volksballaden nachvollziehen wollen. Aber woher sollte der Komponist deren Bänkelsängerton gekannt haben? Eher ist man geneigt, auf Irrationales schöpferischer Liedkomposition zu setzen. Haben wir es etwa mit der nachschubertschen Vision eines Hoffnungstraumes zu tun (*Winterreise*, Ich träumte von bunten Blumen)? Oder sollte doch Verliebtheit in eine einfach *schöne Melodie* – Wolf wußte solches Erfinderglück wohl zu schätzen – bestimmend gewesen sein? Das ist in seinen reifen Jahren kaum anzunehmen. Dieses kantable Lied bleibt psychologisch eines seiner rätselhaftesten.

Alle gingen, Herz, zu Ruh besänftigt in dieser weltlichen Liedfolge den unruhestiftenden Eros nach einem leidenschaftlichen Fortissimo-Ausbruch zu stiller, wenn auch dissonant durch-

zuckter Ergebung. Eine gereifte Variante des etwas älteren Heine-Liedes *Wo wird einst,* sogar im selben F-Dur. Noch resignierter, gar den Tod herbeisehnend, gibt sich *Dereinst, dereinst, Gedanke mein* mit seinem morbiden Abwärtsgleiten in f-Moll, in freilich etwas dürftiger Struktur.

Tief im Herzen trag ich Pein kleidet Liebeskummer in eine veritable langsame Mazurka (wie auch später Nr. 20 des *Italienischen Liederbuches*). Die Singstimme tritt so weit in Begleitfunktion zurück, daß das ganze Lied auch als reines Klavierstück seinen Reiz hätte. Anklänge an den kennzeichnenden Mazurka-Rhythmus trägt im folgenden *Komm, o Tod* der Klavierbaß weiter, aber hier ist dem Sopran (oder Tenor) eine ausgeprägt kantable Melodie in den Mund gelegt, die mit der Oberstimme des Instrumentes in vielfältiger Wechselwirkung steht und den Wolfschen Typus der Doppelmelodik anreichert.

Ein tiefempfundenes, auch durch kühne Modulationen fesselndes Lied der Todessehnsucht, ein Kleinod nicht nur dieses Zyklus. Unbegreiflich, wie beiläufig es in der gesamten bisherigen Wolf-Literatur behandelt wurde.

Ob auch finstre Blicke glitten, ein chromatisch sprödes Liebeslied, leidet nicht nur unter der geringen Prägnanz der Gesangsmelodie, sondern auch darunter, daß der Übersetzer Geibel den wiederholten Schlüsselvers ... *daß du hast geblickt nach mir* mit einer geradezu operndeutschen Inversion verunstaltet hat. *Bedeckt mich mit Blumen* läßt einen Liebenden (oder eine Liebende) *unter süßen Qualen vor Liebe sterben,* wovon der schwelgerische Doppelgesang von Stimme und Klavier nur die Süße dieses etwas rhetorischen erotischen Masochismus mitteilt, aber mit betörendem Wohlklang und einem der wolfschisten, wenn der Superlativ gestattet ist, Gesangsschlüsse: Das End-As (in As-Dur!) ist hier als dissonanter Quasi-Vorhalt aufgefaßt, den erst das Klaviernachspiel in die Tonika auflöst.

An solchen Feinheiten sind die weltlichen spanischen Lieder reich, auch wenn man sie gewissermaßen ausgraben muß, weil von den Texten her bedingt Belangloseres über die lange Strecke geht. *Und schläfst du, mein Mädchen* – ein Entführer verlockt seine Liebste zur Flucht. *Sie blasen zum Abmarsch* – ein Mädchen beklagt die Trennung von ihrem Soldaten, der im Klavier mit einem gar nicht martialischen Militärmarsch beschworen wird. *Weint nicht, ihr Äugelein!* – hier führt die Baßstimme des Klaviers mit einem chromatischen Motiv, das abgewandelt, gewissermaßen permutiert, auch das folgende ›*Wer tat deinem Füßlein weh?*‹ tragen soll. Man tut wohl dem Komponisten, der ja wie wenige auf die Gnade der Inspiration schwor, kein Unrecht, wenn man in solchen Liedern ein Nachlassen dieser Eingebung empfindet. Im letztgenannten läßt Wolf mit der tänzerischen Rhythmik spanische Folklore anklingen, wie auch im Klavierpart des folgenden *Deine Mutter, süßes Kind.* Die an hergebrachten Mustern gemessen *unmelodische,* weil Sequenzen und diatonischen Schritten ausweichende Gesangsmelodie weist vielfach in die Zukunft der expressionistischen Wiener Schule Arnold Schönbergs, aber die Bindung an die von Wolf nie in Frage gestellte Dur-Moll-Tonalität läßt in solchen Liedern die Versagungen an sogenannter Sangbarkeit doch stärker empfinden als das Progressive ihres entwicklungsgeschichtlichen Stellenwertes.

Das mag auch für die folgenden beiden wildbewegten Gesänge der Verzweiflung gelten. *Da nur Leid und Leidenschaft* ist von einem verbitterten Liebhaber zu singen, der mit einem fünfmal variierten, plastisch deklamierten Kehrreim sein Herz versteigert: *Sagt, hat keiner Lust darauf?* Das weibliche Gegenstück dazu: Der (zu seinem Vorteil viel kürzere) Eifersuchtsausbruch *Wehe der, die mir verstrickte meinen Geliebten!,* mit seinen schneidenden Intervallsprüngen und dem herausgeschleuderten Gipfel-A schier eine – ironisch, parodistisch gemeinte? – hochdramatische Rachearie.

Eines der längsten Lieder des Zyklus steht am Schluß: *Geh, Geliebter, geh jetzt!* Reine, strömende Lyrik, ein halb liebeserfüllter, halb schmerzlicher Abschiedsgesang im Morgengrauen. Der Neunachtel-Takt wird von Oktaventriolen des Instrumentes, in fein rhythmisiertem Gegenspiel mit der Gesangsstimme, gegliedert und in immer neue Farben nachtristanischer Harmonik getaucht. So klingt der spanische Zyklus, nach einigen matteren Nummern im weltlichen Teil, doch gewichtig aus, mit einem der kostbarsten Wolfschen Frauenlieder.

OPERNPLÄNE, REISEN, DEPRESSIONEN

Das naturnahe Unterach am Attersee, das schon Mörike- und Eichendorff-Vertonungen reich inspiriert hatte, bewährte sich neuerlich als Quell der kompositorischen Anregung: Kaum war Hugo Wolf von Perchtoldsdorf ins Ecksteinsche Landhaus übergesiedelt, schrieb er noch am selben 25. Mai 1890 dort das erste Lied eines neuen Zyklus. Eine bloße Woche nach der Vollendung des *Spanischen Liederbuches*; so unwiderstehlich floß in Wolfs kreativen Hoch-Zeiten der Strom der Einfälle. *Banne du auf seiner Fährte mir den Wind in vollem Lauf!*, wie es in einem der genialsten Mörike-Lieder Wolfs (*Frage und Antwort*) heißt. Seit langem hatte er einen Zyklus nach Gottfried Keller, dem Dichter des bewunderten und geliebten Romans *Der grüne Heinrich*, ins Auge gefaßt. Vierzehn Tage zuvor war Keller gestorben; ob es das Bewußtsein dieses Tages war oder die einfallsträchtige Attersee-Luft, jedenfalls entstand binnen weniger Wochen, wenn auch mehr reflexiv als eruptiv, ein neuer Zyklus.

Die Sechsliederfolge nach *Alten Weisen* von Gottfried Keller steht im Schatten der großen Liederbücher Hugo Wolfs und wird heute wenig gesungen. Warum? Da die Lieder Wolfs reifer Produktionszeit entstammen, mag die mangelnde Anziehungskraft eher den Dichtungen als der Musik zuzuschreiben sein. Vielleicht verhindert der Zug von Ironie, der diesen Versen fast durchweg eigen ist, die Identifikationsmöglichkeit, die von so vielen Gedichten der vorangegangenen Zyklen ausströmte, und wir wissen ja, wie abhängig Wolf von seinen Poeten war.

Wer soll etwa die skurrile Paradies-Vision einer alten Frau in dem Schlußlied *Wie glänzt der helle Mond* mitfühlend nachvollziehen? Dabei ist das ein Meisterlied, subtil mit den verflatternden Klängen am Ende, höchst impressionistisch dank reicher Modulation, obwohl das Instrument auf ostinaten Akkordvierteln beharren muß. Die Ironie des Liedes *Tretet ein, hoher Krieger* ist so aggressiv mit ihrer Verhöhnung von militaristischem Macho-Gehabe, daß das – melodisch sehr plastische – Lied schon deshalb heute auf Widerhall treffen müßte. Solche Modernität (von der Wolf natürlich nichts ahnen konnte) steht in reizvollem Widerspiel mit altväterischen, man möchte sagen: meistersingerhaften Klaviersequenzen, die bei Wolf ganz selten und hier bewußt ironisch gemeint sind (siehe Notenbeispiel unten).

Singt mein Schatz wie ein Fink läßt eine Frühemanzipierte des 19. Jahrhunderts zu Wort und zu sehr sprödem, mit Septimensprüngen garniertem Melos kommen: *Er soll sich unterwerfen zum Ruhm uns und Preis!* Daß das, bei allem Sopran-Jubel bis zum hohen Schluß-A, kein gängig-eingängiges Liebeslied werden konnte, versteht sich aus dem Gedicht. Hier wie auch im folgenden Lied *Du milchjunger Knabe* konkurriert Wolf bewußt mit Brahms. Er verhöhnte den Älteren – in einem Brief an Melanie Köchert – geradezu als *Meister des Dudelsackes und der Ziehharmonika*, der *für seine verbrecherischen Bedürfnisse*[37] eine andere Keller-Ausgabe benützt habe. Solche höchstpersönliche, ganz privat geäußerte Verrücktheiten darf man objektiv nicht ernst nehmen, auch wenn sie subjektive Schlaglichter werfen. Ginge es nur um die damals sehr wichtig genommene richtige Deklamation, so wäre Wolfs Version des *milchjungen Knaben* der von Brahms überlegen (übrigens auch in der kühnen Modulation: Bereits im 12. Takt ist Wolf von a-Moll nach As-Dur übergewechselt).

Aber solange bei einer solchen lyrischen Harmlosigkeit (von erotischen Marschallin-Octavian-Hintergründigkeiten wußte ja Keller nichts!) die Zündkraft der Melodie entscheidet, wird man hier Brahms vorziehen.

Wandl ich in dem Morgentau ist eine in sanftem Sechsachteltakt wiegende Klage einer ungeküßten Jungfrau. Das leuchtende A-Dur trügt und wird in vielen Farben gebrochen. Ein Klavier-Motiv von einem einzigen Takt liefert die musikalische Substanz – Rückblick auf die feinsten der Mörike-Lieder, Vorausnahme des noch konzentrierteren Stils des *Italienischen Liederbuches. Das Köhlerweib ist trunken* bringt Stimme und Instrument zu vollkommener Gleichgewichtung. Alkoholismus hat eine einst umworbene Schönheit zerstört; jetzt singt sie *gellend im Grünen*, und man erlebt es in einem wild vorüberbrausenden Lied-Kommentar, mit Dämonie in scharf dissonanten Klavierpassagen, die sich dennoch allen virtuosen Auftrumpfens enthalten. Auch dies kann, von einer Meisterin der Gestaltung gesungen, ein ausgesprochenes Hugo-Wolf-Effektlied werden – wie auch noch zwei, drei andere aus dieser kleinen Sammlung. Sie hat es schwer, weil sie lauter Frauen-Gesänge enthält und weil Soprane wie Alte es nun einmal nicht mit einem Fischer-Dieskau aufnehmen können. Dieser Keller-Zyklus ist noch zu entdecken, und das wird sich lohnen.

Vielleicht hätte das Unteracher Einfalls-Hoch angehalten. Als der Keller-Zyklus am 16. Juni 1890 abgeschlossen war, geisterte ein neues Liederbuch, das Italienische, wohl schon im Kopf des Komponisten, aber bis zu dessen erster Lied-Niederschrift Ende September verging ein Sommer, der voll von Opernplänen und, mitten in den neuen Zyklus hinein, von Reisen in neue Kunstbezirke war.

Die Oper – als Idol der Bewährung eines wahren, großen Komponisten schwebte sie dem unglücklichen Opernautor Hugo Wolf zeitlebens vor. Und nicht nur als künstlerisches Idol, auch als praktisch einzige Möglichkeit, endlich Armut mit Wohlstand zu vertauschen. Beide Erfolgszeichen mußte er in seinem *Obergott* Richard Wagner verkörpert sehen. Was der fünfzehnjährige Provinzler Hugo Wolf bei seiner ersten persönlichen Begegnung mit Wagner erlebt hatte, den glanzseidenen Luxus eines Hofstaates im Hotel Imperial, vergaß er zeitlebens nie. Nicht mit Liedern, die dann und wann, bisher sehr sporadisch, in Konzerten auftauchten, sondern nur mit Opern, die die Chance hatten, auf den vielen Dutzend Hof- und Stadttheatern nachgespielt zu werden, konnte man Geld verdienen und unabhängig werden.

Hermann Bahr, der wohlmeinende Freund, schwelgte geradezu in Millionen-Träumen, wenn er (am 16. August 1890 in der Berliner Wochenzeitschrift *Deutschland*) eine neue, pantomimische Theaterform propagierte, zu der sich die modernistischen Tagesberühmtheiten Arnold Böcklin und Detlev von Liliencron mit der Neuentdeckung Hugo Wolf zusammentun sollten: *Nach 6 Wochen wären die drei ganz phantastisch riesige Millionäre*, was Wolf, in einem Brief an Melanie Köchert, viel realistischer, ironisch kommentierte: *Die ›Millionen‹ wären mir übrigens schon recht und wenn ich mit Repetiergewehren und Kanonen ›pantomimische‹ Musik machen sollte.* So avantgardistische Experimente wie die Pantomime konnte er also nicht ernst nehmen, wohl aber die Chancen, die eine erfolgreiche Oper bot. Bei allen größenwahnsinnigen Anwandlungen in seinen euphorischen Perioden war er nicht weltfremd und unkritisch genug, um nicht die Problematik einer Opernproduktion zu erkennen. An deren Anfang stand die Frage: Was soll ich komponieren?

Die Richtung war ihm dabei, obwohl er doch in seinen Kritikerjahren praktische Erfahrungen sammeln konnte, lange völlig nebulos. Freunde bestärkten ihn in seinem Operndrang mit wohlgemeinten Ratschlägen, aber da sie selber allesamt Dilettanten waren, brachten sie nichts als Verwirrung. Julius Mayreder, der neue Wolf-Freund aus dem Grinzinger Bellevue, wurde ermutigt, seine Schwägerin Rosa Mayreder zur Verfertigung eines Librettos zu animieren. Man wußte, daß Wolf vor der Zeit seines *Spanischen Liederbuches* sehr vom heiteren Sujet der Dreispitz-Novelle des zeitgenössischen Spaniers Pedro de Alarcón angetan war. Man legte ihm den 1. Akt ohne Namensnennung vor, mit dem Erfolg, daß Wolf sich wütend über die Banalität der Sprache ausließ. Vorher war er sogar auf die Idee verfallen, durch eine Annonce den ersehnten Librettisten zu finden – wahrhaft grotesk für einen Menschen, der bald einer der ersten Komponisten sein wollte! Nicht viel weniger verrückt erscheint sein Einfall, zu dem um volle siebenunddreißig Jahre älteren Komponisten, Dirigenten und Librettisten Richard Genée Verbindungen herzustellen. Genée, aus Danzig stammend, war als Mittexter der *Fledermaus*, der *Nacht in Venedig* und des *Bettelstudenten* einer der Väter der Goldenen Wiener Operette und ein sehr tüchtiger, theaterkundiger Librettist. Aber man stelle sich die Wutausbrüche des wortempfindlichen Hugo Wolf vor, wenn ihm tatsächlich Genée-Opernverse nach Shakespeares *Sturm* vorgelegt worden wären! Dieses Stück hielt Wolf damals für besonders geeignet: . . . *wenn das nicht ein vom Himmel gefallener Opernstoff sein soll . . . Ich habe schon ein Szenarium entworfen . . .*

Jetzt, Mitte 1890, sollte es Detlev von Liliencron ausarbeiten, der ihm ja aus München einen begeisterten Brief über seine Lieder geschickt hatte. Aber Liliencron schlug ihm statt dessen sein eigenes Indianer-Drama *Pokahontas* als Opernstoff vor, wovon wiederum Wolf (trotz seiner, ironisch vorgebrachten, *Begeisterung für Buffalo Bill und seine ungewaschene Gesellschaft*) nichts wissen wollte. Der neugewonnene Wolf-Verehrer Grohe meldete sich aus Mannheim mit den widersprüchlichsten Vorschlägen: Einmal verwies er auf Carlo Gozzis Lustspiel *Das öffentliche Geheimnis*, dann auf Karl Heckels Drama *Buddha*.

Wolf antwortete mit einem aufschlußreichen Brief (am 28. Juni 1890): *Möge die Welt erlösen, wer den Erlöserberuf in sich fühlt; mich schert das wenig. Ich für mich will heiter sein . . . Ich strebe auch keine ›welterlösende‹ Heiterkeit an. Nichts weniger als das, das überlassen wir billig den großen Genies. Wagner hat in seiner und durch seine Kunst bereits ein so gewaltiges Erlösungswerk vollbracht, daß wir ganz unnützerweise den Himmel stürmen, weil er uns bereits erobert ist, und daß es das gescheiteste ist, in diesem schönen Himmel ein recht freundliches Plätzchen uns zu suchen. Und dieses angenehme Plätzchen möchte ich gern finden, . . . in einer fröhlichen und originellen Gesellschaft, bei Gitarrengeklimper, Liebesseufzen, Mondscheinnächten, Champagnergelagen usw., kurz in einer – komischen Oper, ohne das düstere, welterlösende Gespenst eines Schopenhauerschen Philosophen im Hintergrunde.*

Jahre sollten vergehen, bis er es fand, und dann war dieser *Corregidor* doch nicht das rechte . . . Aber schon gar nicht ein anonymes Libretto *Hildebrandts Heimkehr*, das ihm Freunde im Sommer 1890 wohlmeinend vorlegten, ein reines Männerstück, Wolf geradezu widerwärtig. Er befand sich damals ohnehin in einer gereizten, sterilen Phase, die zwar erst wenige Monate andauerte, ihn aber tief bedrückte. *Ich befinde mich jetzt in sehr gedrückter Stimmung, da ich vom Schicksal ausersehen zu sein scheine, keine Oper zu schreiben*, klagte er am 18. August 1890 dem gelehrten Baron Joseph Schey, mit dem die Freundin Henriette Lang nun verheiratet war. Auf Scheys Gut in Kövecses im slowakischen Ungarn verbrachte Wolf eine unproduktive Woche, und erst in Unterach spürte er im September endlich wieder *verdächtige Anzeichen zum Komponieren* und erwartete *jeden Augenblick eine Explosion* – die dann auch wirklich, wie schon dreimal zuvor, tatsächlich ausbrach: Zwischen 25. September und 4. Oktober 1890 entstanden in Unterach die ersten vier Meisterlieder eines neuen Zyklus, des *Italienischen Liederbuches*.

Auf Wolf muß die plötzlich neugewonnene Schaffenskraft wie eine Erlösung gewirkt haben. So sicher fühlte er sich ihrer nun, daß er auch eine Unterbrechung nicht als bedrohlich ansah, und das mit Recht: Als er Mitte November, nach mehrwöchiger Deutschlandreise, wieder in der Köchertschen Villa in Döbling einzog, knüpfte er ganz zwanglos, auf gleich hohem Inspirationsniveau, mit drei neuen Liedern an den in Unterach begonnenen italienischen Zyklus an.

Die Reise, die er am 9. Oktober 1890 angetreten hatte, sollte die Verbindung zum Verlagshaus Schott und zu neugewonnenen Freunden festigen. Beide Ziele wurden glänzend erreicht – dank Wolfs persönlichem Charme. Wo er erschien, vorspielte, mit seiner rauhen Stimme vorsang, eroberte er die Menschen für sich und seine Kunst. Egozentrik nahm man als romantische Künstlermarotte in Kauf – schließlich war man von Wagner Tolleres gewöhnt –, seine Weltfremdheit und Kauzigkeit – schon daß er überall eine Gummibadewanne (ein sogenanntes Kautschukschaffel) mitschleppte! – wurden zumal bei den Schwaben als so anheimelnd empfunden wie sein österreichischer Dialekt.

Erste Station war München. Warum Wolf den Dichter Paul Heyse nicht aufsuchte, dessen Nachdichtungen er ja gerade vertonte, ist unbekannt. Er lernte den *Parsifal*-Dirigenten Herrmann Levi, den Bayreuth-Baß Eugen Gura und den einflußreichen Kritiker Heinrich Porges kennen; trotz freundlichem Interesse taten sie aber künftig nichts für ihn. Der Literat Michael Georg Conrad, Herausgeber der fortschrittlich gesinnten Zeitschrift *Die Gesellschaft*, publizierte immerhin über ihn, und Detlev von Liliencron wurde ein begeisterter Wolfianer. Er schrieb, nach einer langen Vorspielsitzung mit neuen Liedern, ein hymnisches Gedicht, *An Hugo Wolf.* Seine germanische Reckenphraseologie mutet heute etwas kurios an (und paßte auch wenig zu Liliencrons sonstiger salopper Frische), warb aber im literarischen Deutschland jener Zeit kräftig für den unbekannten Wiener:

Erinnerst du dich der Tage:
Hinter dir saßen
Conrad, der Hüne, und ich.
Du sangest uns
Deine 53,
Drei-und-fünfzig!
Mörike-Lieder vor
Und deine zahllosen Wunderweisen
Aus Goethe und Eichendorff.
Wie war das alles neu!
Zum Erstarren neu!
...
Platz da, Platz da, Gesindel,
ein junger Germanenkönig kommt,
ein König der neuen Kunst...

Der aus Holstein stammende Ex-Offizier Liliencron – er nahm als Hauptmann am Krieg 1870/71 teil – hatte ein abenteuerliches Leben hinter sich. Wegen Spielschulden mußte er aus der Armee ausscheiden, schlug sich in Amerika in vielerlei Tätigkeiten durch, auch als Klavierspieler in Bars, und er wurde nach seiner Heimkehr von München aus ein origineller Herold des dazumal Modernen, in Prosa und Versen. Wolf, der für die neue, naturalistische Richtung nur Hohn übrig hatte, fand auch später noch Liliencrons Gedichte unkomponierbar, aber der um sechzehn

Jahre Ältere (der ihn um sechs Jahre überlebte) blieb Wolf trotz dessen kühler Resonanz als Bewunderer treu.

In München sei er eigentlich nicht verstanden worden, resümierte Wolf in einem Brief an Melanie Köchert. Um so mehr Grund hatte er dann, begeistert von der Aufnahme bei seinen schwäbischen Freunden zu berichten. Am 14. Oktober 1890 war er, über Stuttgart reisend, in Tübingen beim Brieffreund Emil Kauffmann, dem Musikdirektor der dortigen Universität, zu Gast, der ihn mit seinem Schwiegersohn Wilhelm Schmid bekannt machte, einem Philologie-Professor. Der würdige, vollbärtige Kauffmann, dessen Vater mit Mörike befreundet gewesen war, hatte auch selber den Dichter noch gekannt; mit dessen Lyrikband in der Hand wanderten alle drei, herzlich einander zugetan, durch die Wälder des nahen Schönbuchs, und Wolf war selig, wenn ihm Kauffmann von Mörike und seinem Peregrina-Erlebnis erzählte, oder wenn der um volle 24 Jahre Ältere ihm, dem jungen Mörike-Verehrer, aus dessen Briefen an den Vater vorlas. Kauffmanns solide Musikbildung schloß auch Brahms bewundernd ein; kam es zu hitzigen Diskussionen mit Wolf, so verhielt er sich weise: Er schwieg einfach.

Vier Tage später gab es beim neuen Freund Oskar Grohe in Mannheim mit Felix von Weingartner, damals Kapellmeister am dortigen Nationaltheater, einen ausgiebigen Abend mit dem *Spanischen Liederbuch*. Weingartner war ganz entzückt (kritisierte aber auch, was Wolf erstaunlich bescheiden annahm, die überladene Instrumentation der *Penthesilea*-Partitur). Als an einem anderen Abend Weingartner seine eigene neue Oper *Genesius* vorspielte, zeigte sich Wolf so taktvoll, seine völlige Ablehnung hinter sturem Schweigen zu verbergen. Vielleicht hatte er etwas von Kauffmann gelernt.

In Mainz nahm ihn der Chef des Schott-Verlages, Dr. Ludwig Strecker, überaus liebenswürdig auf, Engelbert Humperdinck kam unterstützend aus Frankfurt herüber, aber Strecker blieb gegenüber dem *Spanischen Liederbuch* skeptisch. Erst als Wolf eine Reihe von Eichendorff- und Goethevertonungen vorgetragen hatte, steckte sein Enthusiasmus auch den Verleger an. Man vereinbarte einen Vertrag, wonach Schott alle bisherigen Zyklen übernahm, die Erträge geteilt wurden und Wolf die Verlagsfreiheit verblieb. Ein voller Erfolg: Der Schott-Verlag war mit den Partituren und Klavierauszügen aller Wagner-Werke einer der führenden in ganz Europa, Strecker – nur um sieben Jahre älter als sein jüngster Komponist – eine angesehene Verleger-Persönlichkeit.

Hochgestimmt fuhr Wolf den Rhein hinab, lernte in Köln Humperdincks Schwager, den Arzt Hermann Wette, und den Komponisten Arnold Mendelssohn kennen, trank in Rüdesheim mit Wette feuchtfröhliche Bruderschaft, ließ sich in Frankfurt von Humperdinck die Stadt Goethes zeigen, dann kehrte er nach Wien zurück. Briefe von unterwegs an Melanie Köchert sagen auch einiges über die damalige Kaufkraft des Geldes aus, wobei man die Mark etwa mit einem Gulden gleichsetzen kann. In Stuttgart zahlte Wolf für ein sehr ausgiebiges Menü mit fünf Gängen 1,50 Mark, in Köln wohnte er *fürstlich*, wie er schrieb, um 3,50 Mark.

In Döbling nahm er die Arbeit am *Italienischen Liederbuch* wieder auf und vertonte drei weitere Gedichte. Binnen sieben Wochen waren so, den Unterbrechungen zum Trotz, sieben völlig gleichwertige Meisterlieder entstanden. Plötzlich mußte Wolf dieses neue, so hoffnungsvoll begonnene Liederbuch beiseite legen (die Lied-Pause sollte über ein Jahr andauern!), denn ein eng terminierter Kompositionsauftrag beanspruchte alle seine Kräfte. Der einzige, den er jemals im Leben erhielt – und kein glücklicher. Durch Vermittlung des Freundes Gustav Schur trat der Burgtheaterdirektor Max Burkhard an Wolf heran, zu Henrik Ibsens Schauspiel *Das Fest auf Solhaug* eine Bühnenmusik zu schreiben. Die Premiere war zuerst für Dezember 1890 geplant, wurde aber mehrfach hinausgeschoben und kam erst ein Jahr später zustande. Zum Glück für den Komponisten. Erst war er Feuer und Flamme für das Stück und dachte sogar an eine spätere Veroperung; schon ein paar Tage später, bezeichnend für seine Unsicherheit dramatischen Texten gegenüber, fand er, das alles sei bloß *hausbackene Zimmermannsarbeit*. Aber die 300 Gulden Honorar (am Ende waren es gar nur 200) lockten eben; wenig Geld für eine umfangreiche Partitur von immerhin zehn orchestrierten Nummern, viel für den mittellosen Komponisten, der nehmen mußte, was sich eben bot.

Ohne daß er davon wußte, hatte wenige Monate zuvor der neunzehnjährige Hans Pfitzner für dasselbe Ibsen-Stück eine Schauspielmusik geschrieben. Lechzte denn das *Fest auf Solhaug* so danach? Heute würde man die Liedeinlagen und Tanzszenen, die Margits, der an einen ungeliebten Mann verheirateten Heldin, entsagende Liebesgeschichte umranken, sicher nicht mehr als einer eigengewichtigen Musik für bedürftig erachten. Aber damals waren Schauspielmusiken sehr beliebt, sie standen zumal in Wien in einer alten Tradition, man denke nur an Raimunds Zaubermärchen.

Den ganzen Winter 1890/91 hindurch, mit einigen Nummern auch noch viel später, plagte sich Wolf mit der Komposition. Sie ging ihm nur mühsam vonstatten. Was ihn nicht inspirierte, mußte *ausgeschwitzt* werden, wie er die Arbeit an der Nummer zwei, Margits Ballade, selber charakterisierte. Und dieses Mezzosopran-Lied mit seinen durchgehenden punktierten Begleit-Rhythmen, seinem auf nordisch-düster gestimmten Balladenton und dem fein ziselierten Miteinander von Gesang und Orchester ist noch das Stärkste der ganzen Partitur, in der es seitenlang von erstaunlich unwolfischer, eher nach Grieg (der Einleitungs-Chor zum 2. Akt!) klingender Routinemusik widerhallt. Gerade die Ballade jedoch, wie auch das gewichtigste Orchesterstück, die ausgedehnte symphonische Einleitung zum 3. Akt, zeugen zugleich vom Dilettantismus Wolfs der Bühne gegenüber.

Undenkbar, daß eine Schauspielerin die Anforderungen eines so schwierigen Hugo-Wolf-Liedes bewältigen kann! Und was die orchestralen Partien betrifft, so ignorierte Wolf weltfremd, für wen er überhaupt schrieb. Als man das Stück endlich einstudierte, zeigte sich, daß die für ein imaginäres großes Orchester gesetzte Partitur von dem dürftigen, nur mit zwei Hörnern und je einem Blasinstrument besetzten Schauspiel-Orchester des Burgtheaters gar nicht zu spielen war. Bei der Premiere am 21. November 1891 wurde denn auch nur ein Bruchteil von Wolfs Bühnenmusik aufgeführt.

Bratlgeiger beschimpfte der Komponist (in einem Brief an Emil Kauffmann) die *Burgkapelle*. Aber auch bei einer Aufführung der vollständigen Partitur, 1892 im Konzertsaal unter Franz Schalk, enttäuschte die laue Aufnahme den Komponisten. Mit

Hugo Wolf um 1892.

dem kaum mehr gespielten Bühnenstück aus Henrik Ibsens romantischer Zeit ist auch Wolfs Musik in den Archiven verschwunden. Margits Ballade, die beiden Gesänge Gudmunds und das Vorspiel zum 3. Akt wären an und für sich respektable Kompositionen – mißt man sie jedoch an den eben geschaffenen Liederzyklen, auch an *Penthesilea,* so vermißt man mit dem verklungenen *Fest auf Solhaug* kaum einen wesentlichen Hugo-Wolf-Eigenton.

Ich glaube nun mehr denn je, daß ich zum Opernkomponisten berufen bin, hatte Wolf während der Arbeit am *Fest auf Solhaug* an Grohe geschrieben. Immerhin, so unbefriedigend das Unternehmen verlief, er konnte noch arbeiten. Bald darauf konnte er es trotz aller Bemühung nicht mehr und versank in tiefste Depressionen.

Eine erneute Fahrt nach Süddeutschland brachte etwas Aufmunterung. Im April wohnte er, wir berichteten schon darüber, der Uraufführung seiner *Christnacht* in Mannheim bei, erhielt Applaus und zwei Lorbeerkränze; scheu hatte er sich im Publikum versteckt, und als man ihn herauswinkte und aufs Podium holte, war er ganz verwirrt und trat dem Tenor linkisch auf die Füße. Ein Konzertlöwe, ein Mann von Welt wurde er nie.

Nochmals Besuch bei Grohe, diesmal in dessen neuem Heim im badischen Philippsburg, nochmals auch in Humperdincks Wohnung in Frankfurt, auf der Rückfahrt dann ein Abend mit dem Jugendfreund Felix Mottl, der Kapellmeister war (und nichts für Wolf tat), nochmals ein paar schöne Tage bei den Tübinger Freunden. Eine musikalische Akademie im Hause Kauffmanns, zu der die Honoratioren der Universitätsstadt eingeladen waren, brachte dem Alleinunterhalter am Klavier großen Erfolg. Es nützte alles nichts. Wenige Tage später schrieb er aus Wien an Grohe: *Vom Komponieren habe ich ... nicht mehr die geringste Vorstellung. Gott weiß, wie das enden wird.* Ein Kehlkopfkatarrh kam dazu, Wolf fühlte sich körperlich elend, seelisch aber noch viel mehr: *Ich fange bereits an, Opernpläne als Fata morgana zu betrachten, als Dinge von realer Unmöglichkeit ... Ich bin eben am Ende. Möge es bald ein vollständiges sein – ich wünsche nichts sehnlicher* (am 1. Juni 1891 an Kauffmann). Der sommerliche Besuch in Bayreuth brachte diesmal nichts als Mißmut durch Schlaflosigkeit. Die Depressionen führten gar zu Selbstmordgedanken: *Seit vier Monaten bereits lebe ich in einem geistigen Marasmus, der mir ernstlich den Gedanken nahelegt, dieser Welt für immer zu entfliehen* (am 13. August an Wette). Gutgemeinte Opernvorschläge von Freunden – *Die Vögel* des Aristophanes, dann ein anonymes Libretto *Der Meisterdieb*, das er als geradezu beleidigend empfand, schließlich Otto Ludwigs, des Tagesberühmten, Lustspiel *Hanns Frei* – verstärkten nur das Gefühl kompositorischer Sterilität.

Dabei war er so von der Oper besessen, daß ihn sogar die neugewonnene Wertschätzung bei den schwäbischen und rheinischen Freunden wurmte. *Die schmeichelhafte Anerkennung als ›Liederkomponist‹ betrübt mich in die innerste Seele. Was anderes will es bedeuten, als eben einen Vorwurf, daß ich immer nur Lieder kompo-*

niere, daß ich doch nur ein kleines Genre beherrsche ... (am 13. Oktober 1891 an Kauffmann). Aber nicht einmal zu einem noch so bescheidenen Lied (außer einem Nachzügler zur *Solhaug*-Partitur) reichte es in diesem depressiven Jahr 1891, dem bisher längsten und am niederdrückendsten empfundenen Wellental im Auf und Nieder von Wolfs Schaffensphasen. In elf Monaten hatte er außer der Kärrnerarbeit an der Schauspielmusik und der Instrumentation des *Elfenliedes* aus dem *Sommernachtstraum* überhaupt nichts Neues hervorbringen können. Nicht einmal die Herrlichkeiten der Natur, die er im Sommer im stillen Pfarrhaus zu Traunkirchen am Traunsee genoß, konnten ihn inspirieren.

Ich glaube bestimmt, mit mir ist's aus – rein aus – Mir graut schon vor meinem Leben – solcher verzweifelter Briefäußerungen ließen sich noch mehrere zitieren. Aber wenige Wochen nach dieser Grauensbekundung brach ein neuer Vulkan aus: Am 29. November 1891 schrieb Wolf in der Döblinger Einsamkeit das Lied *Daß doch gemalt all deine Reize wären*, ein heiter-übermütiger Hymnus an die Liebe, und binnen weniger als vier Wochen folgten weitere vierzehn nach Heyses italienischen Gedichten. Es gab keinen greifbaren Anlaß, kein persönliches Liebeserlebnis etwa. Es gibt auch keine andere Erklärung als die rein medizinische, die den jähen Wechsel von Wolfs vulkanisch-produktiven und den depressiv-sterilen Phasen in den präparalytischen Ablauf seiner Krankheit einordnet.

Die Sachlage wird noch dadurch verwirrender, daß nach diesem Monat neu erwachter Schaffenseuphorie der Faden ebenso plötzlich, und nun gar für viereinviertel Jahre, völlig abriß – und daß er dann, ohne den geringsten Bruch in Stil und Qualität, neu geknüpft werden konnte. Auch die nüchtern in Betracht gezogenen Körperwanderungen von Spirochäten erklären letztlich nicht das Mysterium hoher Kunst, hier personifiziert in dem widerspruchsvollen Menschen namens Hugo Wolf.

ITALIENISCHES LIEDERBUCH I UND II

Die beiden Teile des *Italienischen Liederbuches*, mit 46 Nummern der drittlängste Zyklus Hugo Wolfs, knüpfen inhaltlich an den weltlichen Teil des *Spanischen Liederbuches* an. Noch ausschließlicher als dort wandeln sie ein einziges Thema immer wieder ab: Liebe zwischen Mann und Frau, und anders als dort herrscht nicht die im altspanischen Katholizismus behauste Glut und Leidenschaft der Geschlechter vor, sondern die Renaissance-Helle und Lebensleichtigkeit der Toskana, wo man vor Liebe schmachten, sich an Schönheit hingeben kann, aber doch auch wachen Sinn für die Wirklichkeit, auch für die Komik des Eros behält.

Bei diesen Versen teilte sich Paul Heyse nicht mit seinem Freund Geibel in die Übersetzung, sondern übertrug die altitalienischen Volkslieder, Balladen, Liebeslieder und Trauergesänge – die meisten anonym, viele in Mundart von Venedig bis Korsika – allein. Wolf wählte aus dieser vielgestaltigen Fülle nur die kurzen, aphoristisch zugespitzten Rispetti aus – mit einer Ausnahme, *Benedeit die selge Mutter*; ein Rispetto ist ein vorwiegend toskanisches, nur sechs bis acht Zeilen langes amouröses Gedicht. In Heyses verniedlichender Übertragung (. . . der Schönheit Kron, . . . schön Veigelein) verlieren diese Rispetti viel von ihren klaren mittelmeerischen Konturen und werden gewissermaßen eingedeutscht in den lyrischen Durchschnitt der Heyse-Zeit. Aber das störte den sonst so sprachempfindlichen Hugo Wolf diesmal nicht. Er empfand den Gehalt der Gedichte als allgemeingültig, versagte sich jedwedes italienische Lokalkolorit und nannte die Lieder *Kinder des Südens, die trotz allem ihre deutsche Herkunft nicht verleugnen können. Ja, das Herz schlägt in ihnen deutsch* ... Dazu trug Wolf selber durch seine Interpretation noch bei. Was im Original bloßes Liebesspiel, galantes Kompliment ist, wenn etwa die Augen der Geliebten mit Sternen am Himmel oder ihre Schönheit mit dem Dom von Siena verglichen werden, das taucht Wolf in Seelentiefen, als sei's ein Stück von Goethe oder Mörike.

Er hielt die Lieder dieses Zyklus für die *originellsten und künstlerisch vollendetsten* unter allen von ihm geschaffenen, und die meisten Wolf-Biographen teilen diese Meinung. Sicher mindert die erwähnte Verfälschung mancher Originale nicht den Rang der Kompositionen: Nicht was der Text, sondern was Wolf beabsichtigte, erscheint heute einzig wesentlich, zumal ihm mit den gemütsbeladenen einige seiner schönsten Lieder gelangen. Auch bleibt er ja den anderen, den spöttischen, ironischen, humoristischen Seiten dieses Erotikons nichts schuldig.

Auch hier, ähnlich wie im *Spanischen Liederbuch*, erscheint der Mann eher als Opfer denn als Herr der Liebe. Er schmachtet, leidet (manchmal kläglich), begehrt auf. Die Frau ist zwar auch der Hingabe fähig, aber öfter zeigt sie sich launisch, kapriziös, bis zum blanken Hohn und grimmigen Liebesfluch. Diese Charakterisierung entspringt hier jedoch nicht Wolfs Auswahl, sie ist in den Gedichten selbst vorgegeben. Denn der Komponist vertonte von den 40 toskanischen Rispetti 38, die – nebst acht Volkspoemen aus anderen Landschaften – das *Italienische Liederbuch* bilden.

Bis auf wenige ambivalente sind alle Lieder entweder Frauen oder Männern zuzuordnen, und im Wechselgesang liegt ein besonderer Reiz für Gesamtaufführungen des Zyklus, die an einem einzigen Abend möglich sind. Soll es ein duettartiges, regelmäßiges Abwechseln sein, so muß von Wolfs originaler Liedfolge freilich abgewichen werden. Erik Werba hat dafür in seiner Wolf-Monographie mehrere interessante Varianten angeboten, Erfahrungen aus vielen Tourneen mit prominenten Wolf-Sängern.

Ob man nun die superlativische Wertung des Zyklus teilt oder nicht – sie könnte Unterschätzung der früheren bedeuten und würde textbedingt schwächere Lieder, besonders im zweiten

Teil, mit aufwerten –, ganz gewiß erschloß Wolf mit dem *Italienischen Liederbuch* nochmals eine neue, unverwechselbare lyrische Landschaft. Ihre besonderen Merkmale: Die Harmonik ist im ganzen einfacher, besänftigter als etwa im Goethe-Zyklus; die Gewichtsverteilung zwischen Gesang und Instrument erscheint vollkommen ausgewogen; die Gesangstimme wird fast ausschließlich syllabisch geführt, Vokalisen sind noch seltener als früher, Tonwiederholungen hingegen ungleich häufiger – das ergibt eine von allen anderen Liedfolgen unterschiedene schwebende, bisweilen meditative Eleganz und Leichtigkeit; Antizipationen, Verlagerungen betonter Wörter auf leichte Taktteile, sind sehr ausgeprägt, aber es fehlt auch nicht, wenn es dem Text gemäß erscheint, an rhythmisch scharfen Melodien.

Vor allem aber ist dies eine intime Galerie von Miniaturen. Von den 46 Liedern sind nur sechs drei oder mehr Seiten lang, alle übrigen haben auf zweien Platz, einige gar auf einer; mit vierzehn Takten kommt Nr. 42 aus, mit siebzehn Nr. 10. Bei solcher Kürze ist natürlich kein Raum für die früher von Wolf so formvirtuos vielfältig behandelte Dreiteiligkeit; voll ausgeprägt erscheint sie eigentlich nur beim *Benedeit die selge Mutter*, und dies nur, weil der Komponist die ersten Verse wiederholt. Die Miniatur-Form erfordert feinste Zeichnung, epigrammatische Kunst der Diktion. Gleich im allerersten Lied bekennt sich Wolf zu ihr.

Auch kleine Dinge können uns entzücken ist erst als 16. Lied komponiert, steht jedoch programmatisch an dieser Stelle. Und das Programm wird wahrhaft entzückend erfüllt: Über einem Silbergespinst von A-Dur-Sechzehnteln und zart betonten Baß-Vorhalten schwebt die Gesangstimme, die hier ganz die Führung hat. Aber zu ihr tritt, kontrapunktierend, eine synkopisch absteigende Mittelstimme des Klaviers; eine Doppelmelodik, der wir in diesem Zyklus noch oft begegnen werden. So eng sich der Gesang dem Text anschmiegt, er erschöpft sich doch nicht in Deklamation, behält vielmehr melodische Eigenständigkeit.

Das zeigt sich schon darin, daß Wolf nach den strengen Regeln der Wagner-Schule eigentlich gar nicht *korrekt* deklamiert; denn dann müßte gleich zu Anfang die Hauptbetonung auf *kleine* und nicht auf *Dinge* liegen: daß sie klein sind und doch entzücken (die Perle, die Olive, die Rose), darin liegt ja die Aussage. Auch dürfte die kurze Silbe *schmück* nicht zu einer Vokalise in die Länge gezogen werden, sowenig wie das Wort *schwer* (vor *bezahlt*). Diese Feststellungen sollen hier keine Beckmessereien sein, im Gegenteil; gerade solche individuellen Abweichungen von orthodoxer Regel zeugen für die Schöpferkraft und Unabhängigkeit Hugo Wolfs, vor allem für die des Melodikers. Er bewirkt die zu seiner Zeit als Kardinaltugend aller fortschrittlichen, also von Wagner herkommenden, Gesangskomposition geforderte *korrekte Deklamation* durch viel feinere Kunstgriffe, als es simple Imitation des Sprachduktus wäre.

Um beim Anfang dieses Liedes zu bleiben: Das Schwergewicht, das auf dem Wort *Dinge* lastet, wird dadurch vermindert, daß das weniger betonte Wort *kleine* dafür auf einer höheren Note gesungen wird; es liegt zusätzlich am Sänger, agogisch ausgleichend zu wirken. Solcher subtiler Beispiele für Wolfs Kunst, die Rechte von Melodie und Deklamation abzuwägen, ließen sich im *Italienischen Liederbuch* Dutzende über Dutzende anführen, sie sind die wahre Regel. Seltsam begegnen sich hier Hugo Wolf und Leoš Janáček, diese fast Gleichaltrigen, die beide kurze Zeit nebeneinander am Wiener Konservatorium studierten und die doch ästhetische Welten voneinander trennten. Die einzige Brücke bildet beider novatorische Melodiefindung. Auch Janáčeks Sprachmelodien (nápěvky), seine von ihm sogenannten *Fensterchen in die Seele*, sind ja keinesfalls, wie oft oberflächlich oder unwissend geschrieben wird, bloße Nachahmungen des gesprochenen Tonfalls, sondern dessen musikalische Sublimationen. Insofern ganz ähnlich wie bei Wolf: hier lyrisch, bei Janáček dramatisch.

Auch das zweite Lied des italienischen Zyklus, *Mir ward gesagt, du reisest in die Ferne*, zeigt exemplarische Züge. So die sechsfache Tonwiederholung zu Beginn, die Antizipation (auf *rei*sest), die den Taktstrich bewußt ignoriert, das Aufbiegen einer unbetonten Silbe (Fer-*ne*), dazu eine chromatisch absteigende Gegenmelodie des Klaviers, und das alles innerhalb zweier Takte – die Eigenart des *Italienischen Liederbuches* gewissermaßen in nuce, in einem sonst nicht außerordentlichen Lied, es sei denn, daß hier weiblicher Liebesschmerz innigen Gefühlston findet.

Es folgen drei Lieder für Tenor. *Ihr seid die Allerschönste* huldigt, wiederum in Doppelmelodik von Gesang und vollgriffiger Akkordik, der Geliebten, deren Schönheit chevaleresk und rhetorisch mit den prachtvollen Domen von Orvieto und Siena verglichen wird.

Tieferen Gründen der Adoration entstammt *Gesegnet sei, durch den die Welt entstund*. Schon textlich, da die ganze Schöpfung bemüht wird, um dennoch vom Angesicht der geliebten Frau übergipfelt zu werden; und schon gar durch Wolfs Vertonung. Die pathetischen Oktavenschritte zu Beginn, die im Mittelteil motivisch weiterwirken, die Verschwisterung von Melodie und Rezitativ in der Gesangstimme, der Genie-Einfall, das Schlüsselwort *Schönheit* unmittelbar nach einem Crescendo plötzlich auf Pianissimo zurückzunehmen, gleichsam, als bleibe dem Lobpreiser nur noch andächtiges Flüstern – was für ein grandioser Hymnus in 17 Takten, was für ein Triumph einer Miniatur! Danach muß jedes Folgelied abfallen. So auch *Selig ihr Blinden*, in dem die Toten beneidet werden, die nicht mehr Liebesqualen leiden müssen, mit etwas konventioneller Vierviertel-Melodie über auf- und niedersteigenden Klavieroktaven.

Feiner gearbeitet ist der Eifersuchtsausbruch eines Mädchens *Wer rief dich denn?*, eine psychologische Augenblicksstudie voller rezitativisch aufbegehrender Großintervalle.

Danach wieder drei Lieder männlicher Liebesbeglückung. Den Widerspruch zwischen bloßer Kavaliersrhetorik – die Augen der Geliebten werden mit den Sternen am Himmel verglichen – und dem vertiefenden erotischen Mystizismus von Wolfs Vertonung im Lied *Der Mond hat eine schwere Klag erhoben* wurde schon erwähnt. Rein kompositorisch ist es mit dem Zweitakte-Motiv des tragenden Klavierparts ein Meisterstück ausgesparten Wolf-Reifestils. Immer wieder besticht des Komponisten Wandlungsfähigkeit: *Nun laß uns Frieden schließen* läßt das Instrument in wiegenden Sechsachteln bloß begleiten (aber mit motivischen Glanzlichtern), die Gesangsstimme melodisch führen (mit unkonventionellen Stauungen und Antizipationen). Die alte Weise der Barkarole klingt wie neu. *Daß doch gemalt all deine Reize wären* entführt Rhetorik ins Phantastisch-Scherzhafte – sogar die Heiden sollen das Porträt der Geliebten anbeten und dadurch gute Christen werden –, wozu die Vertonung aus anfangs ruhigen Triolen pomphafte Siegesfanfaren gewinnt.

Du denkst mit einem Fädchen mich zu fangen leitet drei kapriziöse Mädchenlieder ein. Das vorgeschriebene Tempo *Langsam* (man könnte sich auch quicklebendigen Spott vorstellen) soll das Lauernde der überlegen Liebenden noch deutlicher machen und den fast kabarettistisch auskomponierten, sogleich (in neuer Formulierung) wiederholten Schlußgag noch spannungsvoller vorbereiten: *Ich bin verliebt, doch eben nicht in dich. Sehr langsam*, hier noch überraschender, muß in *Wie lange schon war immer mein Verlangen* die junge Frau ihre Sehnsucht nach einem Musikus als Geliebtem aussingen. Dann kommt er, *und senkt den Kopf und spielt die Violine.* Im Achttakte-Nachspiel des Klaviers, einem ungewöhnlich langen in diesem Zyklus, darf er das noch ausgiebig, wenn auch etwas etüdenhaft, tun – aber das klärt nicht die Frage, wie das ganze Lied gemeint ist: ironisch (in Richtung: Hat der nichts Besseres zu tun ...), spöttisch, gar höhnisch? Selbst Wolfsche Charakterisierungskunst stößt hier an Ausdrucksgrenzen. Ohnehin hat sich vorher schon der Traduttore als Traditore, der Übersetzer als Verräter betätigt.

> Eccolo qua che vien pianin pianino
> A capo basso, e suona il violino

heißt es im Original. Und so, glättend und verniedlichend wie meist, bei Heyse:

> Da kommt er eben her mit sanfter Miene,
> und senkt den Kopf und spielt die Violine.

Pianin pianino mag als Wortspiel unübersetzbar sein, deutet aber doch klarer zu männchenhafter Unterlegenheit als die operndeutsche *sanfte Miene.*

Unzweideutig spöttisch gibt sich das Mädchen, das nicht auf die Dauer Alltagsliebchen sein will, während er sich andere für die Feiertage sucht: *Nein, junger Herr, so treibt man's nicht, fürwahr* – beide Strophen beginnen mit einer so einprägsam rhythmischen Gesangsmelodie, als sei's ein Lied von Schubert, wandeln sie dann aber im Klavier echt hugo-wolfisch ab.

Im folgenden Tenorlied *Hoffärtig seid Ihr, schönes Kind* erscheint so ein ausgesprochenes Melodiethema im Instrument, während die Stimme eigenwillig kontrapunktiert; hier ist es einmal der Mann, der nicht schmachtet, sondern der Stolzen, die seine Liebe ablehnt, seine Verachtung hinschleudert.

Geselle, wolln wir uns in Kutten hüllen wirkt ein wenig wie ein Fremdkörper in diesem lyrischen Zyklus, wie eine übermütige Episode aus dem Decamerone. Einem jungen Mann geht die Phantasie durch, wenn er in ein Mönchsgewand schlüpft; zum Schluß will er auch noch als Beichtvater ins Schlafgemach eines kranken Mädchens schlüpfen. Den Zynismus dieses Schlusses hat Wolf nicht auskomponiert, sondern im Kontext des ganzen, von einem punktierten Klaviermotiv geistreich gestützten Dramoletts belassen.

Grotesk gibt sich auch das Mädchenlied *Mein Liebster ist so klein.* Eine Bremse stößt ihm den Schädel ein, eine Fliege wirft ihn übern Haufen – kann man so einen Winzling denn noch lieben? Die maßlose Übertreibung verhüllt kaum erotische Frustration, das durchgehend trippelnde Klaviermotiv versinnbildlicht plastisch den verspotteten Kleinen. Ein Schwächling ist auch der verwöhnte Jüngling im Lied *Ihr jungen Leute, die ihr zieht ins Feld.* Die Liebste fleht die Kameraden an, ihn nur ja gut zu beschützen, er sei so zart und nichts gewohnt. Auch hier gibt die Übersetzung die Drastik des Originals nicht voll wieder.

> Sorgt, daß er tapfer sich im Feuer hält

entspricht bei weitem nicht dem originalen

> Badate che non posi l'arme in terra.

Auch der Komponist versagt sich den latenten Spott dieses Gedichtes und läßt die Liebste wie eine besorgte Mutter erscheinen. Trommelrhythmen und Marschklänge im Klavier geben dem Lied eine ungewohnte militärische Aura.

Jedwede Ironie des italienischen Rispettos – das *sterben sehen* ist ja dort bloße chevalereske Phrase – meidet Wolf auch im *Und willst du deinen Liebsten sterben sehen.* Aus der galanten Huldigung an die Goldlocken der Geliebten wird eine der edelsten lyrischen Perlen des Zyklus. Erhebung durch Verfälschung? Autonomie der musikalischen Interpretation? Alle Fragen werden nichtig vor der Evidenz dieser so eingängigen wie kunstvollen Miniatur. Das Gleichgewicht zwischen Gesang, der sich aus sechsfachen Tonwiederholungen zu üppiger Melodik entfaltet, und dem aus einer einzigen, nur eintaktigen Keimzelle variierten Klavierpart (mit dem Kunstgriff der Engführung im zweiten Teil) ist schlechthin vollendet.

Ähnlich, nur nicht so konzentriert und ganz so eindringlich in der Gesangsmelodie, die vierfache Liebeserklärung *Heb' auf dein blondes Haupt*. Reizvoll durch den überraschenden Wechsel des still rezitativischen Beginnes zum ekstatischen Aufschwung des Hauptteiles wirkt das Versöhnungslied *Wir beide haben lange Zeit geschwiegen*. Die Engel vom Himmel, gli angioli d'amore, haben den in Schweigen Verstockten die Sprache wiedergebracht – und dies geschieht mit einer der verklärtesten (zum Schluß noch kulinarisch arpeggierten) Klaviermelodien des Komponisten.

Zwei Lieder gehören einem vom Liebsten getrennten Mädchen. *Mein Liebster singt am Haus*, aber sie darf der Serenade nur im Bett beiwohnen und weint einen ganzen Strom von Tränen. Merkwürdigerweise in Form einer ausgesprochenen Mazurka, die vom Klavier konturiert wird: ein Zeugnis von Wolfs Chopin-Rezeption? *Man sagt mir, deine Mutter woll' es nicht* ist ganz von einem kurzen Dreiakkord-Motiv des Instrumentes geprägt, während die Stimme des Mädchens Liebessehnsucht in allen Qualen, vom *bleibe weg!* bis zum leidenschaftlichen *komm alle Tage!* deklamatorisch sensibel folgt. Kein gefälliges Lied; eine Reifeprüfung für Hugo-Wolf-Gestalterinnen.

Einen im ganzen Zyklus seltenen Hauch von italienischer Folklore läßt der Komponist im Tenorlied *Ein Ständchen Euch zu bringen* anklingen, wenn er den Brautwerber zu leicht hüpfenden Gitarre-Akkorden singen läßt. Einen Hauch, nicht mehr. Immerhin ist da eine Leggerezza zu spüren, wie sie auch Wolfs *Italienische Serenade* südländisch beseelt. Aber entscheidend bleibt, was der Vertoner dem Text hinzufügt: Erst im Klaviernachspiel, dem ausgedehntesten Zyklus, darf der anfangs zeremonielle Freier so recht sein Temperament offenbaren!

Viereinviertel Jahre vergingen, ehe sich Wolf entschloß, dem *Italienischen Liederbuch* einen zweiten Teil hinzuzufügen. Wüßte man das nicht, den neuen Liedern wäre es nicht abzulesen, so bruch- und zwanglos knüpfen sie an den Stil der älteren an. Dabei liegen Jahre quälender Unproduktivität dazwischen, aber auch der beglückende Schaffensrausch der *Corregidor*-Zeit, der weiterzuwirken schien: Schon wenige Wochen nach der Vollendung der Opernpartitur setzte sich Wolf in Perchtoldsdorf ans Klavier und schleuderte die vierundzwanzig neuen italienischen Lieder in fünf Wochen heraus, in schöpferischer Verzückung wie alle seine Meisterwerke.

Manchmal meint man Nachklänge vom *Corregidor*-Stil zu spüren; so etwa in der instrumentalen kontrapunktischen Überfrachtung einiger Lieder (man denke etwa an *Ich ließ mir sagen*); Wolf bemerkte selber, der zweite Teil enthalte mehr *absolute Musik* als der erste.[38] Neu ist auch die Vorliebe für einen akkordischen Rhythmus im Klavier (Viertel – zwei Achtel – vier Achtel, im Vierviertelakt), den der Komponist mehrfach, und nur hier, als Klangsymbol für tiefes, echtes Gefühl verwendet, worauf schon Walker hingewiesen hat.

Dieser Rhythmus prägt bereits das erste Lied der zweiten Folge, *Was für ein Lied soll dir gesungen werden* (es ist aber in der Reihenfolge der Entstehung das letzte). Wiederum also eine bedeutsame, programmatische Umstellung. Der Liebende hält nur ein ganz und gar unerhörtes, noch von niemandem gehörtes Lied für würdig; diesem textlichen Anspruch wird Wolf nicht ganz so gerecht wie in einigen lyrischen Würfen des ersten Teiles, auch wenn es ein sehr inniger Liebesgesang geworden ist.

Ihm folgen, in betontem Gegensatz, drei humoristische weibliche Psychogramme. *Ich esse nun mein Brot nicht trocken mehr* (sondern: voller Tränen, was erst eine Fußnote erklären muß) wechselt von einem kläglichen Moll im ersten Teil zu einem motivisch völlig neuen hoffnungsvollen Dur, mit dem das vereinsamte Mädchen *ein altes Männlein – so von vierzehn Jahren* erträumt. Belasten hier die *Corregidor*-Kontrapunkte etwas den textlichen Übermut, so sprüht *Mein Liebster hat zu Tische mich geladen* vor drastischem Gesangswitz, wenn sich die einem geizigen Galan Aufgesessene über die kümmerliche Tafel empört. *Ich ließ mir sagen* verhöhnt den armen Toni, der aus Liebeskummer eine Wurst und sieben Brote hinunterfrißt; er tut das kurioserweise zu einem altväterischen, gewissermaßen vor-meistersingerischen, mit gravitätischen Trillern versetzten Klavierpart. Ein köstliches Stück musikalischer Charakteristik, auch wenn man Wolfs eigener, wie meist schaffenseuphorischer Einschätzung nicht folgt, daß *der Humor in der Musik erst mit diesem Lied in die Welt getreten ist.*[39]

Voller feinster motivischer Varianten steckt *Schon streckt ich aus im Bett die müden Glieder*; das Bildnis der Liebsten treibt den Sänger vom Schlafzimmer auf die Straße, wo er ziellose Serenaden singt. Das huscht südlich leicht vorbei wie Gitarrenklang und verweht in aparten harmonischen Rückungen. Fünf Streitlieder unter Verliebten folgen.

Du sagst mir, daß ich keine Fürstin sei, empört sich ein Mädchen und kontert am Schluß, daß er doch selber nur mit Schusters Rappen fahre. Der erwähnte, für den zweiten Teil des Liederbuches so bezeichnende Liebesrhythmus muß sich hier mit spöttischen barocken Schnörkeln im Klavier vertragen.

Wohl kenn' ich Euern Stand ist hingegen ganz gefühlstief gemeint. Die niedrige Schöne, die sich von dem hohen Herrn nicht ernsthaft geliebt fühlt, schmilzt dann doch vor ihm dahin: *Ihr seid so schön, wer kann Euch grollen*? Merkwürdigerweise liegt die eigentliche, die lyrisch strömende Melodie dieses Drei-Melodien-Geflechtes im tiefen Bariton, also in der männlichen Stimmlage – ob dessen Liebesschmerz-Chromatik und Leidenschaftstriolen nicht doch ironisch gemeint sind? Der Psychologe Hugo Wolf läßt manches augenzwinkernd offen. Nicht ganz klar ist auch, ob ein Freund oder eine Geliebte rät *Laß sie nur gehn!*, die Falsche, die es mit jedem treibe. Grollende Zweiunddreißigstel in der linken Klavierhand, wie sie schon Bach als Ausdrucksformel dienten und die sich doch mit hochromantischen Seufzer-Modulationen vertragen, geben zugleich dem betrogenen Liebhaber Stimme.

Wie soll ich fröhlich sein? wirft ein Mädchen dem Liebsten vor, der sie sträflich vernachlässigt – soll er doch ganz wegbleiben! Das Klavier führt mit einem punktierten Unwillen-Motiv, die Stimme begleitet mehr deklamatorisch. *Was soll der Zorn, mein Schatz?* ist ähnlich gebaut; der Mann bietet pathetisch – was aufgeregte Vierundsechzigstel im Baß noch untermalen – seine

Brust ihrem Dolch, so unschuldig fühlt er sich, und Hugo Wolf nimmt diese italienische Opernrhetorik ganz ernst.

Eine Trias von schönheitshuldigenden Liedern folgt, die den lyrischen Gipfel des ganzen zweiten Teiles des *Italienischen Liederbuches* bilden. *Sterb' ich, so hüllt in Blumen meine Glieder* unterscheidet sich schon dadurch von allen anderen Liedern, daß seine neunzehn Takte von einem einzigen Orgelpunkt getragen werden (von einer nur rhythmisch leise bewegten As-Oktave). Mit seinem durchgehenden Pianissimo, mit dem schwebenden Gleichgewicht von Klangtupfern im Klavier und sensibler Gesangsmelodik eine der impressionistischsten Visionen des Neuerers Wolf. Das kurze Nachspiel wiederum weist zu Schubert zurück.

Und steht Ihr früh am Morgen auf läßt vor der schmiegsamen Melodie ein einschmeichelndes Motiv im Klavier dominieren; das Instrument darf auch die abgebrochene Schlußkadenz des verliebten Tenors erst zu Ende führen. Eine schon wiederholt, auch in anderen Zyklen, beobachtete Wolf-Eigenart, bezeichnend für die Ausdrucksverlagerung zum Instrument hin.

Das plastische Klaviermotiv wird im folgenden Lied *Benedeit die selge Mutter* mit verbreitertem Notenwert in die Tenorstimme verlegt, die hier die Führung übernimmt. Der adorierende Liebhaber steigert sich im zweiten, dem Moll-Teil zum Bekenntnis seiner schier wahnsinnigen Herzensqual, aber damit wollte der Komponist nicht schließen! Er übernahm, entgegen dem originalen Gedicht, die erste Strophe und rundete durch solche Dreiteiligkeit das längste Lied des ganzen Zyklus zu dessen feierlichstem, innigstem Liebesgesang. Ein gutes Beispiel für die interpretative Macht der Vertonung, selbst bei einem dem dichterischen Wort gegenüber so werktreuen Vertoner wie Hugo Wolf.

Um der liebenden Frau, die in diesem Zyklus so oft die kratzbürstigen, kapriziösen, spöttischen Seiten herauskehrt, auch die hingebenden Gefühle nicht vorzuenthalten, greift Wolf im mystisch ausgreifenden Sopranlied *Wenn du, mein Liebster, steigst zum Himmel auf* zu dem schon mehrfach erwähnten rhythmischen Klangsymbol und steigert es, nach geistreichen harmonischen Abwandlungen, zu einem – im Nachspiel noch ausgekosteten – Schlußgipfel, der den *Himmelsflammen* des Textes wahrhaft gerecht wird. *Wenn du mich mit den Augen streifst* gewinnt demselben Zweitakte-Motiv neue Varianten ab, indem es auf Sopran und Klavier verteilt wird; Walker hymnisiert das Lied aber doch wohl, wenn er es *einen der großen Liebesgesänge der Welt* nennt – da gibt es auch in Hugo Wolfs Welt viel größere.

Zwischen die beiden Frauenlieder ist ein tenorales eingestreut, *Wie viele Zeit verlor ich.* Der junge Mann beseufzt, daß er das Paradies verspielt habe, weil er sie mehr geliebt als Gott – was natürlich wiederum nur galante Rhetorik ist und den Komponisten diesmal auch nicht sonderlich inspirierte.

Hingegen gewann er der textlichen Nichtigkeit des Sopranliedes *Gesegnet sei das Grün!* mehr ab, als eigentlich darin steckt, nämlich durch eine konsequente, fein ausgearbeitete Dreistimmigkeit. Originell wirkt auch *O wär' dein Haus durchsichtig wie ein Glas* (... damit sie ihn immer sehen kann); ein ständig wiederholtes Zweiunddreißigstel-Motiv des Klaviers ist bloße Begleitung, strukturiert das Lied aber unverwechselbar mit seiner ausgeprägten Rhythmik – was ja bei Wolf Seltenheitswert hat. Nicht so profiliert gibt sich die (männliche oder weibliche) Klage um das nächtens entwichene Herz: *Heut nacht erhob ich mich.*

Während die Jeremiade eines unentschlossenen Liebhabers *Nicht länger kann ich singen* mit ihren parodierten Kontrapunkten zu den Meisterstückchen des Humoristen Hugo Wolf zu zählen ist. Zwei miteinander verkoppelte Sextensprünge im Klavier stechen mehrfach hervor, sie werden, zu Sechzehnteln verkleinert und vervierfacht, mit kompositorischem Feinwitz in den folgenden weiblichen Wutausbruch *Schweig' einmal still!* übernommen. Sogar einen Eselsschrei – der mit kräftigem I-a auskomponiert ist – zöge die Schöne dem Gesang ihres Galans vor.

Solche Skurrilitäten bestimmen auch den Rest der Liedfolge: heiteres Satyrspiel zum Ausklang, frei von aller Schwere. *O wüßtest du* läßt einen ausgesperrten Freier bejammern, daß er die Nacht im Regen vor der Liebsten Tür verbringen mußte; wiederum dienen Klavierkontrapunkte – sehr prägnante und fein harmonisierte! – parodistischem Effekt. Schiere Opernparodie, mit grollenden Sechzehntelfiguren und Trillern der Wut, wird die Fluch-Arie einer Betrogenen *Verschling der Abgrund meines*

Liebsten Hütte. Vollends bizarr das Schlußlied *Ich hab' in Penna einen Liebsten wohnen* – und nicht nur dort, auch in Viterbo, in Casentino, in Magione, und gleich zehn in Castiglione – Presto-Übermut weiblicher Liebeslust, mit wirbelndem, überschäumendem Klaviernachspiel. Ein nie versagender Hugo-Wolf-Volltreffer. Er wußte schon, warum er das längst komponierte Lied an den Schluß stellte.

Der erste Teil des *Italienischen Liederbuches* erschien im Dezember 1892 bei Schott, der zweite, bald nach Fertigstellung des letzten Liedes, 1896 bei Heckel in Mannheim. Einige Nummern versagten schon zu des Komponisten Lebzeiten nicht ihren konzertanten Effekt. Aber es vergingen noch Jahrzehnte nach seinem Tod, bis sich der ganze Zyklus aus dem Schatten der populäreren Mörike- und Eichendorff-Lieder hob und in seiner Eigenart voll gewertet wurde. Das geschah eigentlich erst nach dem Zweiten Weltkrieg, als Dietrich Fischer-Dieskau in seine epochale Lied-Renaissance auch die Männerlieder dieses späten Hugo Wolf einschloß, und als die Langspielplatte mit kompletten Einspielungen aller 46 Lieder (durch Edith Mathis/Peter Schreier/Karl Engel und durch Ileana Cotrubas, Thomas Allen, Geoffrey Parsons) zu Hause besinnlich nachhören läßt, was im Konzertsaal meist nur in Kostproben geboten wird.

DREI JAHRE SCHAFFENSLÄHMUNG

So quält mich der Zustand meiner jetzigen Sterilität weit mehr, als mich je die Stunden überströmender Schaffenskraft beseligt hatten. Meine Gemütsstimmung bei der jetzigen Verfassung schwankt stets zwischen äußerstem Unbehagen und drückendster Melancholie. Mit diesen Worten (Brief an Frieda Zerny, 21. Juni 1894) zog Hugo Wolf Bilanz über eine anhaltende, qualvolle und für ihn unbegreifliche Schaffenslähmung. Die weitaus längste in seinem Leben. Und sie war damals noch nicht einmal zu Ende – es sollte noch ein Dreivierteljahr, insgesamt also über drei Jahre, dauern, bis er mit der Arbeit an der Oper *Der Corregidor* wieder kreativ werden konnte.

Seit dem Abschluß des ersten Teiles des *Italienischen Liederbuches*, von Dezember 1891 bis April 1895, beschränkte sich seine Produktion auf die Instrumentation einiger schon früher komponierter Lieder, auf die Orchestration der *Italienischen Serenade* und auf die Skizzen zu deren weiteren Sätzen. Nicht ein einziges neues Lied entstand – in dreieinviertel Jahren! Eine vordem nie so lang andauernde Talstrecke der Inspiration, von deren Gnade sich Wolf ja geradezu sklavisch abhängig fühlte.

Daß er sich in diesen Jahren weniger mit neuen Liedern als mit Opernplänen beschäftigte, erklärt die unfaßbare schöpferische Impotenz nicht ganz. Er las ja weiterhin eifrig seine Lieblingsklassiker, deren Lyrik ihn schon so oft zum Vertonen angeregt hatte. Jetzt aber regte sich nichts mehr, gar nichts. Nicht einmal die Herrlichkeiten der Natur – er verbrachte wieder die Sommer im Pfarrhaus von Traunkirchen – entzündeten den schöpferischen Funken. Die treue Freundin Henriette von Schey schickte ihm, der am gutbürgerlichen Pianino nur ungern komponierte, einen Bösendorfer-Flügel ins gemietete Zimmer. Wolf war entzückt: *Himmel, wenn ich diesmal nichts komponiere, dann ist's entschieden aus mit mir.* Es war aus, für lange Zeit. Der Friede des Pfarrhauses und die beseligend schöne Natur kehrten für den schöpferisch Gelähmten nur Widerliches hervor; Messen in der Kirche empfand er als *Brüllerei*, der Pfarrhof wurde ihm *geradezu verhaßt... wegen des Vogelgesanges... den lieben langen Tag dieses verfluchte Tirili anzuhören und machtlos dagegen sein zu müssen...*

Solche Briefergüsse an den Tübinger Freund Kauffmann muten pathologisch an, und tatsächlich sind die Reaktionen des unter so entsetzlich dauerhafter schöpferischer Impotenz Leidenden nicht allein mit seiner extremen Lärmempfindlichkeit zu erklären. Die war tatsächlich außerordentlich. Sie ging jetzt so weit, daß Wolf, um die Eisenbahngeräusche zu ertragen, sich Brotkrümel in die Ohren stopfte (die dann ein Berliner Arzt um teure 15 Mark wieder entfernen mußte); ein andermal machte er zur Bedingung eines Besuches, daß vorher alle gackernden Hühner der Umgebung *abgekragelt* (ein drastischer Wiener Ausdruck) würden.

Wo immer die Grenzen zwischen Normalem und Krankhaftem verlaufen mögen, wie weit immer man sie bei Hochbegabungen vorschieben mag, es bleiben pathologische Züge in Wolfs Verhalten, die kaum anders zu erklären sind als durch präparalytische Wechselphasen seiner venerischen Erkrankung. Ob in tiefster Depression, die zu Selbstmordgedanken führte, ob in der Euphorie des Schaffensglücks – in beiden psychischen Extremsituationen war Wolf außer sich, in des Wortes wörtlichstem Sinn: seiner, als eines vernunftbegabten Wesens, nicht mehr mächtig.

Der ihm wohlgesonnene berühmte Chordirigent Siegfried Ochs schildert in seinen Lebenserinnerungen,[40] wie er Hugo Wolf bei den Proben seiner Berliner Erstaufführung im Jahre 1894 erlebte. Nach der Orchesterprobe des *Feuerreiters* gab sich der Komponist *anerkennend und liebenswürdig*, nach der Wiedergabe von Margits Lied aus dem *Fest auf Solhaug* erlebte Ochs jedoch *einen Auftritt, den ich nie vergessen kann. In dem Korridor... stand zwischen einigen leeren Bierfässern, gleichsam hinter einer Barri-*

kade, Hugo Wolf, tobend, gestikulierend, bleich im Gesicht. Seine Rede war eine Flut von Gehässigkeiten, nicht wiederzugebenden Schimpfworten und Verdächtigungen über uns alle, die wir seine Werke aufzuführen bestrebt waren. Es gelang keinem von uns, ihn zu beruhigen... Und nun kam als Grund dieses Leidenschaftsausbruches zutage, daß Wolf das Zeitmaß, welches ich genommen hatte, zu langsam fand. Das war alles. Wir suchten ihm nun aus seiner eigenen Handschrift zu beweisen, daß wohl niemand einen Vorwurf verdiene, weil über dem Stück die Tempobezeichnung stand: Äußerst langsam, sehr gedehnt und schwermütig. Dieser Einwand aber hatte eine zweite Explosion zur Folge, denn Wolf erklärte, indem er sich noch wilder gebärdete als vorher, ich hätte sofort sehen müssen, daß dies eine »Eselei« von ihm sei.

Wolf mutete also seinen interpretierenden Freunden auch noch tiefenpsychologische Einsichten zu, in Fehlleistungen nämlich (der Freudsche Begriff war damals noch völlig unbekannt). Eine Verrücktheit, die tags darauf vom Komponisten nur bestätigt wurde, wenn er in einem Gespräch mit Siegfried Ochs *kaum mehr* wußte, *was vorgefallen war.* Der Dirigent kommentierte: *...heute will es mir scheinen, als ob es die ersten Anzeichen der Geistesumnachtung gewesen seien, welcher der Ärmste nach drei Jahren gänzlich verfallen sollte.* Zwar posthum geäußerte, aber wohl doch – kein Schatten fällt auf des Wolf-Gönners Ochs Aufrichtigkeit – ahnungsvolle Worte. Sie erhärten mit Augenzeugen-Indiz die präparalytischen Realitäten in Wolfs Leben und Schaffen, zumal in dieser dauerhaftesten, niederdrückendsten Phase der Vereitelungen.

Das gilt jedoch nur für die kreative Seite des Komponisten Hugo Wolf. Daß das Wörtchen *nur* ins Herz zielen sollte, konnten Wolfs Freunde nicht ahnen, als sie ihm im Februar 1892 mit einer Spende von 500 Gulden eine Konzertreise nach Berlin ermöglichten. Wenn ihm schon die Barrieren des Brahms-hörigen und Wagner-feindlichen offiziellen Musik-Wien unüberwindlich erschienen, vielleicht konnte ein rühmlicher Erfolg in der Hauptstadt des von den meisten Österreichern, zumal den intellektuellen, scheu und oft widerwillig bewunderten, in der Aura von überlegener Tüchtigkeit prangenden Deutschen Reiches den Durchbruch schaffen. In dem fortschrittlich gesinnten Berliner

Konzertunternehmer Hermann Wolff schien ein Kompagnon gewonnen zu sein, mit Siegfried Ochs, dem Dirigenten des berühmten Berliner Philharmonischen Chores, auch ein Garant für Publikumsinteresse.

Zunächst gab es, im Frühjahr 1892, nur ein internes Konzert beim Berliner Wagner-Verein, dann aber auch ein öffentliches, das zwar schlecht besucht war – wie denn nicht bei einem so unbekannten Wiener Liederkomponisten –, aber einen vollen künstlerischen Erfolg brachte, sogar bei der Kritik. Neben dem Tenor Heinrich Grahl war die junge Mezzosopranistin Friederike Meyer die Interpretin; obwohl sie, einer Indisposition zum Trotz, das Konzert unter Opfern ermöglichte, nahm der am Flügel mitwirkende Wolf keinerlei Rücksicht und beleidigte sie, indem er während eines Liedvortrags gereizt, und deutlich hörbar, ihre Fehler monierte (was er übrigens auch mit anderen Sängern des öfteren tat).

Wichtiger als dieses erste Berliner Konzert wurden die Bekanntschaften, die Wolf schloß. Im Hause des Wahlwieners Richard Genée, der damals in der Reichshauptstadt lebte, wurde er auf Pedro de Alarcóns, des spanischen Zeitgenossen, Novelle *El niño de la Bola* als geeigneten Opernstoff hingewiesen – unter dem Titel *Manuel Venegas* wurde das eine lebenslange, sogleich mit Begeisterung aufgenommene Verführung für den operndurstigen Hugo Wolf. Eine flüchtige Zusammenkunft mit Hermann Sudermann, von dem sich Wolf ein Libretto erhoffte, führte zu nichts. Aber die neugewonnenen Bekanntschaften mit dem Dirigenten Siegfried Ochs, mit dem Universitätsprofessor Richard Sternfeld, einem einflußreichen Mann des Berliner Wagner-Vereins, mit dem Schriftsteller Fritz Mauthner, dem Lehrer Paul Müller, der als Gründer des Berliner Hugo-Wolf-Vereins später des Komponisten (wenn auch von diesem geringgeschätzter) Herold im Norden wurde, dem Ehepaar Welti (Emilie Herzog-Welti, eine angesehene Opernsängerin, tat als Liedinterpretin viel für Hugo Wolf) waren wertvoll. Vor allem gewann er mit Baron Franz von Lipperheide, dem steinreichen Herausgeber der Zeitschrift *Modenwelt*, und seiner Frau Frieda Bewunderer und tatkräftige Freunde fürs Leben.

Der Boden war gut vorbereitet für die zweite Berlinreise, die erheblich wichtiger werden sollte. Wieder stifteten Freunde 300 Mark für die Reise, und Anfang Januar 1894 schickten sie die beiden prononciertesten *Wagnerianer* Wiens (man muß den Beinamen sogleich differenzierend in Frage stellen) zugleich in den Schnellzug nach Berlin. Bruckner wollte mit *Wölferl*, wie er den Jüngeren zärtlich-unverbindlich nannte, nicht einmal denselben Eisenbahnwagen teilen; der junge Mann erschien ihm mit seinem redseligen Temperament einfach lästig. In Berlin erregte Bruckner nicht nur mit seiner abenteuerlich provinziellen Gewandung Aufsehen – Wolf hingegen, sonst im schäbigen Künstler-Jackett, hatten die Wiener Freunde sogar einen gutsitzenden Frack samt Chapeau gestiftet –, Bruckner war auch mit seinem *Te Deum* der Hauptkomponist des gemeinsamen Konzerts. Keinesfalls ohne Grund. Denn das geniale Chorwerk übertraf an bleibender Wirkung den von Wolf instrumentierten *Feuerreiter* und das *Elfenlied* aus Shakespeares *Sommernachtstraum*, auch wenn diese beiden Stücke lebhaft beklatscht wurden.

Das Elfenlied für Sopran-Solo, Frauenchor und Orchester, nicht zu verwechseln mit dem gleichnamigen Klavierlied nach Mörike, verbindet, in Schlegels Übersetzung, zwei mit den Worten *Bunte Schlangen, zweigezüngt* beginnende Liedstrophen, mit denen die Waldgeister die Elfenkönigin Titania in den Schlaf singen. Wolfs ursprünglich als Nummer für eine geplante *Sommernachtstraum*-Oper gedachte Vertonung reicht nicht an seine Meisterlieder heran, hat jedoch melodiösen Charme (und sogar, im Eiapopeia-Chor, farbig kühne Modulationen von D-Dur über Fis, B und Ges bis Des), und sie zeigt, was ja nicht die Regel ist, Wolf als grazilen Instrumentator, der duftig und durchhörbar orchestrieren konnte.

Wolf war auch, was als ähnliche Ausnahme zu vermerken ist, mit der gesanglichen Wiedergabe durch die junge Sopranistin Jeanette de Joing sehr zufrieden. Wichtiger wurde die begeisterte Aufnahme des viel schwieriger chorisch auszuführenden *Feuerreiters*, denn dieses Stück erwies sich fortan als ausgesprochene Zugnummer. *Der Feuerreiter schlug wie eine Bombe ein*, berichtete der überglückliche Hugo Wolf dem Freund Kauffmann nach Tübingen. *Endloser Beifall, Rufe, Geschrei, ›da capo‹ ›Wolf‹ – – aber ich erschien nicht.* Später mußte er doch aus seiner Loge die *kunst-*

vollsten Verbeugungen machen ... die Zeitungen sind fast durchaus anerkennend und wohlwollend gesinnt.

Im luxuriösen Hause des Barons von Lipperheide in der Potsdamer Straße lebte Wolf als verwöhnter Gast, er wurde in Soireen herumgereicht (was er widerwillig über sich ergehen ließ). Von neuen Bekannten wurde der junge Sänger Ernst Otto Nodnagel (dessen eigene Liedkompositionen Wolf zu einer brieflichen Wutexplosion reizten) ein treuer Interpret, der Prinz Božidar Karadjordjevič, ein Vetter des späteren Königs von Serbien – er hatte Bruckner nach Berlin begleitet –, ein Anreger der *Corregidor*-Vertonung. Denn Karadjordjevič kannte eine Menge spanischer Volksweisen, Wolf hörte begierig und entzückt zu, wenn der Serbe sie zur Gitarre sang. Was davon aus der Erinnerung in die Partitur einging, war dann freilich immer Wolfs eigene Erfindung.

An einem Abend bei Weltis, wo er das *Italienische Liederbuch* vorführte, traf ein verspäteter Gast ein: der junge, damals dreißigjährige Richard Strauss. Die beiden Komponisten wurden einander vorgestellt. Eisige Verbeugungen, zu einem Gespräch kam es nicht, und auch nie mehr zu einer Begegnung. Da sie beide unerschütterliche Wagner-Verehrer waren, kann es nicht, wie im Verhältnis Wolfs zu Brahms, an grundsätzlichen ästhetischen oder musikparteilichen Gründen gelegen haben. Eher schon an der Tonsprache und ihrer Fortschrittlichkeit. 1892 hatte Wolf die sinfonische Dichtung *Macbeth* in Berlin gehört und als *schauderhaftes Tonstück* verhöhnt, und später distanzierte er sich empört von *musikalischen Tollhäuslern (à la R. St)* (Brief vom 27. Februar 1897 an Grohe). Selbst im Meisterwerk *Don Juan* fand er *trostlose Sterilität der Erfindung* und affektierte *Harmoniekrämpfe* (17. April 1891 an Melanie Köchert). Das grenzte schon an eine ähnlich subjektivistische Antipathie wie die Brahms-Feindschaft. Es spielte wohl auch Neid mit. Wolf war ja nicht frei davon, auch sein Verhalten gegenüber Humperdincks *Hänsel-und-Gretel*-Erfolg zeigte es.

Nun gar der noch viel erfolgreichere Richard Strauss! Obwohl um vier Jahre jünger, war er bereits angesehener Weimarer Hofkapellmeister, designierter *Tannhäuser*-Dirigent in Bayreuth, gefeierter Autor der welterobernden Tondichtungen *Don Juan* und *Tod und Verklärung*, und sogar mit seinen Liedern, die er gewissermaßen nur mit der linken Hand komponierte, viel öfter aufgeführt als der gerade erst über die Landesgrenzen hinausgedrungene Wiener. Dort der Krösus, der Glücksmann des Erfolges, hier der bettelarme Vagabund, der sich dennoch überlegen, als der wahrhaftere Künstler fühlte! Aus Verbitterung erwuchsen Aggressionen.

Nicht so bei Richard Strauss. Ihm bedeutete Hugo Wolf nicht viel, von Rivalität keine Spur. 1896 äußerte er sich durchaus freundlich über den Klavierauszug des *Corregidor*: *Das Werk gefällt mir als Ausdruck einer großen und reichen Musikernatur ganz außerordentlich ...* (am 4. November 1896 an Wolfs Mannheimer Freund Grohe). Strauss führte auch einige Male Hugo-Wolf-Kompositionen auf. Später versickerte sein Interesse, und Max von Schillings gegenüber nannte er Wolf einen *puren Dilettanten*[41], was ihm, dem in allen Sätteln gerechten Meister, disqualifizierend genug erschien.

Zwei Genies, zwei Welten – so nahe einander in der Zeit, im süddeutschen Raum, in gemeinsamen Schaffenszweigen, in gemeinsamer Wagner-Jüngerschaft, und doch führte keine Brücke über persönlich bedingte Gräben! Übrigens kam es auch zwischen Wolf und dem späteren Strauss-Partner Hugo von Hofmannsthal zu keiner Beziehung. Man lernte sich, durch Vermittlung des allzeit um Wolfs Wohl bemühten Eckstein, 1894 in Wien kennen. Man diskutierte über Opernprobleme und ging wieder auseinander, ergebnislos und für immer. Seltsam, wie wenig Gespür der bei Klassikern literarisch so wertempfindliche Komponist gegenüber dichtenden Zeitgenossen zeigte!

Die Oper und immer wieder die Oper! – Wolfs Stoßseufzer, aus einem Brief an Emil Kauffmann, wurde in diesen Jahren völliger Schaffensfrustration zur Lebensdominante. Wenn er schon nichts Neues zu schreiben vermochte, sollte die Zeit wenigstens zur Vorbereitung dessen, was er als wichtigstes Lebensziel empfand, genützt werden. Praktisch also zur Gewinnung eines brauchbaren Opernlibrettos. Die Freunde wurden mobilisiert, und viele halfen. Freilich, sie waren allesamt Dilettanten. Wie Wolf ihre braven, immer opferwilligen Bemühungen honorierte, mutet vordergründig kraß undankbar an, wirft aber, wenn man die Handlungsweisen eines psychisch schwer Gefährdeten bürgerlichen Normalmaßstäben entrückt, bezeichnende Lichter in die Dunkelzone des Pathologischen zwischen Genie und Irrsinn.

Die Egozentrik Wolfs manifestierte sich nie persönlich. Er lebte so extrem bescheiden, wie es eben sein kaum vorhandenes Einkommen gestattete, aß nur das Billigste, versagte sich sogar ein höchst ersehntes Ruderboot am Traunsee, obwohl das lumpige 15 Gulden gekostet hätte; und als eine fröhliche Gesellschaft, nach erfolgreichem Hugo-Wolf-Abend in Wien, in einem teuren Restaurant feiern wollte, zwang der Held des Abends sie, in ein billigeres überzuwechseln – 1 Gulden für ein Schnitzel, das zu bezahlen (er selbst hätte es ja gar nicht müssen) schien ihm pure Verschwendung. Persönlich war er der denkbar anspruchsloseste, geradezu schubertisch fügsame Mensch. Alle Verbindlichkeit vergaß er, aller von vielen Zeitgenossen gerühmte Charme war dahin, wenn es ums Wesentliche ging, um die Kunst. Ihr opferte er, nachdem er durch pathologisch begründete Marotten schon mehrfach alte Freunde vor den Kopf gestoßen hatte, auch neue auf.

Opfer Nummer eins, neuer Zählung: Gustav Schur, der sich so verdient gemacht hatte durch seine Verhandlungen mit dem Schott-Verlag, lieferte 1892 ein vom Komponisten bestelltes Szenarium zu Alarcóns *Manuel-Venegas*-Sujet. Wolf verhöhnte es (Brief an Grohe, 20. April 1892): *Für einen kunstbegeisterten Bankbeamten ist's immerhin eine ganze anständige Leistung, vorausgesetzt, daß ein anderer kunstgewogener Bankbeamter dasselbe musikalisch umzugestalten hätte.* Schur war tief verletzt, zog sich zurück und blieb dennoch ein Wolfianer. Nicht so der dichtende Kölner Arzt Hermann Wette, das Opfer Nummer zwei von Wolfs rücksichtsloser Besessenheit. Er hatte ein Szenarium zum selben *Manuel Venegas*, das der stets dienstbare Freund Goldschmidt entworfen hatte, zur weiteren Ausführung erhalten, fand es gar nicht gut, schlug statt dessen Eigenes vor, das wiederum Wolf – um Höflichkeit bemüht, dennoch äußerst schroff – zurückwies; mit dem Erfolg, daß Wette sich beleidigt fühlte und die eben erst begonnene Freundschaft aufkündigte.

Die Librettosuche ging unverdrossen weiter. Ludwig Strekker, der Mainzer Schott-Verleger, empfahl das verjährte Scribe-Libretto *Actéon* zur Neukomposition und Einreichung bei einem mit 5000 Mark verlockend dotierten Operneinakter-Wettbewerb des Herzogs von Coburg-Gotha. Wolf lehnte nicht nur wegen Zeitmangel ab, sondern auch, weil er das griechisch-mythologische Sujet für veraltet hielt. Grillparzers Lustspiel *Weh dem, der lügt* entflammte ihn sodann, aber wer sollte daraus ein musikables Libretto machen?

Eigentlich erstaunlich, daß der so Sprachbegabte nie versuchte, sich selber einen klassischen Schauspieltext durch Kürzungen aufzubereiten. Was viel später, seit dem Triumph von Strauss' *Salome*, als Literaturoper Schule machte, hatten ja damals fortschrittlich gesinnte, außenseiterische Komponisten bereits in Angriff genommen. Der allererste Versuch einer Prosa-Vertonung, Mussorgskys Gogol-Komödie *Die Heirat*, war 1868 noch ein utopischer, fragmentarischer Vorläufer gewesen, aber Anfang der neunziger Jahre reiften in den äußerst gegensätzlichen Schubladen des Franzosen Debussy und des Mährers Janáček die ersten beiden dauerhaft wertbeständigen Literaturopern der Musikgeschichte: *Pelléas et Mélisande* und *Její pastorkyňa* (auf deutsch und weltweit unter dem Titel *Jenufa* ein Evergreen). Wolf, der zur genau gleichen Zeit so verzweifelt sein Heil in der Oper suchte, zeigte keinerlei Mut zu ähnlicher Souveränität im Umgang mit Bühnentexten. Er, der lebenslange, allezeit unsichere Opern-Dilettant, der als Lied-Lyriker ein so revolutionärer Neuerer war, ging da mit dem traditionsverhafteten Opernmeister Puccini (den er natürlich, soweit er ihn überhaupt zur Kenntnis nahm, gering schätzte samt allen Erfolgreichen, Mascagni an der Spitze) erstaunlich konform; beide konnten sich Oper nicht ohne die Partnerschaft eines tüchtigen Librettisten vorstellen.

Aber wo einen finden? Grohe meinte es gut, wenn er den mit ihm befreundeten Mannheimer Verleger Karl Heckel neuerlich animierte, für Wolf ein Libretto nach Shakespeares *Sturm* zu verfertigen. Damit erregte er aber nur bissigen Hohn (Brief vom 7. 10. 1894): *Der gute Dichter ist wohl nicht bei Trost! ... O, du vermaledeite ›Dichter‹brut mit deiner verruchten Eitelkeit, deinen lächerlichen Prätensionen, deiner wahnwitzigen Selbstgefälligkeit und teuflischen Verleumdung! In einen Sack mit euch und in den giftigsten Sumpf versenkt ...*

So deprimierend die doppelte Vereitelung, im Komponieren wie in der Librettosuche, diese ganzen Jahre hindurch auf Wolf wirkte, er erlebte doch wenigstens die Genugtuung, daß er nun langsam doch als Liedkomponist von der Öffentlichkeit zur Kenntnis genommen wurde. Sogar in Wien, bald nach dem Berliner Erfolg. In Graz hatten Potpeschnigg und Friedrich von Hausegger schon 1893 ein Konzert mit Wolf-Liedern und dem Komponisten am Klavier arrangiert, das ein voller Erfolg wurde und ihm sogar 230 Gulden erbrachte, in Wien folgte darauf eine weniger geglückte, weil mangelhaft einstudierte Liedgruppe in einem Chorkonzert.

Zwei Konzerte kann man als Durchbruch in Wien registrieren. Am 3. April 1894 gab es im Bösendorfer-Saal den ersten öffentlichen, ganz mit Hugo-Wolf-Liedern bestrittenen Abend, und der Erfolg, den die Sänger Frieda Zerny, Hugo Faisst und Ferdinand Jäger mit dem Autor am Flügel errangen, war so durchschlagend, daß fast die Hälfte des Programmes wiederholt werden mußte. Noch wichtiger war vielleicht der ungeteilte Beifall, den das *Elfenlied* und die Chorfassung des *Feuerreiters* am 2. Dezember 1894 in einem Konzert der Gesellschaft der Musikfreunde fand (neben Werken von Beethoven, Rubinstein und d'Albert). Denn diese altberühmte Konzertgesellschaft galt als ausgesprochen konservativ, es bedeutete also gewissermaßen einen Ritterschlag für den jungen Außenseiter Hugo Wolf, wenn man ihn hier erstmals aufführte. Brahms wohnte dem Abend bei und applaudierte lebhaft den beiden Chorwerken. Eduard Hanslick schrieb eine fast uneingeschränkt lobende Kritik, nur der *Orchesterlärm* im *Feuerreiter* wurde moniert: *Elfenlied und Feuerreiter haben großen Beifall gefunden und sind auch das beste, was ich von diesem auf engbegrenztem Gebiete unendlich fruchtbaren Komponisten kenne ... Sein Versuch ist geglückt.* Im Gesellschaftskonzert habe sich Wolf *zum ersten Male einem größeren, nicht ausschließlich wölfisch gesinnten Publikum mit Glück vorgestellt ... Unzweifelhaft ein Mann von Geist und Talent, hat er sich nur zu hüten vor guten Freunden.*

Diese, wie auch Wolf selber, waren dennoch glücklich über

die freundliche Anerkennung durch den alten, immer noch einflußreichen Kritiker-Papst. Erinnert man sich, in welche parteiische Verrücktheiten eben diese Freunde vor zehn Jahren den naiven blutjungen Musikkritiker getrieben hatten, so wird man Hanslicks Warnung nicht als ganz gegenstandslos betrachten, und angesichts von Wolfs wüsten Ausfällen gegen Brahms erscheint dessen Beifall als Zeichen von souveräner Noblesse.

Zwei neue Interpreten-Namen wurden soeben erwähnt: Frieda Zerny und Hugo Faisst. Beide griffen auf ihre Weise, sie als Geliebte, er als Freund, tief in Wolfs Leben ein.

Den Baßbariton Hugo Faisst, der da so tüchtig zur Wien-Eroberung Wolfscher Lieder beitrug, hatte der Komponist aus Stuttgart herbeigeholt, obwohl er nur ein Amateur-Sänger war. Wolf-Begeisterung beflügelte den wohlhabenden Rechtsanwalt zu einer Gestaltungskraft, die Wolf offenbar mehr schätzte als große Namen. So korrepetierte er damals mit dem gefeierten Bayreuth-Tenor Ernest van Dyck und wandte sich dann doch enttäuscht ab. Den singenden Advokaten hatte er bei Grohe in Mannheim kennengelernt, wohin sich Wolf im Frühjahr von Berlin aus begab. Der Komponist begleitete seinen neuen, glühenden Verehrer nach Stuttgart, wo er in Faissts hochherrschaftlichem Haus in der Archivstraße logierte, und aus der Gastfreundschaft wurde eine enge Freundschaft. *Faischterl* oder *liebstes Faischti* wurde er von Wolf adressiert, er habe *sich durch seine Generosität sicherlich einen Sperrsitz fürs Himmelreich erworben* – wie denn nicht, wenn er, ein wahrer Mäzen, seinem Tübinger Freund Kauffmann spontan einen teuren Bechstein-Flügel ins Haus schickte, damit der Gast Hugo Wolf nur ja auf einem seiner würdigen Instrument spielen konnte. Faisst gründete in Stuttgart einen Hugo-Wolf-Verein, er trug die Kosten für Wolf-Konzerte, er finanzierte auch Wolfs letzte, eigene Wohnung mit 1000 Gulden. Die jahrelange Korrespondenz Hugo Wolf–Hugo Faisst liest sich als Dokument ungetrübter Freundschaft – nie gab sich der Komponist so wahrhaft freundlich, gelöst, wie überhaupt in Schwaben, auch bei seinem zweiten Besuch. Hier, wo ihn nur Wohlwollen und Bewunderung umgaben, gefestigt durch neue Liederabende in Stuttgart und Tübingen, gewann er weitere Freunde. So den später einflußreichen Ästhetiker August Halm, den in Stuttgart studierenden italienischen Kunstmäzen und Liszt-Schüler Marchese Silvio della Valle di Casanova, der den Komponisten mit Richard Voß bekannt machte, den gefeierten Autor des Romans *Zwei Menschen*; Wolf faßte ihn gleich als möglichen Librettisten ins Auge, aber auch daraus wurde nichts. Bei dem vermögenden Großbürger Apollo Klinckerfuß, dem Repräsentanten der Klavierfirmen Bechstein und Blüthner, lebte Wolf sowohl im Stadthaus wie in der Villa Heidfried auf der nahen Feuerbacher Heide zu Gast (sechzig Jahre später bezog in dieser vornehmen Gegend Theodor Heuss sein letztes Heim). Ein hochmusikalisches Haus: Frau Johanna Klinckerfuß war eine Liszt-Schülerin, die noch zusammen mit Clara Schumann auftrat, die Tochter Margarete wurde später Konzertpianistin. Mit ihr sollte Wolf zwei Jahre später in eine nähere Beziehung treten.

Der Baßbariton Hugo Faisst.

Jetzt aber bewegte ihn eine ganz andere, ihn schließlich tief aufwühlende Liebesaffäre. Wahrscheinlich die einzige, in der er je sexuelle Erfüllung fand.

Er hatte die um vier Jahre jüngere Mezzosopranistin Frieda Zerny kurz nach seiner Abreise aus Berlin Ende Januar 1894 in Darmstadt kennengelernt, wo sie im Wagner-Verein mehrere Wolf-Lieder sang. Man reiste gemeinsam nach Stuttgart weiter, aus der künstlerischen Zusammenarbeit wurde Verliebtheit und Leidenschaft. Frieda Zerny (bürgerlich hieß sie Zimmer) war eine attraktive Frau, damals Opernsängerin in Mainz. Hugo Wolfs Kunst begeisterte sie so, daß sie der Bühnenlaufbahn entsagen und nur noch im Konzertsaal für ihren Freund und Meister wirken wollte. *Wir haben ... beschlossen ins Goldland Amerika zu reisen*, vertraute Wolf am 7. März 1894 dem schwäbischen Freund Kauffmann an. Er begann tatsächlich Englisch zu lernen, aber erstaunliche amouröse Turbulenzen vereitelten alle Auswanderungspläne, so irreal sie ohnehin gewesen sein mögen.

Melanie Köchert, die Seelenfreundin, trat plötzlich als eifersüchtige Nebenbuhlerin auf den Plan. Kurz nach Wolfs Rückkehr ereignete sich in Köcherts Wohnung, was der Komponist in einem Brief an Frieda (1. März 1894) so schilderte: *Allein mit ihr in ihrem Boudoir zurückgelassen erlebte ich alsbald eine schauderhafte Szene, die mich im Innersten erschütterte. Ihr Haar war mittlerweile grau geworden, der Gram um meine Abwesenheit hatte diese Verwandlung bewirkt. Ich war wie vom Donner gerührt und stromweis stürzten mir bei diesem jammervollen Anblick die Thränen aus den Augen. Ach Frieda, sie liebt mich mehr denn je und doch – sie ahnt Alles ... Sie weiß alles ... Sie war bei mir in Döbling. ... sie haßt Dich, sie bedauert mich, aber sie liebt mich nur umso mehr ... O sie ist ein göttliches Weib, heroisch vom Wirbel bis zur Zehe. Keine Spur von Sentimentalität, und doch so ganz Liebe und Hingebung ...*

Hugo Wolf, der erotisch Gehemmte, Frauenscheue (man weiß, warum), auf einmal in einer donjuanesken Situation, als Mann zwischen zwei Frauen! Eine seltsame Vorstellung. Aber es gibt keinen Grund, an der Aufrichtigkeit dieses Briefes zu zweifeln. Viel eher an den Beschwichtigungen Wolfs der verehrten Freundin Melanie Köchert gegenüber (14. April 1894): *Frl. Zerny anlangend kann ich Ihnen die vollste Beruhigung über mein*

Die Mezzosopranistin Frieda Zerny, Hugo Wolfs Geliebte.

Verhalten zu ihr geben. Sie haben vollkommen recht. Sie ist eine Egoistin und kann alles, nur nicht lieben.

Das war nun wirklich pure Diplomatie, wenn nicht glatte Lüge (aber was ist bei einem ichbesessenen Künstler, gar bei einem psychisch so gefährdeten, Lüge?). Wie Frieda Zerny in Wirklichkeit lieben konnte, belegen viele Briefe Wolfs, seine leidenschaftlichsten, aus den folgenden Wochen: *Ach Frieda, mein Liebstes und Einzigstes ... Ach Du lieber Höllenbraten, Du Satansbrut, Du Himmelsdieb, Du Erzengel und Erzteufel zusammen ...* Gemeinsame Sehnsucht vereinbarte eine geheime Zusammenkunft, fern aller Klatschwelt, Mitte Juni in München: *Ich glaube, wir werden unsere Hotelstube gar nicht verlassen, um die wenigen Tage nur unserer Liebe widmen zu können*, fieberte Wolf dem Rendezvouz entgegen.

Niemand weiß genau, ob *jene Stunden intimster Zärtlichkeit, wie wir sie in reicher Fülle genossen* (Brief vom 10. Oktober 1894) damals oder etwas früher stattgefunden hatten, und warum die Liebe nach den Münchner Tagen so merkwürdig erkaltete. Schon Ende Juni bekannte Wolf der Geliebten ein Gefühl der *Entfremdung zwischen uns*, und drei Wochen später erfuhr Faisst (Dritte, hinter dem Rücken informierte, wurden ja von Wolf immer am ehrlichsten und rücksichtslosesten mit der subjektiven Wahrheit bedacht), daß ihm *die Person bereits widerlich geworden* sei: *Mir gefällt ihr Egoismus nicht.* Schritt für Schritt löste sich Wolf von Frieda Zerny; niemand kann genau sagen warum, oder worin jener angebliche Egoismus denn wirklich bestand. Ihre Briefe könnten Aufschluß bringen, aber sie sind verschollen.

Frieda war es schließlich, die ihn noch im Jahre 1894 freigab, was er ohne weiteres, offenbar erleichtert, annahm. Es wurde noch ein paar Jahre lang korrespondiert, aber die Liebe war in Freundschaft, in ganz unverbindliche, versandet. Frieda Zerny setzte später ihre Opernkarriere in Dresden und anderen Städten fort, heiratete den Kapellmeister Hallwachs, schrieb ein empfindsames Gedicht zu Hugo Wolfs Tod und überlebte ihn um vierzehn Jahre.

Ohne zu dramatisieren, kann man die feurigen Monate von 1894 Hugo Wolfs einzige Liebeserfüllung nennen. Womit, wenn man das Trotzdem-Scheitern einbezieht, schon einiges über die Problematik seiner Beziehung zu Frauen gesagt ist. Sie entzieht sich bürgerlichen Maßstäben sogenannter Normalität ebenso wie seine, eines außerordentlichen Menschen, gesamte Persönlichkeitsstruktur. Wolf hat sich oft abwertend, selbst verächtlich, über Sexualität, über *Weiber*, wie man es in seiner Zeit auf den Nenner brachte, geäußert. Wer in *Zierpuppen und Putzgreteln das Ziel seiner Sehnsucht nach dem weiblichen Ideal* erblicke, *zum Glück gibt's noch was Besseres als schöne Gesichter und üppige Leiber*, wurde schon vom jungen Hugo Wolf zur Ordnung gerufen, und der Fünfundzwanzigjährige sah Lebensweisheit darin, *mit Weibern nur noch auf Distanz zu verkehren* und zu *schopenhauen*, womit er auf die weiberkritische Sicht seines verehrten Philosophen anspielte. Auch in seiner Reifezeit schätzte er Männerfreundschaft höher als alles, was Frauenliebe erbringen kann: *Der Geist bei Frauen (glaube ich) ist gemeinhin nur Alkohol; hell aufflackernd, blitzend, ein brilliantes Feuerwerk, eine Rakete und hierauf plötzliches Erlöschen. Darin (glaube ich) beruht ihre Eigentümlichkeit, daß sie nie etwas Großes, Ganzes schaffen* (an Henriette Lang, 22. Oktober 1883).

Hugo Wolf also ein Weiberfeind? Er macht es dem durch so viel pietätvoll gemeinte, vernebelnde Spurenverwischung gehandikapten Wahrheitssucher nicht leicht. Sicher bleibt, daß alle sexualverdrängenden Äußerungen – soweit sie überhaupt zugänglich sind – *nach* der venerischen Ansteckung erfolgten und nur im Zusammenhang mit deren Folgen zu werten sind. Aber nicht losgelöst von der Triebhaftigkeit eines geborenen, wenn auch noch so spät sich zur Eigenpersönlichkeit entpuppenden schöpferischen Genies. Schon in der Nachmünchner Krise seiner Liebe zu Frieda Zerny sprach es Wolf in einem Brief an sie metaphorisch aus: *... der Dämon, der einst mich besessen und zu Thaten mich entzündet u. der nun Drachen gleich, tückisch und träge auf mir lastet, dem magst Du die Schuld an all dem Unheil beimessen, das über mich hereingebrochen.* Aber schon lange vor solcher zeitbedingter Dämonologie hatte der Einundzwanzigjährige dem Vater bekannt: *Man sagt zwar, daß man in der Liebe zu einem Weibe im innigsten Verein des Herzens und der Seele ... gleichsam in dieser Welt aufgeht. Das wird wohl so sein – mir muß die Kunst die untreue Geliebte ersetzen.*

Wolf befand sich während seiner tiefsten sexuellen Krise in miserabler Verfassung. Schlaflosigkeit, krankhafte Lärmempfindlichkeit führten zu brüsken Reaktionen. Nach jenem erfolgreichen Konzert in Darmstadt weigerte er sich, am Souper zu seinen Ehren teilzunehmen, weil schon der Blick in den festlich geschmückten Hotelsaal ihn abstieß. Ein andermal bedingte er sich aus , daß eine Dame, deren schrille Stimme ihn störte, das Bankett verlasse.

Ein Besuch in Windischgraz 1893 – sein letzter – konfrontierte ihn zudem noch mit familiären Miseren. Selbstlos hatte er seine letzten 400 Gulden der Mutter geschickt, aber als er an seinem Geburtsort erlebte, wie hoffnungslos sie mit ihren Töchtern –

Wolfs Lieblingsschwester Modesta war inzwischen geschieden und mit ihren unversorgten Kindern heimgekehrt – den dahinkümmernden kleinen Laden in Schwung zu halten suchte, drückte das den ohnehin labilen Sohn vollends nieder. Nie kehrte er in seine Heimat zurück.

In all diesen Jahren hatte Wolf, wie schon erwähnt, nur wenige Lieder (*Der Feuerreiter, Dem Vaterland*, nach Reinick, in zweiter Fassung, *Wächterlied auf der Wartburg*, nach Scheffel) und die *Italienische Serenade* für Orchester instrumentiert. Diese Fassung von 1892 nützt die Farbmöglichkeiten eines kleinen Orchesters sehr reizvoll aus. Das Hauptthema wird im Ur-Manuskript abwechselnd vom Englischhorn, von der Solobratsche und der Oboe vorgetragen, später überließ Wolf alle diese Themen-Soli der Bratsche. Max Reger bearbeitete also in seiner Herausgabe das Werk nicht, wie öfter unzutreffend geschrieben wurde, sondern führte nur Wolfs Willen durch. Der Komponist wurde nicht müde, die Serenade mehrsätzig auszubauen. 30 Takte eines langsamen 2. Satzes skizzierte er 1893, 45 Takte eines geplanten Scherzos im Jahr darauf, und noch in der Svetlinschen Anstalt arbeitete er an weiteren Skizzen. Der Esprit des genialen Stückes, der in der ebenso dezenten wie brillanten Orchestration besonders entzückt, läßt um so lebhafter bedauern, daß die Sterilität jener Jahre alle Erweiterungen vereitelte.

Besuche bei Köcherts in deren neuerworbenem Haus Puchschacher in Traunkirchen, im Herbst 1894 in Baron Lipperheides Schloß Matzen bei Brixlegg in Tirol, auch eine herbstliche Einkehr im geliebten Perchtoldsdorf – nichts half über Schlaflosigkeit und Lethargie hinweg. Die beiden erfolgreichen Wiener Konzerte im Dezember gaben etwas Auftrieb, noch mehr vielleicht, als er kurz vor Weihnachten in Humperdincks Loge der bejubelten Aufführung von *Hänsel und Gretel* in der Wiener Hofoper beiwohnte. Er schätzte die Vertonung nicht hoch ein: *An der Musik ist wohl nicht viel, aber das Ganze wirkt doch bedeutend*, berichtete er Faisst – aber aufs Ganze kam es eben an in einer Oper, und wieviel Ruhm und Geld konnte man mit ihr verdienen! Humperdinck erzählte ihm ja gerade erst freudig, wie viele Bühnen *Hänsel und Gretel* schon erobert hatte.

Also nochmals: Her mit einem Libretto. Neuerlich nahm er

sich um die Wende auf 1895 Alarcón vor, diesmal aber nicht die tragische *Manuel-Venegas*-Novelle, sondern den heiteren *Dreispitz*-Stoff. Der Obmann des Wagner-Vereins, Franz Schaumann, hatte über den Sommer ein Libretto gebastelt, das Wolf nicht unwitzig fand, dennoch aber als ungeeignet zurückschickte. Aber da war ja noch ein früherer *Dreispitz*-Entwurf, von Rosa Mayreder, den Wolf damals ebenfalls als ungeeignet abgelehnt hatte. Jetzt legten ihn Freunde erneut vor – und plötzlich erschien ihm der Text *ja gar nicht so schlecht . . . ich begreif' gar nicht, was mir damals eing'fallen ist!*

Am 18. Jänner 1895 brach er, in einem Brief an Grohe, in die allen Inspirationsphasen untrüglich vorausgehende euphorische Begeisterung aus: *Ein Wunder, ein Wunder, ein unerhörtes Wunder ist geschehen. Der langersehnte Operntext hat sich endlich gefunden; fix und fertig liegt er bei mir, und ich brenne nur so vor Begierde, mich an die Ausführung zu machen.*

DER CORREGIDOR

Endlich, endlich hatte Hugo Wolf gefunden, wonach er seit Jahren so unermüdlich, halb verzweifelt suchte: das richtige Opernbuch (wenigstens glaubte er das). Und damit die Chance, das zu werden, was ihm trotz allem Freundes- und Expertenbeifall für seine Meisterlieder versagt blieb: ein berühmter, ein reicher Opernkomponist. Während der Komposition am *Corregidor* schwelgte er geradezu in Zukunftsglück. *Man wird von nichts anderem reden, als von dieser Oper! Alle, Mascagni, Humperdinck, e tutti quanti können sich verstecken und werden verschwinden*[42], und als die Partitur abgeschlossen war, schwärmte er in einem Brief an die Mutter von *Divans und Fauteuils, Teppichen, Tapeten, Bildern, Palmen und all dem Teufelszeug, das eine Wohnung erst behaglich macht* – nie war in seiner Erinnerung der Eindruck von Wagners üppiger Hofhaltung verlöscht, wie sie einst der Fünfzehnjährige staunend erlebt hatte.

Alle Einwände gegen Mängel des Librettos wischte Wolf unwirsch weg. Nicht nur der Schott-Verleger Strecker fand es wenig bühnenwirksam, auch die Mannheimer Freunde Grohe und Heckel äußerten Bedenken, während Josef Schalk, für ihn die intellektuell-musikalische Autorität in Wien, zustimmte. Was sollten kleinliche Bedenken, wenn der Geist zu wehen begann? Wolf schien wie verwandelt. Nach über drei Jahren der Sterilität fühlte er wieder Lust und Fähigkeit zum Komponieren: Er könne das Textbuch Rosa Mayreders nun nicht mehr durchlesen, *ohne daß musikalisches Fieber mich befällt*, schrieb er am 27. Januar 1895 an die Baronin Lipperheide, und ehe noch im geliebten Mörike-Haus in Perchtoldsdorf vom 1. April an neuer Schaffensrausch

In Perchtoldsdorf komponierte Hugo Wolf die Mörike-Lieder und den ersten Teil des »Corregidor«.

ausbrach, sandte er schon im Gastzimmer bei Eckstein in Wien seine Vorboten. Dort schrieb Wolf, noch im März, die ersten *Corregidor*-Teile, den Ruf des Nachtwächters aus dem 4. Akt, dann das Weinlied aus dem zweiten. Bezeichnenderweise geschlossene Nummern. Denn anfangs war dem Komponisten der Stil der Oper gar nicht klar. Südliche Mondscheinnächte mit Gitarrengeklimper, wie brachte man die am besten auf die Bühne? *Das sogenannte Durchkomponieren scheint mir eine schwierige und gefährliche Sache zu sein, man riskiert allzuleicht langweilig zu werden* (an Frieda Zerny, 17. Januar 1895). Erst später orientierte er sich dann doch am leitmotivischen Stil seines *Obergottes* Wagner.

In der Stille von Perchtoldsdorf, die nur an Wochenenden Besuche der Wiener Freunde stören durften, brach Hugo Wolfs Schaffensvulkan so plötzlich und so gewaltig aus wie schon bei

Mörike und den alten Spaniern. Bis zum 10. Mai wurden dort eineinhalb Akte des *Corregidor* komponiert, und auch als er am 16. Mai die Einladung des Freiherrn Franz von Lipperheide annahm und auf dessen Schloß Matzen in Tirol übersiedelte, hielt die Inspiration an. Am 9. Juli 1895 sandte er seiner Librettistin das übermütig beglückte Telegramm: *Finis coronat opus – vale Lupus.* In bloßen vier Monaten war die vieraktige Opernpartitur (nur das im Dezember nachkomponierte Vorspiel fehlte noch) im Klavierauszug fertig. Die Instrumentation machte mehr Mühen als die eigentliche Komposition, aber auch sie war Ende Dezember 1895 bewältigt. Neun Monate nach der ersten Niederschrift in Wien lag Hugo Wolfs erste, einzige Oper komplett vor. Eine für einen Opernanfänger auch arbeitstechnisch gewaltige Leistung.

Bei Wolfs Schaffensdisposition war sie ohne Euphorie gar nicht denkbar. Man könnte aus seinem Briefwechsel Dutzende Zeugnisse dafür zitieren. Bereits in Perchtoldsdorf komponierte er *wie ein Rasender,* er arbeitete *ununterbrochen von morgens 7 Uhr (um 6 Uhr stehe ich auf) bis zu eintretender Dämmerung und oft auch noch in die Nacht hinein,* er registrierte *die allersublimsten Einfälle,* fand, daß *die Musik zum Corregidor ... wohl alles in den Schatten* stelle, was er bis dahin geschrieben.

Nicht nur gegenüber sich selbst, sondern auch – leider – gegenüber seiner Textpartnerin mußte in solchen Schaffensräuschen jedwede kritische Einsicht verstummen. Einen Text, den er vor wenigen Jahren erst als ganz untauglich zurückgewiesen hatte, bedachte er jetzt mit lauter Lobesworten. Die Verse *rollen im vierfüßigen Jambus, zum größten Teil ohne Reim, mit einer Grandezza dahin, daß es nur so eine Lust ist, ihnen zu lauschen.* Er fand plötzlich weder an ihnen, noch an der Dramaturgie des ganzen Librettos etwas auszusetzen. Daß Rosa Mayreder dieses Libretto nur als Entwurf betrachtete und selber Änderungen im notleidenden 4. Akt vorschlug, brachte Wolf schier in Rage: *Muten Sie mir keine Streichungen zu. Meine Musik verträgt absolut keine Striche ... Wer zum Kuckuck hat Ihnen denn diesen Riesenfloh ist Ohr gesetzt?* Solche Kritiklosigkeit erscheint bezeichnend für Wolfs Opern-Dilettantismus, sie wurzelt aber zugleich im psychischen Zustand des Komponisten in seinen euphorischen Phasen.

Seine schöpferischen Höhenflüge waren in Matzen von extremen Absonderlichkeiten begleitet. Er bewohnte ein komfortables Tiroler Häuschen im Park des turmgekrönten Schlosses über dem im Inntal gelegenen Städtchen Brixlegg, zwischen Innsbruck und Kitzbühel. Hugo Wolfs Lärmempfindlichkeit entlud sich mehrfach in wütenden Schüssen auf zwitschernde Finken. Gegen raschelnde Mäuse mußten Katzen angeschafft werden, deren Miauen ihn wiederum zur Verzweiflung brachte. Das italienische Dienstpersonal mußte auf seine Forderung hin das Singen bei der Arbeit einstellen, selbst alte Freunde, die ihn besuchten, wurden grob brüskiert, wenn sie ihn beim Komponieren störten.

Baron Lipperheide schrieb – nach Wolfs Tode – von *Äußerungen eines damals augenscheinlich schon kranken Mannes*. Womit er, wenn dies den Eindruck präparalytischer Reaktionen beschreibt, ebenso recht hatte wie Wolf mit seinen dankbaren Bekundungen der glücklichsten Zeit seines Lebens, die ihm die *Corregidor*-Arbeit in Matzen gegeben habe. Nicht nur diese hatte der generöse Baron ermöglicht, sondern überhaupt die sorgenfreie Existenz des Komponisten. Auf Anregung von Oskar Grohe hatte sich Lipperheide schon im Januar 1895 bereit erklärt, Hugo Wolf eine jährliche Rente von 1000 Mark auszusetzen. Die Freunde Grohe, Faisst und der Mannheimer Bankier Hermann Hildebrandt rundeten sie auf 1500 Mark jährlich auf. Soviel hatte Wolf selber für nötig befunden, um zwei Jahre lang – dies seine ursprüngliche Einschätzung – ungestört am *Corregidor* arbeiten zu können. Er nahm denn auch die großzügige Subvention dankbar, aber zugleich wie eine Selbstverständlichkeit angesichts des großen Werkes entgegen: *Höchste Zeit, daß einem das einfällt! Eigentlich wär's ja verfluchte Pflicht und Schuldigkeit des Staates, seine Musiker und Dichter zu erhalten.*[43] Wer denkt da nicht an Schuberts Ausspruch: *Mich müßte der Staat erhalten, damit ich frei und sorglos komponieren könnte.*

Was für ein Opernstoff, was für ein Libretto hatte das neue Schaffenshoch ausgelöst? Die Geschichte von dem abgeblitzten alten Freier, der Respektsperson, die aus Liebestollheit der Lächerlichkeit verfällt, ist uraltes mediterranes Erzählgut, schon in Boccaccios *Decamerone* literarisch ausgewertet. Der spanische

Rosa Mayreder,
die Librettistin des »Corregidor«.

Schriftsteller Pedro Antonio de Alarcón (1833–1891) brachte die Fabel 1874 in die Form einer Novelle *El sombrero de tres picos,* die ein internationaler Erfolg wurde und bald auch in einer deutschen Reclam-Ausgabe als *Der Dreispitz* erschien. Wir haben schon gesehen, wie angetan Wolf bereits Jahre zuvor von dieser Novelle gewesen war, und wie verächtlich er Rosa Mayreders Librettisierung damals abgetan hatte. Im selben Jahr hatte er die Gattin seines Freundes, des Architekten und Professors Mayreder, im Café Griensteidl persönlich kennengelernt. Rosa Mayreder (1858–1938) war selber wer; wenn auch keine große Schriftstellerin, so doch eine gebildete, vielseitig begabte Frau. Sie hatte Malerei studiert und stellte auch aus, später publizierte sie Gedichte, Romane und Kunstessays und machte sich sehr verdient als Vorkämpferin der österreichischen Frauenemanzipation. Wolf nannte sie in der *Corregidor*-Euphorie eine *geniale Frau* und rühmte ihre Verse samt dem *äußerst wirkungsvollen Opernbuch,* was ihn nicht daran hinderte, der Freundin Melanie Köchert über einen Besuch des Ehepaares Mayreder in Matzen am 2. August 1895 dies zu berichten: *Die Mayreders sind doch gar zu charmante Leute, aber Polyhymnia stand nicht an ihrer Wiege. So was Unmusikalisches als die zwei Leutchen kann man in der Welt suchen. Als ich Frau Mayreder einer Prüfung unterzog, verwechselte sie das Motiv des Corregidors mit dem des Repela...* Rosa Mayreder war zu nobel, um jemals ähnlich Abfälliges über Wolfs mannigfache Schwächen zu äußern. Als Librettistin des *Corregidor* – nicht so des *Manuel Venegas* – wurde sie ja auch vom Komponisten geradezu ehrerbietig respektiert: *Niemals hat wohl ein Komponist seinen Librettisten schonender behandelt, als der wegen seiner wilden Eigenwilligkeit gefürchtete und verschrieene Hugo Wolf.*[44]

Sehen wir uns an, was Rosa Mayreder szenisch aus Alarcóns Novelle gemacht hat:

1. Akt: Der Müller Lukas und seine schöne Frau Frasquita besingen zu Hause – die Handlung spielt 1804 in Andalusien – ihr Eheglück; daß der Mann einen Buckel hat, beschönigt Frasquita liebevoll. Der ältliche Don Eugenio Zuniga, als Corregidor (Richter) die Respektsperson des nahen Städtchens, gleichfalls bucklig – was wegen der Verwechslung wichtig sein wird –, besucht die Mühle und bestürmt Frasquita mit Liebesbezeugungen, wird aber abgeblitzt. Zum Aktschluß erscheint hoher Besuch, der Bischof mit Gefolge.

2. Akt: Der Corregidor gibt nicht auf. Er schickt einen Boten in die Mühle: Lukas soll sofort, und zwar ohne seine Frau, beim Alcalden (Bürgermeister) in der Stadt erscheinen, amtlicher Befehl! Lukas befolgt ihn. Kaum ist Frasquita allein, stellt sich von neuem der Corregidor ein. Aber er ist auf seinem Liebesgang in den Mühlbach gestürzt, alles ihr zuliebe! Frasquita erwehrt sich seiner Anträge, die er sogar mit dem Revolver dramatisiert, sie greift ihrerseits zu einem Gewehr; als der ungebetene Freier wie tot zu Boden geht – Herzinfarkt? aber das Wort gab es damals noch nicht –, bekommt Frasquita es mit der Angst zu tun, bringt den Corregidor im ehelichen Schlafgemach zu Bett und läuft in die Stadt, um bei Lukas Hilfe zu holen. – Verwandlung: Lukas stellt in der Stube des Alcalden fest, daß man ihn zum Narren gehalten hat. Er trinkt seine Bewacher unter den Tisch und flieht durchs Fenster, Böses ahnend: nur heim!

3. Akt: Die beiden Eheleute hasten in der Dunkelheit aneinander vorbei, Frasquita in die Stadt, Lukas zur Mühle. Dort findet er den Corregidor – in Frasquitas Bett schlafend! Er rast vor Eifersucht, dann besinnt er sich auf eine List: Er zieht die herumliegenden Kleider des Corregidors an, in ihrer Tarnung will er, so sein lächerlich verzweifelter Plan, die Frau des Corregidors verführen – Rache des kleinen Mannes. Dem erwachenden Richter bleibt nichts übrig, als in die Kleider des Müllers zu schlüpfen. Ehe er sich aus dem Staub machen kann, wird er von seinen eigenen, ihm nachgeeilten Dienern als vermeintlicher Müller verprügelt, bis sich das Mißverständnis klärt und alle in die Stadt fahren.

4. Akt: Der Corregidor klopft an seine Haustür, seine Frau Mercedes, wie schelmisch, läßt ihn nicht ein: ihr Gatte, der Corregidor, liege ja bereits bei ihr im Bett! Jetzt bekommt der Corregidor, als er im Müllersgewand zu toben anfängt, noch eine Tracht Prügel, diesmal von den empörten Hausleuten. Nach und nach, mehrfache Zeugenberichte überbrücken Handlungslükken, klärt sich die Sache. Lukas und Frasquita sinken einander versöhnt in die Arme, aber das vorletzte Wort gehört der klugen Corregidora: Am besten, man drückt alle Augen zu.

Eine simple Geschichte, mit Liebe und Eifersucht, mit Verkleidung und Verwechslung als altbewährten dramaturgischen Vehikeln. Eine Geschichte ganz ohne Hintergrund und doppelten Boden, also eigentlich nichts für einen Wagnerianer. Aber keine untaugliche Bühnen-Story. Die Figur des düpierten alten Freiers gehört zum Urbestand europäischen Theaters, ein Typus der Commedia dell'arte wie der komischen Oper, hundertfach kostümiert, hundertfach bewährt als Osmin, als Doktor Bartolo, als Don Pasquale, auch noch als Beckmesser, als Ochs von Lerchenau. Selbst die Verkleidungs- und Verwechslungskomik kann durchaus ihren Dienst tun, wenn sie in ihrem mittelmeerischen Ambiente bleibt. Manuel de Fallas *Le Tricorne* (Der Dreispitz), auf derselben Alarcón-Novelle beruhend, wurde noch Generationen nach Wolf einer der dauerhaftesten Erfolge des neuzeitlichen Balletts. Nicht nur, weil Prominenz wie Leonide Massine als Choreograph und Pablo Picasso als Ausstatter der Pariser Premiere von 1919 Glanz gab; sondern vor allem, weil die Musik, was der Ballettchef Diaghilew ausdrücklich vom Komponisten verlangt hatte, den Lokalreiz des Stückes, die spanische Tanzfolklore, ergiebig auskostete (was Wolf nur in Ansätzen versuchte). Außerdem ist auch das Ballett-Libretto einfacher, bühnengerechter.

Zumal die Schlußszene, wo in Wolfs *Corregidor* eine papierene Erzählung der anderen folgt (wovon man ohnehin beim Singen nicht viel versteht), wird ein fröhlicher Kehraus tänzerischer Sinnenfreude, und die Final-Jota, nach der Verjagung des Corregidors und seiner Polizei, enthält sogar einen untergründigen Zug zu antiautoritärer Gesellschaftskritik.

Also trüge doch Rosa Mayreder die Hauptschuld am Scheitern des *Corregidor*? Sicher ist ihr Libretto schwach, dilettantisch gebaut, ahnungslos gegenüber allem, was des Theaters ist. Die betuliche Sprache, die holprigen Inversionen (*Laß mit dir das Blatt mich lesen ... große Dinge möcht' ich anvertrauen dir ...*), dergleichen würde noch gar nicht aus dem Rahmen damaligen Operndeutschs fallen und wesentlich schaden. Eher schon, daß Rosa Mayreder ganz und gar das Talent zu dem abging, was Verdi als *parola scenica* für unumgänglich hielt: die schlagkräftige, auf den Punkt gebrachte, suggestiv verdichtete Formulierung. Beispiel: Am Schluß des großen Monologs des Müllers, der im Vorgefühl seiner Rache schwelgt, also an einem der emotionalen Gipfel (und noch dazu am Szenenschluß!), heißt es: *Schöne Frau Corregidora, hätten Sie das wohl gedacht? Schöne Frau Corregidora, guter Rat kommt über Nacht* – kann man die Situation belangloser, läppischer besingen lassen?

Schlimmer als sprachliche Anämie – an ihr ist schließlich noch keine musikalisch tüchtige Oper gestorben – wirkt sich der mangelhafte Szenenaufbau aus. Daß die Müllersleute an zwei Aktanfängen hintereinander Liebesduette singen, ist stümperhaft disponiert, aber nicht so lähmend wie im Schlußakt die Kette von Berichten über Vorkommnisse, die das Publikum schon kennt oder als geschehen annimmt. Die Figur des Corregidors entbehrt jeden Humors, der ihn einigermaßen fesselnd machen könnte; daß er als Freier die Pistole zieht und dann wie tot hinplumpst, ist kein Ersatz für Charakterkomik. Und die jeweiligen Buckel der beiden Nebenbuhler als Verwechslungsmerkmal

– was sich mit Charme erzählen läßt, gerät auf der Bühne in die Gefahr bloßer Peinlichkeit. Des Corregidors Charakter bleibt übrigens auch musikalisch unscharf. Die Partie wird vom Komponisten als Tenor-Buffo bezeichnet, ist aber dafür in weiten Passagen viel zu tief gesetzt (weshalb sich auch Karl Erb bei der ersten Plattenaufnahme mit vielen Notenänderungen behalf), und außerdem muß der Sänger der Titelrolle auch viel lyrischen Glanz geben, ohne daß diese erotische Lyrik (z. B. *Aber wenn dein Blick*, 1. Akt, oder *war heut nicht in der Laube*, 2. Akt) bei aller Nähe zu reifen Hugo-Wolf-Liedern das Besondere der Figur, die Tragikomik eines alternden Liebhabers, verdeutlichte.

Bezeichnend für die dramaturgische Schwäche ist der erste Aktschluß. Da tritt ein Bischof mit Gefolge auf, der Corregidor begrüßt ihn, der Müller macht die Honneurs, Vorhang. Wolf begleitet die stumme Szene mit einem hübschen Marsch, aber sie könnte ebensogut wegbleiben, sie hat keinerlei Bezug zum Ganzen. Bei Puccini gibt es einen ähnlichen ersten Aktschluß (*Tosca*); auch hier tritt ein sonst ganz handlungsfremder Kardinal samt Gefolge auf, aber wie ist das ins musikalische Drama integriert! Einmal, weil der Kardinal ein Te Deum feiert, das durch die Handlung motiviert wird; und dann ist ja auch noch der Protagonist Scarpia da, der im Vordergrund, deutlich herausgehoben, zur heiligen Handlung in ganz unheiliger Mordlust und Geilheit schwelgt. Sicher kann man Hugo Wolf und Puccini musikalisch nicht aneinander messen. Ebenso sicher zeigt der Vergleich, was Bühnen-Dilettantismus und was professionelles musikdramatisches Können ist.

Es ließen sich noch viele dramaturgische Mängel des *Corregidor*-Buches anführen. Alle zusammen würden nicht genügen, der Librettistin die Hauptschuld anzulasten. Eine Oper wird nun einmal vom Komponisten verantwortet. Er ist im Schaffensprozeß der dominierende Partner, er kann auswählen, verwerfen, neue Texte fordern, und alle Großen der Operngeschichte haben von diesem Komponistenrecht ausgiebigen Gebrauch gemacht. Man denke nur, wie Verdi seine Librettisten kujonierte, wie Puccini um Formulierungen rang, manchmal jahrelang!, wie Richard Strauss den sprachvirtuosen Hofmannsthal schier beleidigte mit seinen unablässigen, immer instinktsicheren Änderungswünschen. Nichts davon bei Wolf. Selbst die Angebote Rosa Mayreders, den schwachen Schlußakt umzuarbeiten, verwarf er ja.

Hugo Wolf konnte mit seiner ersten Oper nur geben, was er schon besaß – den lyrischen Reichtum eines novatorischen Liedkomponisten –, und er mußte sich versagen, was seiner Natur fremd war und allenfalls durch Praxis als Kapellmeister, durch Routine im Betrieb, hätte kaschiert werden können. Musikalisch viel bescheidenere Geister verfügten über die Gabe, die Opernbühne mit Menschen aus Fleisch und Blut, mit Identifikationsfiguren für ein breites, eben operngemäßes Publikum zu bevölkern. So, um im deutschen Bereich zu bleiben, Lortzing, Nicolai, Humperdinck, d'Albert; in Wolfs internationaler Zeitgenossenschaft etwa Massenet, Mascagni, Leoncavallo. Jeder der Genannten produzierte zumindest *ein* wertbeständiges Meisterwerk, jeder war ein Opern-Praktikus. Hugo Wolf war dies aber eben nicht.

Diese Nicht-Eigenschaft nähert ihn auch noch im Scheitern auf der Opernbühne seinem großen Vorgänger Franz Schubert an. Der hatte sich gar fünfzehnmal (einschließlich der Partiturfragmente) um Erfolg auf der Ruhm und Geld versprechenden Opernszene bemüht – ebenso vergeblich wie Hugo Wolf. Warum? Nicht nur, weil er dilettantische, meist von Freunderln verbrochene Libretti vertonte, sondern auch, weil er selber ein ahnungsloser Operndilettant war und manchmal tief unter seinen eigenen kompositorischen Stand stieg, wenn er die Musikbühne erobern wollte. Das tat Wolf nicht. Er blieb sich selber treu – und beeinträchtigte gerade dadurch die Lebensfähigkeit seiner einzigen fertiggestellten Oper.

Wie mangelhaft das Libretto sein mag, nicht dessen Autorin verantwortet das Scheitern des *Corregidors*, sondern der Komponist. Was er anstrebte, war eine deutsche Musikkomödie in der *Meistersinger*-Nachfolge. Was er zustande brachte, blieb weit davon entfernt: im Grunde ein weiteres Lieder-Buch, ein Zyklus von vorwiegend lyrischen Miniaturen, von denen man noch nicht einmal sagen kann, daß sie das *Spanische* oder das *Italienische Liederbuch* wesentlich bereichern würden, wenn man sie aus dem Kontext löste und den Liedzyklen einfügte. Umgekehrt hat

Wolf selber dies getan, Frasquitas *In dem Schatten meiner Locken* und des Corregidors *Herz, verzage nicht geschwind* sind aus dem *Spanischen Liederbuch* in die Oper verpflanzt, und sie glänzen da wie dort als Perlen.

In unterschiedlicher, dramaturgisch sehr bezeichnender Beleuchtung. Frasquitas Gesang wirkt als reizvolle Nummer, als bloße Einlage – bliebe sie weg, hätte die Oper gar nichts, der Zuhörer ein meisterliches Hugo-Wolf-Lied verloren; und das läßt sich, mit etwas weniger Betonung auf dem Meisterlichen, von einem guten Dutzend anderer liedähnlicher Lyrismen dieser Partitur sagen. Des Corregidors Anleihe aus dem *Spanischen Liederbuch* (Herz, verzage nicht...) hingegen wirkt schon musikdramatischer, weil einen Charakter anreichernd, und die vom Komponisten veranlaßte Postierung als Szenenabschluß, also effektvoll, spricht für dessen Gespür – ausnahmsweise und viel zu selten.

Während der Arbeit am *Corregidor* äußerte Wolf sich sehr zwiespältig über seine Aufgabe. Bald anerkannte er glückserfüllt, was er dem bewunderten Vorbild von Wagners *Meistersingern* verdanke, bald beklagte er, halb selbstironisch, seine von eben diesem Idol verführte *verrückte Art, immer noch neue Kontrapunkte hinzumachen*, was die Partitur nur von Spanien entfernt und mit neudeutschen Bleigewichten befrachtet. Einmal äußerte Wolf zu Ferdinand Löwe, Bizet habe es in seiner *Carmen* viel leichter gehabt mit dem Spanischen, weil er nicht an den (meistersingerischen) polyphonen Orchesterstil gebunden gewesen sei. Ein hellsichtiger Seufzer! Aber wer kann schon aus seiner Haut, zumal als Wagner-Verehrer.

Es fehlt der *Corregidor*-Partitur nicht an Ausbruchsversuchen aus der *Meistersinger*-Hörigkeit. Freund Humperdinck, als Bayreuther Notenkopierer noch unmittelbarerer Wagnerianer, flüchtete aus dem Bann seines Abgottes, indem er vom Kothurn des Mythos in die verbürgerlichte Kleine-Leute-Welt der Märchenoper hinabstieg, mit sehr melodiösen Konsequenzen. Der ungeheure (auch dauerhafte) Erfolg von *Hänsel und Gretel* beruht, außer auf dem weltweit wirksamen Zauber deutschromantischen Gemüts, auch auf der Eingängigkeit vieler volkstümlicher Weisen. Darauf konnte sich Wolf nicht stützen. Dennoch versuchte er es mehrfach mit möglichst simpler Melodik.

Frasquita darf gleich im ersten Akt einen veritablen Fandango singen, mit Pralltrillern und bei Wolf ungewohnten Vokalisen (dramaturgisch aber überhaupt nicht begründet); das zweite Liebesduett ergeht sich; in parallelen Sexten und Terzen, als sei es vom frühen Smetana, das folgende Orchesterzwischenspiel gibt sich mit seiner flinken Dreiachtel-Rhythmik fast so südlich tänzerisch wie die (viel gekonntere) *Italienische Serenade*; dem entbehrlichen Amtsschreiber Pedro wird ein ebenso entbehrliches, aber melodisch eingängiges Liedchen in den Tenormund gelegt (*Ich und mein holdseligs Weibchen*); ein Kanon-Quartett folgt, kurz verhuschende Talentprobe des Kontrapunktikers Wolf; im letzten Akt darf auch der Nachtwächter – wer könnte da das *Meistersinger*-Vorbild vergessen – ein Liedchen singen, der ziemlich überflüssige, Komik hauptsächlich durch Niesen ausübende Baßbuffo Repela gar eine mit arpeggierten Gitarrenakkorden begleitete Serenaden-Parodie.

Genügen solche auf melodische Simplizität zielende Nummern-Einlagen, um die Atmosphäre von südländischer Leggerezza und verliebtem Gitarre-Geklimper, wie sie dem *Corregidor*-Komponisten anfangs vorschwebte, in einer deutschen Musikkomödie zu beschwören? Die Evidenz der *Corregidor*-Partitur läßt nur ein resigniertes Nein als Antwort zu. Hätte der Komponist nur mehr der Gesangsmelodie vertraut – er war ja ein Krösus in ihrer Erfindung! – hätte er sich nur aus dem Wagner-*Meistersinger*-Bann gelöst und sich der helleren Bizet-*Carmen*-Welt anvertraut! Er liebte sie ja. Paul Müller, der von Berlin zur Mannheimer *Corregidor*-Premiere gekommen war, berichtet in seinen Lebenserinnerungen: *Auf dem Flügel lag neben der prächtig gebundenen, wie gestochen geschriebenen Partitur des Corregidor die der Carmen. Für Bizet hatte Wolf eine besondere Vorliebe, wie überhaupt für die Franzosen. Esprit, Klarheit und Knappheit schätzte er an ihnen . . .* Ein Wechsel von Liedern im Spätstil Wolfs (instrumental-motivisch fundierten) und ausladenden Gesangsmelodien hätte beide Formen schon durch den Kontrast gesteigert und, wenn sie psychologisch in Handlung und Figuren gegründet worden wären, einen dramatisch wirksamen Rhythmus des Aufbaus geschaffen – wovon im *Corregidor*, mit der planlosen Reihung von Liedern und Liedchen, nun wirklich nichts zu merken ist.

Da schon die *Meistersinger von Nürnberg* das Stilidol waren, wieviel hätte der Komponist gerade von dieser Partitur lernen können, wenn er weniger auf deren polyphones Orchester gehört hätte als auf den bühnensicheren Großrhythmus mit seinem Wechselspiel von Orchestersymphonik und kantablen Melodien! Was wären die *Meistersinger* ohne die Werkteile, in denen der Erfinder der *unendlichen Melodie* seiner eigenen Theorie untreu wird! Ohne Walthers zwei Gesänge im ersten Akt, die veritable deutsche Arien sind, ohne den melodischen Volltreffer seines Preisliedes (dessen Liedstrophen [Bare] Wagner nicht weniger als sechsmal singen läßt, so schätzte der Theatermann seinen melodischen Einfall), schon gar ohne das unvergleichliche Quintett, das eigentlich gar nicht stattfinden dürfte, wenn der Theoretiker Wagner nicht dem Vollblutmusiker Wagner gewichen wäre!

Im *Corregidor* macht der Wagnerianer Wolf zwar auch ein paar Konzessionen, indem er Vokalstimmen im Duett, gar im Quintett (3. Aktschluß) und im Quartett mit Chor (4. Aktschluß) zusammen singen läßt; aber das liegt ihm nicht, die Verbeugungen vor der alten Buffa bringen nichts ein. So viele neuartig faszinierende, zündende Melodien der Komponist der großen Liedzyklen erfunden hatte – keine einzige von seiner eigenen Höchstqualität findet sich im *Corregidor*. Selbst die wirkungsvollste, weil charakterlich fundierte Szene, der Eifersuchts-Monolog des Lukas im 3. Akt, bleibt etwas schuldig. Die gesamte Wolf-Literatur rühmt die Szene als Gipfel von Wolfs Musikdramatik, und tatsächlich profitiert hier die Oper von der hundertfach in Charakterliedern entwickelten und bis zur musikberedten Miniaturkunst des *Italienischen Liederbuches* gesteigerten Virtuosität Hugo Wolfs, seelische Vorgänge in Musik hörbar zu machen in einem sensiblen, untrennbaren Miteinander von Stimme und Instrument. Und doch bleibt ein Rest. Etwas fehlt. Was?

Walker, der diesen Monolog superlativisch *eine der stärksten Szenen in der gesamten Opernliteratur* nennt, verteidigt des Komponisten Unabhängigkeit von dem zum Vergleich einladenden, nur um drei Jahre älteren *Falstaff* Verdis. Dort ergeht sich Mister Ford in einem psychologisch ganz ähnlich gelagerten, ähnlich Wagners Errungenschaften nützenden dramatischen Monolog in Eifersuchtsqualen – die schließlich in einer äußerst einprägsamen, einer echten Verdi-Melodie gipfeln, während Wolf, gehandikapt durch läppische Verse, alles in x-mal wiederholten Orchestermotiven versanden läßt. Das ist der Unterschied. Kein kleiner Unterschied, sondern der zwischen einem Musikdramatiker und einem Lyriker. Beide Genies, aber nicht beide auf demselben Wirkungsfeld.

Macht man es sich zu leicht, wertet man den Opernkomponisten Hugo Wolf zu billig ab, wenn man ihn an einem der allergrößten Musikdramatiker mißt? Schließlich waren auch Nicolai, Humperdinck oder d'Albert weit von Verdi-Format entfernt. Aber sie alle produzierten doch lebensfähige Opern, sie alle bestanden neben den Theatergenies Wagner, Verdi, Puccini, während nicht einmal deutschsprachige Operndirektoren es im späten 20. Jahrhundert noch mit Hugo Wolfs *Corregidor* wagen wollen (vom völlig uninteressierten Ausland zu schweigen).

Am *Corregidor* läßt sich geradezu exemplarisch studieren, worauf es in dem irrationalen Kunstwerk Oper ankommt. Warum die Benützung modernster Kompositionsmittel noch längst kein wirkliches Leben gewährleistet, warum also kompositionstechnischer Fortschritt sich als unwirksam erweisen kann.

Hugo Wolf befand sich durchaus auf erfolgversprechendem Weg, wenn er sein (präparalytisch euphorisiertes) Traumziel von Plüsch- und Palmen-Wohlstand, ermöglicht durch einen durchschlagenden Opernerfolg, im Richard-Wagner-Fahrwasser ansteuerte. Das entsprach nicht nur seiner eigenen künstlerischen Natur, was schließlich das Allerwichtigste war, es entsprach auch den Erwartungen des bürgerlichen Opernpublikums. Mitte der neunziger Jahre stand Wagners Nachruhm dicht vor dem Zenit. Als deutschsprachiger Opernkomponist die musikdramatischen Errungenschaften Wagners zu ignorieren, bedeutete praktisch Ablehnung bei den Dutzenden Hof- und Stadttheaterdirektoren. Man mußte Wagners Stern einfach folgen. Fast alle taten es damals, auch der junge Richard Strauss mit seinem *Guntram*, und später noch, schon eigene Schwingen regend und dabei den erhabenen Meister polemisch verteidigend, in der *Feuersnot*. Im ideologisch verachteten, insgeheim beneideten Opern-Süden hatte ja sogar der als Leierkasten-Komponist verhöhnte Verdi in seinen alten, weisen Tagen mit *Otello* und *Falstaff* scheinbare Wagner-Tribute entrichtet, desgleichen der junge Puccini mit *Manon Lescaut*.

Für Hugo Wolf stand überhaupt nicht in Frage, an wem er sich in seiner ersten Oper orientieren sollte. Natürlich an seinem Abgott Wagner. Und da es um eine komische Oper ging (das Adjektiv strich er dann doch vor der Drucklegung, dort hieß es nur noch *Oper in vier Akten*), so boten sich einzig die *Meistersinger* als Modell an. Deren gloriose kantable Inkonsequenzen ignorierte er nicht ganz; aber die dadurch legitimierten Nummern-Einlagen blieben doch unwesentlich. Hingegen folgte er Wagner-getreu dem leitmotivischen Prinzip, das Personen und Situationen an bestimmte, wiederkehrende Tongestalten bindet und durch deren Variationen, meist im Orchester, einen symphonischen Stil ermöglicht, der wechselnden dramatischen Situationen sensibler gerecht zu werden verspricht als die vorwagnerische Nummern-Oper.

Das *Corregidor*-Vorspiel stellt schon in den ersten Takten den Titelhelden markant vor:

Dieses Orchestervorspiel läßt dann das Sexten-Terzen-selige Liebesduett des Müllerpaares folgen, aber die eigentliche Konfrontation ermöglicht erst das Leitmotiv des Gegenspielers Lukas in der einleitenden Bühnenszene:

Sehr gemächlich

Eigentlich bloß eine Baßachtel-Begleitung – die sich aber später als sehr vielfältiger Kontrapunkt bewährt, besonders in mannigfachen orchestralen Kombinationen mit dem profilstärkeren *Corregidor*-Motiv. Das dritte symphonisch ausgeschöpfte Leitmotiv gehört der Frasquita zu. Es fundiert die erste Liebesszene, enthüllt seine volle Gestalt aber erst auf deren emotionalen Gipfeln, ein feiner Zug des Psychologen Hugo Wolf.

(stürmische Umarmung)

Im Schlußakt, nach dem Erscheinen der konfliktlösenden Corregidora, Donna Mercedes, wird deren Leitmotiv szenenbeherrschend; es ist jedoch schon vorher, wann immer von ihr die Rede war, im Orchester erklungen.

sehr breit massig

Eine harmonisch originelle Modulation, aber kein sehr veränderbares Leitmotiv. Außer diesen dreien erklingen noch dann und wann Nebenmotive, so eine chromatische Zweitaktestruktur (für eine solche Banalität wie die Stellensuche von Frasquitas Neffen), eine Nies-Figur für Repela und eine wiederkehrende Marschformel für die mit dem Alcalden zusammenhängenden Szenen. Insgesamt zu wenige für die symphonische Struktur bei einer abendfüllenden Oper, und Wolf, theaterunkundig wie er war, begriff auch nicht, daß Leitmotive nur wirken, wenn sie nicht, wie eben im *Corregidor*, inflatorisch verwendet, zu Tode geritten werden.

Was seine Phantasie und kombinatorische Kunst dennoch dem beschränkten motivischen Material an immer neuen lyrischen Miniaturen abgewinnen, bleibt bewundernswert. So etwa Frasquitas reizvolles Liedchen im 1. Akt (*Unsres Weinstocks erste Gaben*), das sich auf das Lukas-Motiv stützt, oder ihr Mond-Gesang (*Neugierger Mond*) zu Beginn des 3. Aktes, der ihre Liebesmelodie wehmütig variiert. Aber solche kleinen Dinge, die entzücken können, bleiben insgesamt bloße lyrische Einlagen, die keinerlei dramaturgische Funktion haben. Das gilt auch von den Liedern, mit denen Frasquita, am nächtlichen Herd die Rückkehr des Liebsten erwartend (2. Akt), sich die Zeit vertreibt. Gleich drei Gesangsnummern hintereinander, die dritte (*Auf Zamora geht der Feldzug*) betont spanisch-folkloristisch und als Liedeinlage deklariert. Als in sie plötzlich die Hilferufe des in den Mühlbach gestürzten Corregidors hineintönen, läßt sich das Orchester gar nicht stören und führt die Zamora-Rhythmen unbeirrt noch vier Takte weiter. Richard Strauss' Spürsinn für szenischen Witz läßt in einer ganz ähnlich gelagerten Bühnensituation – Marschallin-Lever im 1. *Rosenkavalier*-Akt – den italienischen Sänger just vor seinem mit Genuß erwarteten hohen H brüsk abbrechen und den Ochs von Lerchenau mit seinem derben Gebrüll nach der Morgengabe in die Szene platzen, ein nie versagender komischer Effekt. Hier der geborene Bühnenkomponist, dort der in seine Musik verliebte Nicht-Dramatiker.

Wolf ist auch dermaßen in sein pausenlos Mittelstimmen verwebendes Orchester verliebt, daß er nicht imstande ist, es auch nur ein paar Sekunden lang schweigen zu lassen. Das würde den Gesangsstimmen guttun, ihr vorherrschendes Arioso würde durch rezitativische Kontraste nur aufgewertet, und außerdem gewänne die Wortverständlichkeit dort, wo sie dramaturgisch wichtig ist. Wie man das macht, hätte Wolf nicht nur bei seinem Zeitgenossen Puccini studieren können (aber den kannte er nicht), sondern auch an der *Meistersinger*-Partitur; die kannte er sehr gut, und doch offenbar nicht gut genug, um ihren szenischen Bilderreichtum, ihre scharfe musikalische Charakterzeichnung, ihren wirkungssicheren Wechsel von deklamatorischem und melodischem Gesang nachzuvollziehen, um musikalische Komödiantik aus einem idealischen Alt-Deutschland in ein idealisches Alt-Spanien zu verpflanzen.

Wer käme auf den Gedanken, die *Meistersinger* als ein Liederspiel zu bezeichnen? Auf den *Corregidor* träfe diese äußerst undramatische Bezeichnung jedoch zu. Was sich *Oper* nennt (und nennen darf, weil der vage Gattungsbegriff ein weites Feld deckt), ist seiner Wirkung nach eher eine in Einzelheiten bezaubernde, im Ganzen ermüdend gleichförmige, ziemlich bühnenfremde Reihung von Liedern unterschiedlicher Qualität. Merkwürdig: In allen seinen Liedzyklen gelangen Wolf schärfere Charakterporträts als hier (wie blaß, in seinen Gesängen fast austauschbar, bleibt selbst der komisch sein sollende Titelheld!). Viele Lieder, man denke nur an den *Feuerreiter*, an *Prometheus*, auch an drastische Szenen wie den Mörike-*Abschied*, enthalten mehr dramatische Vitamine als die meisten *Corredigor*-Gesänge. Warum? Weil Wolfs Talent in der Verdichtung zur Miniatur lag, und weil eine Reihung noch so finessenreicher Miniaturen keine musikdramatische Partitur ergibt. Die orchestrale Gewandung, die mit Farbe und psychologischer Resonanz anreichern könnte, bringt auch keinen Gewinn. Denn Wolf war ein sehr ungleichmäßiger, unroutinierter Instrumentierer. Auch wenn er sich hier an Wagner orientierte, in Hörnerklang schwelgte und unentwegt Orchesterkontrapunkte wob, klingt fast alles glanzlos, zu dick, zu gleichförmig.

Bedeutende, handwerkstüchtige Dirigenten bemühten sich um die Rettung des *Corregidor*, fast von Anfang an. Gustav Mahler versuchte es an der Wiener Hofoper mit kleinen dramaturgischen Operationen, indem er die wirkungssicherste Szene, den Eifersuchtsmonolog des Lukas, ans Akt-Ende postierte. Es brachte nicht viel, Mahler stellte dann auch die Urgestalt wieder her. Bruno Walter, Wolf-Bewunderer und Orchesterkenner, jätete diskret im Dickicht der Orchesterstimmen. Noch 1944, bei der ersten Schallplatten-Gesamtaufnahme (mit so prominenten Sängern wie Karl Erb, Margarete Teschemacher, Marta Fuchs), suchte der Bayreuth-Dirigent Karl Elmendorff Längen und dramaturgischen Schwächen zu begegnen, indem er zum streichenden Rotstift griff, besonders im notleidenden 4. Akt (was auch, bei der zweiten Schallplatten-Gesamtaufnahme von 1985, der Dirigent Gerd Albrecht macht). Aber die Mängel sitzen tiefer. Man müßte radikal in die Struktur des Werkes eingreifen und es praktisch umkomponieren – und davor schrecken alle zurück, sehr zu Recht. In seiner ganzen, nun fast hundertjährigen Bühnenlaufbahn wurde der *Corregidor* nur 37mal inszeniert[45], also seltener als *Figaros Hochzeit* oder *Der Barbier von Sevilla* in einer einzigen Spielzeit, und fast immer gab es nur wenige Wiederholungen.

Wer den Klavierauszug kennt und die Schallplatten gehört hat – die neue Gesamtaufnahme ist hochkarätig besetzt (Dirigent: Gerd Albrecht mit dem Radio-Symphonieorchester Berlin, mit Doris Soffel, Helen Donath, Werner Hollweg und Dietrich Fischer-Dieskau, bei Schwann) –, der schätzt den *Corregidor.* Aber nur alle heiligen Zeiten wagt ein Theatermann eine neue Bühnenprobe. Viel geliebt, wenig gespielt – das offenbar unabwendbare Schicksal eines Opernsolitärs.

Noch während der Instrumentation beschäftigte sich Wolf sehr intensiv mit der Aufführung seiner Oper. Wer sollte sie verlegen? Strecker interessierte sich sehr dafür, wollte aber erst Fachurteile über die Bühnentauglichkeit abwarten. Das beleidigte den Komponisten ebenso, wie ihn der bisherige Ertrag seiner Lieder bei Schott deprimierte: Nicht mehr als 86 Mark hatten sie in fünf Jahren erbracht! So entschloß er sich, mit seinem ganzen Œuvre (außer dem *Elfenlied*) von Schott zu dem Mannheimer Verleger Karl Heckel überzugehen. Dort sollte er aber die Druckkosten der *Corregidor*-Partitur selber tragen. Freund Potpeschnigg sprang hier nicht nur finanziell ein, er opferte auch Monate der Arbeit, um den Grazer Kopisten und die Korrekturen der Partitur zu überwachen.

Am liebsten hätte es Wolf gesehen, wenn die Wiener Hofoper den *Corregidor* uraufgeführt hätte. Aber er wurde gar nicht erst zum Direktor Wilhelm Jahn vorgelassen, worauf er wutentbrannt mit der Partitur wieder abzog. Franz Schalk, damals Kapellmeister in Prag, machte Avancen, aber nicht für die laufende Saison – darauf beharrte aber wiederum Wolf. Mit Karl Muck, seinem einstigen Chef beim Salzburger Intermezzo und jetzigem Kapellmeister an der Berliner Hofoper, kam es zu ärgerlichem Hin und Her, aber zu keinem Abschluß. Der Jugendfreund Gustav Mahler wurde ebenfalls schon damals, als er noch Kapellmeister in Hamburg war, eingeschaltet. *Wenn es in meiner Macht steht, so werde ich die Aufführung durchsetzen; d. h. wenn sie mir aufführenswerth erscheint*, schrieb Mahler im September 1895 an die gemeinsame Wiener Bekannte, die Geigerin Nathalie Bauer-Lechner.

Lauter Enttäuschungen für den hochgestimmten Komponisten. Dem so oft bewährten Freund Grohe war es zu verdanken, daß Wolfs Wunsch, sein Werk noch in dieser Spielzeit auf der Bühne zu erleben, doch in Erfüllung ging. Er vermittelte den Vertrag mit August Bassermann, dem Wolf wohlgesonnenen Direktor des Mannheimer Nationaltheaters. Mannheim war weder Berlin noch Wien, Wolf mußte sich mit 6 Prozent der Einnahmen und 700 Mark fürs Notenmaterial begnügen; aber so waren eben die Realitäten.

In Wien wohnte er bei Mayreders, mietete dann, unpraktisch wie immer, zwei unmöblierte Zimmer zugleich, und als es ihn im Frühling 1896 wieder hinaus nach Perchtoldsdorf zog, überkam ihn ungeplante, ungeahnte Lust am Liedkomponieren: Zwischen dem 23. März und dem 30. April entstanden dort die 24 Lieder des zweiten Teiles des *Italienischen Liederbuches*, herausgeschleudert wie alle seine großen Zyklen und auf gleich hohem Niveau.

Schon wenige Wochen danach, am 17. Mai, traf er in Mannheim ein, wo er dringend erwartet wurde. Denn die Premiere stand bevor – sie wurde dann vom 31. Mai auf den 7. Juni verlegt –, und die Noten strotzten vor Abschreibfehlern. Der Komponist sollte sie bei Proben korrigieren, aber sein dirigentisches Ungeschick, dann sein auftrumpfend schroffes Benehmen gegenüber den Künstlern (*Ich erklärte dem Personal, daß ich mich zu keinerlei Concessionen in punkto Vortrag u. Tempi herbeilassen würde*) verschlechterten das Probenklima von Tag zu Tag. Der Kapellmeister Hugo Röhr, der Wolfs dirigentischen Dilettantismus natürlich schnell erkannt hatte, wollte sich nicht dreinreden lassen, der Komponist wiederum beklagte sich heftig, daß die Hauptpartie der Frasquita einer ganz unerfahrenen Soubrette anvertraut war, während er die Sängerin der Corregidora vorzog. Als Wolf es ablehnte, bei einem Wohltätigkeitskonzert der Mannheimer Theatermitglieder mitzuwirken (er wollte seine Lieder nicht neben Stücken des populären Kärntners Thomas Koschat dulden!), kam es zum völligen Zerwürfnis.

Der Komponist, den sein Verehrer, der Bankier Hermann Hildebrandt, mit größtem Takt beherbergte, befand sich in denkbar miserablem gesundheitlichen Zustand, schlief schlecht, litt unter Brustkatarrh und wurde durch die Feindseligkeit der Künstler, die er selber beschworen hatte, so menschenscheu, daß ihn erst die von weit und breit herbeigeeilten Freunde bewegen mußten, sich von dem selbstgewählten Platz auf dem 3. Rang – er war demonstrativ in hellem Alltagsanzug zur Premiere erschienen – auf die Bühne zu begeben, um nach dem 3. Akt den starken Applaus entgegenzunehmen ... *plötzlich stand er da unten vor der Rampe und stand und starrte, bleich wie der Tod mit irren Augen, ins tobende Publikum. Aber soviel man auch klatschte, schrie und tobte, nichts löste die Starre seiner Züge, kein freundlicher Blick grüßte aus seinen Augen ...* – so anschaulich berichtet Heinrich Potpeschnigg, der Augenzeuge.[46]

Die Uraufführung wurde ein ausgesprochener Publikumserfolg, auch die Presse äußerte sich ganz überwiegend zustimmend. Doch die Premiere erzeugte bloß ein Strohfeuer, das bald verflackerte. Die Oper wurde nicht in die folgende Mannheimer Spielzeit übernommen. Wolf erlebte keine der Aufführungen, die zu seinen Lebzeiten anderwärts stattfanden. Die Straßburger, übrigens nur zwei Spielabende erreichende Inszenierung der vom Komponisten 1896/97 revidierten Fassung boykottierte er; die sehr erfolgreiche, durch vier Spielzeiten hindurch wieder-

227

Großherzogliches Hof- und Nationaltheater in Mannheim.

Sonntag, den 7. Juni 1896.

94. Vorstellung im Abonnement A.

Zum ersten Male:

Der Corregidor.

Oper in 4 Akten von Hugo Wolf. Text nach einer Novelle des Alarcon von Rosa Mayreder-Obermayer.
In Scene gesetzt vom Intendanten. — Dirigent: Herr Hofkapellmeister Röhr.

Personen:

Don Eugenio de Zuniga, Corregidor	Herr Rüdiger.
Juan Lopez, Alkalde	Herr Döring.
Pedro, dessen Sekretär	Herr Erl.
Tonuelo, Gerichtsbote	Herr Hildebrandt.
Repela, Diener des Corregidors	Herr Marx.
Tio Lukas, Müller	Herr Kromer.
Ein Nachtwächter	Herr Starke.
Donna Mercedes, Corregidora	Frau Sorger.
Frasquita, Gattin des Müllers	Frl. Hohenleitner.
Duenna, im Dienste der Corregidora	Frau Seubert
Manuela, Magd bei Juan Lopez	Frl. Wagner.

Ein Nachbar. Bischof und geistliches Gefolge. Gesinde des Corregidors. Alguacils. Musikanten.

Schauplatz: Gegend in Andalusien. Zeit: 1804.

Dekorative Einrichtung: Herr Auer. Malerei: Herr Remmler.

Der Text der Oper ist beim Portier, am Kiosk und an der Kasse für 50 Pfennige zu haben.

Kassenöffnung 6 Uhr. **Anfang ½7 Uhr.** Ende nach 9 Uhr.

Nach dem zweiten Akt findet eine größere Pause statt.

Die Freibillets sind für heute aufgehoben.

Eintritts-Preise:

Ganze Logen:

Loge II. Rangs	Mk. 2.50 per Platz

Einzelne Logenplätze:

Reserveloge I. Rangs, 1. Reihe	„ 6.— „ „
2. 3. u. 4. Reihe	„ 5.50 „ „
Reserveloge II. Rangs, 1. Reihe	„ 4.— „ „
2. u. 3. Reihe	„ 3.50 „ „
Reserveloge III. Rangs, 1. Reihe	„ 2.50 „ „
2. u. 3. Reihe	„ 2.— „ „

Loge I. Rangs, 1. Reihe	Mk. 3.50 per Platz
2. u. 3. Reihe	„ 3.— „ „
Loge III. Rangs, 1. Reihe	„ 2.50 „ „
2. u. 3. Reihe	„ 1.50 „ „
Sperrsitz im Parquet	„ 4.— „ „
Stehplatz im Parquet	„ 3.— „ „
Parterre	„ 2.— „ „
Proszeniums-Loge III. Rangs	„ 1.50 „ „
Gallerieloge	„ 1.— „ „
Gallerie	„ —.50 „ „

Die Tageskasse (Concertsaal-Eingang) ist geöffnet: Vorm. von 11—1 Uhr.

Stehplätze im Parquet werden erst 5 Minuten vor Beginn der Vorstellung ausgegeben.

Vormerkungen für die Sonntagsvorstellung werden jeweils von Donnerstag Vormittag 10 Uhr an während der üblichen Kassenstunden an der Hoftheaterkasse entgegengenommen.
Die Abgabe der vorgemerkten Eintrittskarten erfolgt für die Sonntagsvorstellung Samstag Vormittag von 10—12 Uhr an der Hoftheaterkasse.

Für Auswärtige nehmen Bestellungen an: die Bahnverwaltung in Ludwigshafen durch Vermittlung sämmtlicher Stationen der Pfälzer Bahnen und in Heidelberg Herr Carl Hochstein (vorm. G. Guttenberger) Hauptstr. 122.

Letzte Eisenbahn-Fahrten:

Von Mannheim:

Nach Heidelberg . . . . 10 Uhr 53
(Dieser Zug wartet bis spätestens 11 Uhr 15.)

Nach Heidelberg, Bruchsal, Karlsruhe, Stuttgart . . 12 Uhr 08
(Schnellzug.)

Nach Weinheim, Heppenheim . . . . . . 10 Uhr 40
(Dieser Zug wartet bis spätestens 11 Uhr 20.)

Von Ludwigshafen:

Nach Schifferstadt, Speyer, Neustadt, Germersheim, Landau 10 Uhr 50
(Dieser Zug wartet bis spätestens 11 Uhr 00.)

Nach Schifferstadt, Neustadt, Landau, Straßburg . . 1 Uhr 00
(Schnellzug.)

Nach Frankenthal, Worms . . . . 11 Uhr 30

Ein Lokalzug von Mannheim nach Neckarau, Schwetzingen geht ½ Stunde nach Beendigung der Theatervorstellung, frühestens 11 Uhr ab.

Montag, den 8. Juni 1896. 94. Vorstellung im Abonnement B.

Rosenkranz und Güldenstern.

Lustspiel in 4 Aufzügen von Michael Klapp.

Anfang 7 Uhr.

Theaterzettel von der Uraufführung des »Corregidor« am 7. Juni 1896 in Mannheim.

holte Einstudierung von 1899, am riesigen Neuen Deutschen Theater in Prag, und die 1902 in Graz und 1903 in München folgenden fielen schon in die Zeit des letzten Irrenhausaufenthaltes. Wolf hatte jedoch längst vorher das Interesse an seinem Schmerzenskind verloren.

Nicht so Gustav Mahler. Obwohl er während der Mannheimer *Corregidor*-Proben – er studierte dort gleichzeitig eine seiner Symphonien ein – zu Grohe provokativ geäußert hatte, *der Text ist vortrefflich, aber die Musik taugt nichts! ... Wolf ist zu wenig eingefallen, mit einigen aneinandergereihten Motiven macht man heutzutage keine Oper,*[47] führte er den *Corregidor* doch am 18. Februar 1904, ein Jahr nach dem Tode des Komponisten, mit viel bearbeitender Eigeninvestition an der Wiener Hofoper auf und sorgte für weitere vier Wiederholungen.

Am Bühnenschicksal von Hugo Wolfs einziger vollendeter Oper änderte auch dieser posthume Freundesdienst nichts.

DIE LETZTEN WERKE

Wolf wartete nicht einmal die zweite (und letzte) Mannheimer Aufführung des *Corregidor* ab: Die Abreise aus der Uraufführungsstadt seiner Oper erfolgte merkwürdigerweise so überstürzt, daß er sogar die ihm vom Intendanten eingehändigte Abendtantieme, etwa 200 Mark, irgendwo liegenließ. Da Ähnliches schon früher mit seinen Partituren geschehen war, liegt der Gedanke an eine Freudsche Fehlleistung nahe. In Stuttgart machte er Zwischenstation. Bei den schwäbischen Freunden konnte er sein Herz über die Mannheimer Widrigkeiten ausschütten, zugleich aber in Zukunftshoffnungen schwelgen.

In diesen Junitagen von 1896 soll es zu einer Liebesromanze mit der damals neunzehnjährigen Margarete Klinckerfuß, der musikbegabten Tochter im gastlichen Hause eines mäzenatischen Großbürgers, gekommen sein – wenn man ihren Lebenserinnerungen glauben darf.[48] Da ist die Rede von einem Du, das ihr der Komponist angeboten, von gemeinsamem inbrünstigen Gebet in der Marienkirche, einer der wenigen katholischen in Stuttgart (wäre der freigeistige Hugo Wolf wirklich plötzlich zum praktizierenden Katholiken geworden?), von *vielschweigendem Einverständnis auf einem zusammengerollten Teppich* in klarer Sternennacht, auf der Dachterrasse des Landhauses Heidfried, gar von Heiratsplänen des Komponisten: *Wenn Hugo Wolf mir fast schüchtern von einer gemeinsamen Zukunft sprach, war es immer Wien, wo er hoffte, . . . auch mir eine zweite Heimat zu bereiten.*

Tatsache ist, daß Wolf ihr später Briefe schrieb, die Margarete Klinckerfuß vernichtete und sehr romantisch auf dem historischen Hoppenlau-Friedhof in Stuttgart begrub; Tatsache auch, daß sie insgeheim nach Mannheim zu den *Corregidor*-Proben gefahren war; Tatsache aber auch, daß ihr Name in Wolfs so ausgedehnter und immer grundaufrichtiger Korrespondenz mit Freunden nirgendwo auftaucht, außer in zwei Erwähnungen, im April und im August 1897 an Faisst, wo Wolf, im Zusammenhang mit der erhofften Verbreitung seiner Kunst, zweimal, mit freundlichem, halb ironischem Diminutiv, gleichlautend *das kleine Klinckerfüßle* als Helferin erwähnt. Schreibt man so von einer geliebten Frau, die man heiraten will?

Was immer das Händchenhalten in der Stuttgarter Sternennacht dem exaltierten Komponisten bedeutet haben mag – in einer verliebten Stunde, vielleicht –, man muß im Auge behalten, daß Margarete Klinckerfuß diese Erinnerungen als Siebzigjährige publizierte, die eben erst schreckliche Erlebnisse hinter sich hatte. Sie war von der Gestapo wegen ihres Zwischenrufes bei einer Stuttgarter Rede des Reichsjugendführers verhaftet und geprügelt, dann zwangsweise sechs Jahre lang in Irrenanstalten festgehalten worden. Erinnerungen an den inzwischen so berühmt gewordenen Jugendfreund und Wunschträume mögen bei der unverheirateten alten Dame in eins zusammengeflossen sein.

In Wien erlebte Wolf im Sommer 1896 eine der größten Freuden seines Lebens. Er zog am 4. Juli in eine neue Wohnung im 4. Stock von Nummer 3 der zentral, in Ringnähe, gelegenen Schwindgasse. Die erste mehrzimmrige, mit eigenen Möbeln eingerichtete Wohnung, die er wirklich sein nennen konnte. Freunde hatten dieses Domizil ermöglicht (Faisst allein stiftete schon 1000 Mark) und ausgestattet. Wolfs Arbeitszimmer mit dem Bösendorfer-Flügel und dem Bild Wagners auf dem Schreibtisch lag auf der ruhigen Hausrückseite, der Blick ging auf Hof und Garten hinaus. Das größere Eingangszimmer stand vorerst leer, ein kleiner Schlafraum diente zugleich als Bad mit Kautschukschaffel, die Küche auch als Kofferraum. Eine bürgerlich bescheidene Wohnung, für Wolf, den armen Vagabunden, geradezu ein Wohnparadies. *Ich möchte oft vor Entzücken darüber laut aufschreien. Mein Leben gleicht jetzt einem wunderschönen Morgentraum,* schrieb er an Grohe. Sein erstes eigenes Heim – er sollte es nur fünfzehn Monate lang genießen dürfen.

Wie überhaupt sich in diesen eineinhalb Jahren letzte Begebnisse aneinanderreihten. Das letzte Auftreten als pianistischer Mitgestalter seiner Lieder (am 22. Februar im Bösendorfer-Saal). Die junge Sopranistin Chotek sang, mit Ferdinand Jäger jun., dem Sohn des Wolf-Pioniers, unter anderen die – begeistert aufgenommenen – Suleika-Hatem-Lieder aus dem Goethe-Zyklus; die letzte Liedkomposition; die letzte Seite seiner zweiten, fragmentarischen Oper. Wolf ahnte nichts von all diesem Letzten. Er strotzte vor Arbeitseifer, versuchte durch Retuschen Mängel des *Corregidor* zu beseitigen, beschäftigte sich mit neuen Opernplänen (Wilhelm Meinholds Roman *Maria Schweidler, Die*

Hugo Wolfs
Arbeitszimmer in der Wohnung in Wien,
Schwindgasse Nr. 3.

Hugo Wolf,
nach einem Gemälde von
Clementine von Wagner.

Bernsteinhexe und Rosa Mayreders eigenes Libretto *Eldas Untergang* waren bald verworfen, Kleists *Amphitryon* tauchte nur kurz als vermeintlich *idealer Stoff* auf), er erfreute sich eines von ihm gesungenen und gespielten *Corregidor*-Triumphes, einer wahren Hugo-Wolfiade im neuen Heim vor enthusiasmiertem Freundespublikum, und er gewann neue Freunde.

So den Historiker Karl Mayr aus München, den vermögenden Fabrikanten und Amateursänger Walter Bokmayer, in dessen Mödlinger Villa Wolf oft zu Gast war, und vor allem Michael Haberlandt, Sanskrit-Professor an der Wiener Universtität und Kustos am Naturhistorischen Museum. Haberlandt übte den stärksten Einfluß auf Wolfs letzte Schaffensperiode aus, als Gründer (1897) und Vorsitzender des Wiener Hugo-Wolf-Vereines, der zum Erben des Nachlasses erklärt wurde, sogar über den Tod des Komponisten hinaus.[49]

Von anderen, alten Freunden galt es Abschied zu nehmen. Den plötzlichen Tod der Baronin von Lipperheide, die er *wie eine zweite Mutter* verehrte, betrauerte Wolf so aufrichtig wie den des greisen Anton Bruckner (des *einzigen Lebenden, dem ich mich beuge*, Paul Müller übermittelt diesen Ausspruch). Daß Wolfs Freundschaft mit einem anderen namhaften Komponisten, mit Engelbert Humperdinck, zum Schluß in die Brüche ging, lag an seiner eigenen Überverletzlichkeit. Humperdinck ließ sich während seines Wiener Aufenthaltes im April 1897 von Wolf den *Corregidor* vorspielen, spendete Beifall, mußte sich aber nach dem zweiten Akt verabschieden, da er ins Theater eilte. Wolf war aufs äußerste verletzt. *Nun, ich finde es einerseits ganz begreiflich, daß ein Komponist, der das Repertoire sämtlicher Drehorgeln bereichert, für den vornehmeren Ton der Musik eines anderen kein Ohr hat*, schrieb er am 10. April bissig, aber völlig unbegründet, an Kauffmann nach Tübingen. Als Humperdinck, der von solcher Animosität nichts ahnte, wenig später nochmals den Freund in Wien aufsuchen wollte, ließ sich Wolf einfach verleugnen.

Man fragt sich bei solchen Freundes-Brüskierungen, die weit über Unhöflichkeit hinausgehen – es war ja wahrhaftig nicht die erste Wolfs –, wieweit er sie wirklich zu verantworten hatte, wie weit sie seiner Krankheit zuzurechnen sind. Im Falle Humperdinck wurde blanker Neid auf den Opernerfolg eines von ihm geringgeschätzten Kollegen sicher durch Anzeichen fortschreitender Paralyse potenziert. Es bleibt völlig ungewiß, ob Wolf selber etwas davon ahnte. Seine Freunde wußten es sogar, ließen es ihn aber, feinfühlig und mitfühlend, nicht merken. Auf der Eisenbahnfahrt nach Graz, im August 1896, geriet Wolf ein Rußkorn von der Lokomotive ins Auge, der begleitende Potpeschnigg führte ihn in der Stadt gleich zu einem Augenarzt, und der eröffnete ihm (ohne Wissen des Komponisten) eine furchtbare Gewißheit: Bei der Entfernung des Rußes reagierten die Pupillen der Augen überhaupt nicht, und Pupillenstarre war ein untrügliches Symptom progressiver Paralyse.

In Wolfs emsiger Tätigkeit in jenen letzten Jahren vor dem Zusammenbruch ist nichts von depressiven Vorahnungen zu spüren. Er war lange Zeit hauptsächlich mit der Kärrnerarbeit an der *Corregidor*-Partitur beschäftigt, aber im Herbst 1896 regte sich neue Liederlust. Er brauchte zwar, mit Unterbrechungen, zwei Monate, um das Lied *Morgenstimmung* (nach einem pathetisch-hohlen Gedicht von Robert Reinick) zu Papier zu bringen, eine bei ihm ungewöhnlich lange Zeit; aber im darauffolgenden Dezember inspirierte ihn Lord Byron zu zwei, binnen wenigen Tagen nach alter Art herausgeschleuderten, Liedern. Er bündelte die Neuschöpfungen zu zwei kleinen Zyklen, die beide im Jahr 1897 beim neuen Verleger Heckel herauskamen.

Drei Gedichte nach Robert Reinick sind dem verdienten Ferdinand Jäger sen. gewidmet, also Tenorlieder; die ersten beiden wurden schon 1888 und 1889 komponiert. Ein gemeinsam hochgemuter Schwung verbindet sie über die Entstehungsjahre hinweg. Im *Gesellenlied* (Kein Meister fällt vom Himmel) verrät nicht nur das klare, mit altväterischen Sequenzen gespickte C-Dur Meistersinger-Nähe, es ist mit seinen vier, jeweils von einer simplen Melodie eingeleiteten Strophen geradezu eine Paraphrase über den Stil der geliebten Wagner-Oper. *Skolie* (Reich' den Pokal mir) ist ein Sechsachtel-Trinklied auf einen von schäumendem Wein über blühende Lippen bis zur *Woge des Kampfes* schweifenden, bombastisch minderwertigen Text, von dem etwas auf den Oktavendonner der Vertonung abgefärbt zu haben scheint. Viel feiner gearbeitet ist, sieben Jahre später, die *Morgen-*

stimmung (Bald ist der Nacht ein End' gemacht). Zwar wird man auch hier das vom Text geforderte Pathos des krönenden E-Dur-Schlusses *Herr, laß uns kämpfen, laß uns siegen*, das einst dieses Lied in den zeitgenössischen wagnerischen Sälen triumphieren ließ, kaum mehr so nachvollziehen können, aber bis zu dieser Stelle steckt das von einem überraschend modulierenden Klaviermotiv grundierte Liedganze voller üppiger Klangpracht und Finesse der Gesangs- und Instrumentalbeziehungen zugleich. Wolf schätzte es so sehr, daß er es nochmals für gemischten Chor und Orchester verwertete.

Bedeutender erscheinen die fast gleichzeitig veröffentlichten *Vier Gedichte nach Heine, Shakespeare und Byron*. Die ersten beiden, wiederum von 1888/89, verdanken ihre Koppelung mit den reifen Byron-Gesängen reinem, editorischem Zufall. *Wo wird einst* ist das letzte (zugleich das erste im Druck erschienene) von mehreren Heine-Liedern Wolfs. Mit seiner eher matten Melodie zu bloßer Akkordbegleitung weist es in die Vor-Mörike-Zeit zurück. Ein aparter Außenseiter ist das *Lied des transferierten Zettel* (Die Schwalbe, die den Sommer bringt), Rest aus der fragmentarischen Sommernachtstraum-Musik. Der *transferierte* ist der in einen Esel verwandelte Handwerker Zettel, der zwei coupletartige Strophen mit acht I-a-Rufen, über eineinhalb Oktaven absteigend, grotesk ausstattet.

Hingegen gehören die beiden Byron-Vertonungen vom Dezember 1896 nicht nur zu den letzten, sondern auch zu den reifsten Liedern Hugo Wolfs. *Sonne der Schlummerlosen* kleidet düstere Nachtgedanken in ein beklemmend karges Klanggewand. Das Klavier behält mit seinem rhythmischen Terzenmotiv die Führung, die Stimme deklamiert wortsensibel. In der Stimmung ist dieses Lied verwandt mit dem vergrübelten Beginn des dritten der nur ein Vierteljahr später geschriebenen Michelangelo-Lieder, doch dessen Aufhellung bleibt aus. Ein Nocturno von asketischer Klangaussparung, gerade darum weit über den kulinarischen Luxus des Fin-de-siècle-Jahrzehnts in eine neue Musikzeit vorausweisend.

Das naturnahe Liebeslied *Keine gleicht von allen Schönen* ist von der gleichen Bauart, mit einem strukturell so reichen Klavierpart, daß es auch als Charakterstück für Piano solo denkbar wäre

– aber eben nur fast; die Stimme ist mit ihrem freien Melos unentbehrlich für das Gesamtgeflecht, obwohl sie, was sicher den Vortragseffekt beeinträchtigt, am Ende ganz zurückgenommen wird (zum H-Dur führt erst das Instrument). Einer der für den späten Wolf sehr bezeichnenden stillen Liedschlüsse.

Ganz im Gegensatz zum ersten Byron-Lied breitet sich in diesem zweiten ein klangschwelgerischer, dem Mittelakt des *Tristan* naher Ton aus. Beide Lieder werden bis heute in der Aufführungspraxis sträflich vernachlässigt. Sie verdienten es, mit den Michelangelo-Vertonungen zu einer Gruppe – mit dem nicht sichtbaren, gedachten Titel *Der letzte Hugo Wolf* – vereint gesungen zu werden.

Damals stand Wolf in regem Briefkontakt mit dem jungen Münchner Historiker Karl Mayr, der ihn im Herbst 1896 als Bewunderer seiner Kunst in Wien aufgesucht hatte und dessen Braut, die Sängerin Clementine Schönfield, in ihren Konzerten Wolf-Lieder propagierte. Dem erst in jüngster Zeit veröffentlichten Briefwechsel vedankt man Einblicke in die Schaffenswerkstatt des *Venegas*-Fragmentes; im Brief vom 2. April 1897 zieht der Komponist eine Art Bilanz seiner Liedästhetik: ... *wie Sie ja selber wissen, ruht der Schwerpunkt meiner Lieder im Klavierpart, der unter allen Umständen nur den Händen eines wahrhaft gebildeten Musikers anzuvertrauen sein wird.* Ein Vermächtnis, denn Hugo Wolf hatte damals seine letzten Lieder bereits geschrieben.

Diese, der Zyklus von Michelangelo-Liedern, krönen wahrhaftig sein Lebenswerk: die *Drei Gedichte von Michelangelo*, entstanden zwischen dem 18. und dem 28. März 1887 in der Schwindgasse. Wolf wartete damals ungeduldig auf ein brauchbares *Venegas*-Opernlibretto; die Sonette Michelangelos (in der Übersetzung von Walter Robert-Tornow) entzündeten jedoch unwiderstehlich seine Phantasie, nicht nur durch persönliche Identifikationsmöglichkeit mit der Aussage eines Großen der Kunst (zumal im ersten Lied), auch wegen der in der Deutschübertragung durchscheinenden dichterischen Qualität. Das Universalgenie Michelangelo, gleich überragend als Bildhauer, Maler und Architekt, nimmt ja in der italienischen Literaturgeschichte einen hohen Rang als Sonett-Dichter der Hochrenaissance ein. Die frühen Liebessonette sind an den Freund Cavalieri gerichtet, die späteren, von Wolf erwählten, an die Marchesa Vittoria Colonna, seine verehrte Freundin und Gönnerin, die selbst eine namhafte Poetin war.

Eigentlich hätte es ein Michelangelo-Zyklus von sechs Liedern werden sollen. Aber nur vier Gedichte wurden komponiert, das vierte vernichtete Wolf, weil er es als ungenügend empfand. Nicht aus jedem opus ultimum der Großen wurde ein opus summum, beileibe nicht. Hier aber sagte ein junger Mann, ein erst Siebenunddreißigjähriger – ohne es ahnen zu können – sein letztes, gültiges schöpferisches Wort. Daß das am Rande des Wahnsinns geschah – nichts, aber auch gar kein Anzeichen ließe sich aus der Werkgestalt ableiten. Eine Briefstelle zum gerade vollendeten Lied *Alles endet* klingt zwar frappant – *Ich fürchte mich förmlich vor dieser Komposition, weil mir dabei um meinen Verstand bange wird*[50] –, ist aber nicht anders zu bewerten als die vielen anderen hingekritzelten, meist euphorischen Kurzberichte aus der Schaffenswerkstatt.

Stilistische Anknüpfung an Früheres, Vorgeleistetes bleibt deutlich; so an die beiden Byron-Lieder, besonders an die Klangaskese der beklommenen *Sonne der Schlummerlosen*, aber auch, über Jahre zurück, an die schmerzliche Süße der Mörike-Zeit. Dennoch entstand Neues. Die Identifikation mit dem Dichter (den Wolf bis dahin nur als bildenden Künstler gekannt und verehrt hatte) ließ den sich selbst *objektiv* empfindenden Komponisten höchst subjektiv Bekennerisches aussagen, und der grandiose Pessimismus des zweiten Gedichtes führte den musikalischen Interpreten in vorher nie betretene Bezirke, an die Grenzen seiner Expressivität.

Wohl denk' ich oft bildet einen Prolog. Der alte Meister Michelangelo blickt auf sein *vergangnes Leben* zurück, das unbeachtet und freudlos war, und betrachtet mit trotzigem Stolz sein gegenwärtiges: . . . *daß ich da bin, wissen alle Leute!* – das war Hugo Wolf aus dem Herzen gesprochen. Die vergrübelte Düsternis des Rückblicks drückt ein ausgewogenes Miteinander von chromatischer Klaviermotivik und Gesangsdeklamato aus, der triumphalen Wendung ins Dur des Künstlerstolzes schickt Wolf eine Dreiklangs-Fanfare nebst Akkordtremolo im Klavier nach.

Die hohle Äußerlichkeit mag etwas befremden, aber sie hat biographischen Bezug. Ganz ähnlich fanfarenhaft feierte Wolf einst, im ersten Lied seines ersten Meister-Zyklus (*Der Genesene an die Hoffnung*, nach Mörike), seine schöpferische Auferstehung.

Alles endet, was entstehet läßt einen Totenchor den Lebenden ein trostloses Memento verkünden. Der Sänger – alle drei Michelangelo-Lieder sind Baß-Lieder – stimmt eine Pianissimo-Melodie der Entsagung an, mit zwei verschränkten, abwärts bis zum tiefen Fis gleitenden Phrasen, in denen nicht weniger als neun Töne der chromatischen Skala erklingen; dieselbe Melodie, leicht kadenziert, wird zum Ausklang wiederholt. Dazwischen breitet sich eine fahle Tonlandschaft aus, die sich nur drei Takte lang (*Menschen waren wir ja auch, froh und traurig*) erhellt. Das Klavier hat Begleitfunktion, freilich motivisch angereicherte. Ausgespartheit, Klangaskese, keine Note zuviel: Satztechnik als vollkommene Dienerin der Aussage. Weiter vorwärts, entwicklungsgeschichtlich gesehen, als mit diesem spröden Lied stieß Wolf nie – man könnte sagen, bis zum Expressionismus Anton von Weberns (sofern man dessen Atonalität nicht als Barriere empfindet).

Des Komponisten allerletztes Wort galt nicht dem Tod, sondern dem Leben, der Liebe. *Fühlt meine Seele* ist zwar motivisch mit dem vorangegangenen Lied verbunden (durch abwärts ziehende Melodik und durch die Synkopen des Basses im Nachspiel, die nun konstitutive Bedeutung gewinnen), doch erhebt sich die Seele aus ihrer gottsuchenden Grübelei zur trostvollen Anschauung sinnlicher Schönheit: *... daran sind, Herrin, deine Augen schuld.* Diese Herrin war Michelangelos Freundin Vittoria Colonna. Müßig, die Spekulationen nachzuvollziehen, ob Wolf auch in diesem Lied subjektive Erlebnisse bewegten, ob etwa Melanie Köchert die geheime Adressatin war. Die Wärme des Klanggeflechtes von Instrument und Gesang, mit dem der Komponist zweimal diese bittersüße Liebesvision beschwor, bewegt sich auf höchster Höhe Wolfscher Liedlyrik. Wie ähnlich sich deren Zeichen doch über Jahre hinweg blieben. Das zeigt der Vergleich der Michelangelo-Stelle *Ist es ein Klang, ein Traumgesicht?*

mit einer emotional ähnlichen aus Mörikes *Peregrina II*:

Daß drei so strenge, anspruchsvolle Lieder nicht Jedermann-Liedkost sein können, liegt auf der Hand. Immer noch steht der künstlerische Rang der Michelangelo-Trias im Widerspruch zur Zahl seiner Aufführungen in den Konzertsälen. Ein Schicksal, das sie mit einem anderen meisterlichen Spätwerk für Baß teilt, mit Brahms' *Vier ernsten Gesängen* – seltsame coincidentia oppositorum.

Im Mai 1887 eröffneten sich Wolf neue Hoffnungen auf eine Wiener Aufführung des *Corregidor*. Denn Gustav Mahler war soeben zum Kapellmeister an der Hofoper berufen worden (bald wurde er auch Direktor) und interessierte sich für das Werk, er suchte Wolf sogar in seiner Wohnung deswegen auf. Allerdings sagte er offen, daß jedenfalls in der nächsten Spielzeit keinerlei Chance bestehe, was Wolf erstaunlich gelassen aufnahm (ganz im Gegensatz zu dem dramatischen Auftritt vier Monate später). Ohnehin war er längst mit den Gedanken bei einer neuen Oper.

Er kam einfach nicht los von Alarcón. Dessen Novelle *El niño de la bola* (Das Kind auf der Weltkugel), 1880 mit sofortigem großen Erfolg veröffentlicht, beschäftigte ihn schon seit fünf Jahren. Jetzt sollte ihm endlich die geschätzte Rosa Mayreder ein *Manuel-Venegas*-Libretto schreiben. Sie tat es, wenn auch ohne Begeisterung. Dennoch zeigte sich der Komponist sogleich entflammt: *Das Textbuch ist über alle Maßen herrlich gelungen*, erfuhr Freund Potpeschnigg am 5. Mai 1897. Aber schon vierzehn Tage danach teilte ihm Wolf eine völlig konträre Beurteilung mit: *Der Text vom Venegas muß von Grund aus gänzlich umgearbeitet werden, da er in seiner jetzigen Fassung sich als absolut unbrauchbar erweist.* Der sprunghafte Wechsel – inzwischen hatte er Mayreders Text einigen Freunden vorgelegt, die sich skeptisch äußerten – kennzeichnet die dramaturgische Unsicherheit Wolfs, sein mangelndes Gespür Operntexten gegenüber. Undenkbar, daß einer der großen, geborenen Musikdramatiker sich derart schwankend verhalten hätte!

Haberlandt, der selber abgeraten hatte, fühlte sich jetzt verpflichtet, einen neuen Venegas-Text zu besorgen, wenn sein neuer Freund schon so von dem Sujet besessen war. Dr. Moritz Hoernes, Archäologe und als Kustos am Naturhistorischen Museum Haberlandts Kollege, wurde bewogen, ein Szenarium zu schreiben. Es sagte Wolf zu, und als der Gelehrte Anfang Juli das fertiggestellte Libretto präsentierte, war Wolf wiederum Feuer und Flamme – und diesmal unwandelbar. Er verglich den braven Lust-Brust-Reimer gar mit Shakespeare – so dilettantisch ging es in seiner Opernwerkstatt zu, wenn der kompositorische Furor ihn gepackt hatte. Am 29. Juli begann er in seiner geliebten neuen Wohnung in der Schwindgasse mit der Vertonung, diesmal gleich mit der 1. Szene, dem Frühlingschor. Anfangs ging es nur stockend vorwärts, obwohl er sich von aller Welt abschloß, Besucher hinauswarf und von früh bis spät an Klavier und Schreibtisch arbeitete. Die lähmende Sommerhitze in der

Melanie Köchert, Hugo Wolfs lebenslange Freundin (1895).

Wiener Innenstadt verhinderte nicht eine neue, die letzte Eruption seines Schaffensvulkans.

Mit der Komposition der ersten 330 Takte quälte er sich volle sechs Wochen (was man ihnen nicht anmerkt), für die restlichen 260 brauchte er nur fünf Tage! Er bedachte seine Freunde mit brieflichen Triumphfanfaren. Das letzte Stadium der Komposition, im September 1897, war sichtlich von präparalytischer Euphorie bedingt. *... o Wunder! auf einmal strömte der musikalische Quell aus allen Poren u. z. mit solcher Vehemenz, daß ich mit dem Niederschreiben kaum folgen konnte ... es war mir, als schriebe ich alle Noten aus der Luft ab*, berichtete Wolf Melanie Köchert am 14. September über die lange Zeit stockende, dann wie entfesselte Komposition des Manuel-Monologes, den er, man kennt längst seine völlig unkritischen Selbsturteile in kreativen Ekstasen, *zum Allerinnigsten, was bisher in der Musik geschaffen wurde* gehörend pries. *Bin außer mir! Verkauft's mein Gwand! Bin selig! Rase! – Habe soeben das Liebesmotiv erfunden. Ich rase wie ein Vulkan!*

Dies die allerletzte Kunde für Melanie Köchert, am 17. September auf eine Visitenkarte hingekritzelt – also drei Tage vor dem Zusammenbruch. Aber der lauernde, unaufhaltsame Wahn hinterließ selbst jetzt, dicht vor dem letzten Schritt in den nächtigen Abgrund, keine greifbare Spur im geschaffenen Werk. Welcher Unterschied zu einem anderen, nur um vierzehn Jahre älteren Opernfragment, der *Viola* Bedřich Smetanas, deren letzte Seiten erschütternd von der Besitzergreifung des Wahnsinns künden.

Wenn von drei Akten einer abendfüllend geplanten Oper nur die allererste Chornummer instrumentiert ist und selbst im hinterlassenen Klavierauszug nur fünf Szenen vorliegen, also nicht einmal die Hälfte des 1. Aktes, lohnt es sich da überhaupt, näher auf so einen unaufführbaren Torso einzugehen? Ich glaube doch. Das *Manuel-Venegas*-Fragment läßt sogar erneut die Frage erörtern, ob Hugo Wolf nicht doch das Zeug zu einem Musikdramatiker besaß, zumindest die Lernfähigkeit. Denn er zog, obwohl das Schicksal des *Corregidors* ja noch gar nicht negativ entschieden war, aus dessen Schwächen Konsequenzen. Man weiß zwar nicht, ob er sein Versprechen, den *Venegas* werde er *wie Mozart* orchestrieren, also leicht und durchhörbar, wirklich erfüllt hätte (der lichte Frühlingschor, mit Wolfs Instrumentalklängen, verspricht es immerhin); aber auch die Struktur des Klavierauszuges zeigt, daß der Komponist nun nicht mehr so vernarrt war in immer neue Kontrapunkte; er hatte gelernt, daß instrumentales Schweigen musikdramatisches Gold sein kann, daß die Gesangsstimme auch einmal, wenigstens taktweise, frei schweben muß. Die 35 mit Tinte beschriebenen Seiten des hinterlassenen Klavierauszuges, der in der 5. Szene abbricht, sind nicht mehr nur eine Reihung von Liedern, was noch, grob gesprochen, für die formale Struktur des *Corregidor* bezeichnend war. Von den Nummern der beiden Volkschöre abgesehen, beherrscht ein instrumentalmotivisch gestützter, zwischen ausdrucksvollem Melos und Deklamato vielfältig variierter Gesang die Szenen, der jetzt viel öfter durch rezitativische Einwürfe gegliedert ist und dramatischer wirkt.

Der librettistische Vorwurf ist ja nun auch keine Verwechslungskomödie mehr, sondern eine Tragödie. Eine von ausgesprochen kraß-theatralischem Zuschnitt, mit Haß, Eifersucht, Gift und Würgetod. Dem italienischen Verismo ungleich näher als Wagners überhöhendem, von Mythos und Weltanschauung beladenem Musikdrama. Der Wagnerianer Wolf überwand da, opern- und erfolgsgierig wie er in den neunziger Jahren war, alle Hemmungen gegenüber seinem Abgott. Seit 1890 eroberte Mascagnis *Cavalleria rusticana* in einem seit Verdis *Aida* nicht mehr erlebtem Triumphzug die Opernbühnen der Welt, natürlich auch die Wiener Hofoper, und zwei Jahre später folgte Leoncavallos *I pagliacci (Der Bajazzo)*, mit *Cavalleria* zum erfolgreichsten Einakter-Gespann aller Zeiten verkoppelt.

Was heutzutage nicht im Zuschnitte eines Mascagnischen Operntextes gehalten ist, scheint a priori schon dem Tode geweiht zu sein, schrieb Wolf lange vor dem *Corregidor.*[51] Mag darin naserümpfender Neid auf einen im Grunde verachteten Erfolgreichen mitschwingen, in tieferen Bewußtseinsschichten des bettelarmen, ehrgeizigen Outsiders wurzelte die Erkenntnis, daß Ruhm und Wohlstand eben nur auf der Opernbühne zu erringen waren, mit welchen Stilmitteln immer. Ihn faszinierte die *Liebesuntat* des Schlusses, *wie die Geliebte in den Armen des Geliebten erwürgt wird.*[52] Also mitnichten ein metaphysischer, welterlösender Liebestod Isoldes oder Brünnhildes, sondern etwas von der bühnenwirksamen realistischen Sorte. Ob Leiche im Sack (*Rigoletto*), Dolch auf dem Hofball (*Un ballo in maschera*), Ersticken in der Todeskammer einer Pyramide (*Aida*) – Verdi verklärte noch musikalisch, was seine naturalistischen Nachfolger vergröberten –, ob Mordstahl hinter der Szene (*Cavalleria*) oder brutal vor dem Publikum (*Bajazzo*), ob, Gipfel aller monströsen Operntode, das gemeinsame Verenden der Rivalen in einem felsenfesten Renaissance-Schrank (Schillings' *Mona Lisa*), immer spekulieren die Veristen auf den wohligen Schauder eines bürgerlichen Publikums, das dem Identifikations-Musiktheater des Verismo zugleich die angenehme Distanz des Nicht-Betroffenseins abgewann.

Warum hätte da der opernhungrige Hugo Wolf nicht mitspekulieren sollen? Und zwar ganz bewußt. Daß Alarcóns Novelle *gewisse Ähnlichkeiten mit der ›Cavalleria‹* zeigte, hatte er schon 1892 erkannt. Wie denn auch nicht: Turiddu begehrt eine verheiratete Frau, Manuel Venegas desgleichen; Ehemann Alfio ist so eifersüchtig-brutal wie Antonio; alles spielt sich unter heißer südlicher Sonne ab, wo Leidenschaften gedeihen; im *Manuel Venegas* entspricht auch der einleitende Frühlingschor dem österlichen Gesellschaftsgesang der Sizilianer.

Um folgendes geht es: Manuel Venegas, Sproß eines ruhmreichen, verarmten spanischen Adelsgeschlechtes, ist als Waise von dem Priester Don Trinidad aufgezogen worden (die Geschichte spielt in der nachnapoleonischen Zeit). Er liebt die Jungfrau Soledad, ersteigert auf einer traditionell-folkloristischen Auktion einen Tanz mit ihr, wird aber vom Vater Soledads höhnisch überboten und als verschuldeter Habenichts in die Schranken verwiesen. Hier erst, die Vorgeschichte nimmt ein Drittel der Alarcón-Novelle ein, beginnt die Oper. Manuel, der inzwischen in Amerika viel Geld gemacht hat, kehrt heim, um nochmals um Soledad zu werben, muß aber erfahren, daß sie von ihrem sterbenden Vater gezwungen worden ist, den reichen Antonio Arregui zu heiraten. Da bleibt natürlich, nach altspanischer Hidalgo-Mentalität, nur Rache und Tod. Nach einigen intriganten Umwegen, in die auch ein zusätzlich abgeblitzter Apotheker und der gütige Priester Trinidad eine Rolle spielen, kommt es zur Wiederholung der folkloristischen Tanz-Auktion. Manuel setzt sein ganzes amerikanisches Riesenvermögen ein, erringt den Tanz mit Soledad (die ihn immer noch liebt) und umarmt sie beim Tanzen zu Tode – worauf der Ehemann Antonio den Todestänzer erdolcht.

Tod durch Erdrückung also – was für ein Operntod! Geht es veristischer? In der Handlung kaum; der auf ganz anderem Gebiet professionelle Moritz Hoernes, ein bloßer librettistischer Notnagel, hatte sie nach damaligem Brauch in gereimte Verse gebracht, mit einem Hauch von pathetischem Heroismus (*Ihr dank ich Manneskraft und Heldentum . . .*) und vielem dilettantischem, pseudopoetischem Gefasel. Wann aber hätte dergleichen jemals Opernerfolge behindert? Der Aufbau des Librettos ist jedenfalls nicht absolut mörderisch, und Wolf hätte mit seinem Instinkt für literarische Qualität sicher während des Kompositionsprozesses manches verbessert, so wie er das ja schon bei den ersten Szenen tat.

Er schuf mit dem einleitenden Frühlingschor (Frauen- und Männerstimmen imitieren einander reizvoll) seinen meisterhaftesten Chorgesang – ein Superlativ am Rande des Irrsinns! Die 2. Szene bringt ein gut kontrastiertes Sechsachtel-Motiv des Maultiertreibers ins Spiel, die dritte variiert den Volkschor, in der vierten begrüßt Manuel Venegas mit einem großen Monolog seine Heimatstadt. Sein Leitmotiv

wird im folgenden schier zu Tode geritten, ein Wagner-Mißverständnis, das an den *Corregidor* erinnert. Aber im ganzen eröffnet diese monologische Szene neue musikdramatische Wege, auch durch die Verzahnung mit Einwürfen eines Freundes.

Das Fragment der folgenden Auseinandersetzung mit dem Ziehvater Don Trinidad, den ein chromatisch drängendes Motiv vorstellt, verspricht gleichfalls dramatisch fesselnde Weiterent-

wicklung – die Geliebte kündigt sich mit einem Leitmotiv an –, aber mitten in Manuels leidenschaftlicher Lebensreminiszenz bricht die Komposition ab.

Niemand kann sagen, was aus dem Fragment hätte werden können. Die evidente Vereinfachung der Struktur gegenüber der kontrapunktischen Überladenheit des *Corregidors*, die vorwiegende Reihung – statt variierender Verarbeitung – der Leitmotive ist neuerdings als Auswirkung der fortgeschrittenen Geisteskrankheit kritisiert worden.[53] Darüber zu streiten, erscheint müßig; der Klavierauszug bietet ja nur eine unverbindliche, veränderbare Skizze. Hält man sich an ihre vorherrschenden Grundmerkmale, eben an jene leichter durchhörbare, vermutlich bühnengerechtere kompositorische Vereinfachung – ohne jedwede Anbiederung an plakativen Verismo –, so weist *Manuel Venegas* doch wohl in eine theaterwirksamere Richtung.

Daß Wolf später zwei Meisterlieder aus dem *Spanischen Liederbuch* (Wenn du zu den Blumen gehst; Wer sein holdes Lieb verloren) in die Partitur einbauen wollte (er instrumentierte sie sogar dafür), daß er gar zehn Lieder aus dem Zyklus für solche Funktion vorsah, das mag gegen den Musikdramatiker Wolf sprechen, ist aber überhaupt nicht mehr relevant, weil das wirre Pläne aus dem Irrenhaus waren. Umgekehrt bleiben naheliegende Zweifel im Spekulativen stecken, ob die musikdramatischen Ansätze des *Manuel Venegas* je den Widerspruch zwischen dem geborenen Lyriker und den Anforderungen eines veristischen Librettos hätten lösen können. Wir müssen uns mit der res facta begnügen: einem der erstaunlichsten, in vielen Zügen fortschrittlichen Torsi der neueren Operngeschichte.[54]

ZUSAMMENBRUCH UND ENDE

Einen *seligen, rasenden*, euphorisch an seiner zweiten Oper komponierenden Hugo Wolf haben wir Mitte September 1897 verlassen. Wenige Tage später suchte er Gustav Mahler in dessen Kanzlei in der Hofoper auf, um mit ihm über die Aufführung des *Corregidor* zu verhandeln. Die Aussichten standen gut. Mahler hatte sein Interesse daran ja schon wiederholt bekundet, jetzt war er, seit dem Sommer, auch zum einflußreichen Stellvertreter des Operndirektors Jahn avanciert; Wolf hatte allen Grund, dieser Aussprache freudig entgegenzusehen. Es sollte ganz anders kommen. Aus der erhofften Schicksalswende für sein dramatisches Lebenswerk wurde eine unverhoffte Wende in seinem eigenen Leben – von der Hochstimmung in den Zusammenbruch.

Wolf mußte von Mahler erfahren, daß für den *Corregidor* keine sofortige Aufführungschance an der Hofoper bestand, denn der kommende Operndirektor hatte die Premieren bereits verplant – unter anderem mit Puccinis *La Bohème* – und bei den Novitäten Anton Rubinsteins *Dämon* dem Werk des Jugendfreundes vorgezogen. Wolf stieg das Blut zu Kopfe: Er sollte hinter einer von ihm als minderwertig betrachteten Oper zurückstehen! Gereizt schimpfte er auf Rubinsteins Opus, Mahler, seinerseits verärgert über diesen Ausbruch, der ja auch seine Wahl traf, erwiderte mit kritischen Bemerkungen über den *Corregidor* (die nur seiner wirklichen Meinung entsprachen), ein Wort gab das andere, und Wolf stürzte wütend davon. In diesen Stunden oder den folgenden muß seine Krankheit die immer näher rückende Grenzwand vom präparalytischen zum paralytischen Zustand durchbrochen haben. *Es handelte sich damals um den ersten Schub einer progressiven Paralyse, die zur Internierung in einer Privatirrenanstalt führte*, resümierten die Experten Leibbrand und Balet.[55]

Es hatte Vorboten gegeben. Schon im April, als Wolf mit Humperdinck ein Gasthaus besuchte, war Frau Humperdinck als befremdlich aufgefallen, daß der Freund öfter nervös, mit völlig nichtigen Begründungen, den Platz im Lokal wechselte. Im Sommer mußte Wolf in Traunkirchen Versuche mit dem Radfahren aufgeben, da ihn Gleichgewichtsstörungen wiederholt schmerzlich stürzen ließen. Eine Postkarte an Bokmayer aus den letzten Tagen der *Venegas*-Euphorie zeigt wirre Schriftzüge.

Was sich in Mahlers Direktionskanzlei so folgenreich abgespielt hatte, ist nicht mehr zu dokumentieren. Außer Wolfs wahnhaften Berichtsbrocken liegt Alma Mahlers Schilderung vor, die natürlich auf Äußerungen ihres Gatten beruht: *Nun stand er vor ihm; abgemagert zum Skelett, mit lodernden Augen, und forderte gebieterisch die sofortige Aufführung des »Corregidor«. Mahler, der das Werk kannte, seine Mängel für allzu groß hielt, suchte die bekannten Ausflüchte: keine Sänger dafür etc. Wolf wurde renitent, fluchte, raste . . .*[56] Das Fluchen und Rasen kann man glauben, ansonsten ist hier – über achtzig Jahre nach dem Ereignis! – Dichtung und Wahrheit sicher vermengt, wie Alma Mahlers unmittelbar folgende Darstellung eindeutig beweist: *Auf dem Ring bei den Museen wurde der laut schreiende Wolf, der allen Passanten zurief, er sei Mahler, er sei der große Operndirektor, trotz wilder Gegenwehr überwältigt, festgenommen und sofort interniert.*

Das klingt phantastisch und hochdramatisch – und Alma Mahler war ja auch eine hochdramatische Frau –, aber die Wirklichkeit war anders. Richtig ist, daß Wolf den jähen Absturz aus eben noch beseligender Schaffenseuphorie in völlig unerwartete Frustration – ein Freund ging so mit ihm um! – in seiner aufs äußerste angespannten und gefährdeten psychischen Situation nicht mehr bewältigte. Die Szene im Hofopernbüro löste entscheidend Hemmungen und Sperren. Die Grenzen von Wunsch und Erfüllung, Phantasie und Wirklichkeit, so oft glorreich mißachtet im Werk, wurden nun auch im Leben ignoriert. Wahnvorstellungen traten an die Stelle der Realität, Spirochäten in Gehirnzellen ein. So einfach erscheint psychischer Zusammenbruch medizinisch, so kompliziert-abenteuerlich manifestierten sich die Stationen im Leben des kranken Menschen Hugo Wolf.

Über sie informieren eindeutig mehrere Augenzeugen, nämlich die Freunde Edmund Hellmer, Heinrich Werner, Walter Bokmayer und Michael Haberlandt. Ihren in Büchern und Zeitschriften niedergelegten Berichten folgen wir hier, ohne jedes Detail eigens belegen zu müssen, da es keine gravierenden Zweifel und Widersprüche gibt.

Kurz nach jener Auseinandersetzung mit Mahler traf sich Wolf mit Hellmer zum Mittagessen, wobei der Komponist *mit ungewohntem Heißhunger . . . wie ein Tier* Rippenfleisch hinunterschlang und nachher, *leise und wichtig*, erklärte: *›Ich bin Direktor von der Hofoper geworden; wissen Sie es schon?‹ Dabei sah er mich scharf und fast drohend an.* Als ein Freund, der Solorepetitor der Hofoper Ferdinand Foll, an den Wirtstisch trat, wiederholte Wolf seine Ernennung zum Direktor und machte Foll sofort zum Chordirektor. Die beiden Freunde nahmen all das nur als *ungeheuerlichen Scherz*, schließlich waren sie von Hugo Wolf einiges an Exzentrizitäten gewohnt. Sie folgten ihm in seine Wohnung, wo er ihnen, zu Tränen bewegt, das *Venegas*-Fragment vorspielte und das Du anbot. Für den nächsten Tag, einen Sonntag, hatte er alle Freunde in Bokmayers Villa in Mödling eingeladen, wo sie sein jüngstes Werk kennenlernen sollten.

Am Morgen schon fuhr Wolf nach dem nahen Perchtoldsdorf, um auch die dort lebenden Freunde einzuladen. Schon dem ersten Gesprächspartner, Edmund Hellmer, fiel es *wie Schuppen . . . von den Augen: Hugo Wolf war ja wahnsinnig.* Mit *diabolischer Freude* erzählte Wolf auch Heinrich Werner, daß er dem Kapellmeister Mahler die Türe gewiesen habe. Den namhaften Wagner-Sänger Hermann Winkelmann hatte Wolfs Wahn zum Protagonisten der privaten *Venegas*-Aufführung erkoren. Man marschierte zu Winkelmanns Sommerhaus in das eine Gehstunde entfernte Dorf Mauer, unterwegs machte man bei Haberlandt Station, und als der nach dem Klingeln nicht gleich erschien – er hatte hellsichtig die Situation durchschaut und Bokmayer telefonisch gewarnt –, fuhr ihn Wolf rüde an: *Hast Du Deine Frau erst noch . . . müssen?* Die drei Punkte in Hellmers Bericht sind leicht durch ein obszönes Kraftwort zu ersetzen;

dergleichen benützte Wolf, der in sexuellem Vokabular äußerst Prüde, niemals bei klarem Verstand.

Sinnlose Reden eines Verrückten begleiteten den gemeinsamen Fußmarsch nach Mauer, wo sich der völlig überraschte Tenor Winkelmann diplomatisch aus der Affäre zog. In Perchtoldsdorf brachte man Wolf zunächst zur Ruhe, er hatte seit vierundzwanzig Stunden weder geschlafen noch gegessen; aufgewacht, zeigte er sich *rührsam und rührend in seinem unseligen Wahn*, aber der brach in Bokmayers Villa neuerlich hervor. Zuerst verlangte Wolf gebieterisch, daß sich eine Dame entferne, die ihn nicht gebührlich begrüßt habe, dann entließ er den Hofopernsänger Winkelmann fristlos, weil der seiner Einladung nicht gefolgt war, spielte und sang das *Venegas*-Fragment und verkündete im Anschluß sogleich, daß Mahler entlassen und er der neue Operndirektor sei. *Erst jetzt begriffen alle, daß Wolf schwer erkrankt sein müßte*, wie Bokmayer berichtet. Er hatte inzwischen, wirklich ein guter Freund, das Nötige veranlaßt, die Privatanstalt des Dr. Svetlin zur Aufnahme eines neuen Patienten telefonisch vorbereitet. In einer Kutsche fuhren Bokmayer und Foll den Freund nachts in seine Wiener Wohnung. Während der anderthalbstündigen Fahrt benahm Wolf sich freundlich, bot das Du an, aber alle Hoffnungen seiner Begleiter, die Krankheit könnte vielleicht doch nur ein vorübergehender Ausbruch sein, machte Wolf an der Haustür in der Schwindgasse zunichte. Ohne jeden Grund sprang er dem öffnenden, ihm von früher her unsympathischen Hausmeister an die Gurgel, der wehrte sich, und die Freunde hatten Mühe, das wütende Handgemenge der beiden zu trennen. Um zwei Uhr morgens ließ sich Wolf endlich zu Bett bringen, bereit, am nächsten Morgen als neuer Hofoperndirektor den Antrittsbesuch beim kaiserlichen Obersthofmeister Fürst Liechtenstein zu machen.

Diese Finte hielten Wolfs Freunde für nötig, um ihn ohne Widerstand in die Anstalt einliefern zu können, und sie bewährte sich. Denn Wolf war so von seinem Wahn besessen und fühlte sich so wenig krank, daß er am nächsten Morgen, in seinen feierlichen Frack gekleidet, hochgestimmt zu Haberlandt in den Anstaltswagen stieg, der ihm als Equipage des Fürsten präsentiert wurde. Die Svetlinsche Anstalt lag im III. Bezirk (Landstraße), die Fahrt durch enge Gassen machte Wolf vorübergehend stutzig, man beruhigte ihn, er sprang eilig die Treppenstufen vor dem vermeintlichen Palais Liechtenstein empor, und erst als ihn dort Ärzte in Empfang nahmen, erkannte er plötzlich seine wahre Lage. Er fing an zu lachen und sagte: *Also hat man Komödie mit mir gespielt?* Dann schlossen sich die Tore der Anstalt hinter ihm; es war der 20. September 1897.

Für zwei Monate blieb Hugo Wolf von aller Außenwelt abgeschlossen. Eine Maßnahme, die Dr. Wilhelm Svetlin, der Leiter der Klinik, für zweckmäßig hielt; der Patient verstand sie nicht, fühlte sich von den ferngehaltenen Freunden verraten und sagte sich von allen los, die Stuttgarter und auch Melanie Köchert eingeschlossen, mit der Ausnahme des Ehepaares Mayreder und Potpeschniggs. Der Zustand des Kranken besserte sich zunächst nicht. Zu seinen Wahnvorstellungen traten neue; so bildete er sich nun ein, Direktor der Anstalt zu sein und Nietzsche heilen zu können, auch fühlte er sich als Jupiter. Dr. Svetlin hatte sich des Falles seines namhaften Patienten persönlich angenommen. Er arbeitete nach damals fortschrittlichen Methoden. Die Beschäftigung der Patienten durch Spiele, Malen, Musizieren, Basteln gehörte wesentlich dazu, fünf Mahlzeiten wurden gemeinsam eingenommen, die Wärter waren angehalten, die Geisteskranken in ihrer Menschenwürde zu respektieren: *Der Wärter muß danach trachten, durch höfliches, freundliches Benehmen sich vor allem das Zutrauen der Kranken zu erwerben*, heißt es in der Anstaltsordnung.

Wolf befand sich also nicht in einer der damals immer noch nicht seltenen *Schlangengruben*, sondern in guten Händen. Dennoch wollte Wolf ein Jahr später, als ein neuerlicher Anstaltsaufenthalt notwendig wurde, nicht zu Dr. Svetlin zurück. Warum? Entsprach die Behandlung vielleicht doch nicht dem humanen Programm, oder empfand Wolf dies wenigstens so? Daß er im November, zwei Monate nach seiner Einlieferung, in einem langen Brief an Dr. Svetlin diesem seine *unbegrenzte Verehrung u. das Gefühl heißesten Dankes* ausdrückte, würde noch nicht allzuviel besagen, denn dieser Brief war in der Absicht geschrieben, den Direktor günstig zu stimmen für eine baldige Entlassung.

Akten über Wolfs Aufenthalt in der Klinik – wie auch über den zweiten in der Landesirrenanstalt – gibt es nicht, außer der Eintragung der Aufnahme; die Krankengeschichten werden seit 1919 vermißt. Mannigfache Gerüchte bildeten sich darüber. Ein in der Bibliothek beschäftiger Mitpatient, ein Paranoiker, soll Akten entwendet haben, nach anderer Version ein Sekundärarzt, der später Selbstmord beging, oder ein Krankenwärter. Grund dazu, nämlich lukrativer Verkauf von Informationen an Presseleute, wäre vorhanden gewesen; die Internierung Wolfs hatte in der Öffentlichkeit ein großes Echo gefunden, Haberlandt mußte als Sprecher des Hugo-Wolf-Vereines grassierende sensationalistische Darstellungen des Wahnsinnsausbruches dementieren. Am wahrscheinlichsten dürfte jedoch sein, daß Familienmitglieder Wolfs, die sich des Wahnsinnigen in kleinbürgerlichem Vorurteil schämten, für das Verschwinden der Krankengeschichten gesorgt hatten. Wie wenig Wolf in seinen letzten gesunden Tagen noch mit Windischgraz zu tun haben wollte, ist mehrfach belegt worden, und auch aus der Korrespondenz seiner treuesten Freunde ließe sich vielfach zitieren, mit welcher Sorge sie den möglichen Einfluß verständnisloser Verwandter betrachteten.

In jenem Brief an Svetlin (vom 29. November 1897) wähnte sich Wolf bereits geheilt. Der Brief ist völlig klar geschrieben, sein Schreiber war sich nun seiner Identität als Komponist und auch der Notwendigkeit des Aufenthaltes in der Anstalt wieder bewußt, aber er wollte jetzt nur noch wenige Tage bleiben. *Heute, in einer schlaflosen Nacht hat sich meine Wiedergeburt vollzogen – u. so mußte es auch sein ... Nun, Gottlob: ich bin genesen. Ich grolle Niemandem, aber wie ich ein neuer Mensch geworden, will ich fortan auch in neuen Verhältnissen leben. Ich habe mit meiner Vergangenheit gebrochen, und will von nun an ein neues, schöneres, vor Allem fruchtbareres Leben beginnen.* Also Wiedergeburt – dasselbe Wort gebraucht Wolf in noch einem Brief –, Neuanfang durch völligen Bruch mit der Vergangenheit. Was so vernünftig und mutig aussieht, war doch nur neue Selbsttäuschung. Svetlin handelte verantwortungsbewußt, wenn er Wolfs Bitte nach Entlassung nicht entsprach. Wohl war eine Remission eingetreten, also ein vorübergehendes Abklingen der Hirnentzündung. Aber genesen war der Patient keineswegs.

Davon zeugen nicht nur Berichte der Besucher. So schrieb Rosa Mayreder am 6. Dezember an Oskar Grohe: *Die Krankheitseinsicht, die aus jenem Briefe an den Direktor zu sprechen schien, ist wieder geschwunden; er schreibt seine Internierung der Bosheit seiner Freunde zu ... Sein Gedächtnis ist im Übrigen ganz intakt, aber sein Urtheil verwirrt.* Wolf selber versöhnte sich zwar mit einigen alten Freunden, vor allem mit Melanie Köchert, aber seine megalomanischen Wahnideen treten auch in den Briefen aus seiner Remissionsphase immer wieder hervor. Einmal sprach er davon, er wolle nach Weimar gehen und dort *meine drei Opern, Corregidor, Venegas und Penthesilea* aufführen, ein andermal hatte er für Weimar gar *vier meiner Opern* bereit (von denen in Wahrheit erst eine existierte), und Rosa Mayreder erfuhr Ende November gar: *Denken Sie nur, ich habe nicht weniger als vier Tetralogien im Kopfe, drei komischen Inhaltes, und eine von einer Tragik, die jeder bisherigen Tragödie spottet.* Er wollte sich künftig in Luzern niederlassen, Österreich für immer meiden. In Weimar wollte er so etwas wie sein Bayreuth aufbauen, *indem Werke von mir (u. z. ausschließlich nur von mir) zur Aufführung kämen, die nie in Druck erscheinen sollen, mithin dem Publikum auf keine andere Weise vermittelt werden könnten, als auf die von mir inszenirte. Der Fall würde gewiß ungeheures Aufsehen machen* (Brief an die Weimarer Hofdame Baronin von Loen vom 11. Dezember 1897). Natürlich waren das völlig weltfremde Exzesse von Größenwahn. Aber auch als sich die Mutter endlich brieflich meldete, schwelgte er in der Antwort an sie (am 2. Januar 1898) in Zukunftseuphorie: ... *und doch wird die Zeit kommen, wo mit der Palme der Erfolglosigkeit, die ich bisher geschwungen, auch der siegreiche Lorbeer die Stirne schmücken wird.*

Daß die Behandlung in der Svetlinschen Anstalt ausschließlich von den altbewährten Freunden finanziert wurde, die sich auch lebhaft um die Förderung des Werkes, besonders des *Corregidors*, bemühten, nahm Wolf überhaupt nicht mehr wahr. Man kann ihm nicht zur Last legen, sondern nur mit Ergriffenheit lesen, was er am 15. Dezember 1897 an Potpeschnigg nach Graz schrieb, der ihn eben besucht hatte: *Offen gestanden graut es mir vor meiner ganzen Vergangenheit, abgesehn die seligen Stunden des Produzierens. Wie froh bin (ich), alle meine bisherigen ›Freunde‹ durch mein Unglück losgeworden zu sein ... Vor allem werde ich mir die*

Weibsen vom Halse halten. Die sollen nur mehr en canaille von mir behandelt werden; sie verdienens nicht besser. Meine Freunde in Deutschland kenne ich nicht mehr. Der Wolf-Verein in Berlin soll aufgelöst werden. Ach, wie freue ich mich auf mein künftiges Einsiedlerleben!

Die *Weibsen*, die Canaillen – kein Name wird genannt, die Verachtung galt wohl dem Geschlecht, dem er sein Unglück, aber wenig erfülltes Glück verdankte. Solche Abwertung ließ der Internierte nur noch einem anderen Kollektiv, seinem Vaterland, angedeihen: Österreich war von seinen größenwahnsinnigen Zukunftsplänen *gänzlich ausgeschlossen*.

Wolf durfte sich, so wollte es die Therapie Dr. Svetlins, täglich zwei Stunden lang mit Musik beschäftigen. Er instrumentierte in den vier Monaten seines Aufenthaltes zwei Lieder aus dem *Spanischen Liederbuch*, die er in die Oper *Manuel Venegas* – neben weiteren geplanten acht – aufnehmen wollte (Wer sein holdes Lieb verloren, Wenn du zu den Blumen gehst), dazu das Reinick-Lied *Morgenstimmung*, für Chor und Orchester jetzt *Morgenhymnus* umgetauft, und Anfang Januar 1898 den Einleitungschor aus dem *Manuel Venegas*. Alles völlig klare, professionell gelungene Arbeiten. Auch original schöpferisch versuchte sich Wolf damals noch zu betätigen, auch wenn die kreativen Phasen nicht dauerhaft waren. Er komponierte einen ganz neuen Zwischensatz zu seiner symphonischen Dichtung *Penthesilea*, den er aber wieder vernichtete, die *Italienische Serenade* wollte er mit einem Tarantella-Finale erweitern (erhalten geblieben sind vierzig Takte für kleines Orchester), eine dritte *Italienische Serenade* wurde mit einem Fragment gebliebenen Satz in Angriff genommen, dem das neapolitanische Volkslied *Funiculì, Funiculà* zugrunde liegt. Wolf hatte die populäre Weise vor Jahren von italienischen Arbeitern gehört, sie begeisterte ihn geradezu: So nahe konnten sich in des Südsteirers Seele wagnersche Kontrapunkte und mediterrane Melodien, Nord und Süd begegnen.

Im Januar 1898 besserte sich Wolfs Zustand so weit, daß Dr. Svetlin, nach einigem Ärger über hinzugezogene Fremdexperten, keine Einwendungen mehr gegen die Entlassung hatte. Sie erfolgte am 24. Januar. So eilig, wie er im Herbst zuvor die Stufen zur Anstaltstür hinangestiegen war, so eilig lief Wolf sie nun abwärts. Für ihn war es eine Befreiung – wofür? wohin? Er selber hatte sich als nächsten Aufenthaltsort die Familie seiner Schwester Käthe erwählt, die mit ihrem Mann, dem Bergrat Riedl, im südsteirischen Cilli (heute Celje) lebte. Die ihn am Anstaltstor empfingen und über die Zwischenstation auf dem Semmering begleiteten, waren alte Freunde, Melanie Köchert und Heinrich Lang. Potpeschnigg hatte sich, aus guten Gründen, verweigert. Für Melanie Köchert wurde die lange Reisebegleitung eine Opferfahrt, die späteren, jahrelangen Opferbesuche in der letzten Irrenanstalt vorwegnehmend, und ein Liebesdienst zugleich. Wobei hier Liebe im weitesten Sinne, Eros und Agape umfassend, verstanden werden kann.

Für Wolf verlief die Reise nach dem ersehnten Süden enttäuschend. Aus der düsteren Wohnung seiner Schwester flüchtete er in das Landhaus von Potpeschniggs Freund Moritz Stallner in Hochenegg nahe Cilli. Seine alte Mutter wollte er nicht im verhaßten Windischgraz wiedersehen, er traf sich mit ihr auf halbem Weg, im Dorf Wöllan. Es war keine befreiende, wenn auch vielleicht eine sentimentale Begegnung. Er war ein anderer geworden, stiller, apathischer. *Ich glaube überhaupt, mit mir ist's aus. Ich lese nichts, musiziere nichts, denke nichts – kurz, ich vegetiere*, schrieb er von unterwegs an Haberlandt. Potpeschnigg kam aus Graz zu Besuch, Wolf spielte ihm die in Svetlins Anstalt komponierten *Penthesilea*-Ergänzungen vor, *wurde unruhig, brach nach einigen Takten mit den Worten ab: ›Herrgott, was hab ich denn da gemacht?‹ sprang auf und riß das Blatt in Stücke.*[57] Eine erschütternde Erkenntnis: Er konnte noch technisch korrekten Notensatz schreiben, aber was er zu Papier brachte, hatte keinen Sinn und Wert mehr. Wann immer die Szene stattgefunden haben mag, der nicht mehr genau verifizierbare Tag hat historische Funktion. Hugo Wolfs Kreativität war erloschen. Ein für allemal, im achtunddreißigsten Lebensjahr.

In Triest sah er zum ersten Mal in seinem Leben das Meer, dessen winterliche Bläue und Milde ihn überwältigten (Schwester Käthe und Melanie Köchert begleiteten ihn). Aber er nahm alles, auch Duino und Istrien, nur wie durch einen Schleier wahr, wich der Vergangenheit aus und resümierte die ganze Fahrt in den sonnigen Süden als *verunglückte Reise*. Die Zwischenstation Salzburg rief, einstiger Mißgeschicke ungeachtet, durch ihre Schönheit Niederlassungspläne wach, aber erst in Wien fühlte er sich wieder zu Hause.

Wolfs Freunde hatten die Wohnung in der Schwindgasse nach Wolfs Internierung vernünftigerweise aufgegeben, aber für eine neue gesorgt. Die Familie Köchert richtete sie nach der Entlassung ihres Schützlings im selben IV. Bezirk, Auf der Wieden, Mühlgasse 22, im 4. Stock, ein. Es war Hugo Wolfs letzte Wohnung. Er fühlte sich darin wie *in einem kleinen Himmelreich*. So bescheiden war er, der materiell allzeit Bescheidene, nun als notorischer Rekonvaleszent geworden. Als sich jedoch in den so freundlich eingerichteten Stadtwiener Wänden keine Schaffenslust einstellen wollte, flüchtete er wieder hinaus, in die – hoffentlich – befruchtende Natur. In einem *sehr netten, freundlichen Häuschen gegenüber dem Traunstein*, dem Kreutzerhaus in Traunkirchen, war er den Köcherts in deren Puchschacherhaus nahe. (Ganz in der Nähe verbrachte übrigens Mathilde Wesendonck als Witwe damals ihre letzten Jahre.) Freunde kamen zu Besuch, auch Vally Franck, Pläne wurden geschmiedet; so beabsichtigte Wolf, Nietzsches Gedicht *An den Mistral* für Chor und großes Orchester zu vertonen. Aber wann immer er sich aufs Komponieren zu konzentrieren versuchte, die *Venegas*-Oper vornahm, es blieb völlig tot in ihm. Die zu Sommeranfang hoffnungsvolle Stimmung wich, als im Frühherbst trübe Tage kamen, quälenden Depressionen. Die Krankheit nahm erneut von ihm Besitz.

Ende September trieben ihn Angstzustände zum besinnungslosen Sturz in den Traunsee. Um diese Zeit sind die Salzkammergutseen nicht mehr badewarm, der Kälteschock mag den Suizid vereitelt haben. Wolf kroch ans Ufer, verbarg sich, zitternd vor Scham und vor Schüttelfrost, im Walde, wo man ihn endlich fand. Melanie Köchert erklärte sich bereit, ihn in häusliche Pflege zu nehmen, aber Wolf, von Tobsuchtsanfällen heimgesucht, sah nun selber ein, daß er wieder in eine Anstalt müsse. *Aber um Gottes willen nur nicht zu Svetlin!* verlangte er, ließ sich jedoch widerstandslos von zwei Wärtern – Haberlandt hatte die Aktion in die Wege geleitet – in die Niederösterreichische Landesirrenanstalt in der Lazarettgasse am Alsergrund in Wien fahren. In der Nähe, im Schwarzspanierhaus, hatte er einst eines seiner vielen Quartiere bewohnt. Nun wurde ein Zimmer im Irrenhaus seine allerletzte Behausung.

Am 4. Oktober 1898 wurde Hugo Wolf eingeliefert. In die 1. Klasse, wo er der relativ besten Behandlung sicher sein konnte. Das hatten vor allem der Wiener Hugo-Wolf-Verein, mit Haberlandt an der Spitze, die Mannheimer und die schwäbischen Freunde durch ihre finanzielle Hilfe ermöglicht. Jetzt besann sich endlich das offizielle Wien des in seinem Elend immer berühmter werdenden Künstlers. Um den gesunden, kämpfenden hatte es sich nie gekümmert; dem hoffnungslos Kranken, lebendig Begrabenen setzte nun der Kaiser 600 Gulden, der Kultusminister 400 Gulden als jährliche Unterhaltsspende aus. Die Unterbringung in der 1. Klasse machte eine individuelle ärztliche Betreuung, auch durch mehrfache Kommissionen, möglich. Man stellte dem Patienten ein Klavier zur Verfügung, Besucher und Ärzte spielten mit ihm vierhändig, ein weitläufiger Park brachte etwas Natur mitten in die Großstadt. Hoffnung auf Heilung der fortgeschrittenen Paralyse bestand nicht mehr. Auch die besuchenden Freunde, Melanie Köchert mit ihrer Tochter Ilse als die treuesten, beständigsten, waren sich bewußt, daß es bei allen temporären Wechselfällen im Befinden des Patienten, zwischen Verfolgungsangst, Lähmungen, Verzweiflungsausbrüchen, Absenzen, Halluzinationen und Remissionen, kein Zurück mehr gab: weder in die banale Welt der zivilen Menschen noch in die des schöpferischen Genies. Hugo Wolfs Geist war erloschen. Notenzeichen waren nur noch unbedeutende Krakel.

In der warmen Jahreszeit besserte sich die Krankheit alljährlich. Am 15. Juli 1899 schrieb er einen klar formulierten, verzweifelt um Befreiung aus der Anstalt flehenden Brief an seine Schwester Modesta: *Kurz, rette mich, wenn ich noch zu retten bin.* Es sind die letzten Worte des Briefschreibers Hugo Wolf, die seine Verwandten in die Sammlung der Familienbriefe aufnahmen. Aber als man ihn, in Begleitung zweier Wärter, in diesem Sommer durch Wien bis nach Perchtoldsdorf in der Kutsche ausfahren ließ, bezeichnete er altvertraute Gebäude wie den Stephansdom und die Ringstraßen-Paläste als billige, schlechte Imitationen, das einst so geliebte Wernersche Haus in Perchtoldsdorf erkannte er zwar wieder, wähnte aber die Speisen ver-

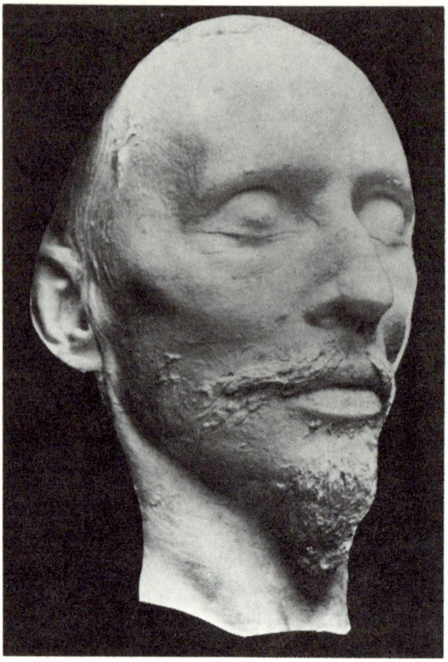

Hugo Wolfs Totenmaske.

giftet. Bei einem zweiten Besuch in Perchtoldsdorf versuchte er zu fliehen, was natürlich mißlang.

Die Stadien von Wolfs Krankheit zum Tode, immer qualvollere viereinhalb Jahre umspannend, sind in der schon erwähnten Schrift Eickemeyers am sachlichsten, psychiatrisch fundiert nachzuvollziehen.[58] Es liegt auch, außer Freundesbriefen, noch eine anonyme, schwer zu qualifizierende Darstellung über Wolfs letzte Jahre vor, die *Berichte aus dem Irrenhaus* von 1924. Das traurige Schicksal des Komponisten, dessen Lieder nun immer öfter und umjubelter in den Konzertsälen gesungen wurden, während er umnachtet dahinsiechte, hatte eine Fülle von mehr oder weniger seriösen, meist sehr romantischen, Veröffentlichungen ausgelöst. Es liest sich gewiß ergreifend, wenn der kranke Hugo Wolf beim letzten Besuch der siebenundsiebzigjährigen Mutter Katharina im Jahre 1901 sie nicht mehr erkennt und hemmungslos schluchzt, während sie von alten Tagen erzählt; oder wenn er den Besucher Potpeschnigg aus seinem engen Gitterbett anfleht: ... *ich bitt' Dich, schneid' mich heraus, schneid' mich heraus!*; wenn er den Pfleger Eichinger mit seinem geliebten Dichter Eichendorff verwechselt; wenn er sich verzweifelt gegen die Einsicht der Unheilbarkeit stemmt: *Ich habe nie Lues gehabt! nur einmal eine ganz harmlose Infektion!*; oder wenn er, ebenfalls jenen *Berichten aus dem Irrenhaus* zufolge, in einem *seiner letzten Aussprüche abschließend sagte: »Ekelhafte Musik«* ...[59]

Das alles hat mit dem Künstler Hugo Wolf nichts zu tun, sondern nur mit einem gebrochenen, todkranken Menschen. Es genügt, die letzten Etappen der Paralyse nüchtern zu registrieren. Nach einer Besserung im Sommer 1899 traten im folgenden Winter Lähmungen auf, Wolf mußte künstlich ernährt werden. Ein Jahr später glaubten die Ärzte das Ende nah, Lähmungen, Schlaganfälle, Sprachlosigkeit traten auf, zum Jahreswechsel 1901/02 kam ein Paroxysmus hinzu, Wolf vegetierte im Gitterbett vor sich hin, im März schwächte ihn eine Bronchitis. Sein Ende wurde täglich erwartet. Aber es dauerte noch fast ein Jahr, bis ihn eine Lungenentzündung von seinen Leiden erlöste. Am 22. Februar 1903, um 15 Uhr, starb Hugo Wolf. Die Familien Haberlandt, Köchert und Werner waren verständigt worden, Haberlandt veranlaßte die Abnahme der Totenmaske, aber keiner der Freunde, die den Sterbenden besucht hatten, war in der letzten Stunde bei ihm, Ärzte und Wärter umstanden das Totenbett. Er verließ die Welt so arm wie Mozart und Schubert. Sein hinterlassenes Vermögen, hauptsächlich aus Kleidern und Büchern bestehend, wurde gerichtsamtlich auf 1364 Gulden 56 Kreuzer eingeschätzt, seine Schulden auf 925 Gulden 58 Kreuzer.

Zwei Tage später, am 24. Februar nachmittags, wurde Hugo Wolf zur letzten Ruhe geleitet. Der Begräbniszug von der Irrenanstalt zur Votivkirche am Ring war keinesfalls, wie einst Beethovens letzte Fahrt, von Tausenden Verehrern, von Volk flankiert, er bewegte sich durch Gruppen fröhlicher, bunt kostümierter, tanzlustiger Leute: Es war ja Faschingsdienstag in Wien! Ein zwielichtiges Lebensfinale vor dem folgenden, veranstalteten. In der mit musikalischer Prominenz, darunter Gustav Mahler, gefüllten Votivkirche (jetzt kamen auch ehemalige Verächter) hielt Haberlandt eine feierliche Rede, ein Bläserensemble spielte die Richard Wagner, Wolfs Obergott, gewidmete Trauermusik aus dem Adagio von Bruckners 7. Symphonie, ein Chor sang Wolfs Eichendorff-Chorlied *Ergebung*. Bei der folgenden Grablegung auf dem Wiener Zentralfriedhof, nicht weit von Beethovens und Schuberts Gräbern, versammelten sich wiederum Repräsentanten vieler offizieller Institutionen, und Haberlandt entnahm den letzten Redeabschied, *Nacht muß sein, daß Licht dir werde!*, einem der frühesten Meisterlieder Wolfs, Kerners *Zur Ruh, zur Ruh, ihr müden Glieder*. Später wurde Wolfs Leichnam in ein nicht weit von Beethovens und Schuberts Gräbern gelegenes Ehrengrab der Stadt Wien übergeführt.

Wenige Tage nach Wolfs Tod, Ende Februar 1903, ließ Karl Kraus in seiner *Fackel* (Nr. 131) einen Artikel erscheinen mit dem Motto *Ist die Folter in Österreich abgeschafft?* Neben Smetana und Bruckner wird auch Wolf als Opfer eines imaginären, verständnislos brutalen k. u. k. *Oberrichters* beklagt:

Der Oberrichter lockert die Schrauben: ›Unzweifelhaft ein Mann von Geist und Talent, aber er hat sich vor ›guten Freunden‹ und Überhebung zu hüten‹. Die guten Freunde geben Hugo Wolf zu essen . . . Er hungert nicht mehr. So hüte er sich vor Überhebung, sagt der Oberrichter. Hugo Wolf hütet sich, geht ins Irrenhaus und stirbt.

Hugo Wolf, ein österreichisches Schicksal also? Ja, und doch viel mehr, viel Typischeres, so höchstpersönlich es in den Lebensbegebnissen erscheinen mag. Schicksal eines widerspruchsvollen Menschen und Künstlers, der Dilettant war im Alltagsleben und in manchen kompositorischen Techniken, konservativ in literarischen Vorlieben und progressiv im Wesentlichen seines Werkes, dem Kunstlied. Nach nur zehn Meisterjahren gefällt durch eine grausame Krankheit. Deren Besonderheit brachte schöpferische Kräfte zu konzentrierter, gipfelhafter Wirksamkeit, kappte jedoch einen Reifungsprozeß, der die immanenten Spannungen zwischen Dilettantismus und Genie hätte lösen, neue kreative Schaffensgebiete hätte erschließen können.

Grillparzers Grabspruch von den *noch größeren Hoffnungen*, die mit Franz Schubert unerfüllt blieben, ist zu Recht als gut gemeint und doch verkennend kritisiert worden. Auf Hugo Wolf, Schuberts Erben und Vollender, würde er zutreffen.

NACHRUHM UND WIRKUNG

Schon wenige Wochen nach des Komponisten Tod, im Frühjahr 1903, erschien der erste Band der monumentalen Hugo-Wolf-Monographie des Wieners Ernst Decsey, drei weitere folgten in den nächsten drei Jahren. Nicht nur der Umfang dieses Werkes, auch daß es noch zu Lebzeiten Wolfs geplant und begonnen wurde, spricht für das Prestige, das der Komponist inzwischen gewonnen hatte. Eigentlich schon während der letzten Jahre seines Aufenthaltes in der Landesirrenanstalt. Solange er in Wien als junger, seit den Mörike-Liedern zum Meister herangereifter Musiker mehr oder weniger öffentlich wirkte, war er nur von einem intimen Freundeskreis als Genie erkannt und geschätzt. Nachdem sich der unbehauste, mittellose, kämpferische, anstößige, vielen unsympathische Künstler aus dem banalen Leben unfreiwillig verabschiedet hatte, begann er zur Legende zu werden. Das tragische Schicksal des lebend Begrabenen rührte die Menschen und nährte das Interesse an seinen Liedern.

Von Jahr zu Jahr gewannen sie mehr Freunde im deutschen Kulturbereich. Weit über die elitären Zirkel der Wagner- und Wolf-Vereine hinaus. Es bedeutete nun auch für prominente Sänger kein Risiko mehr, Hugo-Wolf-Lieder aufs Programm zu setzen; der Boden war wohlbereitet durch die Abertausende Laien, die zu Hause, am kleinbürgerlichen Pianino oder am großbürgerlichen Flügel, Wolf-Lieder musizierten. Die deutsche Hausmusik und mit ihr das deutsche Klavierlied erreichten ja in jenen Jahrzehnten ihre größte Breitenwirkung. Davon profitierten auch die Wolf-Lieder. 86 Mark hatte er selber vom Schott-Verlag dafür an Tantiemen bekommen, um nicht weniger als

260 000 Mark konnten seine familiären Erben die veröffentlichten Kompositionen an den neuen Verlag Peters verkaufen. So kraß zeigt sich hier materiell das Gefälle von erlebter Fast-Mißachtung und beginnendem Nachruhm. An diesem nahm sogar das Opern-Schmerzenskind teil, wenigstens vorübergehend; zwischen 1902 und 1906 wurde der *Corregidor* immerhin in sieben österreichischen und deutschen Städten aufgeführt. Auch in sichtbaren Zeichen ehrte man das Andenken des Toten. Straßen wurden nach Hugo Wolf benannt, eine Bronzebüste geschaffen und aufgestellt, in Wien, Windischgraz und Graz Gedenktafeln an seinen Wirkungsstätten angebracht. Hugo-Wolf-Vereine entfalteten besonders im Deutschen Reich fördernde Tätigkeit.

Das posthume Ansehen des Komponisten hatte sie eigentlich nicht mehr nötig. Seine Einschätzung durch die schreibende Zunft der Fachleute entsprach im ganzen der wachsenden Verbreitung seiner Lieder. In zwei, eine volle Generation der Wolf-Rezeption umspannenden Wertungen Hugo Riemanns, des prominentesten Musiktheoretikers des frühen 20. Jahrhunderts, drückt sich das aus. In seiner *Geschichte der Musik seit Beethoven* von 1901 zählt der Autor Wolf bloß zu den *schöpferkräftigen Naturen*, mit Einschränkungen im modulatorischen Bereich; in *Hugo Riemanns Musiklexikon* von 1929 gibt es keine Vorbehalte mehr, wohl aber einen Superlativ: Wolf sei *der bedeutendste nachwagnerische deutsche Liederkomponist ... Man kann ihn den Wagner des Liedes nennen: er machte aus der Kunstgattung ein kleines Gesamtkunstwerk.* (Man sieht, auch der musikwissenschaftlichen Autorität Riemann gefiel das feuilletonistische, anfechtbare und tatsächlich mehrfach angefochtene Wort vom *Wagner des Liedes*, das einst Theodor Helm wohlmeinend ins Spiel gebracht hatte.) Dazwischen liegt vielfaches Schwanken der allgemeinen Wertung. Noch vor dem Ersten Weltkrieg war es zugunsten Hugo Wolfs entschieden; eine Passage in der Festschrift der Wiener Musikfestwoche von 1912 drückt das etwas pathetisch, aber doch wohl wahrheitsgemäß aus: *Die Parteikämpfe sind vorüber. In dem Bewußtsein der Nation ist auch Hugo Wolf unter die Treuen deutscher Meister aufgenommen, er ist in das Leben deutscher Kunst eingegangen.*[60]

Wolf-Superlative, lange Zeit dem schwärmerischen Sprachgebrauch mediokrer wagnerianischer Verehrer vorbehalten, hatten längst vor Riemanns Musiklexikon Einzug in die seriöse deutsche Musikliteratur gehalten. Anregend, enthemmend mochte eine gewichtige Stimme aus dem Ausland wirken. 1910 erschien die deutsche Ausgabe der Hugo-Wolf-Monographie des hochangesehenen englischen Musikologen Ernest Newman. Ging es für die deutschen Bewerter eigentlich nur um die Frage, ob Wolf der größte Liedschöpfer *nach* Schubert sei, so erhob Newman ihn an die absolute Spitze: Er zögere nicht, *ihn an die erste Stelle unter allen allen Liedkomponisten zu setzen. Er überragt sie in demselben Maße und aus demselben Grunde, als Wagner alle andere Bühnenkomponisten überragt*, und ausdrücklich wird auch Schubert unter den Überragten genannt. So weit ging kein ernstzunehmender deutscher Musikschriftsteller. Aber der respektvolle Bezug zum unumstrittenen Liederkönig Schubert, als Fortführer und Vollender, bleibt doch eine Dominante im gewerteten Nachruhm, eine bis in die Gegenwart, über alle politischen und soziologischen Wechselfälle hinweg, erstaunlich konstante.

Auch die vielfachen Umwertungen großer Künstlerpersönlichkeiten im Hitler-Reich überstand Hugo Wolf ohne Prestigeminderung, wenn auch die gleichgeschaltete Musikpublizistik Schwierigkeiten mit seiner venerischen Erkrankung und mit seinem betonten Individualismus hatte. Ernst Bücken schlägt in seinem 1939 erschienenen, antisemitisch getönten Buch *Das deutsche Lied* völkische Brücken zwischen den Antipoden Brahms und Wolf und spricht von *Hugo Wolfs Vollendung des deutschen Liedes*. Hans Joachim Moser, für den schon 1924 (*Geschichte der deutschen Musik*) Wolf der *Schöpfer des ›modernen‹ Liedes ... der ›Andere‹ des deutschen Liedes neben Schubert* war (die Anführungsstriche sind original), rühmte ihn auch 1968 (*Die deutschen Lieder seit Mozart*) als *Fortsetzer, ja Erfüller* von Schuberts prophetischer Seelengestaltung. Im selben Jahr erschien der eine ausführliche Wolf-Würdigung enthaltende Band des umfassenden deutschen Lexikons *Die Musik in Geschichte und Gegenwart: Unter den deutschen Liederkomponisten gebührt Hugo Wolf nächst Franz Schubert der höchste Rang*. Und ähnlich superlativisch heißt es im 1980 veröffentlichten *The New Grove Dictionary of Music and Musicians: He intensified the expressive vocabulary of the lied to a pitch never since passed.* Also: unübertroffen bis heute. Die Aufführungen von Wolf-Liedern sind sicher mit der Schrumpfung der Hausmusik und der konzertanten Liederabende gegenüber der Zeit um den Ersten Weltkrieg zurückgegangen, die Wertschätzung des Komponisten ist unabhängig davon geblieben.

Hugo Wolf hat Klassikerrang unter den Liedkomponisten errungen. Hat er Schule gebildet, hat er die Weiterentwicklung des Klavierliedes wesentlich geprägt? So schwierig der zweite Teil der Frage zu beantworten ist, so einfach der erste: Eine Hugo-Wolf-Schule in dem Sinne, den *die Wiener Schule* (ob die der Klassiker von Haydn bis Beethoven, ob die der Spätromantiker, ob die Schönbergs) meinte, gab es nie. Nicht nur, weil Wolf zu jung starb, um je eine – ohnehin unvorstellbare – Schülerschaft um sich zu scharen; auch weil das Eigentliche, Unverwechselbare seiner Kunst unlehrbar, unübertragbar, überhaupt kaum definierbar erscheint.

Seine unmittelbaren Zeitgenossen, von Mahler und Strauss bis Reger, gingen in ihrem Liedschaffen eigene Wege. Geradezu gegenläufige der Jahrgangs- und einstige Studiengenosse Gustav Mahler. Die Wagner- und Bruckner-Verehrung ist ihm und Wolf gemeinsam, auch Mahlers Vorliebe fürs selektive, Dichter-Zyklen bevorzugende Liedkomponieren. Aber das Trennende ist viel wesentlicher. So fair sich Mahler, als früher Freund und späterer Operndirektor, Wolf gegenüber benahm, dessen Liedwerk widersprach zu radikal seiner eigenen Liedästhetik, als daß er es hätte nach Gebühr schätzen können. *Von den tausend Liedern von Wolf kenne ich nur 344, aber die gefallen mir nicht* – solche Urteile (geäußert in einem Brief an Oskar Fried)[61] mögen als saloppcr Scherz gemeint sein, drücken aber dennoch wahre Meinung aus. Mahler bleibt Schubert insofern viel näher, als er in der Gesangsmelodie die Seele des Liedes erkennt und ihre Dominanz gegenüber dem Instrument (oder den Instrumenten, denn sehr viele Mahler-Lieder sind von vornherein Orchesterlieder) beibehält. Auch seine Neigung zum Volksliedhaften im Kunstlied, wie sie sich besonders in den Zyklen des selbstgedichteten *Fahrenden Gesellen* und der *Wunderhorn*-Vertonungen mit der klaren Melodie-Periodik, der oft bewußt *falschen* Deklamation (im

Wagner-Sinne) und den vokalen Melismen äußert, all das steht im Gegensatz zu Wolfs Reifekunst.

Gewiß ließen sich, was Volkstümlichkeit der Form betrifft, Brücken schlagen zwischen einfachen Wolf-Liedern wie *Der Gärtner* oder *Der Musikant* und Mahlers Wunderhorn-Gesängen. Aber was bei Mahler Nostalgie, Sehnsucht nach einer verlorenen, heileren Urzeit der Kunst ist (*Urlicht* heißt das Wunderhorn-Lied in der 2. Symphonie), ergibt sich bei Wolf ausschließlich aus der Erfüllung des Dichterwillens. Er selbst spöttelte in seinen Salonblatt-Kritiken über die *schlichte Einfalt des Volkstümlichen* (was aber auf Brahms gemünzt war) und schon gar über das *ekelhafte Kokettieren mit dem Wiener Lokalton ... jenes widerlich süße Gedudel, jene affektierte österreichische Gemütlichkeit.* Auch wenn der späte Mahler der Rückert-Lieder und des *Liedes von der Erde*, soweit man eine solche symphonische Kantate einbeziehen darf, den instrumentalen Part gewichtiger machte, er nimmt als Liedschöpfer geradezu eine Antiposition zu Wolf ein.

Ohnehin wollte er seine Lieder nur als *Skizzenvorhaben* zu seinen Symphonien gewertet wissen, wo sie freilich, zumal in den ersten vier Wunderhorn-Symphonien, die Themen prägen und nähren. Ähnlich peripheren Stellenwert haben die Lieder in Richard Strauss' universalem Œuvre. Dabei wären sie schon mit ihren 250 solistischen und chorischen Vertonungen (wovon der Komponist rund 150 für druckwürdig hielt) ein eigenes stattliches Lebenswerk, und schließlich haben sich etwa zwei Dutzend davon als unerschütterliche Bestseller von Liederabenden und Schallplatten bis heute behauptet. Aber gerade dieses lebendig schlagende Herz von Strauss' Liedpoesie offenbarte geradezu, was Strauss von Wolf trennt. Auch wo die gemeinsame Wagner-Wurzel hervortritt (die wortgemäße Deklamation, der angereicherte instrumentale Part), haben wir es mit ausgesprochenen Melodieliedern zu tun, die bewußt für den Konzertsaal geschrieben wurden: effektvoll für Sänger wie für Pianisten, und das war zunächst der junge Tastenkünstler Richard Strauss selber, zumindest in den so liederreichen Jahrzehnten zwischen 1882 und 1905, in denen die meisten Strauss-Evergreens entstanden.

Also etwa gleichzeitig mit Wolfs Reife-Periode. Aber Strauss nahm den um vier Jahre Älteren eigentlich nie recht zur Kenntnis, auch nicht, als dieser längst als Liedmeister anerkannt war. Er hatte sich mit der *Salome* fast für ein Halbjahrhundert einer größeren Vokalform, der Oper, zugewandt, Lieder schrieb er nur noch mit der linken Hand. Wenn auch mit lebenslangem höchstpersönlichem Engagement. Darin sind frühe Vertonungen sozialkritisch getönter Poesie (nach Richard Dehmel, J. H. Mackay, K. Henckell) eingeschlossen, wie auch vokalisenreich vertonte Romantik, etwa in den Brentano-Liedern. Beides, die Nähe zu moderner Poesie und die oft melismatische Melodik, scheidet Strauss' Lied im Grunde von dem Hugo Wolfs, und ebenso die Praxis von Strauss' eigener Interpretation; daß der Komponist sich als Klavierpartner keinesfalls notengetreu, sondern mit Vorliebe improvisatorisch betätigte, wäre Hugo Wolf selber undenkbar erschienen.

Sicher war auch Richard Strauss von Wolfs neuartiger Liedkunst beeinflußt, auch wenn dies halb widerwillig, halb unbewußt geschehen sein mag, doch seine Eigenpersönlichkeit blieb stärker als alle Nachfolgeschaft. Ähnliches läßt sich von zwei bedeutenden Liedmeistern seiner Generation sagen, von Hans Pfitzner und Max Reger. Pfitzner trennt von Wolf, daß sein Liedwerk, über hundert Vertonungen umfassend, nur eine von vielen Kompositionsgattungen bildet; mit dem Älteren verbindet der Hang, vorwiegend verstorbene, romantische Dichter zur Inspirationsquelle zu wählen, auch die Bevorzugung Schumanns gegenüber Schubert in der Ahnherrschaft und das unbedingte, polemisch verfochtene Credo an die kreative Macht des sogenannten Einfalls. In seiner *Neuen Ästhetik der musikalischen Impotenz* definiert er diesen vielumstrittenen Einfall als Ideal, *wo aus zwei verschiedenen Quellen derselbe Geist strömt und zu einem Gebilde zusammenfließt, in dem Wort und Ton eins werden . . .* Ein Ideal von Wort-Musik-Einheit also, in Pfitzners Liedschaffen jedoch mit Vorherrschaft des Melodischen (in grundsätzlicher Hugo-Wolf-Ferne somit). Man kann es als Tragik des Wolf-Bewunderers Pfitzner ansehen, daß ihm die ästhetisch erkannte Einheit so selten gelang, daß der schier vergötterte Einfall ihm nur sehr spröde zu Gebote stand, jedenfalls ohne die wolfisch verführerische Suggestivität in Motivik und Melodik.

Noch schwieriger wird die Frage einer Wolf-Nachfolge bei Max Reger. Auch in seinem weitgefächerten Lebenswerk nimmt das Lied nur eine Nebenposition ein, obwohl die Produktionszahl von 231 Gesängen, über sein ganzes kurzes Leben verteilt (mit sehr unterschiedlicher instrumentaler Besetzung), Œuvre-Charakter hat. Reger war ein Wolf-Bewunderer, er adaptierte die *Italienische Serenade* und warb in einem gescheiten Essay für den noch Unbekannten. Andererseits bewunderte er Brahms und hob ihn als neuen Meister nachbachischer, nachbeethovenscher deutscher Musik schier in einen germanischen Musikhimmel, als *die große Walhalla.* Im Lied blieb Reger zwiespältig. Er pendelte zwischen melodischer und pianistischer Vorherrschaft, praktisch zwischen Brahms und Wolf. Unmöglich, eine mit persönlichen Entwicklungen korrespondierende Schaffenslinie zu abstrahieren. Manchmal, und zwar in frühen wie in späten Zyklen, überpackt er, darin denkbar Wolf-fern, den Klaviersatz mit vollgriffiger Akkordik und Nebenstimmen, die Gesangsstimme wird gewissermaßen instrumental integriert. Manchmal wieder, so in den 60 *Schlichten Weisen* op. 76 (aber auch noch in den spätreifen *Geistlichen Liedern* op. 137), kann er sehr leicht und durchhörbar komponieren. Der zwölf Lieder umfassende Zyklus op. 51 ist Hugo Wolf gewidmet, ohne sich in der Melodik und der überladenen Harmonik dem Bewunderten wesentlich zu nähern. Von ihm trennt Reger auch die Unbedenklichkeit der Textwahl. Klassiker und bedeutende Zeitgenossen wie Dehmel oder Morgenstern stehen neben völlig Namenlosen, deren Verse ihm eben gerade gefielen.

Regers riesiges Liedwerk bietet sich heute, nur in ganz wenigen Nummern noch lebendig, wie ein entrückter, unübersichtlicher Irrgarten dar. Eine noch unausgeschöpfte Fundgrube für Kenner? Der Liedpianist Konrad Richter, gleicherweise vertraut mit Reger wie mit Wolf, ist davon überzeugt, und er erkennt auch, wie er in einem Gespräch mit dem Verfasser sagte, in vielen Liedern eine starke Wolf-Komponente, eine stärkere als die Brahmsische. Wenn man vom *Vollender des deutschen Klavierliedes* spreche, dürfe man nicht bei Wolf halten, sondern müsse Reger einschließen. Hingegen urteilte der Reger-Biograph

Guido Bagier, der Komponist setze mit seinen Liedern Hugo Wolf nicht fort.[62]

Eindeutiger erscheint Hugo-Wolf-Nachfolgeschaft bei einigen österreichischen Komponisten, die dem Alter nach der nächsten Generation angehören. Aber die Wilhelm Kienzl oder Julius Bittner sind doch in ihrem Liedschaffen zu unbedeutend. Selbst der Grazer Joseph Marx, auch wenn seine Lieder zeitweise in Wien oft gesungen wurden. Er war ein glühender Wolf-Verehrer und wagte es, sich mit einem neuen *Italienischen Liederbuch* nach Heyse an ihm zu messen. Das Beste, was für ihn bei solchem Vergleich herauskommen kann, ist die Erkenntnis von Unvergleichbarkeit; die impressionistischen Valeurs bei Joseph Marx, die rauschende Vollgriffigkeit seines Klaviersatzes tragen dazu bei.

Aus dieser Generation ragt der Schweizer Othmar Schoeck insofern hervor, als das Lied nach Umfang und Gehalt das Schwergewicht seines Œuvres bildet. Der Reger-Schüler begann als Wolf-Verehrer, und er blieb das, mit immer mehr kritischen Vorbehalten, lebenslang. *Musik und Sprache sind gleich wichtig – ... ohne Einfälle kann man auch heute keine wahren Kunstwerke schaffen* – solche Äußerungen des gereiften Mannes könnten auch von Hugo Wolf stammen. Schoeck stimmte mit ihm auch überein in der Bevorzugung klassischer deutscher Dichter (die er um Schweizer wie C. F. Meyer und H. Leuthold bereicherte) und in den geplanten Zyklen. Nach und nach löste er sich von der motivischen Dominanz des Klaviers, komponierte einen eigenen Mörike-Zyklus, weil er fand, daß Wolfs berühmte Vertonung nur dort Mörikes Wesen entspreche, *wo sie Schubertschen Klang hat.*[63] Ein Zurück zur Gesangsmelodie, über Hugo Wolf hinweg zu Schubert also, bleibt für Schoecks Reifewerk die Hauptlinie, besonders erkennbar in den Conrad-Ferdinand-Meyer-Liedern op. 60 von 1946, aber lange vorher schon in so eingängigen Weisen wie dem *Reiselied* nach Eichendorff (hier stand der wanderliedhafte Hugo Wolf der Mörikeschen *Fußreise* Pate!) und der melodischen Pretiose des *Nachrufes* (wiederum nach Eichendorff). Ein entwaffnender Versuch, mitten in den gärenden Jahren der Neuen Musik Schubertsche Naivität, Schubertsche Liedmelodik nachzuvollziehen – Schoeck war doch wohl der *letzte Romantiker*, auch wenn ihm Pfitznerianer diesen Ehrentitel streitig machten.

Einen besonderen Fall bildet die Wolf-Rezeption Arnold Schönbergs und seiner Schüler Alban Berg und Anton Webern. Sie sind alle durch Hugo Wolf hindurchgegangen, um dann, ebenso konsequent, eigene Wege zu suchen, die notwendigerweise vom Spätromantiker des 19. Jahrhunderts wegführten. Die Scheidelinie markiert Schönbergs 1908 bis 1909 entstandener Stefan-George-Zyklus *Das Buch der hängenden Gärten*. Hier stieß der Komponist erstmals in die neue Freiheit der Atonalität vor, und was vorher mit der Verfeinerung von Expressivität und Übertragung des Wortausdrucks in eine höchst artifizielle Feinfühligkeit der Musik als letzte Fortführung von Wagner-Wolfs Deklamationskunst zu werten war, gewann nun eine neue Dimension: Das Dichterwort wurde nicht mehr musikalisch ausgedeutet, sondern dienstbar in absolut musikalische Strukturen integriert. Ein Verfahren, das in der später entwickelten Zwölfton-Technik noch perfektioniert (und auch dogmatisiert) wurde.

Vor diesem wegscheidenden George-Zyklus hatte der Liedkomponist Schönberg beiden seiner ihm am nächsten stehenden Meister, Brahms wie Wolf, gehuldigt. Mit vielfach zu belegender Neigung zu dem Jüngeren. Die Nr. 1, *Erwartung*, aus dem kleinen Zyklus op. 2, bringt die motivische Substanz im Klavier, ebenso das Dehmel-Lied *Warnung* aus op. 3, und noch der acht Lieder umfassende Zyklus op. 6 bleibt mit seiner Wortmelodie und den tonalen Modulationen Wolf nahe. In Schönbergs Reifewerk trat die Liedkomposition dann zurück.

Schon gar bei Alban Berg. Er stellte sich seinem Lehrer Schönberg mit Liedversuchen vor, die, nach Schönbergs Urteil, *in einem zwischen Brahms und Wolf schwankenden Stil* komponiert waren. Auch hier erscheint der Wolf-Einfluß stärker, wenn etwa in Nr. 3 aus op. 1 erregte Klavier-Tremoli an Wolfs *Prometheus* gemahnen. Die 82 (von insgesamt 88) in seiner Entwicklungszeit komponierten Lieder Bergs kennzeichnet sein Biograph Hans Ferdinand Redlich als *geschaffen im schöpferischen Puppenstand*, er sei niemals zu konsequenter lyrischer Produktion zurückgekehrt.[64] Tatsächlich erlosch bei Berg nach dem vierundzwanzigsten Lebensjahr das Interesse am Klavierlied, er wandte sich der Oper zu. Seine Grenzüberschreitung von Wolf zu Schönberg vollzog sich 1912 mit den fünf Orchesterliedern nach Peter Altenberg. Man kann sie als Vorstudien zu *Wozzeck*, also jenseits des spätromantischen Liedes, situieren.

Anton Webern, der in seiner Frühzeit noch hingebender an Wolf hing und einige von dessen Liedern instrumentierte, überstieg die Grenze zur Atonalität schon früher, nämlich 1908, mit den fünf Stefan-George-Liedern op. 3. Die aufs äußerste komprimierte Knappheit (Nr. 2 und 4 kommen mit zehn Takten aus!) scheint zunächst an Wolfs späte Lied-Miniaturen anzuknüpfen, folgt aber bereits neuen Stilprinzipien; das Wort wird nicht mehr interpretiert, sondern strukturell in ein intervallisches Beziehungsgeflecht eingebunden. Dieses Verfahren baute Webern später reihentechnisch aus. Das entfernte ihn von Hugo Wolfs Liedästhetik ebenso wie die Vorliebe für vielerlei kammermusikalische Instrumentalpartnerschaft statt des klassisch-romantischen Klaviers.

Schließt die Preisgabe der Tonalität grundsätzlich Hugo-Wolf-Nachfolgeschaft aus? Die Frage stellt sich bei den drei Meistern der Wiener Schönberg-Schule besonders zwingend. In Wolfs Werk stoßen die novatorischen, vorwärtsweisenden Errungenschaften an die von ihm selber gesetzten Schranken; außerhalb der Tonalität erschien ihm Komposition einfach nicht denkbar. So ist es nur logisch, wenn sein Einfluß auf die Generation der Liedschöpfer, die schon ganz dem 20. Jahrhundert angehören, dort am stärksten hervortritt, wo diese an der Tonalität, sie über die hergebrachte Dur-Moll-Harmonik hinaus weiterentwickelnd, festhielten.

Die lange Reihe der Kleinmeister, die zumal im *Dritten Reich* den Lied-Ton beherrschten, können wir übergehen (auch wenn sich darunter so opulente Lied-Œuvres finden wie das 600 Nummern umspannende Justus Hermann Wetzels). Beachtlicher zeugt Ernst Křeneks 1929, also kurz vor seiner Bekehrung zur Schönberg-Dodekaphonie entstandenes, hochinspiriertes *Reisebuch aus den österreichischen Alpen* für die fortwirkende Attraktion des spätromantischen Liedes. Křenek nannte es *der Winterreise von Schubert nachempfunden*. Aber ebenso stark, wenn nicht stärker, bleibt bei diesem Werk das Erlebnis Hugo Wolf spürbar; mehrere Lieder sind motivisch im Klavierpart fundiert, alles geht von deutender Wortmelodie aus. Von den Jüngeren will und kann der unerschütterlich tonale Gottfried von Einem in seinen Liedern den Wolf-Bewunderer nicht verleugnen. Wolfgang Fortners Liedwerk wird durch den nach dem Zweiten Weltkrieg vollzogenen Bruch mit der Tonalität in eine Wolfs Wort-Interpretation (Hölderlin-Lieder) verpflichtete und eine unabhängigere Phase (Shakespeare-Songs) geschieden.

Bei Hermann Reutters Liedschaften, mit über 200 Werken das gewichtigste des 20. Jahrhunderts neben dem Schoecks, stellt sich die Frage einer Hugo-Wolf-Nachfolgeschaft besonders exemplarisch. Der Komponist, der die Moderne hellwach rezipiert hat und nach seinem eigenen Bekenntnis *durch die Reihentechnik eher hindurchgegangen* ist, blieb bis in sein hohes Alter hinein ein Wolf-Verehrer, und als weltweit, zumal in Amerika und in Japan begehrter Liedpianist und -Lehrer wurde er der nächst seinem oftmaligen Partner Dietrich Fischer-Dieskau wohl einflußreichste Wolf-Pionier nach der Jahrhundertmitte. Reutters Lied gibt sich, schon bedingt durch die bunte Reihe der dichterischen Inspiratoren (von Goethe und Hölderlin bis Lorca und Halldór Laxness), zu vielgestaltig, als daß sich eine klare Hugo-Wolf-Linie herausziehen ließe. Sie tritt desto stärker hervor, je tonaler die Tonsprache klingt, und daß dies gemäß der poetischen Inspirationsquelle geschieht, verweist wiederum auf Wolfs eigene Schaffensart.

Seit den zwanziger Jahren überlagern vielerlei neue Tendenzen das Lied-Idol Hugo Wolf. Neben der Atonalität der Schönberg-Schule auch die ihr gegensätzlichen Ströme, wie der in Strawinsky verkörperte Neoklassizismus und die neue Antiromantik in Deutschland. Paul Hindemiths Rilke-Zyklus *Das Marienleben* von 1924 ist dafür repräsentativ. Das Dichterwort wird in absolut musikalische Form eingebunden; instrumentale Gesangsmelodie, Kontrapunkte, vorromantische Formen (*Darstellung im Tempel* ist eine gesungene Passacaglia) kennzeichnen den Stil. Er wurde von den HJ-Komponisten des Hitler-Reiches mißverständlich aufgegriffen und banalisiert. Auf dem kommunistischen Gegenflügel bewahrte Hanns Eisler (der immerhin

Schönberg-Jünger war) und Paul Dessau schon die Textpartnerschaft Bertolt Brechts vor ähnlichem Qualitätsabfall.

Für die jüngeren, in der Ära eines neuen Fin de siècle, 100 Jahre nach dem Hugo Wolfs, schaffenden Liedkomponisten, wie etwa Aribert Reimann und Wolfgang Rihm, erhebt sich die Frage einer Wolf-Nachfolgeschaft überhaupt nicht mehr, sie ist so obsolet geworden wie die einstigen Auseinandersetzungen um atonal und tonal. Das nichtdeutsche Ausland nahm schon Jahrzehnte früher nicht mehr an Wolfs Nachfolgeschaft teil. Selbst den so heftig von Wagner faszinierten Franzosen blieb er ziemlich gleichgültig. In Faurés, Debussys und Ravels Liedern hinterließ er keinerlei Spuren, und Darius Milhaud demonstrierte in den zwanziger Jahren mit seinem Liedzyklus *Catalogue de fleurs* herausfordernde Sachlichkeit, indem er einen Prospekt für landwirtschaftliche Maschinen wörtlich vertonte. Weiter vom Spätromantiker Wolf entfernte sich nicht einmal der einstige Wiener Konservatoriumsgenosse Leoš Janáček. Dessen *Tagebuch eines Verschollenen*, einer der originellsten Liedzyklen des 20. Jahrhunderts, ist ganz der mährischen Folklore verpflichtet, Janáček nahm Wolf kaum je zur Kenntnis. Dennoch ähnelt das tektonische Prinzip seiner Meisteropern merkwürdig dem für Wolf charakteristischen: Instrumentale Motive tragen bestimmte Szenen, die Gesangstimme herrscht nicht mit Arien-Periodik, sondern schwebt mit psychologisch feinfühliger, der Textprosa abgewonnener Sprachmelodie darüber. Eine völlig unabhängige Aneignung und dramatische Weiterführung dessen, was Wolf der Liedlyrik als sein Eigentlichstes zutrug.

Wolfs Einfluß auf das nichtdeutsche Ausland blieb schon deshalb gering, weil es dort weit und breit keinen Komponisten gab, dem das Kunstlied soviel bedeutete wie Wolf selbst, später allenfalls noch Schoeck oder Reutter. Es blieb für die Franzosen *le lied*, für die Engländer und Amerikaner *the lied*, etwas Unübersetzbares und im Grunde Fremdes. Eine Ausnahme bildet der Finne Yrjö Kilpinen. 700 Lieder, in Zyklen nach nordischen, aber auch nach deutschen Dichern zusammengefaßt, dominieren in seinem Schaffen ganz und gar; seit dem Studium in Wien und Berlin blieb Kilpinen im Banne der deutschen Spätromantik, und damit natürlich im Banne Hugo Wolfs.

Trug dessen Liedkunst, woran nicht zu zweifeln ist, janusköpfige Züge, Vergangenes übergipfelnd und zu neuen Ufern führend, welche sind aus der Gegenwartssicht als die wesentlichen zu werten? Es lassen sich mannigfache Innovationen in seinem Werk nachweisen, musikalisch-technische und psychologisch-ästhetische. Daß er es zeitlebens so schwer hatte, lag nicht nur *an* aktuellen Parteiungen zwischen Brahminen und Wagnerianern, sondern *in* der Werksubstanz selbst. Josef Schalks Wort, er habe *neue Lieder für neue Ohren* geschaffen, trifft die Zeitsituation, aber nicht nur sie. Auch noch 1924 urteilte der Musikwissenschaftler Guido Adler: *Wolf war nicht nur der Vollender des deklamatorischen Liedes, sondern er betrat auch zielbewußt den Weg, auf dem dem Lied eine Weiterentwicklung beschieden war, indem er durch die vorher ungeahnte Heranziehung der Begleitung neue, nie gedachte Möglichkeiten schuf.*[65] Damit war mehr die neuartige Gewichtung von Gesang und Instrument angesprochen als die hervorstechendste Innovation der Nach-Wolf-Zeit die Auflösung der Tonalität.

Hier aber tut sich die wesentliche Scheidelinie auf. In atonaler Komposition kann es keine wirkliche Hugo-Wolf-Nachfolge geben. Walter Wiora sieht sogar schon durch Wolfs Ausbrüche aus der Dur-Moll-Harmonik die *Grenzen der Gattung Lied* berührt: *Viel scheint dafür zu sprechen, daß die Gattung Lied nicht erst bei Schönberg, sondern schon bei Wolf in ein kritisches Stadium getreten ist.*[66] Jüngere Wolf-Interpreten verlegen diese Krise etwas weiter nach vorn. Der als Fischer-Dieskau-Partner bewährte Liedpianist Hartmut Höll, ein Wolf-Kenner von Rang, sah in einem Gespräch mit dem Verfasser (*Hugo Wolf ist mit Sicherheit der Höhepunkt, ein einsamer Monolith*) nach ihm und Webern überhaupt *keine Möglichkeit mehr, Lieder zu komponieren.* Ähnlich der Wiener Leopold Spitzer, als Mitarbeiter an der Kritischen Gesamtausgabe gleichfalls ein hochgradiger Wolf-Kenner, der in dem Komponisten *eher einen Endpunkt... eine Ausnahmeerscheinung* erkennt.

Also auch aus jüngster Sicht eine Bestätigung des Epithetons *Vollender* des spätromantischen Liedes. Schwer zu registrieren, wer von vielen es als erster in die Feder nahm. Müßig auch, darüber zu mutmaßen, wohin Hugo Wolfs novatorischer

Weg geführt hätte, wenn ihm längere Schaffenszeit gegönnt gewesen wäre. Möglichkeits-Konjunktive wiegen wenig neben Wirklichkeits-Indikativen. Nach Schubert, dem unbestreitbar größten Liedschöpfer, ebenso unbestreitbar als Vollender einer ganzen Kunstgattung anerkannt zu werden, und dies fast ein Jahrhundert nach dem leiblichen Tod mit ständig wachsender, auch internationaler Wertschätzung, solcher Nachruhm reiht Hugo Wolf unter die Großen ein.

ANMERKUNGEN

Um den Lesefluß des Buchtextes nicht allzu oft zu unterbrechen, sind hier nicht sämtliche Zitate belegt, sondern nur solche, die wegen ihrer Besonderheit (etwa weil sie umstrittene Aussagen betreffen oder weil sie auf weiterführende Zusammenhänge verweisen) der Quellenangabe bedürftig erscheinen. Die wesentlichen Äußerungen Hugo Wolfs selber sind im laufenden Text belegt.

1 Gojmir Krek, Hugo Wolf in Slovenci. Novi Akordi IX. Jg. Nr. 3, 1910. Krek führt als Beispiel Wolfs mit sechzehn Jahren in Wien komponierten Männerchor *Mailied* (nach Goethe) an, dessen einleitende Melodie sich tatsächlich fast mit dem Volkslied *Se davno mrači, moj'ga pobča še ni* deckt. Bekannte heimatliche Melodien aus der slowenischen Umgebung habe Wolf *bewußt oder unbewußt* verarbeitet, schrieb Krek. Aber er stellte auch fest, daß Wolfs spätere reife Kunst *nichts mehr mit den erwähnten Einflüssen gemeinsam* habe. Eine Erkenntnis, die sich auch heute noch der Laibacher Musikologe Primož Kuret in einem Brief an den Verfasser zu eigen macht.

2 Diese Erkenntnisse verdankt der Autor dem Direktor der in Hugo Wolfs Geburtshaus untergebrachten Musikschule Jože Leskovar. Er hat die Eintragung des Namens Voŭk in der Pfarrmatrik von Šentjŭr (St. Georgen) überprüft und eine neue Ahnentafel veröffentlicht, die bis zu den feststellbaren Ur-Ur-Großeltern zurückreicht, alle Vornamen allerdings nur in slowenischer Lautung bringt. Leskovar schreibt, daß heute noch in Šentjur (St. Georgen), dem Geburtsort von Wolfs Urgroßvater Maximilian Wolf (Vouk), Familien namens Voŭk leben.

3 Karl Adolf Eickemeyer, Der Verlauf der progressiven Paralyse Wolfs. Diss. Jena 1945. S. 52.

4 Dr. med. Werner Leibbrand und Dr. phil. Balet, Hugo Wolf und seine Geisteskrankheit. Die medizinische Welt 17, 26. 4. 1930. S. 617 ff.

5 Frank Walker, Hugo Wolf. Graz, Wien, Köln 1953. S. 103.

6 Helene Bettelheim-Gabillon, Im Zeichen des alten Wiener Burgtheaters. Wien 1921. Zit. nach Walker, s. Anm. 5, S. 72.

7 Erik Werba, Hugo Wolf oder Der zornige Romantiker. Wien 1971. S. 48.
8 Alma Mahler, Erinnerungen an Gustav Mahler. Berlin, Wien 1980. S. 91.
9 s. Anm. 4, Leibbrand.
10 Henri-Hyacinthe-Octave Hécaen, Manie et inspiration musicale. Diss. Bordeaux 1934.
11 Adolf Braun, Krankheit und Tod im Schicksal bedeutender Menschen. Stuttgart 1934. S. 49 ff.
12 s. 3, Eickemeyer.
13 s. 3, Eickemeyer.
14 Alma Mahler, Gustav Mahler. Erinnerungen und Briefe. Amsterdam 1949. S. 82 ff.
15 Heinrich Werner, Hugo Wolfs Wohnstätten in Wien. Wiener Neueste Nachrichten 16. 5. 1926.
16 Max Kalbeck, Rezension des »Musikbuches aus Österreich«, Neues Wiener Tagblatt 9. 3. 1904.
17 Max Kalbeck, Johannes Brahms, III 2. Halbband, Berlin 1912.
18 Es gibt sie: s. 15.
19 s. 5, Walker, S. 88.
20 Ernst Decsey, Hugo Wolf. III. Leipzig 1903–06. S. 90.
21 Hugo Wolf, Musikalische Kritiken. Hrsg. von Richard Batka und Heinrich Werner. Leipzig 1912.
22 s. 20, Decsey I. S. 135.
23 Im Jahre 1973 wurde das Haus nach umfassender Renovierung eingeweiht, 1987 nach neuerlicher Überholung wiedereröffnet. In mehreren Räumen ist ein Hugo-Wolf-Museum eingerichtet, des Komponisten Arbeitszimmer wurde in den ursprünglichen Zustand versetzt, soweit das noch möglich war. Ein Raum steht jetzt für Kammerkonzerte zur Verfügung. Sie zogen und ziehen Besucher aus der ganzen Welt an, mit Japanern als besonders begeisterten Hugo-Wolf-Freunden.
24 Margarete Saary, Persönlichkeit und musikdramatische Kreativität Hugo Wolfs. Tutzing 1984.
25 s. 3, Eickemeyer.
26 Ruth Leuwer, geb. Pirkel, Mörike–Lyrik in ihren Vertonungen. Diss. Bonn 1953. S. 30 ff.
27 Wolfgang Cotta, Der poetische Verlag der J. G. Cotta'schen Buchhandlung unter Georg v. Cotta (1833–1863). Diss. Frankfurt 1959. S. 245.
28 Hans-Josef Irmen, Die Odyssee des Engelbert Humperdinck. Kall/Siegburg 1975. S. 85.
29 Hugo Wolf, Briefe an Melanie Köchert. Hrsg. von Franz Grasberger. Tutzing 1964. S. 8.
30 Hugo Wolf, Briefe an Oskar Grohe. Hrsg. von Heinrich Werner. Leipzig 1905. S. 255.
31 Ernst Decsey, Hugo Wolf. Das Leben und das Lied. 7.–12. Auflage Berlin 1921. S. 74.
32 s. 20, Decsey II. S. 23.
33 Paul Müller, Erinnerungen an Hugo Wolf. Die Musik, Berlin 1903, Heft 12. S. 36.

34 Dietrich Fischer-Dieskau, Auf den Spuren der Schubert-Lieder. Wiesbaden 1971. S. 155.
35 s. 20, Decsey II. S. 56.
36 Paul Heyse, Werke. Frankfurt 1980. S. 28.
37 Hugo Wolf, Briefe an Melanie Köchert. Hrsg. von Franz Grasberger. Tutzing 1964. S. 11.
38 Brief an Edwin Mayser, zit. nach Walker, s. 5, S. 435.
39 Hugo Wolf, Familienbriefe. Hrsg. von Edmund Hellmer. Leipzig 1912. S. 116.
40 Siegfried Ochs, Geschehenes, Gesehenes. Leipzig 1922. S. 308 f.
41 zit. nach Walter Abendroth, Hans Pfitzner. München 1935. S. 350.
42 Heinrich Werner, Hugo Wolf in Perchtoldsdorf. Regensburg 1925. S. 76.
43 Marie Lang, Wie der Corregidor entstand. Die Zeit Wien 23. 2. 1904.
44 Hugo Wolf, Briefe an Rosa Mayreder. Hrsg. von Heinrich Werner. Wien 1921. S. 121.
45 s. 24, Saary, S. 449 f.
46 Heinrich Potpeschnigg, Hugo Wolf bei der Mannheimer Uraufführung des Corregidor. Alpenländische Monatshefte, Graz, Februar 1924, S. 75 f.
47 Heinrich Werner, Der Hugo-Wolf-Verein in Wien. Regensburg 1922. S. 87.
48 Margarete Klinckerfuß, Aufklänge aus versunkener Zeit. Urach 1947. S. 106 ff.
49 Der Hugo-Wolf-Verein veranstaltete insgesamt 26 öffentliche Konzerte, Mitglieder stifteten größere Summen, so die Mannheimerin Anna Reiß, die bei den Corregidor-Proben Wolf kennengelernt hatte und fortan mit 200 Gulden jährlich unterstützte. 1905 löste sich der Verein auf; er ging in den Wiener Richard-Wagner-Verein über, aus dem er praktisch auch hervorgegangen war.
50 s. 30, Wolf, S. 260.
51 s. 20, Decsey, S. 143, Brief an Dr. Ludwig Strecker vom 4. 3. 1893.
52 s. 20, Decsey, S. 138.
53 s. 24, Saary, S. 442 ff.
54 1902 gab der Hugo-Wolf-Verein Wien den ersten Klavierauszug heraus, zusammen mit dem vollständigen Libretto. 1975 legte Leopold Spitzer die kritische, von einem informativen Vorwort und einem Revisionsbericht begleitete Neuausgabe des Klavierauszuges im Rahmen der Hugo-Wolf-Gesamtausgabe vor (Musikwissenschaftlicher Verlag Wien).
55 s. 4. Leibbrand, S. 617.
56 s. 7, Werba, S. 90.
57 s. 33. Müller, S. 40.
58 s. 3, Eickemeyer.
59 Berichte aus dem Irrenhaus (Anonym). Wien, ohne Datum (1924). S. 161 ff.
60 David Joseph Bach, Hugo Wolf, in: Festschrift zur Wiener Musikfestwoche. Wien 1912. S. 44. Zit. nach Saary, s. 24, S. 54.
61 zit. nach Walker, s. 5, S. 482.
62 Guido Bagin, Max Reger. Stuttgart, Berlin 1923. S. 237.
63 Othmar Schoeck im Gespräch. Zürich 1965. S. 135.
64 Hans Ferdinand Redlich, Alban Berg. Wien, Zürich, London 1957. S. 43.
65 Guido Adler, Handbuch der Musikgeschichte. Frankfurt a. M. 1924. S. 880.
66 Walter Wiora, Das deutsche Lied. Wolfenbüttel, Zürich 1971. S. 145.

ZEITTAFEL

1860 Am 13. Februar in Windischgraz geboren.
1870 Gymnasium in Graz.
1871 Stiftsgymnasium St. Paul.
1873 Gymnasium in Marburg an der Drau.
1875 Wiener Konservatorium. 12. Dezember Besuch bei Richard Wagner im Hotel Imperial.
1877 Entlassung aus dem Konservatorium. Lieder, Klavierstücke, Chöre, erste Opernversuche. Bekanntschaft mit Adalbert von Goldschmidt und seinem Freundeskreis. Im Winter syphilitische Ansteckung.
1878 Vally Franck, die erste Liebe. Heine-Lieder.
1879 Wohngemeinschaft mit Gustav Mahler. Enttäuschender Besuch bei Johannes Brahms. Streichquartett d-Moll. Freundschaft mit Melanie Köchert.
1880 Sommer in Mayerling, erste Besuche in Perchtoldsdorf. Bekenntnis zum Vegetarismus und Antisemitismus.
1881 Bruch mit Vally Franck. Eichendorff-Chöre. November bis Januar 1882 Kapellmeister in Salzburg.
1882 Kurze Zeit Rekrut in Wien. Sommer erster Besuch in Bayreuth, Parsifal. Bekanntschaft mit Friedrich Eckstein. Reinick-Lieder.
1883 Begegnung mit Franz Liszt. Arbeit an *Penthesilea* in Rinnbach.
1884 Musikkritiker am Wiener Salonblatt (bis April 1887). Wohngemeinschaft mit Hermann Bahr. Bühnenmusik zu *Prinz von Homburg*.
1885 Erste Begegnung mit Anton Bruckner.
1886 Intermezzo in Es-Dur für Streichquartett. *Penthesilea* nach Durchspielprobe von den Wiener Philharmonikern im Oktober abgelehnt. Lieder nach Scheffel, Mörike, Goethe, Kerner, Eichendorff. Beginn des Oratoriums *Christnacht*.
1887 Mai *Italienische Serenade* für Streichquartett. Tod des Vaters Philipp Wolf am 9. Mai. Erste gedruckte Lieder *(Sechs Lieder für eine Frauenstimme, Sechs Gedichte von Scheffel, Mörike, Goethe und Kerner)*.
1888 Januar bis Mai in Perchtoldsdorf, Oktober in Unterach 53 Mörike-Lieder. In Unterach 12 Eichendorff-Lieder. In Wien 13 Goethe-Lieder. Bekanntschaft mit Josef Schalk und Tenor Ferdinand Jäger.

1889 In Döbling und Perchtoldsdorf weitere 38 Goethe-Lieder. Mörike-, Eichendorff- und Goethe-Liederbücher gedruckt. Ende Oktober *Spanisches Liederbuch* in Perchtoldsdorf begonnen, dort April 1890 vollendet.

1890 Mai/Juni *Alte Weisen nach Gottfried Keller*. September *Italienisches Liederbuch* in Döbling begonnen. Oktober Reise nach Deutschland. Bekanntschaft mit Detlev von Liliencron in München, Emil Kauffmann in Tübingen, Ludwig Strecker in Mainz. Vertrag mit dem Schott-Verlag. Schauspielmusik zu Ibsens *Fest auf Solhaug*.

1891 Hymnus *Christnacht* in Mannheim uraufgeführt. Besuch bei Oskar Grohe in Philippsburg und Engelbert Humperdinck in Frankfurt am Main. Schaffenskrise. Im Dezember in Döbling *Italienisches Liederbuch I* vollendet.

1892 Februar-März Reise nach Berlin, Wolf-Lieder in zwei Konzerten. Lang anhaltende Schaffenslähmung.

1894 Januar zweite Berlin-Reise. *Elfenlied* und *Feuerreiter* erfolgreich aufgeführt. Frostige Begegnung mit Richard Strauss. Freundschaft mit Hugo Faisst in Stuttgart. Stürmische Liebeszeit mit Frieda Zerny. Verzweifelte Librettosuche.

1895 Oper *Der Corregidor* April/Mai in Perchtoldsdorf begonnen, auf Schloß Matzen in Tirol anschließend zu Ende komponiert.

1896 In Wien März/April *Italienisches Liederbuch II* komponiert. 7. Juni *Der Corregidor* in Mannheim uraufgeführt. Juli Einzug in die erste eigene Wohnung in Wien.

1897 *Vier Lieder nach Heine, Shakespeare und Lord Byron*. März *Drei Michelangelo-Lieder*. Sommer Arbeit an Oper *Manuel Venegas*. Auseinandersetzung mit Hofopernkapellmeister Mahler wegen *Corregidor*. Plötzlicher geistiger Zusammenbruch. Am 20. September Einlieferung in die Heilanstalt Dr. Svetlin.

1898 Entlassung im Januar. Reise an die Adria. Depressionen, im Oktober Selbstmordversuch am Traunsee. 4. Oktober Einlieferung in die Landesirrenanstalt in Wien.

1899–1903 Mit Wechselfällen sich verschlimmernde progressive Paralyse. Tod am 22. Februar 1903. Zwei Tage später Totenfeier in der Votivkirche. Begräbnis auf dem Zentralfriedhof.

BIBLIOGRAPHIE

1. Briefe, Schriften, Werkverzeichnisse

Hugo Wolf's Briefe an Emil Kauffmann, hrsg. v. E. Hellmer. Berlin 1903.
Hugo Wolf's Briefe an Hugo Faisst, hrsg. v. M. Haberlandt. Leipzig 1904.
Ungedruckte Briefe von Hugo Wolf an Paul Müller, hrsg. v. P. Müller. Jb. d. Musikbibliothek Peters f. 1904.
Hugo Wolf's Briefe an schwäbische Freunde. Südd. Monatshefte München. Mai 1904.
Hugo Wolf's Briefe an Oskar Grohe, hrsg. v. H. Werner. Leipzig 1905.
Ein Opernplan Hugo Wolfs (Briefe an Gustav Winter). Wiener Zeitschr. f. Musik. Jan/Feb. 1908.
Hugo Wolf, Familienbriefe, hrsg. v. E. Hellmer. Leipzig 1912.
Hugo Wolf, Briefe an Rosa Mayreder, hrsg. v. H. Werner. Wien 1921.
Hugo Wolf, Briefe an Henriette Lang nebst den Briefen an deren Gatten, Prof. Joseph Freiherr von Schey, hrsg. v. H. Werner. Regensburg 1922.
Hugo Wolf's Briefe an Gustav Schur. In Erinnerungen an Hugo Wolf, hrsg. v. H. Werner. Regensburg 1922.
Hugo Wolf, Briefe an Heinrich Potpeschnigg, hrsg. v. H. Nonveiller. Stuttgart 1923.
M. Klinckerfuß, Weitere Ergänzungen zu Hugo Wolfs Briefen. Neue Mus. Ztg. Stuttgart. Feb. 1925.
Briefe Hugo Wolfs aus dem Irrenhaus (an Rosa Mayreder), hrsg. v. K. Braun-Prager. Die Musik. Okt. 1929.
Vier Briefe Hugo Wolfs an Dr. Heinrich Welti. Schweiz. Mus. Ztg. Feb. 1947.
Hugo-Wolf-Rhapsodie. Aus Briefen und Schriften, hrsg. v. W. Reich. Zürich 1947.
Hugo Wolfs Wiener Tagebuch, hrsg. v. W. Reich u. F. Walker. Schweiz. Mus. Ztg. Dez. 1947.
Hugo Wolf, Daten aus meinem Leben. Öst. Mus. Ztschr. Feb. 1960.
Hugo Wolf, Briefe an Melanie Köchert, hrsg. v. F. Grasberger. Tutzing 1964.
Hugo Wolf, Ungedruckte Briefe, hrsg. v. R. Schaal. D. Jb. f. MW 1968. Leipzig 1969.
Briefe Hugo Wolfs an seine Schwester Adrienne. hrsg. v. L. Urbach u. E. Werba. Öst. Mus. Ztschr. Mai 1972.

Hugo Wolfs Briefe an Frieda Zerny, hrsg. v. E. Hilmar u. W. Obermaier. Wien 1978.
Hugo Wolf, Musikalische Kritiken, hrsg. v. R. Batka u. H. Werner. Leipzig 1911.
P. Müller, Hugo Wolf, Verzeichnis seiner Werke. Leipzig 1908.
P. Müller. Katalog der Hugo-Wolf-Ausstellung i. Schloß Ehrenberg. Graz 1954.
A. v. Ehrmann, Hugo Wolf, Sein Leben in Bildern. Leipzig 1937.
F. Grasberger, Hugo Wolf, Persönlichkeit und Werk (Ausstellungskatalog). Wien 1960.
H. Jancik, Die Hugo-Wolf-Autographen in der Musiksammlung der Öst. Nationalbibliothek. Tutzing 1975.

2. Gesamtdarstellungen

E. Decsey, Hugo Wolf, 4 Bde. Berlin, Leipzig 1903–06.
E. Decsey, Hugo Wolf. Das Leben und das Lied. Berlin 1919, Stuttgart 1921.
E. Schmitz, Hugo Wolf. Leipzig 1906.
E. Newman, Hugo Wolf. London 1907, dt. Leipzig 1910.
Z. Jachimecki, Hugo Wolf. Krakau 1908.
M. Morold, Hugo Wolf. Leipzig 1912.
R. Prati, Hugo Wolf. Turin 1914.
K. Grunsky, Hugo Wolf. Leipzig 1928.
B. Benevisti-Viterbi, Hugo Wolf. Rom 1931.
G. Abraham, Hugo Wolf. London 1935.
H. Schouten, Hugo Wolf. Amsterdam 1935.
R. Litterscheid, Hugo Wolf. Potsdam 1939.
A. Orel, Hugo Wolf. Wien 1947.
F. Walker, Hugo Wolf. London, New York 1951, dt. Graz 1953.
M. Hattingberg-Grädener, Hugo Wolf. Wien 1953.
R. Stephan, Hugo Wolf, in: Die großen Deutschen. Berlin 1957.
D. Lindner, Hugo Wolf. Wien 1960.
C. Rostand, Hugo Wolf. Paris 1967.
E. Werba, Hugo Wolf oder der zornige Romantiker. Wien 1971, neu 1978.
E. Werba, Hugo Wolf und seine Lieder. Wien 1984.
M. Saary, Persönlichkeit und musikdramatische Kreativität Hugo Wolfs. Tutzing 1984.
A. Dorschel, Hugo Wolf. Reinbek 1985.

3. Spezielle Darstellungen

a) zur Persönlichkeit

E. Decsey, Hugo Wolf als Kritiker. Tagespost Graz 17. 8. 1901.
E. Decsey, Aus Hugo Wolfs letzten Jahren. Die Musik Berlin Okt./Nov. 1901.
E. Decsey, Aus Hugo Wolfs Knabenzeit. Tagespost Graz 13. 3. 1902.

E. Hellmer, Erinnerungen an Hugo Wolf. Neues Wiener Tagblatt 6. 7. 1904.
E. Hellmer, Erlebtes und Erlauschtes. Wien 1921.
E. Hellmer, Hugo Wolfs Jugendliebe. Die Presse Wien 5. 12. 1948.
M. Haberlandt, Hugo Wolf. Erinnerungen und Gedanken. Leipzig 1903, erweitert 1911.
P. Müller, Erinnerungen an Hugo Wolf. Die Musik Berlin März/April 1903.
M. Vancsa, Hugo Wolfs letzte Lebensjahre, Tod und Begräbnis. Die Musik Berlin März/April 1903.
H. Zumpe, Persönliche Erinnerungen. München 1905.
R. Kukula, Hugo Wolf. Persönliche Erinnerungen. Prager Tagblatt 25. 2. 1903.
R. Kukula, Erinnerungen eines Bibliothekars. Weimar 1925.
H. Werner, Hugo Wolf in Mayerling. Leipzig 1913.
H. Werner, Hugo Wolf in Perchtoldsdorf. Regensburg 1922.
H. Werner, Erinnerungen an Hugo Wolf. Die Einkehr, Beilage der Münchner Neuesten Nachrichten 26. 8. 1922.
H. Werner, Hugo Wolfs Wohnstätten in Wien. Wiener Neueste Nachrichten 16. 5. 1926.
H. Werner, Hugo Wolf und der Wiener Akademische Wagner-Verein. Regensburg 1927.
H. Werner, Der Hugo Wolf-Verein in Wien. Regensburg 1921.
G. Schur, Erinnerungen an Hugo Wolf. Regensburg 1922.
S. Ochs, Geschehenes, Gesehenes. Leipzig 1922.
G. Vorberg, Zusammenbruch. Teil I. München 1922.
F. Weingartner, Lebenserinnerungen. Wien 1923.
H. Potpeschnigg, Hugo Wolf bei der Mannheimer Aufführung des Corregidors. Alpenländ. Monatshefte Graz. Feb. 1924.
Anonymus, Berichte aus dem Irrenhaus. Wien 1924.
K. Salomon-Wolf, Aus Hugo Wolfs Jugend. Neues Wiener Tagblatt 26. 2. 1928.
Dr. med. W. Leibbrand und Dr. Balet, Hugo Wolf und seine Geisteskrankheit. Die medizinische Welt 17, 1930.
L. Karpath, Begegnung mit dem Genius. Wien 1934.
A. Braun, Krankheit und Tod in Schicksal bedeutender Menschen. Stuttgart 1934.
H. Hécaen, Manie et Inspiration Musicale. Le cas Hugo Wolf. Diss. Bordeaux 1934.
K. Varges, Der Musikkritiker Hugo Wolf. Magdeburg 1934.
F. Schalk, Briefe und Betrachtungen. Wien 1935.
F. Eckstein, Alte unnennbare Tage. Erinnerungen aus siebzig Lehr- und Wanderjahren. Wien, Leipzig, Zürich 1936.
A. Mahler, Gustav Mahler. Amsterdam 1940.
A. Mahler, Erinnerungen an Gustav Mahler, Frankfurt 1980.
W. Rauschenberger, Ahnentafel berühmter Deutscher. 5. Folge. Liefg. 8, Hugo Wolf. Leipzig 1940.
K. Eickemeyer, Der Verlauf der Paralyse Hugo Wolfs. Diss. Jena 1945.
M. Klinckerfuß, Aufklänge aus versunkener Zeit. Urach 1947.
F. Walker, Gespräche mit Hugo Wolf. Schweiz. Mus. Ztg. 108/1960.
E. Slater/E. Meyer, Contributions to a Psychography of the Musicians. Confinia psychiatrica III 1960.

W. Lange-Eichbaum/W. Kurth, Genie, Irrsinn und Ruhm. 6. Aufl. München–Basel 1967.
W. Schuh, Hugo Wolf im Spiegel eines Tagebuchs. Schweiz. Mus. Ztg. 112/ 1972.

b) zur Musik

Gesammelte Aufsätze über Hugo Wolf (u. a. von H. Bahr, J. Schalk, E. Hellmer, R. Batka), hrsg. v. M. Haberlandt. Berlin 1. Folge 1898, 2. Folge 1899, 3. Folge 1900.
M. Reger, Hugo Wolfs künstlerischer Nachlaß. Südd. Monatshefte Nr. 2, München 1904.
K. Heckel, Hugo Wolf in seinem Verhältnis zu Richard Wagner. München u. Leipzig 1905.
G. Gräner, Hugo Wolf's Ital. Serenade. Berlin um 1907.
G. Gräner, Hugo Wolf's Penthesilea, Berlin um 1909.
F. Austin, The Songs of Hugo Wolf. Proceedings of Musical Association XXXVIII, 1911–12.
W. Jarosch, Die Harmonik in den Liedern Hugo Wolfs. Diss. Wien 1927.
R. Mayreder, Hugo Wolfs zweite Oper. Deutsche Musikerzeitg. Berlin 7., 14. u. 21. 7. 1928.
R. Mayreder, Über die Operndichtung »Der Corregidor«. Die Glocke, Wien 1. 6. 1936.
H. Hinghofer, Hugo Wolf als Liederkomponist. Diss. Wien 1933.
G. Bieri, Die Lieder von Hugo Wolf. Diss. Bern 1935.
G. Bieri, Hugo Wolfs Lieder nach verschiedenen Dichtern. Schweiz. Mus. Ztg. 1935.
F. Kuba, Hugo Wolfs Musik zu Kleists Schauspiel Prinz Friedrich von Homburg. Jb. d. Kleist-Gesellschaft Berlin 1937.
A. Breitenseher, Die Gesangstechnik in den Liedern Hugo Wolfs. Diss. Wien 1938.
A. Aber, Hugo Wolf's Posthumous Works. The Musical Review II, 1941.
W. Legge, Hugo Wolf's Afterthoughts on his Mörike-Lieder. Music and Letters. XXV, 1944.
H. Brauer, Goethes Lieddichtung bei Schubert und Hugo Wolf. Diss. Gießen 1942.
F. Walker, Hugo Wolf's Spanish and Italian Songs. Music and Letters XXXV, 1944.
F. Walker, The History of Wolf's Italian Serenade. The Musical Review VII, 1947.
A. Tausche, Hugo Wolfs Mörike-Lieder. Wien 1947.
H. J. Moser, Goethe und die Musik, Leipzig 1949.
E. Stahl, Die Jugendlieder Hugo Wolfs. Diss. Göttingen 1950.
G. Mackworth-Young, Goethe's Prometheus and its Settings by Schubert and Wolf. PRMA I XXVIII 1951–52.
A. Orel, Hugo Wolfs Musik zu Ibsens »Fest auf Solhaug« und ihre ungeschriebene Ouvertüre. Schweiz. Mus. Ztg. Dez. 1951.
R. Leuwer, geb. Pirkel, Mörike-Lyrik in ihren Vertonungen. Diss. Bonn 1953.

H. Bunke, Die Barform im romant. Kunstlied. Diss. Bonn 1955.
U. Sennhenn, Hugo Wolfs Span. und Ital. Liederbuch. Diss. Frankfurt a. M. 1955.
S. Eisold, Der Gehalt der Lyrik Mörikes in der Vertonung von Hugo Wolf. Diss. Berlin 1956.
S. Martinotti, Hugo Wolf, musicista mediterraneo. Musica d'oggi IV, 1961.
E. Sams, The Songs of Hugo Wolf. London 1961, erweit. 1981.
R. Egger, Die Deklamationsrhythmik Hugo Wolfs in historischer Sicht. Tutzing 1963.
W. Wiora, Der musikalische Fortschritt und der wilde Wolf. Festschrift d. Akademie f. Mus. u. darst. Kunst Wien 1967.
P. Bovian, The Lieder of Hugo Wolf. Diss. Michigan University 1968.
B. Campbell, The Solo Sacred Lieder of Hugo Wolf. Diss. Columbia University 1969.
H. Seelig, Goethe's Buch Suleika and Hugo Wolf. Diss. University of Kansas 1970.
H. Thürmer, Die Melodik in den Liedern von Hugo Wolf. Giebing 1970.
I. Fellinger, Die Oper im kompositorischen Schaffen von Hugo Wolf. Jb. des Staatl. Inst. Musikforschg. Preuß. Kulturbesitz 1971.
Öst. Mus. Zeitschr. Hugo-Wolf-Ausgabe. Wien 1973 (u. a. L. Spitzer, Rosa Mayreders Textbuch zu Hugo Wolfs »Manuel Venegas«, H. Jancik, Hugo Wolfs Eichendorff-Chöre, W. Legge, Hugo Wolf in England).
E. Busse, Die Eichendorff-Rezeption im Kunstlied. Tutzing 1975.
P. Cook, Hugo Wolf's Der Corregidor. London 1976.

c) zum kulturellen Umfeld

H. Bahr, Der Antisemitismus. Berlin 1894.
H. Tietze, Die Juden Wiens. Leipzig, Wien 1933.
R. Waldegg, Sittengeschichte von Wien. Stuttgart 1957.
H. Benedikt, Die wirtschaftliche Entwicklung in der Franz-Josefs-Zeit. Wien, München 1958.
Wiener Chronik, hrsg. v. Jost Perfahl. Salzburg, Stuttgart 1961.
H. Andics, Der ewige Jude. Wien 1965.
H. Andics, Ringstraßenwelt. Wien, München 1983.
H. Andics, Luegerzeit. München 1984.
H. Weigel, Karl Kraus oder die Macht der Ohnmacht. Wien, Freiburg, Zürich 1968.
K. Diemann, Musik in Wien. Wien, München, Zürich 1970.
F. Endler, Das k. u. k. Wien. Wien, Heidelberg 1977.
A. Silbermann, Der ungeliebte Jude. Zürich 1981.
C. A. Schorske, Wien, Geist und Gesellschaft im Fin de siècle. Frankfurt a. M. 1982.
J. Katz, Richard Wagner. Vorbote des Antisemitismus. Königstein 1985.
Kataloge der Niederöst. Landesaustellungen Schloß Grafeneck Das Zeitalter Kaiser Franz Josephs 1. und 2. Teil, 1985 und 1987.
Wien um 1900. Hrsg. v. P. Berner, E. Brix u. W. Mantl. Wien 1986.

WERKVERZEICHNIS

Dieses Verzeichnis der Werke Hugo Wolfs stützt sich auf die jüngsten wissenschaftlich überprüften Daten, auf die Kritische Gesamtausgabe, herausgegeben von der Internationalen Hugo-Wolf-Gesellschaft (wissenschaftlicher Herausgeber: Hans Jancik). Die 1960 begonnene Gesamtausgabe (Musikwissenschaftlicher Verlag Wien) ist auf 20 Bände (zusätzlich eines Bandes mit Musikkritiken) angelegt. Bei Drucklegung dieses Buches lagen 17 Bände vor, in Vorbereitung sind u. a. *Der Corregidor,* Fragmente, Entwürfe, Skizzen und Nachträge. Dieses Verzeichnis enthält die fertiggestellten, für eine Aufführung zur Verfügung stehenden Kompositionen, einschließlich des Fragmentes der Oper *Manuel Venegas.* Die Anordnung erfolgt hier nach Kompositionsgattungen und chronologisch, soweit dies bei den in der Gesamtausgabe gebündelten Liedern aus dem Nachlaß möglich ist.

I. Vokalwerke

1. Lieder für eine Singstimme und Klavier

Nachgelassene Lieder III (1875–1878)

Op. 3/1. Nacht und Grab (Heinrich Zschokke). *Sei mir gegrüßt, o schöne Nacht*
Op. 3/2. Sehnsucht (Johann Wolfgang v. Goethe). *Was zieht mir das Herz so?*
Op. 3/3. Der Fischer (Johann Wolfgang v. Goethe). *Das Wasser rauscht*
Op. 3/5. Auf dem See (Johann Wolfgang v. Goethe). *Und frische Nahrung, neues Blut*
Frühlingsgrüße (Nikolaus Lenau). *Nach langem Frost*
Op. 9/1. Meeresstille (Nikolaus Lenau). *Sturm mit seinen Donnerschlägen*
Op. 9/2. Liebesfrühling (Nikolaus Lenau). *Ich sah den Lenz einmal*
Op. 9/3. Erster Verlust (Joh. Wolfgang v. Goethe). *Ach, wer bringt die schönen Tage*
Op. 9/4. Abendglöcklein (Vinzenz Zusner). *Des Glöckleins Schall durchtönt das Tal*
Op. 9/6. Der goldene Morgen (?). *Golden lacht und glüht der Morgen*
Perlenfischer (Otto Roquette). *Du liebes Auge, willst dich tauchen*
Stille Sicherheit (Nikolaus Lenau). *Horch, wie still es wird im dunklen Hain*
Scheideblick (Nikolaus Lenau). *Als ein unergründlich Wonnemeer*
So wahr die Sonne scheinet (Friedrich Rückert)
Auf der Wanderschaft (Adelbert v. Chamisso). *Wohl wandert' ich aus* (I. Fassung)
Auf der Wanderschaft (Adelbert v. Chamisso). (II. Fassung)

Nachgelassene Lieder II (1876–1884)

1. Ein Grab (Paul Günther). *Wenn des Mondes bleiches Licht*
2. Andenken (Friedrich von Matthisson). *Ich denke dein*
3. Ständchen (Theodor Körner). *Alles wiegt die stille Nacht*
4. Der Schwalben Heimkehr (Karl Herloßsohn). *Wenn die Schwalben heimwärts ziehn*
5. Knabentod (Friedrich Hebbel). *Vom Berg der Knab*
6. Liebesfrühling (Hoffmann v. Fallersleben). *Wie oft schon ward es Frühling*
7. Auf der Wanderung (Hoffmann v. Fallersleben). *Über die Hügel und über die Berge*
8. Ja, die Schönst! ich sagt es offen (Hoffmann v. Fallersleben).
9. Nach dem Abschiede (Hoffmann v. Fallersleben). *Dunkel sind alle Gassen*
10. Gretchen vor dem Andachtsbild der Mater dolorosa (Aus Goethes »Faust«). *Ach neige, du Schmerzenreiche*
11. Mädchen mit dem roten Mündchen (Heinrich Heine)
12. Du bist wie eine Blume (Heinrich Heine)
13. Wenn ich in deine Augen seh (Heinrich Heine)
14. Spätherbstnebel, kalte Träume (Heinrich Heine, aus »Liederstrauß«)
15. Mit schwarzen Segeln (Heinrich Heine, aus »Liederstrauß«)

16. Sterne mit den goldnen Füßchen (Heinrich Heine, aus »Liederstrauß«)
17. Wie des Mondes Abbild zittert (Heinrich Heine, aus »Liederstrauß«)
18. Abendbilder. Drei Oden von Nikolaus Lenau:
    1. *Friedlicher Abend*
    2. *Schon zerfließt das ferne Gebirg*
    3. *Stille wird's im Walde*
19. Herbstentschluß (Nikolaus Lenau). *Trübe Wolken, Herbstesluft*
20. Frage nicht (Nikolaus Lenau). *Wie sehr ich Dein, soll ich Dir sagen?*
21. Herbst (Nikolaus Lenau). *Nun ist es Herbst*
22. Suschens Vogel (Eduard Mörike). *Ich hatt ein Vöglein*
23. Die Tochter der Heide (Eduard Mörike). *Wasch dich, mein Schwesterchen*
24. Nachruf (Joseph v. Eichendorff). *Du liebe, treue Laute*
25. In der Fremde I (Joseph v. Eichendorff). *Da fahr ich still im Wagen*
26. In der Fremde II (Joseph v. Eichendorff). *Ich geh durch die dunklen Gassen*
27. In der Fremde VI (Joseph v. Eichendorff). *Wolken, wälderwärts gegangen*
28. Rückkehr (Joseph v. Eichendorff). *Mit meinem Saitenspiele*
29. Die Kleine (Joseph v. Eichendorff). *Zwischen Bergen, liebe Mutter*
30. Sechs Lieder von Robert Reinick:
    1. Wohin mit der Freud? *Ach, du klarblauer Himmel*
    2. Liebchen, wo bist du? *Zaubrer bin ich*
    3. Nachtgruß. *In dem Himmel ruht die Erde*
    4. Frühlingsglocken. *Schneeglöckchen tut läuten!*
    5. Ständchen. *Komm in die stille Nacht!*
    6. Liebesbotschaft. *Wolken, die ihr nach Osten eilt*
31. Frohe Botschaft (Robert Reinick). *Hielt die allerschönste Herrin*

Lieder aus der Jugendzeit (1877/78)

8. An + + + (Nikolaus Lenau). *O wag' es nicht, mit mir zu scherzen*
9. Wanderlied (aus einem alten Liederbuch). *Es segeln die Wolken*
10. Traurige Wege (Nikolaus Lenau). *Bin mit dir im Wald gegangen*
11. Nächtliche Wanderung (Nikolaus Lenau). *Die Nacht ist finster, schwül und lang*
12. Das Kind am Brunnen (Friedrich Hebbel). *Frau Amme, das Kind ist erwacht*
13. Über Nacht (Julius Sturm)
14. Wo ich bin, mich rings umdunkelt (Heinrich Heine)
15. Es war ein alter König (Heinrich Heine)
16. Ernst ist der Frühling (Heinrich Heine)
17. Bescheidene Liebe (?). *Ich bin wie and're Mädchen nicht*

Liederstrauß (Heinrich Heine) (1878)

1. Sie haben heut abend Gesellschaft
2. Ich stand in dunkeln Träumen
3. Das ist ein Brausen und Heulen
4. Aus meinen großen Schmerzen
5. Mir träumte von einem Königskind
6. Mein Liebchen, wir saßen beisammen
7. Es blasen die blauen Husaren

Sechs Lieder für eine Frauenstimme (1877–1882)

1. Morgentau (Aus einem alten Liederbuche). *Der Frühhauch hat gefächelt*
2. Das Vöglein (Friedrich Hebbel). *Vöglein vom Zweig gaukelt hernieder*
3. Die Spinnerin (Friedrich Rückert). *O süße Mutter*
4. Wiegenlied im Sommer (Robert Reinick). *Vom Berg hinabgestiegen*
5. Wiegenlied im Winter (Robert Reinick). *Schlaf' ein, schlaf' ein*
6. Mausfallen-Sprüchlein (Eduard Mörike). *Kleine Gäste, kleines Haus*

Sechs Gedichte von Scheffel, Mörike, Goethe und Kerner (1883–1887)

1. Wächterlied auf der Wartburg (Josef Victor v. Scheffel). *Schwingt euch auf, Posaunenchöre*
2. Der König bei der Krönung (Eduard Mörike). *Dir angetrauet am Altare*
3. Biterolf im Lager von Akkon (Josef Victor v. Scheffel). *Kampfmüd und sonnverbrannt*
4. Beherzigung (Joh. Wolfg. v. Goethe). *Feiger Gedanken bängliches Schwanken*
5. Wanderers Nachtlied (Joh. Wolfg. v. Goethe). *Der du von dem Himmel bist*
6. Zur Ruh', zur Ruh', ihr müden Glieder (Justinus Kerner)

Vier Gedichte nach Heine, Shakespeare und Lord Byron (1886–1888)

1. Wo wird einst (Heinrich Heine)
2. Lied des transferierten Zettel (aus dem Sommernachtstraum) (William Shakespeare). *Die Schwalbe, die den Sommer bringt*
3. Sonne der Schlummerlosen (Lord Byron)
4. Keine gleicht von allen Schönen (Lord Byron)

Gedichte von Joseph von Eichendorff (1887/88)

1. Der Freund. *Wer auf den Wogen schliefe*
2. Der Musikant. *Wandern lieb' ich für mein Leben*
3. Verschwiegene Liebe. *Über Wipfel und Saaten*
4. Das Ständchen. *Auf die Dächer zwischen blassen Wolken*
5. Der Soldat I. *Ist auch schmuck nicht mein Rößlein*
6. Der Soldat II. *Wagen mußt du*
7. Die Zigeunerin. *Am Kreuzweg, da lausche ich*
8. Nachtzauber. *Hörst du nicht die Quellen gehen*
9. Der Schreckenberger. *Aufs Wohlsein meiner Dame*
10. Der Glücksritter. *Wenn Fortuna spröde tut*
11. Lieber alles. *Soldat sein ist gefährlich*
12. Heimweh. *Wer in die Fremde will wandern*
13. Der Scholar. *Bei dem angenehmsten Wetter*
14. Der verzweifelte Liebhaber. *Studieren will nichts bringen*
15. Unfall. *Ich ging bei Nacht einst über Land*
16. Liebesglück. *Ich hab' ein Liebchen lieb*
17. Seemanns Abschied. *Ade, mein Schatz*

18. Erwartung. *Grüß euch aus Herzensgrund*
19. Die Nacht. *Nacht ist wie ein stilles Meer*
20. Waldmädchen. *Bin ein Feuer hell, das lodert*

Drei Gedichte von Robert Reinick (1888–1896)

1. Gesellenlied. *Kein Meister fällt vom Himmel*
2. Morgenstimmung. *Bald ist der Nacht ein End' gemacht*
3. Skolie. *Reich' den Pokal mir*

Gedichte von Eduard Mörike (1888)

1. Der Genesene an die Hoffnung. *Tödlich graute mir der Morgen*
2. Der Knabe und das Immlein. *Im Weinberg auf der Höhe*
3. Ein Stündlein wohl vor Tag. *Derweil ich schlafend lag*
4. Jägerlied. *Zierlich ist des Vogels Tritt im Schnee*
5. Der Tambour. *Wenn meine Mutter hexen könnt'*
6. Er ist's. *Frühling läßt sein blaues Band*
7. Das verlassene Mägdlein. *Früh, wann die Hähne krähn*
8. Begegnung. *Was doch heut nacht*
9. Nimmersatte Liebe. *So ist die Lieb'!*
10. Fußreise. *Am frisch geschnittnen Wanderstab*
11. An eine Aeolsharfe. *Angelehnt an die Efeuwand*
12. Verborgenheit. *Laß, o Welt, o laß mich sein!*
13. Im Frühling. *Hier lieg' ich auf dem Frühlingshügel*
14. Agnes. *Rosenzeit! wie schnell vorbei*
15. Auf einer Wanderung. *In ein freundliches Städtchen*
16. Elfenlied. *Bei Nacht im Dorf der Wächter*
17. Der Gärtner. *Auf ihrem Leibrößlein*
18. Zitronenfalter im April. *Grausame Frühlingssonne*
19. Um Mitternacht. *Gelassen stieg die Nacht ans Land*
20. Auf eine Christblume I. *Tochter des Walds*
21. Auf eine Christblume II. *Im Winterboden schläft*
22. Seufzer. *Dein Liebesfeuer*
23. Auf ein altes Bild. *In grüner Landschaft Sommerflor*
24. In der Frühe. *Kein Schlaf noch kühlt*
25. Schlafendes Jesuskind. *Sohn der Jungfrau*
26. Karwoche. *O Woche, Zeugin heiliger Beschwerde!*
27. Zum neuen Jahr. *Wie heimlicherweise*
28. Gebet. *Herr! schicke was du willt*
29. An den Schlaf. *Schlaf! Süßer Schlaf!*
30. Neue Liebe. *Kann auch ein Mensch*
31. Wo find' ich Trost. *Eine Liebe kenn' ich*
32. An die Geliebte. *Wenn ich, von deinem Anschaun*
33. Peregrina I. (Aus Maler Nolten). *Der Spiegel dieser treuen, braunen Augen*
34. Peregrina II. (Aus Maler Nolten). *Warum, Geliebte*
35. Frage und Antwort. *Fragst du mich, woher*

36. Lebe wohl. *Lebe wohl! Du fühlest nicht*
37. Heimweh. *Anders wird die Welt*
38. Lied vom Winde. *Sausewind, Brausewind!*
39. Denk' es, o Seele! *Ein Tännlein grünet wo*
40. Der Jäger. *Drei Tage Regen*
41. Rat einer Alten. *Bin jung gewesen*
42. Erstes Liebeslied eines Mädchens. *Was im Netze?*
43. Lied eines Verliebten. *In aller Früh*
44. Der Feuerreiter. *Sehet ihr am Fensterlein*
45. Nixe Binsefuß. *Des Wassermanns sein Töchterlein*
46. Gesang Weyla's. *Du bist Orplid, mein Land!*
47. Die Geister am Mummelsee. *Vom Berge was kommt dort*
48. Storchenbotschaft. *Des Schäfers sein Haus*
49. Zur Warnung. *Einmal nach einer lustigen Nacht*
50. Auftrag. *In poetischer Epistel*
51. Bei einer Trauung. *Vor lauter hochadligen Zeugen*
52. Selbstgeständnis. *Ich bin meiner Mutter einzig Kind*
53. Abschied. *Unangeklopft ein Herr tritt ein*

Gedichte von Johann Wolfgang von Goethe (1888/89)

1. Harfenspieler I. *Wer sich der Einsamkeit ergibt*
2. Harfenspieler II. *An die Türen will ich schleichen*
3. Harfenspieler III. *Wer nie sein Brot mit Tränen aß*
4. Spottlied aus »Wilhelm Meister«. *Ich armer Teufel*
5. Mignon I. *Heiß mich nicht reden*
6. Mignon II. *Nur wer die Sehnsucht kennt*
7. Mignon III. *So laßt mich scheinen*
8. Philine. *Singet nicht in Trauertönen*
9. Mignon. *Kennst du das Land*
10. Der Sänger. *Was hör' ich draußen vor dem Tor*
11. Der Rattenfänger. *Ich bin der wohlbekannte Sänger*
12. Ritter Kurts Brautfahrt. *Mit des Bräutigams Behagen*
13. Gutmann und Gutweib. *Und morgen fällt Sankt Martins Fest*
14. Cophtisches Lied I. *Lasset Gelehrte sich zanken und streiten*
15. Cophtisches Lied II. *Geh! gehorche meinen Winken*
16. Frech und froh I. *Mit Mädchen sich vertragen*
17. Frech und froh II. *Liebesqual verschmäht mein Herz*
18. Beherzigung. *Ach, was soll der Mensch verlangen?*
19. Epiphanias. *Die heilgen drei König'*
20. St. Nepomuks Vorabend. *Lichtlein schwimmen*
21. Genialisch Treiben. *So wälz' ich ohne Unterlaß*
22. Der Schäfer. *Es war ein fauler Schäfer*
23. Der neue Amadis. *Als ich noch ein Knabe war*
24. Blumengruß. *Der Strauß, den ich gepflücket*
25. Gleich und Gleich. *Ein Blumenglöckchen vom Boden*
26. Die Spröde, *An dem reinsten Frühlingsmorgen*

7. Die Bekehrte. *Bei dem Glanz der Abendröte*
8. Frühling übers Jahr. *Das Beet, schon lockert sich's in die Höh'*
9. Anakreons Grab. *Wo die Rose hier blüht*
0. Dank des Paria. *Großer Brahma!*
1. Königlich Gebet. *Ha, ich bin der Herr der Welt!*

West-östlicher Divan
Aus dem »Buch des Sängers«:
2. Phänomen. *Wenn zu der Regenwand*
3. Erschaffen und Beleben. *Hans Adam war*
Aus dem »Schenkenbuch«:
4. *Ob der Koran von Ewigkeit sei*
5. *Trunken müssen wir alle sein!*
6. *So lang man nüchtern ist*
7. *Sie haben wegen der Trunkenheit*
8. *Was in der Schenke waren heute*
Aus dem »Buch Suleika«:
9. *Nicht Gelegenheit macht Diebe*
0. *Hoch beglückt in deiner Liebe*
41. *Als ich auf dem Euphrat schiffte*
42. *Dies zu deuten, bin erbötig!*
43. *Hätt' ich irgend wohl Bedenken*
44. *Komm, Liebchen, komm!*
45. *Wie sollt' ich heiter bleiben*
46. *Wenn ich dein gedenke*
47. *Locken, haltet mich gefangen*
48. *Nimmer will ich dich verlieren*
49. Prometheus. *Bedecke deinen Himmel, Zeus*
50. Ganymed. *Wie im Morgenglanze*
51. Grenzen der Menschheit. *Wenn der uralte heilige Vater*

Spanisches Liederbuch nach Paul Heyse und Emanuel Geibel (1889/90)

Geistliche Lieder:
1. Nun bin ich dein
2. Die du Gott gebarst, du Reine
3. Nun wandre, Maria
4. Die ihr schwebet
5. Führ' mich, Kind, nach Bethlehem
6. Ach, des Knaben Augen
7. Müh'voll komm' ich und beladen
8. Ach, wie lang die Seele schlummert
9. Herr, was trägt der Boden hier
10. Wunden trägst du, mein Geliebter

Weltliche Lieder:
1. Klinge, klinge, mein Pandero
2. In dem Schatten meiner Locken
3. Seltsam ist Juana's Weise
4. Treibe nur mit Lieben Spott
5. Auf dem grünen Balkon
6. Wenn du zu den Blumen gehst
7. Wer sein holdes Lieb verloren
8. Ich fuhr über Meer
9. Blindes Schauen, dunkle Leuchte
10. Eide, so die Liebe schwur
11. Herz, verzage nicht geschwind
12. Sagt, seid Ihr es, feiner Herr
13. Mögen alle bösen Zungen
14. Köpfchen, Köpfchen, nicht gewimmert
15. Sagt ihm, daß er zu mir komme
16. Bitt' ihn, o Mutter
17. Liebe mir im Busen zündet
18. Schmerzliche Wonnen und wonnige Schmerzen
19. Trau nicht der Liebe
20. Ach, im Maien war's
21. Alle gingen, Herz, zur Ruh
22. Dereinst, dereinst, Gedanke mein
23. Tief im Herzen trag' ich Pein
24. Komm, o Tod, von Nacht umgeben
25. Ob auch finstre Blicke glitten
26. Bedeckt mich mit Blumen
27. Und schläfst du, mein Mädchen
28. Sie blasen zum Abmarsch
29. Weint nicht, ihr Äuglein
30. Wer tat deinem Füßlein weh?
31. Deine Mutter, süßes Kind
32. Da nur Leid und Leidenschaft
33. Wehe der, die mir verstrickte
34. Geh', Geliebter, geh' jetzt

Alte Weisen. Sechs Gedichte von Gottfried Keller (1890)

1. Tretet ein, hoher Krieger
2. Singt mein Schatz wie ein Fink
3. Du milchjunger Knabe
4. Wandl' ich in dem Morgentau
5. Das Köhlerweib ist trunken
6. Wie glänzt der helle Mond

Italienisches Liederbuch
nach Paul Heyse (I 1890/91, II 1896)

I.

1. Auch kleine Dinge
2. Mir ward gesagt, du reisest in die Ferne
3. Ihr seid die Allerschönste
4. Gesegnet sei, durch den die Welt entstund
5. Selig ihr Blinden
6. Wer rief dich denn?
7. Der Mond hat eine schwere Klag' erhoben
8. Nun laß uns Frieden schließen
9. Daß doch gemalt
10. Du denkst mit einem Fädchen mich zu fangen
11. Wie lange schon war immer mein Verlangen
12. Nein, junger Herr!
13. Hoffärtig seid Ihr, liebes Kind
14. Geselle, woll'n wir uns in Kutten hüllen
15. Mein Liebster ist so klein
16. Ihr jungen Leute
17. Und willst du deinen Liebsten sterben sehen
18. Heb' auf dein blondes Haupt
19. Wir haben beide lange Zeit geschwiegen
20. Mein Liebster singt
21. Man sagt mir, deine Mutter woll' es nicht
22. Ein Ständchen Euch zu bringen

II.

23. Was für ein Lied soll dir gesungen werden
24. Ich esse nun mein Brot nicht trocken mehr
25. Mein Liebster hat zu Tische mich geladen
26. Ich ließ mir sagen
27. Schon streckt' ich aus
28. Du sagst mir, daß ich keine Fürstin sei
29. Wohl kenn' ich Euern Stand
30. Laß sie nur gehn
31. Wie soll ich fröhlich sein
32. Was soll der Zorn
33. Sterb' ich, so hüllt in Blumen
34. Und steht ihr früh am Morgen auf
35. Benedeit die sel'ge Mutter
36. Wenn du, mein Liebster, steigst zum Himmel auf

37. Wie viele Zeit verlor ich
38. Wenn du mich mit den Augen streifst
39. Gesegnet sei das Grün
40. O wär' dein Haus
41. Heut nacht erhob ich mich
42. Nicht länger kann ich singen
43. Schweig' einmal still
44. O wüßtest du, wie viel ich deinetwegen
45. Verschling' der Abgrund
46. Ich hab' in Penna einen Liebsten wohnen

Drei Gesänge aus Ibsens »Das Fest auf Solhaug« (1891)

1. Ballade. Gesang der Margit. *Bergkönig ritt durch die Lande*
2. Gudmunds erster Gesang. *Ich wandelte sinnend allein*
3. Gudmunds zweiter Gesang. *Ich fuhr wohl übers Wasser*

Drei Gedichte von Michelangelo (1897)

1. Wohl denk' ich oft
2. Alles endet, was entstehet
3. Fühlt meine Seele

2. Lieder mit Orchesterbegleitung

Gedichte von Goethe

Der Rattenfänger (1890)
Prometheus (1890)
Mignon (1. Instrumentation) (1890)
Harfenspieler I (1890)
Harfenspieler II (1890)
Harfenspieler III (1890)
Mignon (2. Instrumentation) (1893)
Anakreons Grab (1893)

Gedichte von Mörike

Seufzer (1889)
Auf ein altes Bild (1889)
Schlafendes Jesuskind (1889)
Karwoche (1889)
Er ist's (1890)
In der Frühe (1890)
Gebet (1890)
An den Schlaf (1890)
Neue Liebe (1890)
Wo find' ich Trost? (1890)
Denk' es, o Seele! (1891)

Spanisches Liederbuch

In dem Schatten meiner Locken (1895)
Herz, verzage nicht geschwind (1895)
Wer sein holdes Lieb verloren (1897)
Wenn du zu den Blumen gehst (1897)

3. Kleine Chöre a cappella oder mit Klavierbegleitung (1876–1881)

Die Stimme des Kindes (Nikolaus Lenau) für 4–6stimm. gem. Chor und Klavier. op. 10 (1876).

Drei Lieder für Männerchor. op. 13 (1876).

1. Im Sommer (Johann Georg Jacobi). *Wie Feld und Au*
2. Geistesgruß (Johann Wolfgang v. Goethe). *Hoch auf dem alten Turme*
3. Mailied (Johann Wolfgang v. Goethe). *Zwischen Weizen und Korn*

Drei Chöre (1876).

1. Fröhliche Fahrt (Edmund Hoefer) für 4stimm. gem. Chor a cappella. *Glücklich, wer zum Liebchen*
2. Im stillen Friedhof (Ludwig Pfau) für 4stimm. gem. Chor mit Klavier. *Wenn ich im stillen Friedhof geh'*
3. Grablied (Lenz Lorenzi) für 4stimm. gem. Chor a cappella. *Wach' auf, erwache wieder*

Gottvertrauen (August Mahlmann) für 4stimm. gem. Chor a cappella. *An Himmelshöh'n die Sterne geh'n*

Sechs geistliche Lieder nach Gedichten von Joseph v. Eichendorff für 4stimm. gem. Chor a cappella (1881).

1. Aufblick. *Vergeht mir der Himmel*
2. Einkehr. *Weil jetzo alles stille ist*
3. Resignation. *Komm, Trost der Welt*
4. Letzte Bitte. *Wie ein todeswunder Streiter*
5. Ergebung. *Dein Wille, Herr, geschehe!*
6. Erhebung. *So laß herein nun brechen*

4. Chöre mit Orchesterbegleitung

Christnacht (August Graf von Platen) (1886–1889) für Soli, gem. Chor u. Orch.
Elfenlied (Shakespeare) (1889–1891) für S-Solo, Frauenchor u. Orch.
Der Feuerreiter (Eduard Mörike) (1888–1892) für gem. Chor u. Orch.
Morgenhymnus (Robert Reinick) (1898) für gem. Chor u. Orch.
Dem Vaterland (Robert Reinick) (1894–1898) für 4stimm. Männerchor u. Orch.
Frühlingschor aus *Manuel Venegas* (ca. 1898) f. gem. Chor u. Orch.

5. Bühnenwerke

Bühnenmusik zu Ibsens »Das Fest auf Solhaug« (1890–1891) für Soli, Chor u. Orch.

1. Introduktion
2. Margits Ballade. *Bergkönig ritt*
3. Gudmunds erster Gesang. *Ich wandelte sinnend allein*
4. Marsch und Chor. *Bei Sang und Spiel*
5. Introduktion und Chor. *Nun streichet die Fiedel*
6. Chor. *Es locket ins Freie*

7. Gudmunds zweiter Gesang. *Ich fuhr wohl übers Wasser*
8. Introduktion zu Akt III
9. Chor. *Wir wünschen Fried und Glück*
10. Chor. *Gottes Auge wacht*

Der Corregidor. Oper in 4 Akten. Text von Rosa Mayreder nach Alarcóns *El sombrero de tres picos* (1895).

Manuel Venegas. Opernfragment. Text von Moritz Hoernes nach Alarcóns *El niño de la bola* (1897). Klavierauszug 1974 vorgelegt von Leopold Spitzer.

II. Instrumentalwerke

1. Kammermusik

Streichquartett d-Moll *Entbehren sollst du, sollst entbehren* (1884). 1. Grave – Leidenschaftlich bewegt. 2. Scherzo. Resolut. 3. Langsam. 4. Sehr lebhaft.

Intermezzo Es-Dur für 2 Violinen, Viola, Violoncello (1886). Mäßig.

Serenade G-Dur, *Italienische Serenade*, für 2 Violinen, Viola, Violoncello (1887). Sehr lebhaft.

2. Orchesterwerke

Scherzo und Finale für gr. Orch. (1876–1877). Scherzo g-Moll, Finale B-Dur.

Penthesilea. Symphonische Dichtung für gr. Orch. nach dem Trauerspiel von Heinrich v. Kleist (1883–1885). 1. Aufbruch der Amazonen nach Troja. 2. Der Traum Penthesileas vom Rosenfest. 3. Kämpfe, Leidenschaften, Wahnsinn, Vernichtung.

Italienische Serenade G-Dur für kl. Orch. (1892).

3. Klavierkompositionen

Variationen op. 2 (1875)

Sonate G-Dur op. 8 (1876)

Rondo capriccioso B-Dur op. 15 (1876)

Humoreske g-Moll (1877)

Aus der Kinderzeit. Kleine Stücke für das Pianoforte (1878). 1. Schlummerlied. 2. Scherz und Spiel

Paraphrase über die Meistersinger von Nürnberg (ca. 1880)

Paraphrase über die Walküre (ca. 1880)

Albumblatt G-Dur (1880)

Kanon C-Dur (1882)

VERZEICHNIS DER LIEDER

Abschied 148
Ach, des Knaben Augen 185
Ach, im Maien 190
Ach, wie lang 185
Agnes 136
Alle gingen, Herz, zur Ruh 190
Alles endet, was entstehet 269 f.
Als ich auf dem Euphrat 172
An den Schlaf 140
An die Geliebte 141
An eine Aeolsharfe 134 f.
Anakreons Grab 169
Auch kleine Dinge 168, 209
Auf dem grünen Balkon 188
Auf ein altes Bild 138, 184
Auf eine Christblume I 129, 137 f., 146
Auf eine Christblume II 129, 137 f.
Auf einer Wanderung 136
Auftrag 147
Aus meinen großen Schmerzen 79

Bedeckt mich mit Blumen 191
Begegnung 133
Beherzigung 118, 121, 167
Bei einer Trauung 147
Benedeit die selge Mutter 207, 209, 217
Biterolf 118, 121
Bitt ihn, o Mutter 189
Blindes Schauen 188
Blumengruß 168

Cophtisches Lied I 167
Cophtisches Lied II 167

Da nur Leid und Leidenschaft 192
Dank des Paria 170
Das ist ein Brausen und Heulen 79
Das Lied vom Winde 143
Das Ständchen 152, 154
Das verlassene Mägdlein 124, 129, 133, 136
Das Vöglein 79, 121
Daß doch gemalt 206, 211
Deine Mutter, süßes Kind 192
Denk es, o Seele 143
Der Feuerreiter 145 f., 255
Der Freund 152 f.
Der Gärtner 136, 297
Der Genesene an die Hoffnung 131, 148, 270
Der Glücksritter 156
Der Jäger 144
Der Knabe und das Immlein 132
Der König bei der Krönung 118, 121
Der Mond hat eine schwere Klag 211
Der Musikant 154, 297
Der neue Amadis 168
Der Rattenfänger 166
Der Sänger 163, 166
Der Schäfer 168
Der Scholar 156
Der Schreckenberger 152, 156
Der Soldat I 118, 155
Der Soldat II 118, 151, 155
Der Tambour 122, 124 f., 132
Der verzweifelte Liebhaber 156
Dereinst, dereinst 191
Die Bekehrte 169
Die Geister am Mummelsee 146
Die du Gott gebarst 184
Die ihr schwebet 183 f.
Die Nacht 157
Die Spinnerin 79, 121
Die Spröde 160, 169
Die Zigeunerin 118, 155
Dies zu deuten 172
Du denkst mit einem Faden 209, 211 f.
Du sagst mir 216

Eide, so die Liebe schwur 188
Ein Ständchen euch zu bringen 214
Ein Stündlein wohl vor Tage 126, 132

Epiphanias 167
Er ist's 125, 129, 133
Erschaffen und Beleben 170
Erstes Liebeslied eines Mädchens 124, 126, 144
Erwartung 157
Es war ein alter König 80

Frage und Antwort 143, 194
Frech und froh I 167
Frech und froh II 160, 167
Frühling übers Jahr 169
Führ mich, Kind 185
Fußreise 126, 300

Ganymed 159, 173, 175 f.
Gebet 110, 129, 141
Geh, Geliebter 193
Genialisch Treiben 168
Gesang Weylas 146
Gesegnet sei das Grün 218
Gesegnet sei, durch den die Welt 211
Geselle, wolln wir uns 213
Gesellenlied 124, 266
Gleich und gleich 168
Grenzen der Menschheit 160, 173, 176
Gretchen vor dem Andachtsbild 80
Gutmann und Gutweib 167

Hätt ich irgend wohl 172
Harfenspieler I 163
Harfenspieler II 163
Harfenspieler III 163
Heb auf dein blondes Haupt 214
Heimweh 143, 152, 156 f.
Herr, was trägt der Boden 186
Herz, verzage nicht geschwind 187 f., 248
Heut Nacht erhob ich mich 218
Hoch beglückt in deiner Liebe 172
Hoffärtig seid ihr 212

Ich esse nun mein Brot 215
Ich fuhr über Meer 188
Ich hab in Penna 219
Ich ließ mir sagen 215
Ich stand in dunkeln Träumen 79
Ihr jungen Leute 213
Ihr seid die Allerschönste 211
Im Frühling 135, 137, 146
In den Schatten meiner Locken 187, 248
In der Frühe 139 f.

Jägerlied 132

Karwoche 140
Kein Meister fällt 89
Keine gleicht von allen Schönen 267
Klinge, klinge mein Pandero 187
Königlich Gebet 170
Köpfchen, Köpfchen 183, 189
Komm, Liebchen 172
Komm, o Tod 191

Laß sie nur gehn! 216
Lebewohl 95, 142
Liebe mir im Busen 190
Lieber alles 156
Liebesglück 156
Lied des transferierten Zettel 267
Lied eines Verliebten 145
Locken, haltet mich 173

Man sagt mir 214
Mausfallensprüchlein 85, 121
Mein Liebchen, wir saßen zusammen 79
Mein Liebster hat zu Tische 215
Mein Liebster ist so klein 213
Mein Liebster singt 214
Mignon 166
Mignon I 163
Mignon II 164
Mignon III 165 f.
Mir träumte von einem Königskind 79
Mir ward gesagt 210
Mit schwarzen Segeln 80
Mögen alle bösen Zungen 189
Morgenstimmung 266 f., 286
Morgentau 62, 78, 121, 128
Mühvoll komm ich 185

Nachtzauber 119, 151 f., 155
Nein, junger Herr! 212
Neue Liebe 141
Nicht Gelegenheit macht Diebe 172
Nicht länger kann ich singen 209, 218
Nimmer will ich dich verlieren 173
Nimmersatte Liebe 134
Nixe Binsefuß 146
Nun bin ich dein 184
Nun laß uns Frieden schließen 211
Nun wandre, Maria 184 f.

O wär dein Haus 218
O wüßtest du 218
Ob auch finstre Blicke 191
Ob der Koran 171

Peregrina I 125, 142 f.
Peregrina II 142 f.

Phänomen 170
Philine 165
Prometheus 159, 173–175, 255, 301

Rat einer Alten 144
Ritter Kurts Brautfahrt 167
Rückkehr 95

Sagt ihm, daß er zu mir komme 189
Sagt, seid Ihr es 189
Schlafendes Jesuskind 140
Schmerzliche Wonnen 190
Schon streckt ich aus 216
Schweig einmal still 218
Seemanns Abschied 156, 174
Selbstgeständnis 148
Selig ihr Blinden 211
Seltsam ist Juanas Weise 187
Seufzer 138
Sie blasen zum Abmarsch 192
Sie haben heut abend Gesellschaft 79
Sie haben wegen der Trunkenheit 171
Skolie 266
So lang man nüchtern ist 171
Sonne des Schlummerlosen 267, 269
Spätherbstnebel 80
Spottlied aus Wilhelm Meister 163
St. Nepomuks Vorabend 167
Ständchen 95
Sterb ich, so hüllt 217
Storchenbotschaft 124, 146

Tief im Herzen 191
Trau nicht der Liebe 190
Treibe nur mit Lieben Spott 188
Tretet ein, hoher Krieger 195
Trunken müssen wir alle sein 171

Um Mitternacht 137
Und schläfst du 192
Und steh ich früh am Morgen 217
Und willst du deinen Liebsten 213
Unfall 156

Verborgenheit 129, 134
Verschling der Abgrund 218 f.
Verschwiegene Liebe 151 f., 154

Wächterlied auf der Wartburg 118, 121, 236
Waldmädchen 118, 157
Wanderers Nachtlied 118
Was für ein Lied 215
Was in der Schenke waren heute 171
Was soll der Zorn 216
Wehe der, die mir verstrickte 192
Weint nicht, ihr Äuglein 183, 192
Wenn du, mein Liebster 217 f.
Wenn du mich mit den Augen 218
Wenn du zu den Blumen gehst 186, 188, 278, 286
Wenn ich deiner gedenke 171
Wer sein holdes Lieb 178, 188, 286
Wer tat deinen Füßlein weh 192
Wie lange schon 212
Wie soll ich fröhlich sein 216
Wie sollt ich heiter bleiben 172
Wie viele Zeit verlor ich 218
Wiegenlied im Sommer 121
Wiegenlied im Winter 121
Wir haben beide lange Zeit 214
Wo find ich Trost? 141
Wo rief ich denn? 211
Wohl denk ich oft 269
Wohl kenn ich Euern Stand 216
Wo wird einst 124, 191, 267
Wunden trägst du 186

Zitronenfalter im April 137
Zum neuen Jahr 140
Zur Ruh, zur Ruh 95, 118, 121, 128, 292
Zur Warnung 147

PERSONENREGISTER

Adler, Guido 305
Adler, Victor 16, 18, 90
Alarcón, Pedro de 197, 223, 227, 237, 242–244, 272, 276
Albert, Eugen d' 229, 247, 251
Albrecht, Gerd 256
Allen, Thomas 219
Altenberg, Peter 28, 302
Altmann, Leopold 63
Anzengruber, Ludwig 34
Aristophanes 205
Auber, Daniel François 106

Bach, Johann Sebastian 68, 106, 139, 177, 216, 299
Bagier, Guido 300
Bahr, Hermann 12, 15, 26, 28 f., 33–35, 95 f., 197
Balet, Dr. 45, 70, 280
Bassermann, August 257
Bauer-Lechner, Natalie 85, 257
Bebel, August 29
Beer-Hofmann, Richard 28
Beethoven, Ludwig van 22, 45, 48, 50, 54, 57, 67 f., 77 f., 86–88, 103, 106, 112, 124, 143, 159, 162, 166, 173, 178, 229, 291 f., 294, 299
Benedikt, Moritz 27
Berg, Alban 139, 301
Berlioz, Hector 62, 104, 106, 112 f.
Bettelheim-Gabillon, Helene 59, 66, 82
Billroth, Theodor 15, 32
Bismarck, Otto von 18
Bittner, Julius 300
Bizet, Georges 106, 189, 248 f.
Blaas, Julius von 58
Bloch, Joseph 27
Boccaccio, Giovanni 241
Böcklin, Arnold 197
Boito, Arrigo 105
Bokmayer, Walter 265, 281 f.
Boltzmann, Ludwig 33
Brahms, Johannes 15, 21, 32, 38, 50, 54 f., 76 f., 96, 100–104, 107, 111 f., 130, 134, 150, 185, 195 f., 201, 222, 225, 229 f., 271, 295, 297, 299, 301, 305
Brandt, Marianne 182
Braun, Adolf 71
Brecht, Bertolt 304
Breitkopf & Härtel 94
Brentano, Clemens 298
Breuer, Bertha 66
Breuer, Josef 14, 63, 66, 72, 80, 91, 94, 96
Bruckner, Anton 15, 21, 50, 54, 76, 87 f., 90, 93, 97, 100 f., 104, 106, 108 f., 117, 128, 224, 265, 292
Bücken, Ernst 295
Bülow, Hans von 100, 104
Burkhard, Max 202
Busch, Wilhelm 58
Byron, Lord George Noël Gordon 266–269

Camões, Luis de 183
Cavalieri, Emilio del 269
Cervantes Saavedra, Miguel de 168, 183, 189
Chamisso, Adelbert von 28
Chateaubriand, François René de 25
Chopin, Frédéric 106
Chotek, Sofie 263
Coburg-Gotha, Herzog von 228
Colonna, Vittoria 269 f.
Conrad, Michael Georg 200
Cotrubas, Ileana 219
Csokor, Franz Theodor 37

Debussy, Claude 228, 304
Decsey, Ernst 65, 91, 109, 130, 150 f., 293
Dehmel, Richard 298, 301
Dessau, Paul 304
Diaghilew, Sergej 245
Dickens, Charles 57
Donath, Helen 256
Donizetti, Gaetano 46, 56, 72
Dvořák, Antonín 100, 104
Dyck, Ernest van 230

Eberwein, Karl 172
Ebner-Eschenbach, Marie von 34
Eckstein, Friedrich 91, 93, 108, 121, 124, 128 f., 151 f., 160, 177, 179, 226, 238
Ehrlich, Paul 72
Eichendorff, Joseph Freiherr von 81, 83, 95, 118 f., 129, 131, 143, 150–155, 157, 159, 163, 174, 177, 180, 194, 200 f., 219, 291 f., 300
Eichinger (Pfleger) 291
Eickenmeyer, Karl Adolf 44, 71, 125, 290
Einem, Gottfried von 303
Einstein, Albert 33

Eisler, Hanns 303
Eitelberger, Rudolf von 21, 35
Elmendorff, Karl 256
Engel, Karl 219
Engel, Moritz 98
Erb, Karl 246, 256
Eucken, Rudolf 181

Fairchild, Elisabeth 128
Faisst, Hugo 69, 229 f., 234, 236, 241, 262
Fall, Leo 15
Falla, Manuel de 244
Fauré, Gabriel 304
Fellner, Ferdinand 23
Ferstel, Johann Heinrich Freiherr von 19
Feuerbach, Anselm von 20
Fischer-Dieskau, Dietrich 143, 155, 175, 196, 219, 256, 303, 305
Flesch, Fritz 91, 96
Flotow, Friedrich von 105
Foll, Ferdinand 281 f.
Fontane, Theodor 29
Fortner, Wolfgang 303
Fouqué, Friedrich de la Motte 29
Franck, Vally 65, 80–83, 288
Franz Ferdinand, Erzherzog 31, 35
Franz Joseph I., Kaiser von Österreich 14, 16–18, 20, 26, 31, 84
Freud, Sigmund 14 f., 32 f., 38, 63, 71, 161, 222, 261
Fried, Oskar 296
Fuchs, Martha 256
Fuchs, Robert 51, 60

Gabillon, Dora 81 f.
Gabillon, Helene 81
Gabillon, Ludwig 81, 96
Gabillon, Zerline 81
Gallmeyer, Josephine 24
Garcia-Lorca, Federico 303
Geibel, Emanuel 129 f., 180–183, 207
Geistinger, Marie 24
Genée, Richard 198, 223
George, Stefan 301 f.
Girardi, Alexander 23 f.
Glinka, Michail 106
Gluck, Christoph Willibald 50, 106
Gobineau, Graf Joseph Arthur 25
Göllerich, August 90
Goethe, Johann Wolfgang von 13, 37, 45, 56, 80, 91, 118, 121, 128 f., 131, 143, 150, 158–166, 168–170, 172–176, 178, 180, 182, 200–202, 208 f., 263, 303
Goetz, Hermann 105
Gogol, Nikolai 228
Goldmark, Karl 21, 100
Goldschmidt, Adalbert von 58–60, 63 f., 66, 81, 92, 118, 227
Goldschmidt, Moritz von 58
Gozzi, Carlo 198
Grabbe, Christian Dietrich 57, 72, 102
Grahl, Heinrich 223
Grillparzer, Franz 57, 228, 292
Grohe, Oskar 113, 117, 182, 198, 201, 204 f., 225–228, 230, 237 f., 241, 257, 260, 262, 285
Gura, Eugen 200

Haas, Robert 117
Haberlandt, Michael 70, 265, 272, 281 f., 284, 287–289, 291 f.
Händel, Georg Friedrich 106
Halévy, Jacques François Fromental 106
Halévy, Ludovic 21
Hallwachs (Kapellmeister) 234
Halm, August 231
Hansen, Theophil 15, 19 f., 35, 50
Hanslick, Eduard 15, 21, 54, 94, 98, 100 f., 107, 229 f.
Harrach, Gräfin 120
Hasenauer, Carl 14, 19
Hasper, Maria 44
Hata, Sahatschiro 72
Hauptmann, Gerhart 34, 181
Hausegger, Friedrich von 62, 229
Haydn, Joseph 48, 50, 54, 103, 106, 120
Hebbel, Friedrich 57, 78 f.
Hécaen, Henri-Hyacinthe-Octave 71
Heckel, Karl 198, 219, 228, 238, 256, 266
Heine, Heinrich 57, 65, 72, 77–80, 91, 124, 129, 178, 191, 267
Heisenberg, Werner 33
Hellmer, Edmund 44, 54, 125, 281
Hellmesberger, Joseph 51, 60, 89, 117
Helm, Theodor 97, 294
Helmer, Hermann 23
Henckell, Karl 298
Herzl, Theodor 15, 27
Herzog-Welti, Emilie 223
Hesse, Hermann 130
Hetsch, Louis 130
Heuss, Theodor 231
Heyse, Paul 91, 180 f., 183, 199, 206 f., 212, 300
Hildebrandt, Hermann 241, 258
Hindemith, Paul 303
Hirsch, Richard 128
Hitler, Adolf 30, 295
Hölderlin, Friedrich 303
Höll, Hartmut 305
Hoernes, Moritz 272
Hoffmann, E. T. A. 67
Hoffmann, Josef 36
Hoffmann von Fallersleben, August Heinrich 81, 129
Hofmannsthal, Hugo von 15, 28, 33 f., 37, 226, 246
Hollweg, Werner 256
Horawitz, Adalbert 29
Hugo, Victor 25
Humperdinck, Engelbert 137, 153, 176, 201 f., 225, 236, 238, 247 f., 251, 265 f., 280
Hyrtl, Josef 32

Ibsen, Henrik 34, 202–204

Jäger, Ferdinand 149 f., 157, 171, 229, 263, 266
Jahn, Wilhelm 56, 100, 257, 279
Janáček, Leoš 60, 210, 228, 304
Jancik, Hans 89
Jauner, Franz 55 f.
Jeritza, Maria 23, 128
Joachim, Joseph 55

Kähler, Willibald 117
Kafka, Franz 35
Kainz, Josef 23
Kalbeck, Max 76, 100, 150
Karadjordjevič, Božidar 225
Kauffmann, Emil 63, 173, 175, 182, 201, 203, 205 f., 224, 230, 232, 265
Kauffmann, Ernst Friedrich 130, 221, 226
Keller, Gottfried 57, 194–196
Kerner, Justinus 95, 118, 121
Kienzl, Wilhelm 300
Kilpinen, Yrjö 304
Kleist, Heinrich von 77, 110, 112, 114–117, 165
Klimt, Gustav 21, 35
Klinckerfuß, Apollo 231
Klinckerfuß, Johanna 231
Klinckerfuß, Margarete 231, 261 f.
Köchert, Heinrich 83, 95, 97 f., 108, 149, 182, 199, 201 f., 232, 236, 288, 291
Köchert, Ilse 289
Köchert, Melanie 89, 94, 168, 195, 197, 225, 232, 242, 273 f., 283, 285, 287–289, 291
Koschat, Thomas 258
Kraus, Karl 12, 15, 24, 28 f., 31, 34, 37, 98, 292
Krek, Gojmir 39
Křenek, Ernst 302
Krenn, Franz 60
Krzyzanowski, Rudolf 75
Kukula, Richard 48

Lacom, C. 157
Lakhner, Bertha von 84
Lang, Anton 81
Lang, Edmund 89, 95, 111, 121, 124–126, 128
Lang, Heinrich 287
Lang, Henriette s. Schey
Lang, Marie 111, 121
Lanz von Liebenfels, Jörg (Pseud.) 31
Larisch, Rudolf von 128
Laxness, Halldor 303
Le Corbusier 36
Lehár, Franz 15, 30, 66
Leibbrand, Werner 45, 70, 280
Lenau, Nikolaus 62, 72
Léon, Victor 30
Leoncavallo, Ruggiero 247, 275
Leopardi, Giacomo 181
Leuthold, Heinrich 300
Levi, Hermann 91, 200
Liechtenstein, Fürst 282
Liliencron, Detlev von 197 f., 200
Lipperheide, Franz von 223, 225, 236, 240 f., 256
Lipperheide, Frieda von 223, 238
Liszt, Franz 54 f., 58, 77, 100–102, 104, 106, 112 f., 116, 118, 173, 178, 231
Loen, Baronin von 285
Löwe, Ferdinand 117, 128, 248
Loewe, Karl 145 f., 159
Loos, Adolf 12, 15, 36
Lortzing, Albert 106, 247
Ludwig, Otto 205
Lueger, Karl 14, 16, 18, 25–27, 30, 32, 35, 38

Mach, Ernst 33
Mackay, John Henry 298
Mahler, Alma 66, 75 f., 280
Mahler, Gustav 15, 21, 23, 33, 38, 50 f., 75–77, 90 f., 107, 129, 255–257, 260, 271, 279–282, 291, 296 f.
Makart, Hans 15, 20 f., 35
Manzoni, Alessandro 181
Maria Theresia, Kaiserin 26
Marschner, Heinrich 106
Marr, Wilhelm 25
Marx, Joseph 66, 300
Masaryk, Thomas 90
Mascagni, Pietro 228, 238, 247, 275
Massenet, Jules 247
Massine, Leonide 244
Materna, Amalie 23, 182
Mathis, Edith 219
Mauthner, Fritz 223
Maximilian II. Joseph, König von Bayern 181
Mayr, Karl 265, 268
Mayreder, Julius 128, 197, 242 f., 257, 283
Mayreder, Rosa 197, 237 f., 240, 242 f., 245, 247, 257, 265, 272, 283, 285
Meinhold, Wilhelm 263
Meitner, Lise 33
Mendelssohn, Arnold 202
Mendelssohn Bartholdy, Felix 62, 181
Menger, Carl 33
Metternich, Fürstin Pauline 22
Meyer, Conrad Ferdinand 300
Meyer, Friederike 223
Meyer, Maria 142
Meyerbeer, Giacomo 52, 56, 91, 106
Michelangelo Buonarotti 267–271
Mildenburg, Anna 95
Milhaud, Darius 304
Millöcker, Karl 15, 23
Mitterwurzer, Friedrich 23
Mörike, Eduard 10, 13, 73, 83, 85, 91, 95, 110, 118, 121–135, 137 f., 140–143, 145–153, 155, 159, 177 f., 180, 182–184, 188, 194, 196, 200 f., 208, 219, 238, 240, 255, 267, 269 f., 293, 300
Mommsen, Theodor 29, 181
Montag, Luise 24
Moser, Hans Joachim 295
Mottl, Felix 54 f., 58 f., 205
Mozart, Wolfgang Amadeus 9, 13, 25, 45, 48, 50–52, 54, 84, 95, 106, 120, 124, 148, 274, 291, 295
Muck, Karl 92, 257
Müller, Paul 223, 249, 265
Murger, Henri 75
Musset, Alfred de 25
Mussorgsky, Modest 228

Napoleon I. 78
Nestroy, Johann 23
Neumann, Angelo 91
Newman, Ernest 295
Nicolai, Otto 247
Nietzsche, Friedrich 71, 91, 184, 283, 288
Nikolaus II., Zar 19
Nodnagel, Ernst Otto 225
Nüll, Eduard van der 12, 19

Ochs, Siegfried 221–223
Offenbach, Jacques 23, 62

Olbrich, Josef Maria 35
Orff, Carl 181

Palestrina, Giovanni Pierluigi da 139
Papier, Rosa 95, 128
Parsons, Geoffrey 219
Patti, Adelina 105
Paumgartner, Bernhard 58, 95
Paumgartner, Hans 58
Peters-Verlag 294
Pfefferkorn, Wolf Bär 30
Pfitzner, Hans 68, 181, 203, 298, 301
Picasso, Pablo 244
Pick, Gustav 30
Pirc, Pater Sales 47
Platen, August von 177
Polgar, Alfred 35
Popper-Lynkeus, Josef 33
Porges, Heinrich 91, 300
Potpeschnigg, Heinrich 182, 229, 256, 258, 266, 272, 283, 285, 291, 297
Preyss, Lotte 84, 89
Preyss, Viktor 84
Puccini, Giacomo 75, 228, 246, 251 f., 255, 279

Rabelais, François 57
Raimund, Ferdinand 23, 203
Rau, Luise 142
Rauschenberger, Walter 42, 44
Ravel, Maurice 304
Redlich, Hans Ferdinand 301
Reger, Max 119, 236, 296, 298–300
Reichmann, Theodor 23, 105, 107
Reimann, Aribert 304
Reinhardt, Heinrich 24
Reinick, Robert 85, 124, 137, 150, 236, 266
Reitze, Joseph 84
Reutter, Hermann 303 f.
Richter, Hans 21, 55 f., 60, 104, 110 f., 116
Richter, Konrad 299
Riedl (Bergrat) 287
Riedl, Käthe geb. Wolf 46, 67, 287
Riemann, Hugo 294 f.
Rihm, Wolfgang 304
Rilke, Rainer Maria 303
Robert-Tornow, Walter 268
Röhr, Hugo 258
Rokitansky, Karl von 32
Rossini, Gioacchino 53, 105
Roth, Joseph 14 f.
Rubinstein, Anton 279
Rubinstein, Joseph 91, 102, 229
Rudolf, Kronprinz von Österreich 18
Rückert, Friedrich 79, 168, 297
Ruiz, Juan 184
Ruskin, John 36
Russ, Franz 90

Saary, Margarete 125
Salieri, Antonio 51
Salten, Felix 28, 35
Samenhofer (Maler) 44
Sandrock, Adele 23
Scaria, Eduard 23
Schalk, Franz 117, 128, 182, 203, 238, 257, 305
Schalk, Josef 128, 158, 177, 179
Schaumann, Franz 237
Scheffel, Joseph Victor von 118, 121, 236
Schenner, Wilhelm 51
Schey, Henriette geb. Lang 81 f., 86, 89, 94, 199, 220, 235
Schey, Baron Joseph 91, 199
Schikaneder, Emanuel 22
Schiller, Friedrich von 23
Schillings, Max von 226, 275
Schmid, Wilhelm 201
Schmidt, Friedrich Freiherr von 19
Schmitt (Sänger) 107
Schnitzer, Ignaz 21, 24
Schnitzler, Arthur 15, 34
Schoeck, Othmar 300, 304
Schönaich, Gustav 58, 63, 84, 95
Schönberg, Arnold 21, 142, 192, 301–305
Schönerer, Georg Ritter von 18, 26 f., 29 f., 95
Schönfield, Clementine 268
Schopenhauer, Arthur 56, 93, 198
Schott-Verlag 20, 94, 178, 183, 199, 201 f., 219, 227 f., 238, 256, 293
Schreier, Peter 219
Schubert, Franz 9, 50, 53, 57, 62, 78 f., 106, 118, 122, 136, 146, 149, 159–166, 168, 172, 174–176, 190, 217, 241, 247, 291 f., 295 f., 298, 300, 302, 306
Schumann, Clara 231
Schumann, Robert 9, 62, 67, 70, 79, 81, 100, 104, 106, 124, 130, 133, 136, 153, 157, 159–161, 166, 170, 178, 181, 298
Schur, Gustav 182 f., 202, 227
Schwarzkopf, Elisabeth 144
Scott, Sir Walter 57
Scribe, Augustin-Eugène 228
Semper, Gottfried 14
Shakespeare, William 23, 228, 267, 272, 303
Shaw, George Bernard 99
Siccard von Siccardsburg, August 12
Smetana, Bedřich 72, 106, 113, 274, 292
Soffel, Doris 256
Speidel, Ludwig 54, 100
Spitzer, Daniel 12
Spitzer, Leopold 305
Stallner, Moritz 287
Sternfeld, Richard 223
Stoecker, Adolf 25
Strasser, Josef 96, 109–111, 126, 128
Strasser, Modesta geb. Wolf 46, 109, 236, 289
Strauss, Richard 24, 33 f., 113, 116, 147, 162, 225 f., 228, 246, 251, 254, 296–298
Strauß, Johann 15, 21–23, 92, 99
Strawinsky, Igor 68, 186, 303
Strecker, Ludwig 201 f., 227, 238, 256
Sudermann, Hermann 223
Sue, Eugène 25
Suppé, Franz von 23, 99
Suttner, Bertha von 34
Svetlin, Wilhelm 282 f., 285–288
Szeps, Julius 27

Taaffe, Graf Eduard 17 f.
Taussig, Karl 91
Telemann, Georg Friedrich 116
Teschemacher, Margarete 256
Tilgner, Victor 58
Tillier, Claude 57
Treitschke, Heinrich von 26
Tschaikowsky, Peter I. 88, 164
Turecek, Emilie 24
Twain, Mark 57

Uhland, Ludwig 130

Valle di Casanova, Silvio della 231
Vega, Lope de 183 f.
Velde, Henry van de 36
Verdi, Giuseppe 56, 99, 105, 124, 245 f., 251 f., 275
Vinzenzberg, Anna 49, 51, 64
Vinzenzberg, Ida 49, 51, 64
Vinzenzberg, Katharina geb. Wolf, 49, 51
Vinzenzberg (Onkel) 51, 56 f.
Vogl, Johann Michael 149
Voss, Richard 231

Wachtel, Theodor 102
Wagner, Cosima 53
Wagner, Otto 32, 36
Wagner, Richard 9 f., 21 f., 26, 29, 37, 50, 52–56, 58, 62–64, 67, 76, 85 f., 90–101, 103–108, 112, 118 f., 128, 134, 136, 140 f., 150, 152, 157 f., 170, 173, 178, 181, 209 f., 223–225, 232, 237–239, 244, 248–252, 255, 262, 267, 275, 286, 292, 294–297, 305
Wagner-Jauregg, Julius von 32
Walker, Frank 42, 66, 81, 115, 140, 151 f., 190, 215, 218, 250
Walter, Bruno 256
Weber, Carl Maria von 100, 106, 148
Webern, Anton von 142, 270, 301 f., 305
Weingartner, Felix von 117, 178, 201
Weininger, Otto 29
Weixler, Sebastian 46
Welti, Albert 223, 225
Werba, Erik 42, 208
Werner, Heinrich 84 f., 89, 122 f., 128, 182, 281, 291
Werner, Mizzi 84
Wesendonck, Mathilde 288
Wette, Hermann 202, 205, 227
Wetzel, Justus Hermann 302
Wetzler, Emil 121, 148, 183
Wilczek, Graf Hans 22
Willemer, Marianne von 172
Winkelmann, Hermann 23, 105, 281 f.
Wiora, Walter 305
Wolf, Adrienne 46
Wolf, Adrienne 42, 46
Wolf, Cornelia 46
Wolf, Gilbert 42, 46 f., 84
Wolf, Hermann 223
Wolf, Katharina (Käthe) s. Riedl
Wolf, Katharina geb. Nussbaumer (Mutter) 42, 46, 64, 121, 176, 184, 235, 238, 285, 287, 290
Wolf, Liebezeit 47
Wolf, Max 46 f., 84
Wolf, Maximilian 43 f.
Wolf, Modesta s. Strasser
Wolf, Philipp (Vater) 44–49, 52, 59 f., 62, 74, 83 f., 92 f., 120 f., 151, 235
Wolff, Josephus 43
Wolter, Charlotte 13, 23

Zelter, Karl Friedrich 173 f.
Zerny, Frieda 69, 86, 91, 220, 229 f., 232–235, 239
Zweig, Stefan 35
Zweybrück, Franz 128

BILDQUELLENNACHWEIS

Archiv des Autors: S. 43, 127, 259
Archiv für Kunst und Geschichte, Berlin: S. 13, 179, 263, 290
Ernst Decsey: Hugo Wolf, Bde. I–IV. Schuster & Loeffler,
Leipzig und Berlin 1903–1906: S. 28, 40, 41, 49, 135, 149, 204, 231, 242
Marktgemeinde Perchtoldsdorf: S. 239, 273
Ernest Newman: Hugo Wolf. Breitkopf & Härtel, Leipzig 1910: S. 264
Frank Walker: Hugo Wolf. Verlag Styria, Graz 1953: S. 80, 233